# HISTOIRE

de

# NORMANDIE

*Souscription.*

LIBRAIRIE DE MANCEL, RUE SAINT-JEAN, A CAEN, N°. 87.

# HISTOIRE
## DE
# NORMANDIE,

Par ORDERIC VITAL,

Moine de Saint-Évroul;

PUBLIÉE POUR LA PREMIÈRE FOIS EN FRANÇAIS

Par M. GUIZOT.

PROFESSEUR D'HISTOIRE MODERNE A L'ACADÉMIE DE PARIS.

## Prospectus.

Aucune des anciennes provinces de France ne possède autant et d'aussi bons historiens que la Normandie; aucun des historiens normands n'égale en mérite et en importance Orderic Vital, Français d'origine, bien que né en Angleterre, et venu très jeune en Normandie, où il passa sa vie entière dans

L. 1264.

l'abbaye de Saint-Évroul, alors la plus savante et la plus célèbre du pays. Une riche bibliothèque y était rassemblée; ses moines avaient, avec les grands seigneurs français, anglais et normands, de continuelles relations; les rois même la visitaient. Ce fut à l'aide de toutes ces ressources, et à la demande de Roger, abbé de Saint-Évroul, qu'Orderic* Vital entreprit, sous le titre d'*Histoire ecclésiastique*, une histoire universelle en treize livres, dont les deux premiers seuls ne se rapportent pas à l'histoire spéciale de France, de Normandie et d'Angleterre.

Cet ouvrage obtint, du vivant même de l'auteur, et dans le cercle des moines et des lettrés dont il était connu, une grande célébrité. Il n'a pas cessé de la conserver; le nom d'Orderic Vital se rencontre partout; sans cesse copié ou cité par tous les écrivains qui, en France ou en Angleterre, ont traité de l'ancienne histoire des deux pays, il leur a fourni, surtout du neuvième au douzième siècle, une multitude de faits et de documens qu'on chercherait vainement ailleurs. Il n'en existe pourtant aucune traduction française, et les éditions même du texte original sont ou mutilées ou étrangement incorrectes. La première et la plus complète fut publiée en 1619, par Duchesne, dans sa collection des *Historiens de Normandie*; elle fourmille de fautes. Le savant dom Brial en a donné un extrait revu avec soin dans le douzième volume des *Historiens de France*; mais ce n'est qu'un extrait, et la correction du texte laisse encore beaucoup à désirer. Enfin dom Guillaume

Bessin, moine de Saint-Ouen à Rouen, et François Dujardin, prieur de Saint-Évroul, avaient rassemblé, vers le commencement du dernier siècle, de nombreux matériaux pour une nouvelle édition d'Orderic Vital; mais cette utile entreprise n'a point eu de résultat.

Les hommes éclairés desirent donc depuis long-temps, mais en vain, une traduction de cet important ouvrage, faite sur un texte complet et correct. Une circonstance heureuse et les travaux d'un homme de lettres distingué nous mettent aujourd'hui en état de satisfaire à ce desir. En 1799, M. Louis Du Bois, alors bibliothécaire de l'école centrale de l'Orne, découvrit un manuscrit d'Orderic Vital, auquel manquaient malheureusement les premiers livres, mais qui donnait les cinq derniers, c'est-à-dire les plus curieux, avec beaucoup plus de correction et d'étendue qu'aucun de ceux dont on avait fait usage auparavant. Tout porte même à croire que ce manuscrit est autographe, et M. Louis Du Bois en a donné les preuves dans une notice insérée dans le *Magasin encyclopédique* du mois de prairial an VIII (1800; tom. I, p. 210). Depuis cette époque, M. Louis Du Bois n'a cessé de faire, de l'historien de Saint-Évroul, l'objet particulier de ses études. Il a rédigé l'article ORDERIC VITAL dans la *Biographie universelle*, et y a inséré beaucoup d'utiles renseignemens. Normand lui-même, auteur de plusieurs ouvrages sur cette province, et profondément versé dans ses antiquités, il s'est appliqué à examiner toutes les éditions d'Orderie, à les collationner avec le manuscrit original, à éclaircir les passages obscurs, à rectifier les noms propres, les noms de lieux; il a même recueilli les travaux inédits de quelques savans bénédictins, et est ainsi parvenu à préparer enfin une version claire et complète du prince des historiens de son pays.

C'est à l'aide de tous ces travaux de M. Louis Du Bois, et avec son concours, que notre traduction a été entreprise; nous sommes loin de croire qu'elle fasse disparaître toutes les lacunes, toutes les obscurités; les manuscrits ont subi trop de mutilations pour qu'on puisse se promettre tant de succès; mais, nous ne craignons pas d'affirmer qu'elle fera connaître plus exactement et plus complétement qu'aucune des éditions précédentes, et l'ouvrage d'Orderic Vital et les temps qu'il a racontés. L'historien et l'époque méritent à coup sûr l'attention de tous les hommes éclairés; les onzième et douzième siècles sont peut-être, en France, ceux dont les monumens sont les plus insuffisans et les plus rares; l'ouvrage d'Orderic Vital est sans contredit le plus précieux qui nous en reste; c'est un historien soigneux, bien instruit, qui s'est appliqué à rechercher les faits, en a rassemblé un grand nombre, les raconte simplement, et peint souvent, avec une attachante naïveté, les mœurs de ses contemporains. S'il nous manquait, l'histoire de cette époque serait, à plusieurs égards, inintelligible ou inconnue; c'est assez dire quelle est son importance, soit en lui-même et pour la Normandie, soit pour l'histoire générale de la France. On y trouve les plus grands événemens du moyen âge : le siècle mémorable de Charlemagne et de ses successeurs immédiats, la défaite des Sarrasins par Charles-Martel, les invasions des hommes du Nord qui, pendant plus de cent années, ravagèrent le littoral et même l'intérieur de la France, l'établissement de Rollon en Neustrie et la création du duché de Normandie, les longues guerres entre les Normands et les Français, la conquête de l'Angleterre et l'histoire de Guillaume-le-Conquérant, la croisade qui ouvrit aux Chrétiens d'Occident les portes de Jérusalem, etc.

L'*Histoire de Normandie* sera encore un des plus intéressans ouvrages de la *Collection de Mémoires* que nous avons entrepris de publier sous la direction de M. Guizot.

L'*Histoire de Normandie*, imprimée à petit nombre sur un papier, et avec des caractères semblables à ce prospectus, formera au moins trois vol. in-8°. et quatre au plus; chaque volume est fixé à 6 fr. pour les souscripteurs avant la publication de la première livraison, et à 7 fr. pour les personnes qui ne se seraient pas fait inscrire avant la mise en vente, fixée au 15 juin prochain pour les deux premiers volumes. Le prix des exemplaires en papier vélin est de 10 fr. le volume.

*On souscrit, sans rien payer d'avance:*

A CAEN,

Chez MANCEL, libraire, éditeur des *Antiquités Normandes*.

NOTA. Les personnes qui ne pourraient souscrire dans leur ville sont priées d'adresser, revêtu de leur signature, un engagement de souscription semblable au modèle qui se trouve à la fin de ce *Prospectus*; elles recevront l'ouvrage à domicile.

## On souscrit également en Normandie :

ALENÇON. — Poulet Malassis.  
AVRANCHES. — Quespel.  
BAYEUX. — Lefrançois.  
COUTANCES. — Voisin.  
DIEPPE. — Marais fils, aîné.  
EVREUX, —Despierres dit Lalonde.  
GRANVILLE. — Scyty.  
LE HAVRE. — Chapelle.  
Idem. — Faure, imprimeur.  
HONFLEUR. — Dubois, Gervais.  
ROUEN. — Frère.  
Idem. — Renault.  
Idem. — Vallée.  
SAINT-LO. — V<sup>e</sup> Gaumont.

### PARIS.

BRIÈRE, rue Saint-André-des-Arts, n° 68.  
ARTHUS BERTRAND, rue Hautefeuille.  
BOULLAND-TARDIEU, rue du Battoir.  
BOSSANGE frères, rue de Seine.  
BOSSANGE père, rue de Richelieu.  
BLAISE, rue Férou.  
FIRMIN-DIDOT, rue Jacob.  
PONTHIEU, Palais-Royal.  
RENOUARD, rue de Tournon.  
RAYNAL, rue Pavée-Saint-André-des-Arts.  
RENARD, à la Librairie du commerce.  
TREUTTEL ET WURTZ, rue de Bourbon.

### LONDRES.

AUGUSTE PUGIN, 105, Great-Russel-street, Bloomsbury.  
BOSSANGE.  
MURRAY, Albemarle street.  
TREUTTEL ET WURTZ.  
REVINGTON, Waterloo place.

---

*Sous presse, pour paraître en 1825, chez* MANCEL.

ITINÉRAIRE DESCRIPTIF, HISTORIQUE ET MONUMENTAL DE LA NORMANDIE, précédé d'un Précis de l'*Histoire de Normandie*, de la Géographie ancienne et nouvelle de cette province, et suivi, 1°. du Dictionnaire de toutes les villes, bourgs et communes rurales, contenant leur histoire, leur description, etc.; 2°. d'un Dictionnaire des Normands; 1 vol. in-8°. orné de plans et de cartes.

Un PROSPECTUS détaillé fera connaître la nature de cet ouvrage et l'époque précise de sa publication.

ARCHIVES DE LA NORMANDIE, ouvrage historique, monumental, littéraire et statistique (seconde année); in-8°. avec gravures.

HISTOIRE DE LA CONQUÊTE DE L'ANGLETERRE; par les Gallo-Normands; de sa cause et de ses suites, jusqu'à nos jours, en Angleterre, en Écosse, en Irlande, et sur le Continent; par Augustin Thierry; 3 vol. in-8°. imprimés par Firmin Didot, avec cette épigraphe, tirée d'un poète anglais :

« Les gens venus de Normandie habitent encore parmi nous, « et y habiteront toujours. Des Normands descendent les hauts « personnages de ce pays, et les hommes de basse condition « sont fils des Saxons. »

PLAN DE LA VILLE DE CAEN; dressé sous la direction des ponts et chaussées; gravé par M. Ambroise Tardieu.

CHRONIQUE ET CHANTS NEUSTRIENS; 1 vol. in-8°. orné d'un portrait de Guillaume-le-Conquérant. — Paraîtra en février prochain.

## OUVRAGES DE FONDS.

ANTIQUITÉS ANGLO-NORMANDES; traduites de l'anglais par M. Léchaudé d'Anisi. L'ouvrage formera 6 livraisons, in-8°. grand raisin; chaque livraison contiendra 7 dessins lithographiés. Papier ordinaire,                       5 fr.
— In-8°. vélin avec les principaux dessins sur papier de chine,
                                                               7 fr. 50 c.
— In-4°. tiré à petit nombre,                              12 fr.
La cinquième livraison est en vente.

ARCHIVES DE LA NORMANDIE, publiées par M. Louis Du Bois; in-8°., 4 figures; première année,              fr.

ESSAIS HISTORIQUES sur la ville de Caen et son arrondissement; par M. l'abbé Delarue; 2 vol. in-8°. ornés de 8 dessins lithographiés. Prix :                                          20 fr.
— Les dessins séparément,                                5 fr.
— Idem. 2 vol. in-4°. tirés à 12 exemplaires, avec beaucoup de dessins,                                                  60 fr.

ŒUVRES COMPLÈTES DE MALFILATRE; in-8°.           4 fr.

Discours prononcé à la distribution des prix du collége royal de Caen, par M. Gibon; in-8°. vélin, 1 fr.

Tableaux synoptiques des Acides minéraux, végétaux et animaux; par M. Bacon; 3 feuilles grand raisin. Prix : 3 fr.

Gallia Christiana, tome XI, comprenant la province de Normandie; in-fol., 35 fr.

*Ayant acquis le reste de l'édition je pourrai fournir ce volume séparément aux personnes qui font collection d'ouvrages sur la Normandie.*

Notice sur Dieppe; in-8°. ornée de dessins lithog. Prix : 5 fr.

## OUVRAGES DIVERS.

Collection des Historiens de France, publiée par M. Guizot; 30 vol. in-8°. Prix de chaque vol. 6 fr.
16 vol. paraissent.

Rollin, OEuvres complètes; 30 vol. in-8°. et atlas, 180 fr.

Crevier, *Histoire des Empereurs*; 8 vol. in-8°. — Le premier vol. est en vente. Prix : 6 fr.

Lebeau, *Histoire du Bas-Empire*; 13 vol. in-8°. Prix de chaque vol., 6 fr. Ces ouvrages sont imprimés par M. Firmin Didot.

Ségur, OEuvres complètes; 30 vol. in-8°.; édition imprimée avec le plus grand soin, ornée de trois atlas. — 10 vol. sont en vente. Prix de chaque vol. : 7 fr. 50 c.

Nota. On reprendra en échange l'*Histoire Universelle* aux personnes qui souscriront pour les œuvres complètes.

---

*Je soussigné, déclare souscrire pour    exemplaire de l'*Histoire de Normandie *d'*Orderic Vital*, publiée par M. Guizot, et m'engage à retirer et à payer chaque livraison au fur et à mesure qu'elle paraîtra.*

---

PARIS, DE L'IMPRIMERIE DE A. BELIN,
rue des Mathurins-Saint-Jacques, n°. 14.

# COLLECTION
# DES MÉMOIRES

RELATIFS

## A L'HISTOIRE DE FRANCE.

---

*HISTOIRE DE NORMANDIE, PAR ORDERIC VITAL,*
*TOME I.*

PARIS, IMPRIMERIE DE A. BELIN,
rue des Mathurins-Saint-Jacques, n. 14.

# COLLECTION
# DES MÉMOIRES

RELATIFS

## A L'HISTOIRE DE FRANCE,

DEPUIS LA FONDATION DE LA MONARCHIE FRANÇAISE JUSQU'AU 13ᵉ SIÈCLE;

AVEC UNE INTRODUCTION, DES SUPPLÉMENS, DES NOTICES
ET DES NOTES;

Par M. GUIZOT,

PROFESSEUR D'HISTOIRE MODERNE A L'ACADÉMIE DE PARIS.

A PARIS,

CHEZ J.-L.-J. BRIÈRE, LIBRAIRE,
RUE SAINT-ANDRE-DES-ARTS, Nº 68.

1825.

# PROLOGUE.

Dès les siècles antiques, nos ancêtres considérèrent avec prudence le cours des siècles fugitifs, et remarquèrent les biens ou les maux que, suivant la conduite des hommes, les divers temps leur amenaient. Ce fut pour être utile à la postérité qu'on les vit accumuler volumes sur volumes : nous en sommes convaincus en voyant ce qui a été fait non seulement par Moïse, par Daniel, et par divers écrivains sacrés, mais aussi par Darès le Phrygien, par Trogue-Pompée et les autres historiens des Gentils ; nous ferons la même observation par rapport à Eusèbe de Césarée, à Paul Orose, à l'Anglais Bède, à Paul du Mont-Cassin [1], et aux autres auteurs ecclésiastiques. Leurs récits font mes délices : je loue, j'admire même l'élégance et l'utilité de leur méthode de composition ; je ne peux donc qu'exhorter les sages de notre temps à profiter du résultat de leurs travaux importans. Toutefois, comme il ne m'appartient pas de commander à qui que ce soit, je me borne à fuir une oisiveté stérile, et, m'exerçant à quelque entreprise autant que le comporte ma faiblesse, je ferai tous mes efforts pour être agréable à mes seuls supérieurs. Autant qu'il peut dépendre de moi, j'ai essayé d'écrire, d'après les ordres de Roger, abbé de Saint-Evroul [2], le récit

---

[1] Paul, diacre.

[2] Nous donnons à cette abbaye le nom de Saint-Évroul, qui a pré-

de la restauration de ce monastère, et de m'exprimer avec franchise sur le compte des grands, bons ou méchans, de ce siècle pervers, tout dépourvu que je suis de savoir et d'éloquence, mais soutenu par l'intention de ma bonne volonté. Je parlerai des choses que nous voyons ou que nous souffrons. Assurément il est tout-à-fait convenable que les événemens qui arrivent journellement soient écrits à la louange de Dieu, et qu'ainsi que nos ancêtres nous ont transmis les faits anciens, les contemporains fassent aussi parvenir à la postérité les choses mémorables dont ils sont témoins.

Simple fils de l'Eglise, je me dispose à parler avec sincérité des affaires ecclésiastiques, et, suivant avec soin nos anciens Pères, autant que mes faibles efforts peuvent me le permettre, je tâcherai de découvrir et de mettre au jour tous les événemens modernes qui concernent le christianisme. C'est pourquoi je me détermine à donner à cet ouvrage sans conséquence le titre d'*Histoire ecclésiastique*. Quoique je ne doive pas m'occuper de rechercher ce qui s'est passé à Alexandrie, à Rome, ou dans la Grèce, puisque, moine confiné dans un cloître d'après mes propres vœux, je suis forcé de suivre sans infraction la règle monachale, cependant, avec l'aide de Dieu, je travaille à présenter à l'examen de nos descendans les événemens que j'ai vus de mon temps, et ceux qui, arrivés dans les contrées voisines, sont parvenus à ma connaissance. C'est avec fermeté que je

---

valu, quoique Orderic Vital dise toujours le monastère ou l'abbaye d'Ouche (*Uticum*, ou *Uticense cœnobium*). Le Roger dont il s'agit ici est Roger du Sap, sixième abbé connu de cette maison.

porte mes conjectures sur les faits passés, jusqu'à ce qu'il vienne quelqu'un qui, doué de plus de sagacité que moi, et propre à juger sainement les choses et les faits de toute espèce qui se passent sur la terre, puisera peut-être dans mes tablettes, et dans les écrits de mes pareils, de quoi composer dignement son histoire et ses récits pour l'instruction de la postérité.

Ce qui m'inspire le plus de confiance, c'est que j'ai commencé mon ouvrage par les ordres de Roger, vénérable vieillard, et que c'est à vous, Guérin, mon digne père, à vous qui lui succédez légitimement d'après les lois de l'Eglise, que j'en offre l'hommage, afin que vous en effaciez les choses superflues, que vous en corrigiez les erreurs, et que vous le fortifiiez ensuite de l'autorité de vos lumières. Ainsi je vais commencer à parler du principe de toutes choses qui n'a point eu de commencement¹, avec l'aide duquel je tâcherai de parvenir à la fin sans terme de mon entreprise, bien déterminé que je suis à chanter éternellement avec nos supérieurs les louanges de Dieu, l'alpha et l'oméga de tout ce qui existe.

¹ *Ordior de principio sine principio*, jeu de mots qui en amène un second dans la même phrase : *Ad ipsum finem sine fine pervenire desidero*.

# HISTOIRE DE NORMANDIE.

## PREMIÈRE PARTIE.

Récit succinct des événemens qui, depuis l'incarnation du Sauveur jusqu'à l'année 1140, ont eu lieu par ordre d'Empereurs, de Rois et de Pontifes romains.

## LIVRE PREMIER.

Le Verbe tout-puissant, par lequel Dieu le père a formé toutes choses, est comme une vigne véritable que ce suprême père de famille, après l'avoir plantée, cultive du matin jusqu'à onze heures, à l'aide des ouvriers qu'il y admet, afin d'en pouvoir recueillir une plus abondante vendange. Il ne cesse en aucun temps de donner ses soins à cette vigne, qui est la sainte Eglise, et d'en propager les nobles provins dans tout l'univers. C'est lui qui est le véritable roi des siècles, le vrai pontife des biens à venir, le maître des hommes et des anges, offrant ineffablement l'onction de l'huile de la béatitude à tous ceux qui suivent ses préceptes, ange lui-même, prodiguant ses dons paternels et ses précieux conseils. Selon les oracles des prophètes, qui, instruits par le Saint-Esprit, brillèrent comme des astres lumineux dans la nuit du siècle, et, semblables au coq matineux qui réveille par ses chants les mortels endormis, prédirent les mystères de la venue du Sauveur, Dieu fit choix, entre des milliers de femmes, de Marie, reine des vierges, issue de la famille du roi David, et la rendit mère, à jamais glorieuse, de la plénitude de toutes les vertus. Ainsi cette généreuse Vierge, que décorait l'éclat de tant de qualités, mariée par l'ordre de Dieu à un juste, à Joseph, après avoir reçu la salutation de l'archange Gabriel, devenue grosse par l'opération du Saint-Esprit, conçut sans péché et mit au monde sans douleur, le 8 des calendes de janvier (25 décembre), le Sauveur appelé par les vœux de toutes les nations de la terre.

Ainsi naquit à Bethléem, ville de Juda, notre Seigneur Jésus-Christ, qui fut inscrit sur le premier tableau du dénombrement, pendant que Cyrin gouvernait la Syrie, et selon l'ordre de toutes les prophéties qui l'avaient annoncé. Conformément à ce que rapportent les véridiques Écritures, des signes éclatans parurent au ciel à la naissance du Christ. Les anges se félicitant pieusement du salut de l'humanité chantèrent : « Gloire à Dieu dans le plus haut des « cieux, et paix sur la terre aux hommes de bonne « volonté ! »

Ce fut donc l'an quarante-deux [1] du règne d'Au-

---

[1] Nous remarquons une fois pour toutes que la chronologie d'Orderic Vital est très-fautive. Même aujourd'hui les systèmes de chronologie ne sont pas toujours d'accord ; ils l'étaient bien moins encore à l'époque

guste, vingt-huit ans après la mort de Cléopâtre et d'Antoine, époque à laquelle l'Égypte devint province Romaine, l'an trois de la cent quatre-vingt-treizième olympiade, dans l'année 752 de la fondation de Rome, c'est-à-dire au moment où, par l'ordre de Dieu, César Auguste, ayant comprimé les révoltes et les agitations de tous les peuples, avait rendu à l'univers une paix générale et complète, ce fut alors que Jésus-Christ, fils de Dieu, consacra par son avénement le sixième âge du monde.

De la création à la nativité du Christ on compte, selon le texte authentique des Hébreux, trois mille neuf cent cinquante-deux ans ; mais, d'après le calcul d'Isidore [1], évêque de Séville, et de quelques autres savans, il faut porter le nombre de ces années à cinq mille cent cinquante-quatre. La supputation d'Eusèbe de Césarée et de saint Jérôme donne cinq mille deux cent trente-un ans, depuis Adam jusqu'à la dix-huitième année de l'empereur Tibère, pendant laquelle eut lieu la passion de Jésus-Christ.

Que toute la multitude des croyans se réjouisse dans le Saint-Esprit ; qu'elle adore sans cesse l'éternel Créateur ; qu'elle lui fasse de tout son pouvoir un sacrifice de louanges ; il a permis l'incarnation de son

---

où écrivait Orderic Vital. *L'Art de vérifier les dates*, que nous suivons communément, place l'Annonciation au 25 mars de l'an 747 de la fondation de Rome, la quarantième année de l'ère Julienne, la trente-neuvième du règne d'Auguste depuis la mort de Jules-César, la deuxième de la cent quatre-vingt-treizième Olympiade, et la quatre mille sept cent huitième de la période Julienne, c'est-à-dire, cinq ans neuf mois et sept jours avant l'ère vulgaire ; et la naissance de Jésus-Christ au 25 décembre suivant.

[1] Sa chronique commence à la création du monde et se termine à l'an 626 de l'ère vulgaire.

fils unique, co-éternel et consubstantiel avec lui et avec le Saint-Esprit; il a racheté de la mort la plus légitime l'esclave du péché, par la mort imméritée de son propre fils! Créateur clément, il fut affligé de voir la chute de son ouvrage qu'il avait fait à son image et ressemblance. Dans l'inestimable conseil de sa bonté inépuisable, il résolut d'envoyer son fils, égal à lui, pour visiter l'esclave condamné au cachot, pour l'arracher à la captivité, pour le rapporter avec tendresse sur ses épaules au sein du troupeau, et pour réjouir, par le rétablissement de leur nombre, les neuf chœurs des anges. Ainsi, fait homme, le fils de Dieu resta ce qu'il était en devenant ce qu'il n'était pas, et ne souffrant aucun mélange ni aucune division, gouvernant tout par sa divinité avec son père et le Saint-Esprit, et souffrant toutes les infirmités de notre chair dont il avait pris l'humanité, il observa inviolablement la loi que, par l'organe de Moïse, il avait donnée aux Hébreux, et le saint législateur suivit en toutes choses les règles de la justice. En effet, il fut circoncis huit jours après sa naissance, et, conformément aux lois, il fut présenté à son père dans le temple au bout de quarante jours.

Quoique la Vierge, mère du divin enfant, liât ses membres avec des langes et assujétît ses pieds et ses mains avec des bandelettes, quoique, caché obscurément dans une étroite crèche, il fît entendre les cris de l'humaine misère à laquelle son père l'avait soumis, il n'en parut pas moins un dieu auguste par la naissance d'un nouvel astre qui s'éleva dans les cieux. Cherché dans Bethléem par les mages de l'Orient que l'inspiration divine y conduisit, et trouvé là dans un humble berceau, il y fut adoré comme le maître du monde. Ces mages prudens lui apportèrent les trois présens les plus précieux de leur trésor; ils offrirent au Christ l'or, l'encens et la myrrhe. Ils le proclamèrent ainsi le Roi souverain, le vrai dieu et l'homme mortel. Ainsi les prémices du choix des nations furent consacrées par les trois envoyés qui, de Saba et des autres contrées dispersées sur le globe, s'empressèrent de se rendre à Bethléem. Avertis en songe par un ange de ne pas aller à leur retour trouver Hérode, ils changèrent de chemin pour regagner avec joie les pays d'où ils étaient venus.

A l'époque de sa purification, la Vierge mère se présenta dévotement au temple, et offrit à Dieu le père son enfant que le vieillard Siméon, homme vraiment juste, reçut dans ses bras. L'heureux vieillard se réjouit en Dieu de ce qu'il voyait le sauveur des nations depuis si long-temps attendu. Le Saint-Esprit le lui fit reconnaître; il le prit dans ses mains; il l'annonça aux peuples comme le maître de la vie et de la mort, et le bénit aux acclamations de la foule qui témoignait son allégresse et son admiration.

La prophétesse Anne, fille de Phanuel, arriva pleine de joie. Cette vertueuse veuve reconnut le Christ, et proclama son avénement en présence de tous les spectateurs qui attendaient la rédemption de Jérusalem.

Ses parens firent l'offrande d'un couple de tourterelles ou de deux pigeons, qui figurent la chasteté pure et la douce simplicité de l'Eglise.

Ce fut ainsi que non seulement les anges des cieux, mais encore les mortels de tout âge et des deux sexes rendirent témoignage en faveur du Dieu incarné. Par la coopération du Saint-Esprit, la Vierge Marie conçut, enfanta, nourrit, et, grâces à son assistance, s'acquitta efficacement de toutes ses fonctions. Du sein même de sa mère, dans lequel il s'agita avec allégresse, Jean salua le Seigneur; et, par l'inspiration du Saint-Esprit, Elisabeth prophétisa trois fois la venue du Messie et la gloire de la Vierge Sainte. Les anges glorifièrent Dieu qui daignait s'incarner pour la rédemption des hommes, et se réjouirent de voir leur nombre s'accroître par l'effet de ce rachat dont ils sont les témoins. Instruits par la visitation angélique, les pasteurs accourent à Bethléem et cherchent dans la crèche le pain de vie qui vient de descendre du ciel; ils trouvent, enveloppé dans de simples langes, l'enfant qui gouverne les cieux. A l'aspect de tant de merveilles qui leur révèlent le Christ, ils ouvrent leur cœur à la joie et à l'admiration. Zacharie et Siméon, tous deux justes, tous deux vieillards, confessent le Sauveur et prédisent ce qui doit lui arriver; la bienheureuse Anne oublie le fardeau des années pour partager fidèlement la tendre émotion qu'ils éprouvent.

Cependant, au récit de tant d'événemens extraordinaires, à l'aspect du bonheur et de la joie des gens de bien, l'impie Hérode est contristé. Il ordonne que, dans Bethléem et dans tous les environs, on livre au massacre tous les enfans qui n'ont pas accompli leur deuxième année. Jésus passa en Egypte avec Joseph et sa mère immaculée, tandis que la fureur d'Hérode versait cruellement le sang de tant d'enfans, et que les champs de Bethléem étaient affligés du meurtre de l'innocence ; mais le Christ fit parvenir ceux qui avaient été égorgés pour lui à la céleste cour, où ces bienheureux jouissent de la gloire éternelle.

Le Sauveur passa sur la terre trente-deux ans et trois mois, mais exempt de péché, étranger au mensonge. Seul, parmi les morts, il fut trouvé sans souillure et sans péché.

Au commencement de sa trentième année, il se rendit sur les bords du Jourdain; il en sanctifia les eaux par le baptême qu'il y reçut des mains de Jean, et donna ainsi à ceux qui le suivaient l'exemple de l'humilité la plus parfaite. Le baptême et les prières de Jésus ouvrirent les cieux : revêtu de formes matérielles, on vit le Saint-Esprit, sous la figure d'une colombe, descendre du haut des cieux ; et, de cette auguste voûte, la voix du père éternel se fit entendre en ces mots : « Voici mon fils chéri dans lequel je « me suis toujours complu. » Ce fut avec raison que Jean s'éleva au dessus des enfans des femmes, puisque ce fut par ses mains que le Christ voulut être baptisé. Ainsi se rendit visible l'invisible Saint-Esprit, et Dieu le père annonça son fils du haut des cieux ; ainsi, dans le baptême du Sauveur, le mystère de la trinité fut rendu sensible au bienheureux précurseur.

Notre-Seigneur Jésus-Christ prit à douze ans place dans le temple, au milieu des docteurs où il voulut qu'on le trouvât, non pas enseignant, mais interrogeant. Parvenu à sa trentième année, il fut baptisé, et depuis il manifesta par des miracles sa divine mission. Pendant trois ans il s'annonça par des miracles, il instruisit ses disciples. Cette période triennale nous révèle le sacrement du baptême, selon notre croyance en la sainte trinité, et complète les lois du décalogue. Ainsi notre divin législateur avertit les hommes de ne pas oser parler en public ni prêcher tant qu'ils sont trop jeunes encore, ni rechercher avec témérité les honneurs et les dignités ; mais d'attendre humblement que, tout en étudiant pour instruire les autres, le temps les ait rendus propres au sacerdoce.

Maintenant examinons, et, dans nos écrits véridiques, résumons en peu de mots cette somme de miracles que notre Seigneur Jésus-Christ continua de faire et qui sont rapportés dans les quatre Evangiles ; ces merveilles en seront reconnues avec plus de facilité et l'esprit les saisira mieux. Je suivrai donc, d'après les récits des quatre évangélistes, l'enchaînement des événemens. Je desire les exposer avec concision, grâce à l'assistance de celui qui fait, à la langue même des enfans, le don de l'éloquence.

Puisque je dois m'occuper de chronographie, il est à propos que je commence par employer mes efforts et mes soins à fixer la certitude des époques, ainsi que les saints évangélistes et les autres historiens les ont depuis long-temps débrouillées dans leurs écrits.

Neveu et héritier de Caïus Jules César par sa sœur Octavie, Octavien César Auguste, second empereur des Romains, régna cinquante-six ans et six mois ; ce fut dans la quarante-deuxième année de son règne que le Christ vint au monde.

Tibère, beau-fils d'Auguste, fils du premier mari de sa femme Livie, régna vingt-trois années, dans la dix-huitième desquelles le Christ racheta le monde par sa Passion.

Après la mort d'Hérode, fils d'Antipater d'Ascalon, et qui usurpa le trône de Judée durant trente-quatre années, Archelaüs, son fils, exerça sur les Juifs une tyrannie de dix ans. Ainsi que nous le dit saint Matthieu, ce fut par crainte de ce prince que, après le retour d'Égypte, exécuté conformément aux ordres d'un ange, Joseph se retira en Galilée avec Jésus et la Vierge Marie et alla s'établir à Nazareth. Cependant Archelaüs, accusé auprès d'Auguste d'un excès de cruauté, fut destitué et alla mourir dans un exil perpétuel à Vienne, ville des Gaules : afin d'affaiblir le royaume de Judée, l'empereur eut soin de le partager entre les frères d'Archelaüs qui devinrent de simples tétrarques.

Dans la douzième année du règne de Tibère, Pilate fut envoyé en Judée comme gouverneur de cette contrée et y conserva le pouvoir pendant dix ans, à peu près jusques à la mort de l'empereur.

Hérode, Philippe et Lysanias, comme le rapporte saint Luc, gouvernaient la Judée avec Pilate; ils étaient fils d'Hérode le vieux, sous le règne duquel naquit le Sauveur.

Tout le temps pendant lequel Notre-Seigneur prêcha sur la terre est borné à l'espace de quatre ans. En effet, d'après Flavius Josèphe, le pontificat des Juifs fut alors occupé, à la déposition d'Anne, dans une ligne continue de succession, par Ismaël fils de Boffi, par Éléazar fils du pontife Ananias, par Simon fils de Canuse, et par Joseph Caïphe qui prophétisa que Jésus mourrait pour le peuple.

Eusèbe de Césarée, comptant de la sixième année du règne de Darius qui succéda à Cyrus et à Cambyse, lorsque l'on termina les travaux du temple, jusques à

Hérode et Auguste, trouve dans Daniel soixante-neuf semaines qui composent quatre cent quatre-vingt-trois jours au moment où le Christ, c'est-à-dire Hircan, nouveau pontife de la famille des Macchabées, fut assassiné par Hérode et mit fin à la succession légitime des pontifes. Hippolyte compte deux cent trente années de l'empire des Perses et trois cents de celui des Macédoniens.

D'après ses calculs, il trouve trente années jusqu'à Jésus-Christ, c'est-à-dire cinq cents soixante depuis le commencement de Cyrus, roi des Perses, jusqu'à l'avénement du Sauveur; éclairé par ses recherches sur la série des siècles, je fais connaître au lecteur studieux que ce soleil de justice parut dans le sixième âge, à la première heure de ce siècle. Ainsi je commencerai le travail que j'ai entrepris sur mon Sauveur, dans la bonté toute-puissante duquel je mets ma confiance. C'est pourquoi j'invoque avec foi les secours qui me sont nécessaires pour terminer dignement à sa louange les entreprises où je m'engage.

Rempli de l'Esprit-Saint, Jésus quitta les bords du Jourdain pour entrer en Galilée. C'est là que le troisième jour il fut à Cana, avec ses disciples, invité à se trouver à des noces. Le vin venant à manquer, il fut prié par sa mère d'y suppléer : alors il ordonna de remplir d'eau six vases d'un grand volume, et l'ayant changée en vin il ordonna à l'architriclin de les faire apporter par les serviteurs. C'est par ce miracle qu'il commença à manifester sa gloire à ses disciples, leur désignant ainsi le changement de l'intelligence charnelle dans l'ancienne loi et le renouvellement de la vie par la grâce du Saint-Esprit.

Jésus fut conduit ensuite par l'Esprit-Saint dans le désert vers une haute montagne. Il fut tenté par Satan qui voyait en lui l'homme de la justice incomparable. Il jeûna pendant quarante jours et quarante nuits, et par son exemple enseigna comment les justes peuvent, au moyen du jeûne et de la prière, déjouer les embûches de toute l'engeance des démons.

L'ancien serpent avait, par la gourmandise, la vaine gloire et la cupidité, triomphé d'Adam; il tenta d'user de nouveaux artifices, et fut triplement vaincu et obligé de prendre la fuite. Alors les anges descendirent des cieux et présentèrent leurs hommages au fils de Dieu, qui récompensera dans le paradis, par une joie éternelle, les vainqueurs de Satan.

Le Sauveur, avec sa mère et ses frères, descendit à Capharnaüm et n'y resta que peu de jours. La Pâque approchant, il partit de là pour se rendre à Jérusalem et s'y présenta au temple. Il y trouva réunis beaucoup d'hommes occupés à vendre des brebis, des bœufs et des colombes; des banquiers aussi y exerçaient leur trafic; brillant admirablement de tout l'éclat de la divinité, il les chassa tous du lieu saint.

Un grand nombre de personnes qui se trouvèrent à la fête de la Pâque furent témoins des miracles que Jésus opérait, et ils crurent en son nom. Alors le Pharisien Nicodème, l'un des principaux entre les Juifs, alla le trouver pendant la nuit pour avoir avec lui un secret entretien. C'est ainsi qu'il mérita d'être instruit sur les vertus du baptême, sur la régénération par l'eau et par l'Esprit saint, sur la descente du Christ et son ascension, sur l'exaltation typique du serpent d'airain, et sur le sacrifice de la passion du fils de l'homme.

Après ces événemens, le Sauveur entra dans la Judée ; là il demeura avec ses disciples et opéra plusieurs merveilles pour le salut de l'humanité. Cependant Jean baptisait à Énon près de Salim, où se trouvait une grande abondance d'eau. Il y rendit un témoignage véridique sur le Christ, afin de mettre un terme aux recherches de ses disciples et des Juifs. Ensuite Jésus quitta la Judée, se rendit de nouveau en Galilée et passa par Samarie.

Dans une ville que l'on appelle Sichar existait une fontaine nommée la Fontaine de Jacob, près de l'héritage que ce patriarche avait donné à Joseph son fils. Jésus, fatigué de la longueur du chemin, s'assit sur le bord de la fontaine vers la sixième heure et s'y entretint mystiquement avec une femme du pays. Les Samaritains accueillirent le Sauveur avec une grande allégresse, et à force de prières le retinrent deux jours avec eux ; plusieurs même d'entre eux remplis de dévotion crurent en lui.

C'est de là que Jésus, guidé par la vertu du Saint-Esprit, passa en Galilée ; toute la contrée fut bientôt remplie de son nom et de sa renommée ; il y prodiguait les instructions dans les synagogues, et chacun s'empressait de le glorifier.

Un jour de sabat, il entra dans la synagogue de Nazareth pour y faire la lecture. Il s'y montra lecteur excellent ; il ouvrit le livre du prophète Isaïe et y lut le pronostic qu'il y trouva : « L'esprit du Seigneur est « sur moi, c'est pourquoi il m'a donné l'onction et m'a « envoyé annoncer l'Evangile aux pauvres. » Ayant reployé le livre il le rendit au ministre de la prière, s'assit et dit : « Ce que vous venez d'entendre de vos « propres oreilles s'accomplit aujourd'hui. » On admirait dans ses paroles une certaine grâce qui semblait couler de sa bouche.

Le divin Sauveur rendit témoignage que nul prophète ne reçoit dans sa patrie les honneurs qui lui sont dus. Se reportant aux anciens événemens, il rapporta comme un exemple véridique que, dans un temps de famine, Elie n'avait été envoyé que pour la femme de Sarepta, quoiqu'il y eût alors beaucoup de veuves dans Israël, et que du temps du prophète Elisée, le syrien Naaman avait été seul purifié dans le Jourdain, au milieu d'un grand nombre de lépreux abandonnés à leurs douleurs et à leur indigence.

Tous ceux qui étaient dans la synagogue pour entendre la parole de Dieu furent remplis de colère. Ils se soulevèrent à ces paroles, qu'ils regardèrent comme sacriléges. Dans leur fureur, ils traînèrent hors de la ville le seul médecin qui pût sauver leurs ames.

Ils le conduisirent, pour l'en précipiter, jusqu'au sommet de la montagne sur laquelle est construite leur ville. Il n'en passa pas moins au milieu d'eux, et de là descendit à Capharnaüm. Il vint de nouveau à Cana en Galilée. Un officier dont le fils était malade, ayant appris que Jésus arrivait de la Judée, le pria de descendre chez lui et de guérir son enfant. Jésus lui dit : « Allez, votre fils est rendu à la vie. » Aussitôt le malade se rétablit. Le père crut aux paroles du Sauveur, retourna le lendemain dans sa demeure, et y trouva toute sa famille qui se réjouissait de la guérison du malade. Ayant ainsi reconnu tout ce qui était arrivé, cet homme et toute sa maison crurent au Sauveur. Selon ce que rapporte Saint-Jean, ce miracle est le second qu'ait opéré Jésus à son retour de Judée en Galilée.

Jésus ayant quitté Nazareth, qui signifie une fleur, résida à Capharnaüm, qui s'interprète par ville très-belle, et qui désigne l'Eglise. C'est de Nazareth que le Christ a été appelé Nazaréen. Cette petite ville est située en Galilée près du mont Thabor. Quant à Capharuaüm, cette place forte de la Galilée touche à l'étang de Gennésareth, sur les confins des tribus de Zabulon et de Nephtali, où les Hébreux furent, pour la première fois, réduits en captivité par les Assyriens.

Jésus commença ses prédications parce que la parole suit la voix, et que l'Evangile succède à l'ancienne loi, de même que le soleil à l'aurore. « Faites pénitence, dit-il, car le royaume des cieux approche. »

Jésus étant allé vers la mer de Galilée, rencontra Simon-Pierre et André son frère, et les fils de Zébédée, Jacques et Jean. Il les appela : aussitôt, ayant abandonné leurs filets, tous quatre le suivirent. Simon signifie obéissant, Pierre, reconnaissant, André, fort ou viril, Jacques, supplantateur, et Jean, grâce de Dieu. Ces interprétations sont parfaitement d'accord avec les saints prédicateurs. En effet, sans obéissance nul ne parvient jusqu'au Seigneur, personne ne persévère sans force, et celui qui supplante les vices soumet tout le bien qu'il possède à la grâce de Dieu.

Jésus parcourait toute la Galilée, répandant ses instructions dans les synagogues, prêchant l'Evangile de son règne et guérissant, dans le peuple, toute maladie et toute infirmité. Bientôt sa réputation se répandit dans toute la Syrie, contrée qui s'étend de l'Euphrate à la grande mer, et depuis la Cappadoce jusqu'à l'Egypte. On lui présenta tous ceux qui souffraient de diverses maladies, soit de l'ame, soit du corps, et ceux qui étaient en proie à des tourmens, c'est-à-dire à des douleurs aiguës, ceux qui étaient possédés du démon, ainsi que les lunatiques et les paralytiques ; et il les guérit tous.

C'est pourquoi une foule nombreuse le suivit de la Galilée et de la Décapole, de Jérusalem, de la Judée et du pays au-delà du Jourdain, tous avec une intention différente. Les uns s'attachaient à lui comme disciples, à cause de sa céleste mission ; les autres pour obtenir la guérison de leurs infirmités ; ceux-ci par curiosité, au seul bruit de sa réputation, voulant éprouver s'il y avait quelque vérité dans tout ce que l'on rapportait ; ceux-là guidés par l'envie, cherchant à le prendre en faute et à l'accuser ; quelques-uns enfin ne suivaient ses pas que pour obtenir la nourriture du corps.

A l'aspect de tant de monde, Jésus gagna une montagne, et, s'y étant assis, ses disciples vinrent le trouver. Alors celui qui autrefois avait ouvert la bouche des prophètes, ouvrant la sienne à son tour, prononça un discours étendu qui était rempli de toutes sortes de perfections. Il éclaira l'intelligence et instruisit merveilleusement les apôtres, afin qu'ils sussent que celui qui, par la voix de Moïse, avait donné la loi sur le mont Sinaï, enseignait les siens en Galilée sur le mont Thabor, et les pénétrait de la perfection de toute justice. Il disserta amplement sur les huit béatitudes et sur les autres préceptes de la loi qu'il était venu, non pas détruire, mais accomplir. En effet, il dit que la nouvelle loi l'emportait sur l'ancien testament, puisqu'elle prescrivait à l'homme d'aimer même ses ennemis. Il parla de la miséricorde qui agit en secret, et fit connaître beaucoup d'autres avantages propres à rendre la vie plus parfaite. Ce véritable docteur des docteurs parla d'une manière incomparable du trésor qu'il faut placer dans le ciel, de l'impossibilité de servir deux maîtres à la fois, des oiseaux et des lys des champs, du fétu et de la poutre dans l'œil, des pierres précieuses qu'il ne faut pas jeter devant les pourceaux, de l'entrée dans la vie par la porte étroite, du soin qu'il faut prendre pour se garantir des faux prophètes, et de l'édifice qu'il faut construire sur la pierre.

Quand Jésus eut proféré les paroles de la perfection, tous les assistans admirèrent sa doctrine. En effet, il les enseignait comme Dieu, qui a la puissance sur toutes choses, non pas comme les Scribes et les Pharisiens, qui étaient soumis aveuglément à Moïse et ne pouvaient annoncer que ce qui avait été confié à leur incapacité.

Descendu de la montagne, le Sauveur fut suivi par une grande foule. Il toucha de la main un lépreux qui s'était prosterné pour l'adorer, et cet infortuné fut aussitôt guéri, et reçut l'ordre de se présenter devant les prêtres pour sacrifier selon la loi. C'est cet ordre qui insinue la nécessité de la confession et de la pénitence des péchés. A Capharnaüm, il approuva la foi du centenier, et guérit, après avoir prononcé quelques paroles, le fils de cet officier, lequel était étendu paralytique et contrefait.

Un jour de sabbat, pendant qu'il prêchait dans la synagogue, un démon s'écria par l'organe d'un homme : « Qu'y a-t-il, Jésus de Nazareth, entre vous et nous? « Vous êtes venu pour nous perdre ; je sais que vous « êtes le saint de Dieu. » Jésus le menaça en disant : « Garde le silence, et sors du corps de ce malheu- « reux. » Aussitôt le malin esprit, venant à se dissiper, se hâta de sortir, et, au grand étonnement de tous les assistans, ce possédé fut guéri.

Jésus ne tarda pas à quitter la synagogue ; il entra chez Simon, dans la maison duquel il trouva sa belle-mère travaillée des douleurs de la fièvre ; d'après l'invitation de ses amis, il lui toucha la main. Soudain, le mal ayant cessé, cette femme se leva guérie, et témoigna sa reconnaissance à son médecin céleste. Sur le soir, comme le soleil venait de se coucher, on lui présenta un grand nombre de démoniaques et d'autres personnes affligées de diverses maladies de langueur. Suprême médecin, il fit à chacun l'imposition des mains, proféra quelques paroles et rendit la santé à tous ceux qui en étaient privés. Par le coucher du soleil il faut entendre la mort du Seigneur, qui arriva quand les Gentils, qui étaient en la possession du démon, en furent délivrés par la foi, et que ceux qui étaient souffrans de la maladie du péché furent guéris par le remède d'une vie plus édifiante.

Comme il voyait autour de lui une grande foule qui restait, quoique le soir fût arrivé, il ordonna à ses disciples de traverser la mer, et lui-même montant sur une nacelle, il fut suivi par eux. Assurément il convenait que, comme il avait fait des miracles sur terre, il en fît aussi sur les flots, pour prouver qu'il n'était pas moins le maître de l'une que des autres. Entré dans le bateau, il permit que la mer s'agitât, que les vents vinssent à souffler la tempête, et que les ondes s'élevassent en tumulte. Quant à lui, il dormait de corps, mais il veillait d'esprit. A l'aspect du danger, ses disciples l'éveillèrent en disant : « Sei« gneur, sauvez-nous, nous périssons. » Alors, se levant, il commanda aux vents et aux flots, et aussitôt le plus grand calme succéda à l'orage. C'est ainsi que tous les jours encore le divin Sauveur se manifeste sur l'océan du siècle, quand le vaisseau de son Eglise est ballotté par les tempêtes de tant de tribulations diverses, et se trouve, pour ainsi dire, en péril par la gravité des circonstances ; mais, invoqué douloureusement et avec une foi sincère par les siens, il prodigue ses secours, il les soutient admirablement par la vertu de sa divinité, et sans cesse leur porte une efficace assistance au milieu des flots agités qui cèdent à sa voix.

Ayant passé de l'autre côté de la mer, dans la contrée des Géraséniens, deux hommes farouches, possédés du démon, sortirent d'un monument, et, accourant à lui, s'écrièrent : « Jésus, fils de Dieu, qu'y « a-t-il entre nous et vous? Etes-vous venu avant le « temps pour nous tourmenter? Si vous nous chassez, « envoyez-nous au moins dans un troupeau de pour« ceaux. » Il leur répondit : « Allez-y. » Aussitôt ils s'emparèrent de ces animaux, et précipitèrent tout le troupeau dans la mer. Ainsi ce troupeau, qui ne comptait pas moins de deux mille animaux, fut, par une légion de démons, jeté dans les flots où il trouva la mort. Cependant les porchers prirent la fuite, et, parvenus à la ville, annoncèrent tout ce qu'ils avaient vu. Ainsi, les hommes étant guéris et les pourceaux précipités, les Géraséniens, épouvantés outre mesure, sortirent tous de leurs murailles, et furent assez insensés pour prier le Seigneur de s'éloigner de leur contrée.

Gérasa est une ville d'Arabie au-delà du Jourdain, voisine du mont Galaad, laquelle fut au pouvoir de la tribu de Manassé; elle n'est pas éloignée du lac de Tibériade, où les pourceaux furent noyés. Son nom signifie, rejetant ses hôtes, ou l'étranger qui s'approche; ce qui s'entend des Gentils vers lesquels le fils de Dieu se rendait pour les sauver après avoir revêtu la forme humaine. Les deux individus que la légion de démons possédait sont l'image de deux peuples, les Juifs et les Païens, soumis à l'empire de tous les vices; ils habitaient dans les tombeaux, parce qu'ils obéissaient à des œuvres de mort, c'est-à-dire, au péché. La faiblesse de Satan se manifesta ici avec évidence; en effet, sans la permission de Dieu, il ne saurait nuire même aux plus vils animaux.

Il faut observer que, tandis que les prédestinés passent à la vie en se tournant vers le Seigneur, et se sauvent en usant du flambeau de leur raison, les idolâtres, enflés d'orgueil, souillés de vices, et réprouvés par leur attachement à la perversité, désignés ici par les pourceaux, sont condamnés à l'ordure dans le lac de leurs honteuses actions.

Jésus remonta sur une nacelle et se rendit à Capharnaüm. Aussitôt un grand nombre de personnes se présentèrent devant lui : elles remplirent la maison où il se trouvait pour écouter sa parole. C'est alors que quatre hommes apportèrent un paralytique, et déposèrent devant le Sauveur le grabat sur lequel il était couché : le Seigneur, plein de clémence, ayant reconnu la foi de ces hommes, remit au paralytique ses péchés, et, malgré les murmures des Scribes, lui dit : « Levez-vous, emportez votre lit et retournez dans « votre maison. » Aussitôt le paralytique se leva, se chargea de son grabat devant toute l'assistance, et se rendit chez lui.

De là Jésus, à son passage, appela à lui Matthieu, qui était assis à son bureau, lui dit de le suivre, et l'éleva de la charge de publicain au rang d'apôtre et d'évangéliste. Le Seigneur s'étant arrêté dans la maison de Lévi, les pharisiens murmurèrent et lui firent des reproches de ce qu'il mangeait avec des publicains et des pêcheurs ; mais ce bon docteur releva la malignité de leurs pensées, et, proférant une utile maxime, répondit : « Le médecin n'est pas nécessaire à « ceux qui se portent bien, mais à ceux-là qui sont « malades ; je ne viens pas appeler les justes, mais les « pécheurs. » C'est pourquoi il fréquentait la société de ces derniers afin d'inviter par ses instructions ceux qui l'invitaient lui-même, et les conduire ainsi au céleste banquet.

Pendant que Jésus s'entretenait avec les disciples de Jean, et qu'il était l'objet des réprimandes des pharisiens, qui lui demandaient pourquoi ses disciples ne jeûnaient pas comme ceux de Jean, il leur fit ces paraboles très-convenables des amis de l'époux qui ne peuvent être dans le deuil tant qu'il est avec eux ; de la pièce de drap neuf cousue à un vieil habit, et du vin nouveau qu'on ne met point dans de vieilles outres. C'est ainsi qu'il prouve qu'on ne saurait imposer l'observation de la nouvelle loi aux hommes charnels qui n'ont pas encore été régénérés, jusqu'à ce que la régénération spirituelle se soit manifestée aux yeux de tous par le mystère de la Passion et de la résurrection du Seigneur.

Pendant que Jésus parlait à la foule des assistans, Jaïr, chef de la Synagogue, s'approcha de lui, se jeta à ses pieds, et lui dit en l'adorant : « Seigneur, ma « fille va mourir ; mais venez, imposez vos mains sur « elle, et elle vivra. » Le Seigneur se leva avec bonté et sortit aussitôt avec lui. Un grand nombre de personnes le suivaient et le pressaient ; alors une femme qui, depuis douze ans, souffrait d'un flux de sang, et qui avait vainement dépensé toute sa fortune, s'approcha de lui par derrière, et toucha la frange de son vêtement ; elle se disait en elle-même : « Si je puis « seulement toucher le bord de ses habits, je vais être « guérie. » Jésus s'étant retourné et l'apercevant, lui dit : « Ma fille, prenez confiance ; votre foi vous a « sauvée. » Aussitôt la source du sang qu'elle perdait se dessécha, et elle fut rendue à la santé. Les médecins dont il s'agit représentent ces faux théologiens ou philosophes et ces docteurs des lois séculières, desquels on ne peut attendre aucun salut. Ensuite le Christ étant entré dans la maison de Jaïr, où il trouva des musiciens et une troupe tumultueuse, leur adressa la parole en ces termes : « Retirez-vous : cette jeune « fille n'est pas morte, mais elle dort. » Les assistans se mirent à rire. Ayant repoussé ces gens, il entra dans la chambre de la jeune fille, conduisant avec lui Pierre, Jacques, Jean, ainsi que le père et la mère ;

il prit la main de la malade, et à son commandement cette fille se leva. Il lui fit donner à manger. Le bruit de cet événement se répandit par toute la terre. Jaïr signifie illuminant ou illuminé, et représente Moïse et les autres docteurs de la loi, et la jeune fille est le symbole de la Synagogue; quant à la femme atteinte d'un flux de sang, elle est l'emblême de l'Eglise des Gentils que toucha la foi, et qui obtint la santé après l'écoulement de l'idolâtrie et des voluptés charnelles. Enfin, comme la jeune fille recouvra la vie par l'ordre du Seigneur, de même Israël sera sauvé, quand il aura reçu dans son sein la totalité des nations. Ensuite Jésus, se transportant ailleurs, fut suivi par deux aveugles qui lui criaient : « Ayez pitié « de nous, fils de David! » Il leur toucha les yeux, et leur rendit la lumière. Ils étaient à peine sortis qu'on lui présenta un homme muet et possédé du démon; le malin esprit fut aussitôt chassé, et le muet recouvra la parole. La foule s'écriait dans son admiration : « On n'a jamais rien vu de pareil en Israël. » Cependant les Pharisiens disaient : « C'est par Béel« zébut, prince des démons, qu'il les chasse. » Les assistans cherchaient à attirer Jésus dans le désert, et desiraient le retenir avec eux, de peur qu'il ne les quittât.

La foule s'étant accrue et se précipitant pour entendre la parole de Dieu, Jésus entra dans la barque de Simon, et le pria de s'éloigner un peu de la terre en avançant sur le lac de Gennésareth. Là s'étant assis, il enseigna le peuple. Dès qu'il eut cessé de parler, il dit à Simon, qui vainement avait travaillé toute la nuit : « Gagnez la pleine mer, et jetez vos filets pour

« faire une bonne capture. » C'est ce qu'il fit, et il prit une si grande quantité de poissons, que les filets surchargés se rompaient de toutes parts. Ce fut dans ces mêmes jours que Jésus se retira sur la montagne pour prier; et ses prières à Dieu l'occupèrent même pendant la nuit.

Le jour étant venu, il appela ses disciples, et, parmi eux, en choisit douze auxquels il donna le nom d'apôtres, c'est-à-dire envoyés. Voici les noms de ces douze apôtres : Simon-Pierre et André son frère, Jacques fils de Zébédée et Jean son frère, Philippe et Barthélemi, Thomas et Matthieu, Jacques fils d'Alphée et Thaddée, Simon le Cananéen, et Judas Iscariote, qui le trahit.

Le nombre sacré des apôtres n'est pas dépourvu de mystère; car ce nombre duodénaire désigne ceux qui devaient aller prêcher la croyance de la sainte Trinité dans les quatre climats du monde. Le nombre quaternaire étant triplé produit le nombre douze, dont la figure existait déjà dans beaucoup de choses; les apôtres sont figurés par les douze fils de Jacob, par les douze princes du peuple d'Israël, par les douze fontaines trouvées à Hélim, par les douze pains de proposition, par les douze hommes envoyés à la découverte par Moïse, par les douze pierres du Jourdain, par les douze bœufs qui soutenaient la mer d'airain, par les douze étoiles de la couronne de l'épouse, par les douze fondemens et les douze portes de la Jérusalem céleste, dont parle l'Apocalypse. Ils avaient été annoncés aussi par beaucoup d'autres figures, qui éclatent brillamment pour faire connaître au peuple les mystères de Dieu.

Le glorieux Emmanuel parcourut toute la Galilée, ses hameaux, ses châteaux et ses villes; il annonça l'Evangile aux petits comme aux grands, sans distinction de personnes. Il n'eut point égard à la puissance des nobles, mais au salut des croyans; et après ces prédications pleines d'onction, il porta un prompt remède à toutes les maladies et à toutes les infirmités; de manière que ceux qui n'avaient pas été persuadés par ses discours, étaient convaincus par la grandeur de ses œuvres. En voyant une si grande affluence, Jésus fut saisi de compassion, parce que ces gens étaient opprimés et accablés comme le troupeau qui est privé de son pasteur. Il appela à lui les douze apôtres et leur donna le pouvoir de chasser l'esprit immonde, et de guérir toute infirmité. « Allez, « leur dit-il, enseignez, annoncez que le royaume des « cieux approche, guérissez les malades, ressuscitez « les morts, purifiez les lépreux, chassez les démons. « Recevez gratuitement, donnez gratuitement aussi. « N'ayez en votre possession ni or, ni argent, ni mon- « naie; ne portez en route ni sac, ni deux habits, ni « chaussure, ni bâton. »

Ce maître céleste leur donna encore un grand nombre d'autres instructions salutaires que les véridiques évangélistes Matthieu et Luc ont conservées pour la postérité dans leurs écrits.

Il se rendit dans une ville de Galilée qu'on appelle Naïm qui est située à deux milles du mont Thabor, au midi, près de la ville d'Endor. Comme il approchait de la porte de la ville, avec la foule nombreuse qui l'accompagnait, on emportait un jeune homme mort, qui était le fils unique d'une veuve. Le Seigneur l'ayant vue pleurer, touché de compassion pour cette infortunée, il lui dit : « Ne pleurez pas. » Il s'approcha des porteurs qui s'étaient arrêtés, toucha le cercueil, et parla ainsi au défunt : « Jeune homme, « je te le dis, lève-toi. » Aussitôt le jeune homme revint à la vie ; il se mit sur son séant et commença à parler. Alors le réparateur de la vie le rendit sain et sauf à sa mère. Tous les spectateurs furent saisis de frayeur. Par la permission de Dieu, une grande foule suivait le Seigneur ; une foule non moins nombreuse accompagnait la veuve. A l'aspect d'un si grand miracle beaucoup de témoins devinrent beaucoup d'admirateurs de la puissance de Dieu. Les miracles du Christ furent annoncés à Jean dans les prisons d'Hérode. C'est de là que Jean envoya deux de ses disciples, pour s'informer avec soin des secrets de la Providence céleste, qui devait manifester la sagesse de Dieu. Au retour de ces disciples, on raconta beaucoup de choses sur la grandeur des événemens, et l'on compara la génération actuelle des Juifs à des enfans assis dans la place publique. Alors Jésus commença à reprocher aux villes dans lesquelles plusieurs de ses miracles avaient éclaté, de n'avoir point fait pénitence conformément à ses prédications. Jusque-là il s'était borné à reprendre en commun toute la race juive : désormais il réprimanda nominativement chacune de ses villes, principalement Corozaïn, c'est-à-dire mystère, Bethsaïde, c'est-à-dire maison des fruits, et ensuite Capharnaüm, parce que, à l'aspect de ses œuvres et de ses miracles, elles n'avaient pas voulu se convertir. Jésus rendit ensuite grâce à Dieu son père de ce qu'il avait caché ses secrets aux sages du siècle et les avait révélés aux faibles.

Les Pharisiens lui reprochant que le jour du sabbat, ses disciples en traversant les champs cueillaient des épis, et, après les avoir frottés dans leurs mains, les mangeaient, le Sauveur les excusa, d'après l'exemple de David et du grand-prêtre Abiathar ; il dit : « Le « sabbat est fait pour l'homme et non l'homme pour le « sabbat. C'est pourquoi le fils de l'homme est maître « du sabbat même. »

Il entra de nouveau un jour de sabbat dans la synagogue, il y guérit un homme qui avait une main desséchée. Les Pharisiens pleins d'envie de ce que Jésus consommait glorieusement tant de miracles, sortirent et se concertèrent avec les Hérodiens sur les moyens de le perdre. Mais Jésus se retira : il fut suivi d'un grand nombre de personnes et guérit tous les malades. C'est alors qu'on lui présenta un démoniaque, un aveugle et un muet : il les guérit si bien que l'aveugle recouvra la vue, et que le muet se mit à parler. Cependant les Scribes et les Pharisiens faisaient tous leurs efforts pour donner une sinistre interprétation aux œuvres du Christ ; ils exigeaient de lui un signe qui vînt du ciel. Il annonça des choses profondes et spirituelles, instruisit les bons et réprimanda les méchans ; il déclara qu'on ne devait donner à une génération perverse d'autre signe que celui de Jonas ; il leur représenta la reine du midi qui, des confins de la terre, était venue pour entendre la sagesse de Salomon, et les Ninivites qui avaient fait pénitence.

Sa mère et ses frères étant restés dehors et cherchant à s'entretenir avec lui, il étendit la main sur ses disciples et dit : « Quiconque aura fait la volonté « de mon Père qui est dans les cieux, est ma mère, « mon frère, et ma sœur. »

Ce même jour Jésus étant sorti, alla s'asseoir sur le bords de la mer ; aussitôt un grand nombre de personnes se réunirent autour de lui. Il monta dans une nacelle ; il s'y assit et fit plusieurs paraboles à la foule qui s'était arrêtée sur le rivage. Il parla du laboureur qui vient de semer et dont le travail ressemblait à ses œuvres ; il les entretint des semences dont une partie périt, soit parce qu'il en est tombé le long du chemin où elle a été foulée aux pieds ou dévorée par les oiseaux du ciel, soit parce qu'il y en a eu d'étouffée sous les pierres dans des épines, ou par divers accidens ; tandis que ce qui a été livré à une bonne terre produit une abondante récolte. Je remarquerai en peu de mots et clairement ce que signifient ces choses : la semence est la parole de Dieu, le laboureur est Jésus-Christ, les oiseaux sont les démons ; le chemin est cette ame perverse qui est brisée et desséchée par la continuelle circulation des mauvaises pensées ; la pierre représente la dureté d'une ame criminelle ; la terre est la bonté d'une ame obéissante ; le soleil est le feu de la persécution en fureur ; les épines sont les cœurs tourmentés du desir des richesses ; le bon terrain est l'ame dévote et fidèle qui rend au centuple, au soixantième et au trentième. En effet, celui-là produit des fruits au centuple qui fait tout dans l'espoir de l'éternité ; au soixantième, si ses œuvres sont perfectionnées par la doctrine, à cause des nombres six et dix, et trente pour un, si cette doctrine est accompagnée de la foi, à cause des nombres trois et dix. On peut encore donner une autre explication : le cent pour un des fruits rappelle les vierges et les martyrs, soit à cause de l'association de la vie, soit par rapport au mépris de la mort; le soixantième est relatif aux veuves à cause du calme intérieur, parce qu'elles n'ont point à combattre contre les habitudes de la chair : c'est le repos qu'on a coutume d'accorder aux sexagénaires après leurs combats; quant au trentième il regarde les militaires, parce que c'est l'âge de combattre. Ensuite le prophète véridique raconta aux assistans plusieurs autres paraboles du bon grain semé et de l'ivraie, de la graine de senevé, et du levain que la femme ensevelit dans trois mesures de farine jusqu'à leur complète fermentation. Le Sauveur assis dans sa barque ressemblait à un riche maître de maison qui présente à ses convives des mets de différente espèce, afin que chacun puisse choisir ceux qui conviennent à la nature de son estomac; c'est ainsi que ces diverses paraboles étaient propres à satisfaire les différentes intelligences des auditeurs.

Ayant congédié l'assistance, il se retira chez lui et donna à ses disciples qui l'interrogeaient l'explication de la parabole de l'ivraie.

Il ajouta celles du trésor caché dans un champ, du marchand et des perles, des filets jetés dans la mer, et il exposa ce qu'elles figuraient.

Il retourna ensuite dans sa patrie, et donna, dans les synagogues, de si belles instructions que tout le monde l'admirait.

Sur l'invitation d'un Pharisien, le Sauveur alla manger chez lui. Alors une femme, qui avait été pécheresse, se jeta à ses pieds qu'elle baigna de larmes, les essuya avec ses cheveux, et y répandit des parfums. Dans sa pénitence, cette pieuse femme consacra à Dieu les choses dont auparavant elle s'était servie mal à propos pour pécher. Autant elle avait possédé en elle-même de moyens de plaisir, autant elle y trouva de sujets de sacrifice. Le Pharisien, enflé d'une fausse justice, se permit de blâmer la malade de son infirmité et le médecin de son assistance. Jésus lui répondit par la parabole des deux débiteurs, et cet homme fut convaincu par son propre jugement, comme le frénétique qui porte la corde avec laquelle on doit l'attacher. Ainsi les mérites de la pécheresse pénitente furent énumérés, et les erreurs du faux juste furent redressées par le juge aux yeux duquel les choses les plus secrètes sont mises à nu; ainsi Jésus remit à Madeleine tous ses péchés, parce que, suivant lui, elle avait beaucoup aimé. « Votre foi, dit-il, vous a « sauvée; allez en paix! »

Le Seigneur continuant de prêcher au milieu de ses disciples, plusieurs femmes les suivaient et leur rendaient service selon leurs facultés, telles que Marie, surnommée Madeleine, Jeanne, femme de Chuza, intendant de la maison d'Hérode, Suzanne, et plusieurs autres qui avaient reçu l'inspiration divine. C'était l'usage chez les Hébreux, et, d'après les coutumes anciennes de la nation, il était permis aux femmes de fournir à ceux qui les enseignaient la nourriture et l'habillement; mais comme il en pouvait résulter du scandale pour les autres nations, Paul raconte qu'il renonça à cet avantage. Suzanne signifie lis,

Jeanne, seigneur gracieux ou miséricordieux, Marie, onde amère, Madeleine, tour. Il est évident, par l'interprétation de leurs noms, que les servantes du Seigneur sont décorées par lui des prérogatives de mérites infinis.

Le jour de la fête des Juifs, Jésus monta à Jérusalem. Il y guérit, auprès de la piscine probatique, que l'on appelle en hébreu Bethsaïde, un homme qui était malade depuis trente-huit ans. C'est là que les prêtres lavaient les chairs des victimes dont ils faisaient, d'après la loi, le sacrifice à Dieu. Cette piscine avait cinq portiques sous lesquels étaient étendus une grande multitude d'infirmes, aveugles, boiteux, paralytiques, qui attendaient le mouvement de l'eau. Effectivement, l'ange du Seigneur descendait dans la piscine et l'eau recevait de l'agitation. Celui qui alors y descendait était aussitôt guéri de quelque infirmité qui l'affligeât.

Au commandement du Christ, cet homme recouvra aussitôt la santé; et, quoique ce fût un jour de sabbat, il s'en alla emportant son lit. C'est pourquoi les Juifs se mirent à murmurer et à blasphémer. Jésus, la sagesse du Père, leur répondit comme il le devait. Ainsi que le rapporte l'Evangéliste Jean, ce grand théologien, les mystères de la divinité de Jésus se manifestèrent en cent occasions, et rendirent un éclatant témoignage de ce qu'il joignait sa lumière à celle de Moïse et à la lampe ardente de Jean.

En ce temps-là, Hérode, tétrarque de Judée, entendit parler de Jésus, et dit à ses enfants: « Jean-« Baptiste est ressuscité d'entre les morts, et beaucoup « de miracles s'opèrent en lui. » C'est ce qui détermina

Hérode à retenir Jean ; il le fit charger de chaînes et le mit en prison, sur les instances d'Hérodias qu'il avait enlevée à son frère Philippe et qu'il avait épousée malgré les représentations de ce saint homme. Ce cauteleux adultère voulait faire mourir le héraut de la vérité ; mais il redoutait le peuple qui avait pour le prophète de Dieu une grande vénération. Il ne craignait pas moins Jean, qu'il connaissait pour un homme juste et saint ; mais l'amour l'emporta au point qu'il méprisa les jugemens de Dieu ; et, pour satisfaire les vœux d'une femme adultère, il répandit le sang du saint prophète. Hérode, le jour anniversaire de sa naissance, donna un repas aux princes, aux officiers et aux premiers personnages de la Galilée. A cette fête, la fille d'Hérodias, ayant dansé et excité la satisfaction d'Hérode et de sa cour, elle fit promettre au roi, par serment, qu'il lui accorderait tout ce qu'elle lui demanderait. D'après les inspirations de sa perfide mère, elle exigea qu'on lui présentât dans un plat la tête de Jean-Baptiste. Le criminel prince envoya un de ses gardes à la prison avec ordre de trancher la tête au précurseur de Jésus. On l'apporta bientôt dans un plat à la princesse, pour prix de sa danse, et, dans cette fête impure, on fit ainsi un banquet sanglant. Les disciples de Jean ensevelirent son corps à Samarie, et, étant venus trouver Jésus, lui annoncèrent cet événement.

Ayant appris la mort de son cher Jean-Baptiste, le Sauveur quitta le lieu où il se trouvait, et traversa la mer de Galilée, que l'on appelle aussi le lac de Tibériade. Il se retira dans un lieu désert, non par crainte de la mort, mais pour épargner à ses ennemis le crime de joindre l'homicide à l'homicide, si leur zèle mortel s'irritait de plus en plus à l'aspect de ses miracles fréquens. C'est pourquoi il différa son trépas jusqu'à l'époque de Pâques; et nous donna ainsi l'exemple d'éviter la témérité des traîtres. Ceux qui l'accompagnaient ordinairement ayant appris son départ le suivirent à pied. Jésus voyant cette multitude en eut compassion, et s'empressa de guérir les malades qui s'y trouvaient. Le soir étant venu, il prit cinq pains d'orge et deux poissons, puis élevant les yeux vers le ciel il les bénit, les rompit et les donna à ses disciples pour les distribuer au peuple. Il le fit asseoir sur du foin qui se trouvait là. Les apôtres servirent la multitude qui, sans compter les femmes et les enfans, s'élevait à cinq mille personnes, qui toutes mangèrent et furent rassasiées. On remplit des restes du repas douze corbeilles entières. Toutes ces choses sont pleines de mystères. Jésus se retire de la Judée; il passe dans le désert; la foule le suit; dans sa pitié il guérit les malades; il la nourrit des cinq pains d'orge de la loi de Moïse, et des deux poissons des prophètes et des psaumes. Il fit ce miracle le soir qui désigne l'approche de la fin des siècles, lorsque ce soleil de justice devait se coucher sur nous.

Les hommes qui avaient vu faire ce miracle disaient: « Celui-là est véritablement le prophète qui devait « venir en ce monde. » Jésus, ayant appris qu'on devait arriver pour l'enlever et le créer roi, ordonna à ses disciples de monter dans une nacelle et de le précéder au-delà du lac; après avoir congédié la multitude, il s'enfuit seul sur une montagne pour y prier. Vers le soir, la nacelle, qui était au large, fut violemment agitée par les flots, et presque toute la nuit les vents contraires s'opposèrent aux efforts des rameurs. A la quatrième veille de la nuit, comme ils étaient environ à la distance de vingt-cinq ou trente stades du rivage, Jésus vint à eux en marchant sur la surface des eaux. Ceux qui le virent furent saisis d'effroi, parce qu'ils le prirent pour un fantôme; aussitôt, entendant leurs cris d'effroi, Jésus leur dit : « C'est moi, « ne craignez rien. » Pierre répondit : « Seigneur, s'il « en est ainsi, ordonnez que j'aille au-devant de vous « sur les flots. » Le Seigneur lui dit: « Viens ! » Descendu de la nacelle, Pierre marcha sur l'onde pour parvenir jusqu'à Jésus; mais voyant la violence du vent, il fut saisi de crainte, et comme il commençait à enfoncer, il s'écria : « Seigneur, sauvez-moi. » Aussitôt Jésus étendit la main et saisit l'apôtre qui l'invoquait au moment du danger. « Homme de peu de « foi, lui dit-il, pourquoi avez douté ? »

Jésus étant monté sur la nacelle le vent cessa tout à coup. Ceux qui furent témoins de ce miracle, adorèrent Jésus et le reconnurent pour le fils de Dieu. Il est à propos de remarquer que Jean rapporte le miracle des pains à l'approche de la fête de Pâques, tandis que Matthieu et Marc le placent aussitôt après la mort de saint Jean-Baptiste. Il en faut conclure que Jean fut décollé peu de temps avant Pâques, et que, l'année suivante, au retour de cette fête, le mystère de la Passion du Sauveur fut accompli.

Jésus se rendit avec ses disciples dans le pays de Gennésareth; il y reçut de la part des habitans un accueil gracieux, et il y guérit leurs malades. Charmés de la bonté du Seigneur, ils envoyèrent dans tout le pays chercher les malades qu'ils lui présentèrent. Ils le prièrent de permettre qu'ils pussent toucher au moins le bord de son vêtement. Tous ceux qui y mirent la main furent guéris.

C'est là qu'il eut beaucoup de discussions à soutenir contre les Scribes et les Pharisiens qui étaient accourus de Jérusalem, et qu'il réfuta les traditions superstitieuses des vieillards.

La multitude monta dans des barques, et, en se rendant à Capharnaüm, découvrit Jésus-Christ. Il parla en ces termes : « En vérité, en vérité, je vous le dis :
« vous me recherchez non pas parce que vous avez
« vu des miracles, mais parce que vous avez mangé
« des pains qui vous ont rassasiés. Préparons une
« nourriture qui ne soit pas périssable, mais qui sub-
« siste jusqu'à la vie éternelle que le fils de l'homme
« vous procurera. » Ce fut dans la synagogue de Capharnaüm qu'il enseigna, sur le pain céleste et la vie éternelle, ces choses et plusieurs autres semblables, qui ne furent pas comprises des Juifs, parce qu'ils avaient un cœur de pierre. « Ils dirent donc : ce dis-
« cours est plein de dureté ! » Plusieurs, aveuglés par la perversité, se mirent à murmurer, et se retirèrent scandalisés. Jésus s'adressant aux douze apôtres : « Et
« vous aussi, dit-il, est-ce que vous voulez me quit-
« ter ? » Simon-Pierre répondit : « Seigneur, vers qui
« pourrions-nous aller ? Vous possédez les paroles de
« la vie éternelle. Nous croyons, nous sommes con-
« vaincus que vous êtes le Christ fils de Dieu. » Jésus voyagea ensuite dans la Galilée, car il ne voulait pas aller en Judée, parce que les Juifs cherchaient à le mettre à mort.

Alors, comme le rapporte l'évangéliste Jean, les cousins de Jésus, que, suivant l'usage des Hébreux, on appelle ses frères, l'invitèrent à la fête des tabernacles afin qu'il se montrât en public. Tandis que recherchant une gloire mondaine, ils se mettaient en route, le Sauveur resta en Galilée, mais il se rendit au temple vers le milieu de la fête; il y enseigna sa doctrine, à la grande admiration de tout le monde. Les Pharisiens, ayant entendu la multitude partagée dans son opinion sur le compte de Jésus, envoyèrent des hommes pour le saisir; mais personne n'osa le toucher parce que son heure n'était pas encore venue.

Le dernier jour de la fête, Jésus dit à haute voix: « Si quelqu'un a soif, qu'il vienne à moi et qu'il boive. « Celui qui croit en moi, comme le rapporte l'Ecri- « ture, verra couler de son sein des rivières d'eau « vive. » C'est ainsi qu'il s'exprimait sur l'esprit que devaient recevoir les hommes qui reconnaissaient sa mission. En effet, l'esprit ne leur était pas encore donné, parce que Jésus n'avait pas encore été glorifié.

Quelques personnes ayant entendu ces discours disaient: « Il est vraiment prophète. » D'autres s'exprimaient ainsi: « Cet homme est le Christ. » D'autres ajoutaient: « Est-ce que le Christ sort de Galilée? « L'Ecriture ne dit-elle pas qu'il naîtra du sang de « David? » En effet, c'est de Bethléem, où David habitait, que le Christ est venu. Il s'éleva à ce sujet une vive discussion parmi le peuple. Les hommes qui avaient été envoyés par les pontifes et les Pharisiens pour se saisir de Jésus se trouvaient là; mais ayant entendu ses discours, ils publièrent le sujet de leur mission, et s'en retournèrent exempts de crime et pleins d'admiration. Inspirés de Dieu, ces hommes rendirent un témoignage sincère de la doctrine du Christ, en présence des magistrats atroces qui avaient l'insolence de demander pourquoi leurs officiers ne leur avaient pas amené enchaîné le docteur de la vie. Ces officiers répondirent: « Aucun homme n'a « jamais parlé comme parle cet homme. » En effet, celui qui enseignait était Dieu et homme tout à la fois. Tandis que ces princes superbes cherchaient méchamment à étouffer la vérité, Nicodème, par l'autorité de la loi, arrêta leurs criminels efforts. Enfin, n'ayant pu rien terminer, privés de la foi et déçus dans l'espoir du succès, ils retournèrent chez eux.

De là Jésus prit la route de la montagne des Oliviers, et dès la pointe du jour entra de nouveau dans le temple. Là le Seigneur s'étant assis et ayant commencé ses instructions, tout le peuple vint à lui et condamna, d'après les lois de l'équité, une femme surprise en adultère qu'on lui avait amenée ; mais la douceur de ses vertus la lui fit absoudre. C'était une fraude des Pharisiens, qui crurent tendre un piège au Christ en essayant de compromettre sa popularité et de le montrer, sans nul doute, soit cruel, soit injuste. En effet, s'il l'eût condamnée d'après les lois de Moïse, on l'eût taxé de cruauté, comme s'écartant de la miséricorde qu'il prêchait ; et alors il fût devenu odieux au peuple dont il était chéri. Si au contraire il eût empêché par clémence de lapider l'adultère, on l'eût accusé d'être l'ennemi de la loi et le fauteur des crimes. Sa prudence parfaite rompit comme des toiles d'araignée les piéges des méchans, et conserva sans tache et sans hésitation sa dignité céleste. Alors il dit: « Que celui de vous qui « est exempt de péché jette le premier la pierre à « cette femme. » On remarque dans la première partie de ce discours toute la modération de la pitié, dans la dernière toute l'équité d'un juge. Il se pencha vers la terre et y traça quelques mots avec son doigt. C'est ainsi que par le double glaive de la parole, il se fit jour dans la conscience de ceux qui lui tendaient des piéges; c'est ainsi qu'en toutes choses il sut conserver la sévérité de la justice et la mansuétude de la commisération. Enfin les ennemis perfides du Sauveur, frappés du jugement qu'il avait prononcé, rougirent de leur tentative, relâchèrent la femme adultère et sortirent confondus du cercle des vieillards. Alors le juge suprême releva avec clémence cette malheureuse qui avait été accusée : « Allez, lui dit-il, et dé- « sormais ne péchez plus. » Voilà comme par pitié il pardonne les péchés passés, et comme par équité il défend de retomber en faute. S'étant placé près du trésor du temple, Jésus parla long-temps sur la vraie lumière et la liberté, sur son exaltation, sur l'esclavage du péché, sur la vérité et sur le mensonge. Quelques Juifs dirent follement à Jésus-Christ : « Vous « êtes Samaritain et possédé du démon. » Malgré ces injures, il répondit avec patience, continua d'enseigner avec humilité et présenta divinement à l'assistance les moyens du salut. Cependant, devenant de plus en plus furieux, ses ennemis coururent se saisir de pierres et les apportèrent pour les lui lancer; mais Jésus se cacha et sortit du temple.

A son passage, il rencontra un aveugle-né; il cracha à terre, fit de sa salive un peu de boue, en frotta les yeux de cet homme, et lui dit : « Allez, et lavez-« vous dans la piscine de Siloë. » C'est ce qu'il fit, et il revint jouissant parfaitement du sens de la vue. Cet événement eut lieu un jour de sabbat ; il en résulta parmi les Juifs un grand trouble. L'aveugle, rendu à la lumière, rendant témoignage à son bienfaiteur, fut chassé de la synagogue ; mais il fut bien accueilli et bien vu par celui qu'il avait tant de raison d'aimer. Alors Jésus parla du bercail et des brebis, du bon pasteur et du mercenaire. Beaucoup de personnes approuvèrent ses paroles, tandis que plusieurs autres les prirent en mauvaise part.

Après son départ de ce lieu, Jésus passa dans le pays de Tyr et de Sidon. C'est là qu'il fut supplié à force de prières, par une Chananéenne, de guérir sa fille qui était au pouvoir du diable. Pressé en même temps par ses disciples, il fit quelques difficultés pour consentir à cette demande ; enfin, ayant donné de justes éloges à la foi et à l'humilité de la mère, il délivra la fille de la possession du démon.

En sortant du territoire de Tyr, métropole des Chananéens, il passa par Sidon, ville de Phénicie, pour se rendre vers la mer de Galilée, au milieu de la Décapole. Là il tira de la foule un sourd-muet ; il lui mit les doigts dans les oreilles ; après avoir craché, il lui toucha la langue ; regardant alors vers le ciel, il se mit à gémir et lui dit : « Epheta ; » mot qui signifie ouvrir. Soudain ses oreilles furent ouvertes, le lien de sa langue se détacha, et il parla très-correctement. Ceux qui eurent connaissance de ce miracle furent saisis d'admiration, et dirent : « Tout ce qu'il fait et

« tout ce qu'il a fait est bien ; il fait entendre les sourds
« et parler les muets. »

Lorsqu'il fut arrivé sur les bords de la mer de Galilée, il gravit une montagne et y donna l'instruction à une nombreuse assistance qui y était accourue. Il y guérit des muets, des boiteux, des aveugles, des impotens et un grand nombre d'autres affligés qui s'étaient prosternés à ses pieds ; et chacun était plongé dans l'étonnement en contemplant tant de muets qui parlaient nettement, de boiteux qui marchaient droit, et d'aveugles qui voyaient clair.

C'est ainsi que, dans la sainte Eglise, s'opèrent spirituellement tant de merveilles par la bonté du Seigneur, dont l'assistance sauve tous les jours la foule des pécheurs. Il y en a beaucoup qui ne le louent pas et qui manquent de foi. Les aveugles sont ceux qui ne comprennent pas, même en obtempérant à ses inspirations ; ceux-là sont sourds qui, tout en comprenant, n'obtempèrent pas. On doit considérer comme boiteux ceux qui n'accomplissent pas les préceptes divins, et marchent dans la fausse route des mauvaises œuvres. Journellement de tels hommes sont guéris par l'assistance de Dieu et conduits dans la voie du salut.

Ceux qui, remplis de la crainte du Seigneur, voyaient ces signes corporels, glorifiaient, dans leur allégresse, le Christ, qu'ils appelaient le roi Sabaoth ; maintenant aussi les fidèles se réjouissent de la conversion des pécheurs, et glorifient pieusement le Seigneur, Dieu d'Israël, qui ne fait que de bonnes choses.

Jésus ayant convoqué ses disciples leur dit : « J'ai
« pitié de cette multitude, qui depuis trois jours con-

« tinue de m'accompagner, et qui n'a rien à manger ;
« je ne veux pourtant pas la renvoyer à jeûn de peur
« que dans la route elle ne tombe en défaillance. »
Il ordonna ensuite à l'assistance de s'asseoir à terre ;
il reçut des mains de ses disciples sept pains et quelques petits poissons, rendit grâces à Dieu, les rompit,
et les leur rendit pour qu'ils en fissent la distribution
au peuple assemblé. Tout le monde en mangea et fut
rassasié. Les morceaux qui restaient suffirent pour
remplir sept corbeilles. Le nombre des personnes qui
prirent part à ce repas fut, sans compter les enfans et
les femmes, de quatre mille hommes. Ayant renvoyé
la multitude, Jésus monta dans une nacelle, et se
rendit dans le pays de Magédan ou d'Almanatha, aux
environs de Gennésareth. Là, les Sadducéens et les
Pharisiens le tentèrent, et le prièrent de leur faire
voir un signe céleste ; comptant sans doute pour peu
de chose celui des sept pains qui avaient suffi à la
nourriture de quatre mille hommes, et des sept corbeilles remplies encore des restes du repas. Jésus repoussa leur insolence, et leur refusa tout autre signe
que celui du prophète Jonas. Après les avoir quittés,
il remonta dans sa barque et traversa la mer. Il fut
prié à Bethsaïde de toucher un aveugle. Il prit cet
homme par la main et le conduisit hors de la ville, et,
lui ayant craché sur les yeux, il lui fit l'imposition des
mains. Ensuite il lui demanda s'il voyait quelque chose.
Cet homme répondit : « Je vois les hommes comme
« des arbres qui marchent. » Après une seconde imposition des mains sur les yeux, l'aveugle commença
à voir et fut guéri ; au point qu'il discernait toutes
choses très-clairement. Alors Jésus lui dit : « Allez

« chez vous, et, si vous entrez dans la ville, ne parlez
« à personne de ce qui vous est arrivé. » Après son
départ de ce lieu, il se rendit à Césarée de Philippe,
et, chemin faisant, demanda à ses disciples ce que
les hommes pensaient de lui. Ils lui dirent : « Les uns
« vous croient Jean-Baptiste, les autres Élie, quel-
« ques-uns Jérémie ou quelqu'un des prophètes. »
Jésus ajouta : « Et vous, qui croyez-vous que je sois ? »
Simon-Pierre, prenant la parole, répondit : « Vous
« êtes le Christ, fils du Dieu vivant. » Alors Jésus lui
fit cette réponse : « Vous êtes bienheureux, Simon
« Barjône, parce que ce n'est ni la chair ni le sang qui
« vous a fait cette révélation, mais mon père qui est
« dans les cieux. Je vous dis que vous êtes Pierre, et
« sur cette pierre je bâtirai mon Église, et les portes
« de l'enfer ne prévaudront pas contre elle, et je vous
« donnerai les clefs du royaume des cieux ; et tout
« ce que vous aurez lié sur la terre sera lié dans les
« cieux aussi, et tout ce que vous aurez délié sur la terre
« sera dans les cieux délié également. » C'est alors qu'il
défendit à ses disciples de dire, à qui que ce fût, qu'il
était Jésus-Christ. Il commença à leur faire connaître
qu'il devait aller à Jérusalem, qu'il y aurait beaucoup à
souffrir de la part des vieillards, des Scribes et des
princes des prêtres, qu'il y serait mis à mort et qu'il
y ressusciterait le troisième jour. Pierre, le tirant à
l'écart, commença par excès d'amour à le blâmer, en
disant : « Seigneur, loin de vous cette pensée ! cela
« ne vous arrivera pas. » Le Christ, s'étant retourné,
dit à Pierre : « Retire-toi d'ici, Satan ! tu m'es un
« objet de scandale, puisque tu ne sais pas discerner
« les choses de Dieu d'avec celles des hommes. » Après

que le Seigneur eut fait connaître le mystère de sa Passion et de sa Résurrection, il exhorta ses disciples, ainsi que la multitude, à suivre l'exemple de la Passion, et leur promit que leurs souffrances recevraient une récompense légitime. Six jours après, il prit avec lui Pierre, Jacques et Jean son frère; il les conduisit sur une haute montagne. Sa face alors devint resplendissante comme le soleil, et ses vêtemens parurent blancs comme la neige.

Tout à coup apparurent devant eux Moïse et Elie, qui s'entretinrent avec le Sauveur. Aussitôt une nuée brillante les couvrit. Une voix se fit entendre du sein du nuage, et proféra ces paroles : « Voici mon fils
« bien-aimé, dans lequel j'ai placé mon affection;
« écoutez-le. » A ces mots, les disciples tombèrent la face contre terre, et furent saisis d'une grande terreur. Jésus s'approcha, les toucha, et leur dit : « Levez-
« vous, et n'ayez aucune crainte. » Ayant levé les yeux, ils ne virent personne, excepté Jésus-Christ. Il leur dit en descendant de la montagne : « Ne faites
« part de votre vision à qui que ce soit, jusqu'à ce
« que le fils de l'homme soit ressuscité d'entre les
« morts. » Alors il répondit à ses disciples qui le questionnaient sur la venue d'Elie ; ils comprirent que c'était de Jean-Baptiste qu'il leur avait parlé. Le lendemain, le Sauveur s'étant rendu auprès de la multitude, tout le peuple en le voyant fut saisi d'étonnement, et chacun accourait pour le saluer. Alors un homme du peuple s'approcha de lui, et s'étant jeté à ses genoux, lui dit : « Seigneur, ayez pitié de
« mon fils, qui est lunatique depuis l'enfance, et qui
« souffre beaucoup. Le démon l'a plongé souvent dans

« le feu et dans l'eau pour le perdre. Je l'ai présenté
« à vos disciples, et ils n'ont pû le guérir. » Jésus
ayant ordonné qu'on lui apportât le malade, il lui fut
présenté. Aussitôt cet infortuné fut troublé par son esprit, et, tombé à terre, il s'y roulait couvert d'écume.
Jésus s'adressa au démon, et lui ordonna de sortir
du corps du possédé et de n'y plus rentrer désormais.
Le démon sortit en criant et en faisant beaucoup souffrir le malade, qui tomba à terre tout suffoqué, ce
qui fit croire à beaucoup de monde qu'il était mort.
Mais Jésus, lui tenant la main, le releva et le rendit
sain et sauf à son père; puis il dit à ses disciples, qui
lui demandaient secrètement pourquoi ils n'avaient
pu opérer la même cure : « C'est à cause de votre in-
« crédulité. En vérité, je vous le dis, si vous aviez
« de la foi autant qu'est gros un grain de senevé,
« vous diriez à cette montagne, passe d'ici là ; et
« elle passerait ; et rien ne vous serait impossible.
« D'ailleurs cette sorte de démons ne peut être chas-
« sée que par la prière et le jeûne. » Pendant qu'ils
étaient dans la Galilée, Jésus leur dit : « Le fils de
« l'homme sera livré aux mains des hommes ; ils le
« mettront à mort, et le troisième jour il ressus-
« citera. » Ces paroles les attristèrent vivement. Lorsqu'ils furent parvenus à Capharnaüm, les percepteurs
du tribut de deux drachmes dirent à Pierre : « Votre
« maître ne paie-t-il pas le tribut ? » Pierre répondit :
« Oui. » Etant entré dans la maison, Jésus le prévint
en disant : « De qui les rois de la terre reçoivent-ils
« les impôts ? est-ce de leurs enfans ou bien des
« étrangers ? » Pierre répondit : « C'est des étran-
« gers. » Selon la chair et selon l'esprit, Jésus était

fils de roi, soit comme issu de la race de David, soit comme Verbe du Père tout-puissant. Ainsi, comme fils de roi, il ne devait pas le tribut ; mais celui qui avait revêtu l'humilité de la chair voulait accomplir toute justice. Il est évident que, dans tout état, les enfans sont exempts et non tributaires. Jésus dit à Pierre : « A la vérité, les enfans sont exempts du « tribut ; mais il ne faut pas scandaliser ces gens. « Allez sur le bord de la mer, et jetez-y votre ligne ; « levez le premier poisson qui aura mordu. Quand « vous aurez ouvert sa bouche, vous y trouverez une « pièce de quatre drachmes; prenez-la, et payez pour « vous et pour moi. » Ce poisson, c'est le Christ ; la mer, c'est la vie mortelle; les drachmes sont la confession ; ce que l'on paie pour Pierre, comme pour un pécheur, figure le Christ qui, en effet, est l'agneau sans tache, qui n'a commis aucun péché.

Il s'éleva entre les apôtres une grande question, pour savoir quel était le plus grand dans le royaume des cieux. Jésus appela un enfant, le plaça au milieu d'eux, et leur tint ce discours : « En vérité, je vous « le dis : si vous ne vous convertissez pas, et si vous « ne faites pas comme les enfans, vous n'entrerez « pas dans le royaume des cieux. Mais quiconque « s'humiliera comme ce petit enfant, y sera le plus « grand. » Il ajouta beaucoup d'autres choses sur l'humilité et la douceur, sur le soin qu'il fallait prendre de ne pas scandaliser les faibles, et sur la correction qu'il fallait infliger à ses frères avec bonté. Ensuite il traita de l'indulgence fraternelle, et proposa la parabole de ce roi qui accorda dix mille talens aux supplications d'un esclave, et de ce même esclave, qui refusa de donner cent deniers à son camarade.

Après avoir terminé ses discours depuis le paiement du tribut sur les avantages de l'humilité, sur l'innocence, sur la correction et le pardon, le pieux docteur quitta la Galilée, et passa au-delà du Jourdain sur les terres des Juifs. Il n'y négligea pas la multitude qui continuait de le suivre.

Les Pharisiens lui ayant demandé s'il était permis à l'homme de répudier sa femme, il proclama ainsi la loi constante du mariage : « Que l'homme ne sépare « pas ce que Dieu a joint. » Alors on lui présenta de petits enfans, afin qu'il leur imposât les mains et qu'il priât pour eux. Ses disciples ayant cru devoir menacer ceux qui les amenaient, Jésus indigné leur dit : « Laissez venir à moi ces enfans, et ne les em-« pêchez pas d'approcher; car c'est pour eux qu'est « le royaume des cieux. » Il ajouta, en parlant à un jeune homme, qui s'était prosterné pour lui demander le chemin du salut éternel, après avoir proclamé les préceptes de la loi : « Si vous voulez être parfait, « venez, vendez ce que vous avez, et donnez-en le « produit aux pauvres; vous aurez un trésor dans « le ciel; venez, et suivez-moi. » A ces mots, ce jeune homme, qui possédait de grandes richesses, se retira fort affligé. Jésus lui repartit : « En vérité, « je vous le dis, le riche entrera difficilement dans « le royaume des cieux. Il est plus aisé qu'un cha-« meau passe par le trou d'une aiguille qu'un riche « entre dans le royaume des cieux. »

Pierre, ayant entendu l'éloge de la pauvreté volontaire, plein d'une douce joie, s'adressa ainsi au

Seigneur : « Vous voyez que nous avons quitté toutes « choses, et que nous vous avons suivi ; que nous « arrivera-t-il donc ? » Jésus lui répondit : « En vé- « rité, je vous le dis, vous qui m'avez suivi, vous « serez placés sur douze siéges, qui indiquent les « douze tribus d'Israël. Quand le fils de l'homme, « dans sa régénération, sera placé sur le siége de sa « majesté, quiconque aura quitté sa maison, ses frè- « res, ses sœurs, son père, sa mère, sa femme, ses « enfans et ses champs, pour la gloire de mon nom, « recevra le centuple, et possédera la vie éternelle. « Mais alors plusieurs qui étaient les premiers de- « viendront les derniers, et les derniers seront les « premiers. »

Ensuite il proposa la parabole du père de famille, qui loua des ouvriers à diverses heures pour travailler à sa vigne, et qui, des derniers jusqu'aux premiers, donna à chacun d'eux l'égal salaire d'un denier. On doit entendre typiquement, par ces différences d'heures, les âges du siècle qui s'écoule. En effet, Abel travailla dès le matin, Noë à la troisième heure, Abraham à la sixième, le législateur Moïse à la neuvième ; Jésus, arrivé à la onzième, réprimanda les Gentils de ce qu'ils restaient oisifs dans le grand marché de ce monde, et il ordonna de travailler par la foi dans la vigne du Seigneur. On pourrait encore expliquer la différence des heures de chacun par les âges de la vie : le matin, c'est l'enfance ; la troisième heure, l'adolescence ; la sixième, la jeunesse ; la neuvième, la vieillesse ; et la onzième, la décrépitude. Dans toutes ces heures, quelques personnes parviennent à la conversion, et reçoivent le denier de la vie éternelle.

Un poète moderne s'exprime ainsi sur cette parabole : « Cultivateurs d'une vigne, des ouvriers demandaient leur salaire. Un prix égal fut accordé à leurs travaux inégaux. A l'appel du maître le dernier arrivé ne reçut pas moins que celui qui était arrivé le premier. Ainsi Dieu fait connaître qu'à quelque heure que nous l'entreprenions, notre travail est certain de recevoir son prix. »

J'ai recherché jusqu'ici dans un salutaire exercice et j'ai essayé de raconter en peu de mots les œuvres qu'au commencement de sa mission le Seigneur fit pendant deux ans, autant que j'ai pu l'apprendre par les écrits des évangélistes. Désormais je vais recueillir tout ce qui concerne sa troisième année et réduire en abrégé le détail de ses merveilles.

Le Seigneur passa de Galilée en Judée, pour consommer dans Jérusalem le mystère de sa paternelle charité, et nous révéler par une ineffable opération les secrets de la loi et les prophètes. D'abord il répandit ses instructions dans la Judée au-delà du Jourdain, vers l'Orient; puis en-deçà du Jourdain, vers Jérusalem et Jéricho.

Au temps où le royaume des Juifs était distinct des autres contrées, on donna spécialement à la partie méridionale le nom de Judée, afin de la distinguer de la Samarie, de la Galilée, de la Décapole et des autres parties voisines. Comme il montait à Jérusalem, Jésus annonça secrètement sa Passion à ses disciples. Alors la mère des fils de Zébédée lui demanda que, dans son royaume, un d'eux siégeât à sa droite et l'autre à sa gauche. Le Seigneur les engagea à la patience et à l'humilité, et se donna lui-même comme un exemple à suivre de tout ce qui est juste et bon. Il dit à Jean qui l'interrogeait de ne pas empêcher de faire en son nom des actes de justice. Pendant qu'ils se rendaient à Jérusalem ; il envoya à Samarie des hommes pour l'annoncer, mais ils ne furent pas reçus. Jacques et Jean ayant voulu demander que le feu du ciel tombât sur ceux qui méprisaient Jésus, il les blâma de leur violence en disant : « Vous ne savez pas « quel esprit vous anime ; le fils de l'homme n'est pas « venu perdre les ames, mais les sauver. »

Il désigna soixante-douze personnes qu'il envoyait deux à deux dans les villes et les autres lieux où il devait arriver. Il leur enseigna devant qui et comment elles devaient prêcher. Il blâma les villes incrédules. Au retour des soixante-douze envoyés dont l'allégresse n'était pas douteuse, il dit qu'il ne fallait pas tant se réjouir de la soumission des démons que de l'admission des saints dans le ciel. Il rapporta toute louange à son père ; il dit à ses disciples que leurs yeux étaient bienheureux, parce qu'ils voyaient ce que les premiers justes et les rois avaient desiré et n'avaient pu voir. Un docteur de la loi ayant essayé de le tenter, Jésus lui fit connaître les dogmes du vrai salut, et lui rapporta la comparaison de l'homme qui descendait de Jérusalem à Jéricho, ainsi que les aventures qui lui étaient arrivées. Il fit voir clairement que, tandis que le prêtre et le lévite passaient, sans le secourir, auprès d'un homme blessé par les voleurs, c'était le Samaritain qui, en exerçant la bienfaisance, s'était véritablement montré le prochain de ce malheureux.

Jésus reçut l'hospitalité à Béthanie, il y répondit à

la plainte qu'élevait Marthe de ce que sa sœur ne la secondait pas ; il assura que c'était celle-ci qui avait choisi la meilleure part.

Matthieu donne ainsi les sept parties de l'oraison dominicale : « Notre père qui êtes aux cieux, que « votre nom soit sanctifié ; que votre règne arrive ; « que votre volonté soit faite dans le ciel comme sur « la terre ; donnez-nous aujourd'hui notre pain quo- « tidien ; remettez-nous nos dettes comme nous les « remettons à nos débiteurs ; ne nous induisez pas « en tentation, mais délivrez-nous du mal. Ainsi soit- « il ! » Les trois premières parties ont pour objet de demander les choses de l'éternité, les quatre dernières s'occupent des choses temporelles, qui toutefois sont nécessaires pour acquérir les éternelles.

Luc présente ainsi cinq objets de demande : « Mon « père, que votre nom soit sanctifié ; que votre rè- « gne arrive ; donnez-nous aujourd'hui notre pain « quotidien ; remettez-nous nos péchés comme nous « les remettons à tous ceux qui nous doivent, et ne « nous induisez pas en tentation. »

Ainsi les sept demandes rapportées par Matthieu sont réduites à cinq par Luc. En effet, le nom de Dieu est sanctifié en esprit ; le royaume de Dieu doit venir dans la résurrection de la chair. Ensuite il en ajoute trois autres, sur le pain quotidien, sur la rémission des péchés, sur la tentation qu'il faut éviter. On peut facilement y comprendre toutes les choses qui sont nécessaires à l'homme dans l'une et l'autre vie.

Les disciples ayant prié le Sauveur de leur enseigner à prier, il leur donne non seulement la méthode de la prière, mais il leur en conseille la fréquence et la ferveur. Il les avertit assidûment et leur récite la parabole d'un ami qui, au milieu de la nuit, demandait trois pains. Il leur persuade qu'il faut demander, chercher, frapper; c'est pourquoi il les exhorte à demander le pain de la parole de Dieu, qui doit servir à la nourriture de l'ame, c'est-à-dire de l'esprit; à chercher cet ami qui donne abondamment, c'est-à-dire le Seigneur; à frapper à la porte de la clémence divine, par laquelle on pénètre au trésor de la sagesse, dans lequel on conserve les célestes délices. Par le pain on doit entendre la charité qui se trouve en opposition avec la pierre, c'est-à-dire la dureté de la malice. Le poisson est la foi du baptême invisible, à cause de l'eau qui le procure, ou parce qu'il provient de lieux invisibles, indestructible qu'il est dans les orages du monde; on lui oppose le serpent redoutable par ses venins, pour figurer les perfidies de l'incrédulité. L'œuf est l'emblême de l'espérance; en effet, l'œuf est un fétus qui n'a pas encore reçu sa perfection, mais qui par l'incubation donne de l'espoir. Le désespoir est le contraire de l'espérance, et le scorpion en est l'emblême, parce que son aiguillon venimeux frappe par-derrière celui qui n'est pas sur ses gardes, et lui occasionne un dommage soudain par sa piqûre cachée.

Le Sauveur confondit les blasphémateurs et les ingrats, par les bienfaits dont il les rendit témoins. Il rapporta l'exemple de l'homme fort et armé, qui n'en fut pas moins vaincu, et de l'esprit immonde qui, dans ses replis, enveloppa l'homme jusqu'à sept fois.

Il répondit à une femme qui disait que bienheureux était le sein qui l'avait porté: « Celui-là est bien-

« heureux qui garde la parole de Dieu. » Après avoir guéri l'homme dans lequel il consomma à la fois trois miracles (l'aveugle qui voit, le muet qui parle, le possédé qui est affranchi du démon), l'auteur de toute vérité répandit abondamment les paroles du salut, et confondit par la supériorité de sa raison les Pharisiens qui essayaient de le faire tomber dans leurs piéges. Il parla de la lampe qu'il ne faut pas placer sous le boisseau mais sur le chandelier, et de l'œil qui doit être pur et simple.

Jésus fut prié de dîner chez un Pharisien qui disait en lui-même : « Pourquoi cet homme ne se lave-t-il « pas avant de dîner suivant l'usage des Hébreux ? » Le Sauveur parla des ablutions extérieures qui n'empêchaient pas les souillures de l'ame, et prononçant trois fois : malheur aux Pharisiens ! il leur fit beaucoup de reproches.

Jésus prescrivit aussi à ses disciples de se défendre du levain de l'hypocrisie, de ne pas craindre ceux qui ne peuvent tuer que le corps, et de ne pas s'occuper, dans la persécution, de ce qu'on pourra dire d'eux.

Sur la demande qu'on lui fit de diviser entre deux frères un héritage, il récita la parabole du riche avare. Il défendit aussi à ses disciples de s'occuper de la nourriture ni du vêtement, auxquels les oiseaux ne pensent pas.

Après avoir promis le royaume des cieux au petit troupeau, il dit que l'on devait vendre pour faire l'aumône tout ce que l'on possédait et tout ce que l'on devait acquérir, et que l'on devait conserver toujours ses lampes allumées, et se ceindre les reins. Il prescrivit aussi la vigilance, en faisant mention du bon et du mauvais serviteur : car le serviteur qui connaît la volonté de son maître et ne l'exécute pas mérite d'être battu d'un grand nombre de coups, tandis que celui qui l'ignorait doit recevoir un moindre châtiment.

Il dit que, pour faire cesser les divisions, il apporterait le feu sur la terre ; il parla de ceux qui connaissent l'aspect du ciel, et pour lesquels le temps présent ne se manifeste pas ; il parla du plaideur qui termine son affaire en route avant d'avoir vu son juge. Comme on rapportait que quelques hommes avaient été condamnés à mort par Pilate, il dit que tous ceux qui ne feraient pas pénitence périraient de même, comme les dix-huit personnes qui furent écrasées sous les ruines de la tour de Siloë. Il rapporta ensuite la parabole du figuier stérile, pour désigner ceux qui diffèrent la pénitence. Un jour de sabbat il guérit une femme qui depuis dix-huit ans était courbée vers la terre, et confondit les murmures de ceux qui se plaignaient de la violation du sabbat. Toutes ces choses se passèrent au milieu du peuple, qui témoignait sa joie de tant de glorieux miracles.

Il compara le royaume de Dieu à un grain de sénevé ; il parla du levain et de la voie étroite du salut, qui n'était ouverte qu'à un petit nombre, puis il dit : « Les derniers seront les premiers, et les pre-« miers seront les derniers. »

Le Seigneur appela Hérode un renard, ce qui désigne les hérétiques, à cause de leur ruse et de leurs embûches ; il réprimanda Jérusalem, qui refusait de se mettre à l'ombre de ses ailes. Un jour de sabbat il guérit un hydropique et le débarrassa comme d'une fontaine d'humeurs.

Il confondit les Pharisiens qui murmuraient de ce qu'il permettait de retirer, ce jour-là, du puits où ils seraient tombés, soit un bœuf, soit un âne. Pour mieux enseigner la pratique de l'humilité, il dit qu'il ne fallait pas chercher à se mettre à table le premier dans un banquet ; et que ce n'étaient pas les riches qu'il fallait inviter, mais les pauvres qui n'ont pas le moyen de rendre le repas qu'on leur donne.

Jésus-Christ, continuellement occupé du salut de l'humanité, fit la parabole de ces conviés qui, ayant cherché à s'excuser, ne furent pas jugés dignes de s'asseoir au banquet. Le premier ne voulut pas y assister parce qu'il venait d'acheter une maison de campagne, ce qui désigne ceux qui ne s'occupent que des choses terrestres et qui dédaignent la recherche des biens célestes. Un autre ne vint pas, parce qu'il était retenu par le désir d'examiner cinq paires de bœufs, ce qui figure ces hommes curieux qui, par l'attrait des sens corporels, passent leur temps à connaître les choses extérieures, et qui, tout occupés de la vie d'autrui et se négligeant eux-mêmes, refusent de prendre part au banquet du salut éternel. Le troisième ne se rendit pas à l'invitation parce qu'il venait de se marier : cet homme est l'emblême des voluptueux qui se laissent enchaîner par les plaisirs de la chair. Ainsi, tandis qu'un homme s'occupe de soins mondains, il est tourmenté par la pensée d'actions qui lui sont étrangères ; cet autre souille son esprit par des plaisirs charnels. Alors nul ne se hâte, dans son dégoût, de se rendre au banquet de la vie éternelle.

Le Sauveur, voyant cette multitude qui le suivait, lui dit qu'il fallait abandonner ses liaisons les plus intimes, renoncer même à la vie, prendre sa croix pour le suivre, et, comme celui qui bâtit une tour, examiner ce qu'elle doit lui coûter ; il proposa ensuite l'exemple de deux rois qui sont en guerre et qui doivent consulter leurs forces.

Tandis que l'on murmurait du banquet des pécheurs, il présenta la parabole de la brebis égarée et de la drachme perdue, dont le maître fut aussi affligé d'en être privé qu'il se réjouit ensuite de les avoir retrouvées. C'est ainsi que le salut du pécheur pénitent comblera de joie les anges dans le ciel. La pénitence n'est autre chose que la douleur d'avoir commis de mauvaises actions, et le desir de n'y pas retomber. Celui qui enfreint ses devoirs doit, pour satisfaire à la volonté de Dieu, se rendre difficile même sur les choses qui lui sont permises.

Le Seigneur récita aussi la parabole de l'enfant prodigue qui, après ses erreurs, revint vers son père. Celui-ci le reçut avec bonté et l'embrassa tendrement. Il le revêtit d'une belle robe, c'est-à-dire, de l'habit d'innocence ; il lui mit au doigt l'anneau de la foi sincère et la chaussure propre à porter au loin les paroles de l'Evangile. Le Seigneur figura ainsi, par les mains et les pieds du converti, les bonnes œuvres et les voyages.

Ce bon père rempli de joie d'avoir retrouvé son fils fit tuer un veau gras pour le banquet. Le fils aîné, à l'aspect de ces préparatifs d'allégresse, s'indigna contre son père qui ne lui avait rien donné, tandis qu'il prodiguait tout à celui qui avait dépensé son bien dans les débauches. Ce fils aîné représente le peuple juif; l'allégresse est l'emblême des enfans de l'Eglise qui, pleins du Saint-Esprit, unissent leurs voix pour prêcher l'Evangile ; le champ où se trouvait le fils aîné indique les observations extérieures des Pharisiens. Ensuite Jésus proposa l'exemple d'un économe infidèle qui, pour se ménager des ressources, avait fait réduire par les débiteurs leurs obligations envers son maître. Il assura qu'on ne pouvait à la fois servir Dieu et l'argent ; il blâma l'avarice des Pharisiens, et dit que la loi et les prophètes avaient duré jusqu'à Jean-Baptiste. Il s'entretint et de la dureté du riche, revêtu de pourpre, et de la pauvreté de Lazare. Montrant ainsi quels supplices attendent les ravisseurs, s'ils s'obstinent à mériter d'être punis, il maudit celui qui scandalise ; il prescrivit de pardonner à celui qui se repent, même lorsqu'il a péché soixante-dix fois sept fois. Les Apôtres lui demandèrent d'augmenter leur foi, et il leur parla de la transplantation de l'arbre ; et, leur offrant la comparaison du serviteur qui travaille, il leur prescrivit de confesser leurs fautes lors même qu'ils accompliraient ses préceptes.

Pendant que Jésus se rendait à Jérusalem il traversa Samarie et la Galilée. Etant entré dans un village, il y guérit dix lépreux dont un seul, qui était étranger, vint lui rendre grâce.

Interrogé sur le temps de la venue du royaume de Dieu, il répondit qu'il n'arriverait pas avec éclat : il compara la venue du fils de l'homme à la foudre. Il dit qu'il fallait que les hommes s'occupassent du jour du jugement, et compara ce jour à ceux de Noé et de Loth, quand un trépas inattendu vint frapper les mortels. Il s'étendit ensuite sur les deux personnes, dont l'une serait choisie par lui, et qui étaient occupées soit à dormir, soit à moudre, soit à labourer. Le lit exprime le repos de l'Eglise; le nombre deux, qui semble se rapporter à deux hommes, exprime deux genres d'affection : celui qui s'applique à la continence pour plaire à Dieu, et qui, vivant sans inquiétude, ne s'occupe que du ciel, sera élu pour la béatitude éternelle ; celui au contraire qui, orgueilleux des louanges humaines, quoiqu'il ne soit pas imbu de la corruption des vices, aura porté atteinte à l'état de la vie monastique, sera abandonné à la damnation, de même que dans ses lamentations le fait entendre Jérémie, qui, décrivant la chute de l'ame négligente et pécheresse, sous la figure de la Judée, s'écrie : « Les en-« nemis l'ont vue et se sont moqués de ses fêtes. » Les deux femmes occupées à la meule représentent, au milieu du tourbillon des affaires temporelles, les nations qui doivent être gouvernées par les docteurs comme les femmes par leurs maris, et qui, travaillant dans les divers genres d'industrie, font tourner leurs travaux à l'avantage de l'Eglise. Une partie sera choisie, parce qu'elle ne contracte le mariage que par le désir d'avoir de la postérité et n'emploie les biens terrestres qu'à l'acquisition des trésors célestes ; l'autre partie qui ne recherche dans le mariage que les voluptés sera rejetée. La rédemption du Sauveur comblera de biens tous ceux qui offriront les leurs à l'Eglise et aux pauvres. Les deux hommes occupés dans leur champ figurent les ouvriers spirituels de l'Eglise travaillant dans leur ministère comme dans le champ de Dieu. Celui-là sera choisi qui aura prêché avec sinvérité la parole divine, tandis que celui qui n'aura annoncé le Christ que par occasion et sans ferveur sera rejeté.

Ces trois sortes de personnes constituent l'Eglise, qui présente deux différences, le choix et le rejet. C'est pour cela que le prophète Ezéchiel vit trois hommes délivrés, Noë, Daniel et Job, qui désignent les prêtres, les hommes continens, et les mariés. Car Noë gouverna l'Arche sur les eaux, et représente ainsi ceux qui gouvernent ; Daniel conservant la modération même au milieu de la cour est l'emblême de la vie de continence ; Job, lié par le mariage et livré aux soins de sa maison, fut agréable à Dieu, et devint ainsi la figure des bons époux. Comme il faut toujours prier et ne pas s'en fatiguer, Jésus rapporta la parabole de la veuve qui ne se lassait pas de demander au mauvais juge de lui rendre justice contre sa partie adverse et qui obtint enfin ce qu'elle sollicitait, par l'effet de ses prières assidues. Par la prière du Pharisien et du Publicain dans le temple, il nous enseigne qu'il ne faut pas vanter ses mérites, mais confesser ses péchés ; les bons prient continuellement pour obtenir contre leurs ennemis une vengeance telle que tous les méchans périssent ; mais il y a deux manières de parvenir à ce but, soit en les convertissant à l'équité, soit en leur ôtant par le supplice le pouvoir de mal faire.

Le Seigneur annonça qu'il allait se rendre à Jérusalem et y souffrir la mort. Chemin faisant, il rencontra près de Jéricho un mendiant qu'il fit conduire devant lui, et à sa demande lui rendit avec bonté la lumière dont il était privé.

Entré dans Jéricho, il vit Zachée, chef des Publicains, qui était monté sur un arbre pour le considérer plus facilement. Ce fut chez cet homme que Jésus choisit son logement. Comme les Juifs murmuraient de voir le Seigneur loger dans la maison d'un pécheur, Zachée lui dit dans la sincérité de sa foi : « Seigneur, je donne aux pauvres la moitié de mes « biens, et si j'ai fait tort à quelqu'un, je restituerai « au quadruple. » Jésus lui répondit : « Cette maison « a reçu aujourd'hui son salut, parce que celui que « vous voyez est le fils d'Abraham. » En effet, le fils de l'homme vient pour chercher et sauver ce qui allait périr. Ensuite il dit la parabole d'un certain noble qui passa dans un pays lointain pour y recevoir la couronne et qui revint ensuite. Il avait donné à ses serviteurs dix mines d'argent pour faire commerce. Le premier de ses serviteurs lui dit : « Seigneur, votre « argent a décuplé dans mes mains. » Le premier serviteur est l'ordre des docteurs envoyés en mission, auxquels il fut compté à chacun une mine. En effet, ils avaient reçu l'ordre de prêcher qu'il n'y a qu'un Seigneur, qu'une foi, qu'un baptême et qu'un Dieu ; cette mine en a produit dix, parce que le peuple, après avoir reçu l'instruction, s'est réuni sous la même loi. Le serviteur ayant été récompensé, un autre dit : « Seigneur, votre mine m'en a produit cinq autres. » Ce serviteur annonce l'association de ceux qui furent envoyés porter l'Evangile, et qui sont préposés divinement à la direction de ceux qui leur doivent leur conversion au culte d'un seul Dieu après avoir mortifié leurs sens. Quant à cet autre serviteur, qui avait aussi reçu ordre de tirer parti de son argent, mais qui l'avait conservé dans un mouchoir, il figure ceux qui, propres à la prédication à laquelle ils sont appelés par l'ordre de Dieu, refusent de se charger de cette fonction et d'en porter dignement le sceptre : car garder son argent dans un mouchoir, c'est cacher les dons qu'on a reçus dans les langueurs et l'engourdissement de l'inutilité.

On doit entendre par cette parabole que les deux serviteurs fidèles sont les docteurs de l'un et de l'autre peuple; que les dix mines et les cinq autres mines sont les peuples qui croient au Seigneur; que le mauvais serviteur représente les mauvais catholiques ; que les ennemis qui ne voulurent pas recevoir le roi figurent l'impiété de ceux qui ne veulent jamais entendre la parole de la foi, ou qui la corrompent par des interprétations perfides; que la semence non employée fait allusion aux hommes qui ne veulent pas même ouvrir l'oreille à la parole divine. C'est ainsi que se trouve représenté par cinq personnes tout le genre humain qui doit paraître au jour du jugement.

Après ce discours, Jésus prit la route de Jérusalem. Comme on était en hiver et qu'on célébrait à Jérusalem la fête de la dédicace, les Juifs ( suivant le seul Jean) dirent à Jésus qui se promenait sous le portique de Salomon : « Jusqu'à quand nous tiendrez-vous donc
« l'esprit en suspens ? Si vous êtes le Christ, faites-le
« voir clairement. » Puis profitant de l'avantage de son discours, il dit : « Mon père et moi sommes une
« même chose. » Il tint encore plusieurs autres discours sublimes. Les Juifs, aveuglés par leur méchanceté, saisirent des pierres pour le lapider. Il se retira ensuite au-delà du Jourdain, dans le lieu où Jean

avait d'abord baptisé, et il y demeura quelque temps. Beaucoup de personnes vinrent l'y trouver et crurent en lui.

Il y avait alors à Béthanie un malade nommé Lazare. Ses sœurs, Marie et Marthe, envoyèrent auprès de Jésus pour lui dire : « Seigneur, celui que vous aimez « est malade. » A ces mots il répondit : « Cette ma- « ladie ne conduira pas à la mort ; elle est toute à la « gloire de Dieu, afin que le fils de Dieu soit glorifié « par elle. » Après avoir passé là deux jours entiers, il se rendit en Judée avec ses disciples, et trouva Lazare qui depuis quatre jours était au monument. Ayant appris l'arrivée du Sauveur, Marthe, femme pleine de foi, accourant au-devant de lui, s'écria : « Seigneur, si vous eussiez été ici, mon frère ne « serait pas mort. » Dans l'excessive douleur qu'elle éprouvait de la perte de son frère, Marthe n'usa que d'expressions modérées, et elle s'entretint avec le Christ dans une véritable confession de sa foi par laquelle elle le reconnaissait pour le fils de Dieu, dans sa vie comme dans sa résurrection. Elle appela sa sœur Marie en disant d'une voix étouffée : « Le maître est « ici et vous appelle. » Marie se leva promptement, et se rendit au lieu où le Sauveur s'était arrêté. Dès qu'elle le vit, elle se jeta à ses pieds et lui dit : « Sei- « gneur, si vous eussiez été ici, mon frère Lazare ne « serait pas mort. » Source inépuisable de piété, elle pleura, au milieu de ses amis en pleurs, la mort de l'ami qu'ils avaient perdu ; mais ses larmes leur produisirent une joie ineffable. Jésus, ému intérieurement, se rendit au tombeau de Lazare, fit lever la pierre qui couvrait la fosse, et appela ainsi à haute voix celui qui depuis quatre jours exhalait une odeur fétide : « Lazare, venez ici dehors. » Aussitôt il parut les pieds et les mains liés de bandes que Jésus fit détacher par ses disciples. Après ce miracle si glorieux et que tous les siècles doivent célébrer, tous les assistans ne crurent cependant pas en Jésus-Christ, mais seulement quelques Juifs qui étaient venus consoler Marie et Marthe, et avaient vu cette résurrection inespérée.

On ne saurait douter que le Sauveur n'ait ressuscité plusieurs morts ; cependant, dans le saint Evangile, pour ne pas affaiblir la certitude du mystère, on ne compte que trois résurrections. Par la fille du chef de la synagogue qu'il ressuscita dans la maison paternelle devant un petit nombre de témoins, on désigne les pécheurs qui conservent des péchés cachés dans leur conscience sans réaliser les mauvaises œuvres. L'inspiration divine suffit souvent pour les ramener en les tirant, par leur propre correction, du consentement pernicieux qu'ils auraient donné. Le fils de la veuve qui, transporté hors des murs de la ville, fut ressuscité par le Christ en présence de la multitude, indique ces coupables qui marchent, de leur propre consentement, à la consommation du crime, et portent, pour ainsi dire, la mort dans la profondeur la plus cachée de leur ame ; de manière que ce qui était enseveli dans le secret finit par se montrer en public. Ce sont de telles gens qu'il faut avertir salutairement et rendre divinement à la vie par le remède d'une digne conversion, afin que ceux qui l'apprendront aient sujet de s'en réjouir. Quant à Lazare déjà enseveli, exhalant déjà une fétide odeur, par lui sont représentés les pécheurs qui sont retenus dans les liens des habitudes dépravées, à tel point qu'elles ne leur permettent plus de sentir l'énormité de leurs péchés, et les portent même fréquemment à les justifier. Ils sont, pour ainsi dire, écrasés sous le poids immense de leur perversité; ils ont l'audace de s'irriter quand on les reprend et ils se corrompent quand l'éloge de leurs mauvaises opinions accroît leurs péchés. Le prochain qui les voit est scandalisé de leur exemple. Enfin, ceux qui sont condamnés par les jugemens des hommes n'en sont pas moins intérieurement rendus à la vie et absous par le ministère des prêtres.

On peut encore donner une autre explication. Tout homme naît en état de mort par le péché originel. Le premier jour de la mort est celui qui vient de l'origine de l'homme; le second a lieu pendant son adolescence, lorsque, parvenu à l'âge capable de raison, il commence à trouver naturellement en lui la loi qui fait l'instruction naturelle des hommes, savoir, qu'il ne faut pas faire aux autres ce qu'on ne veut pas qu'ils nous fassent : malheureusement il ose souvent transgresser cette loi. Le troisième jour de la mort a lieu quand la loi écrite est donnée à l'homme qui souvent la méprise aussi. Enfin le Christ est venu, il a apporté l'Evangile; il a prédit le royaume des cieux; il a menacé de l'enfer les malfaiteurs, et promis la vie éternelle aux justes : l'Evangile lui-même n'est pas respecté; et voilà le quatrième jour de la mort qui est celui du trépas de Lazare depuis qu'il est dans le tombeau.

Une autre explication se présente encore. La première période du péché est le mouvement coupable du cœur; la seconde, le consentement; la troisième, l'action; la quatrième, l'habitude. C'est ainsi que le pécheur succombe et devient dans le tombeau un cadavre fétide. Mais la grâce de Dieu ramène ceux que le péché avait éloignés, et rappelle à la vie ceux qui succombaient sous le poids de leurs fautes.

Après avoir rendu public le miracle de sa divinité par la relation de beaucoup de personnes qui avaient curieusement examiné par quelle loi inconnue le Lazare était sorti du tombeau, Jésus devint l'objet d'une réunion de prêtres et de Pharisiens qui, d'après l'impulsion de Caïphe, résolurent sa mort. Jésus partit, et se rendit dans une contrée qui touche au désert : il arriva à la ville d'Ephraïm. Il y resta quelque temps avec ses disciples. Cependant les princes des prêtres et leurs complices donnèrent ordre à ceux qui le connaîtraient de l'indiquer pour qu'on le saisît : ils craignaient que le monde entier ne le suivît, et que les Romains ne vinssent leur enlever l'empire. Six jours avant Pâques, Jésus vint à Béthanie et y soupa; Marthe faisait le service; Lazare était au nombre des convives. Marie prit une livre d'un baume précieux de nard pistique; elle en frotta les pieds de Jésus, et les essuya avec ses cheveux. Le nard est une espèce de parfum : PISTIS en grec se rend en latin par *fides* (foi). C'est pour cela que ce parfum est appelé pistique, c'est-à-dire fidèle, ou sans altération, parce que tout cadavre qui en est frotté est préservé de la putréfaction. La maison fut remplie de l'odeur de ce baume, de même que l'Eglise est parfumée par la bonne odeur de la vie religieuse.

Le malheureux Judas, qui était un voleur et qui portait la bourse, fut scandalisé de l'odeur suave dont la maison était parfumée ; il se permit de blâmer le service fidèle de la pauvre Marie. A sa réprimande très-injurieuse et téméraire, le Seigneur répondit : « Lais-
« sez-la faire, elle a opéré en moi une bonne œuvre :
« en vérité, je vous le dis, ce qu'elle a fait ici sera
« raconté par tout le monde. »

Plusieurs personnes, guidées par la curiosité, se rendirent à Béthanie, virent Lazare qui soupait avec le Christ, et pleins de joie rendirent témoignage de cette merveille. L'envie des Pharisiens les porta à faire périr cet homme ; mais c'était en vain qu'ils s'efforçaient de mettre obstacle à la toute-puissance du Christ.

Le lendemain la multitude, qui s'était rassemblée pour la fête, ayant appris l'arrivée de Jésus à Jérusalem, prit des palmes, et alla au-devant de lui. L'heure du sacrifice approchant, l'agneau de Dieu s'occupa du lieu de sa Passion. Etant venu à Bethphagé près de la montagne des Oliviers, il dit à deux de ses disciples : « Allez au village voisin, vous y trouverez aus-
« sitôt une ânesse attachée, ayant auprès d'elle son
« ânon ; détachez-la, et amenez-la-moi. » Les disciples s'y rendirent, prirent ces animaux, placèrent dessus leurs vêtemens, et le firent asseoir dessus.
« Voilà notre Roi, dirent-ils, tel que nous l'ont an-
« noncé les prophètes. Il n'est point assis sur un char
« doré, il n'est point vêtu de l'éclat de la pourpre,
« il ne monte point un cheval fier et ami des combats :
« il a choisi pour sa monture une ânesse tranquille
« et pacifique ; il ne marche point entouré de glaives

« étincelans : sa douceur l'annonce ; il n'est point re-
« doutable par la puissance, il est aimable par sa
« douceur. » La plupart des assistans étendaient par
terre leurs vêtemens ; d'autres coupaient aux arbres
des rameaux pour en joncher la route. Ceux qui le
précédaient, comme ceux qui le suivaient, criaient
à haute voix : « Gloire au plus haut des Cieux ! »
Quelques Pharisiens lui dirent : « Maître, vous devriez
« blâmer le zèle de vos disciples. » Il répondit : « Je
« vous assure que quand même ils se tairaient, ces
« pierres éleveraient la voix. »

En s'approchant, il vit la ville ; il pleura sur elle ;
et, pressentant l'avenir, il prédit les maux qui la menaçaient, pour n'avoir pas connu le temps de sa mission.

Entré dans Jérusalem, il vit toute la ville en com-
motion. On se disait : « Quel est cet homme ? » On répondait : « C'est le prophète Jésus de Nazareth en Ga-
« lilée. » Il entra dans le temple de Dieu, il en chassa
tous ceux qui étaient là pour vendre et pour acheter ;
il renversa les bureaux des banquiers et les siéges des
vendeurs de colombes. Il dit : « Il est écrit que ma
« maison sera appelée la Maison de la Prière, et vous
« en avez fait un antre de brigands. » Il guérit dans le
temple les aveugles et les boiteux qui vinrent le trouver. Cependant les princes des prêtres et des scribes,
témoins des merveilles qu'il opérait, entendant les
acclamations des enfans qui criaient dans le temple :
« Gloire au fils de David ! » indignés, et dans la plus
grande amertume de leur envie, lui dirent : « En-
« tendez-vous ce qu'ils disent ? » Jésus répondit :
« Je l'entends. Est-ce que vous n'avez pas lu que la

« louange la plus parfaite est celle qui sort de la bou-
« che des enfans même au berceau ? »

Après avoir jeté un coup d'œil autour de lui, il s'éloigna de ces malveillans, se rendit à Béthanie avec les douze Apôtres, et s'y fixa quelques momens. Le matin, comme il venait à la ville, il sentit le besoin de la faim; il s'approcha d'un figuier qui se trouvait sur le bord du chemin; il n'y trouva que des feuilles; il le maudit en disant : « Qu'à jamais, dans l'éternité, « il ne naisse aucun fruit de toi! » Soudain le figuier se dessécha, véritable emblême de la Synagogue, qui ne tire du livre de la loi que des paroles sans fruit. Ayant été interrogé pour savoir par quelle autorité il opérait dans ce temple tant de merveilles, il répondit par cette interrogation : « Le baptême de Jean vient-« il du ciel ou des hommes? » Par cette question si simple, le Christ confondit l'insidieuse méchanceté de ses ennemis et leur ferma la bouche. En effet, ils n'osèrent, ils ne voulurent point, par perversité, avouer, comme venant du ciel, ce qui était la vérité; ils n'osèrent pas non plus, par crainte de la multitude, nier ouvertement ce qui était évident.

Le Sauveur fit ensuite la parabole des deux fils que le père de famille envoya travailler à sa vigne, et dont les paroles comme l'action furent si différentes. En effet, l'un obéit à son père par son action, après avoir refusé verbalement. L'autre au contraire promit, mais n'exécuta pas.

Le Seigneur ajouta une autre parabole sur le cultivateur qui planta une vigne, et, partant pour un pays étranger, l'abandonna à des fermiers. Ils se saisirent des serviteurs qu'au temps des vendanges il envoya réclamer sa part des fruits de la vigne. Les fermiers frappèrent l'un comme Jérémie, tuèrent l'autre comme Isaïe, et lapidèrent le troisième comme Zacharie et Naboth. C'est ainsi que plus tard devait être crucifié le fils de Dieu. Mystiquement, plusieurs serviteurs sont envoyés pour faire connaître la loi, les psaumes et les prophéties, dont la connaissance doit opérer un grand bien; ces envoyés sont frappés et rejetés quand la parole divine est méprisée, ou, qui pis est, blasphémée. Celui qui outrage le fils de Dieu et fait injure à l'esprit de grâce, tue, autant qu'il est en lui, l'héritier de la vigne. Cette vigne, après la perte du mauvais cultivateur, est remise aux mains d'un autre : c'est ainsi que l'humilité reçoit le don de la grâce que l'orgueil ne peut obtenir.

Jésus fit ensuite une troisième parabole sur les noces que fit un roi pour son fils, et sur la punition qu'il infligea à ceux qui avaient refusé de s'y rendre.

Les Pharisiens et les Hérodiens essayèrent de le faire tomber dans un piége, en lui demandant s'il était permis ou non de payer le tribut à César. Ayant tiré une pièce de monnaie, Jésus répondit : « Ren-« dez à César ce qui est à César, et à Dieu ce qui est « à Dieu. »

Les Sadducéens aussi, pour tâcher de le faire tomber dans l'erreur, lui demandèrent qui, des sept maris qu'elle aurait eus, serait pour une femme, au jour de la résurrection, l'époux légitime. « Vous êtes dans « l'erreur, leur répondit Jésus, parce que vous ne « connaissez ni les Écritures ni la puissance de Dieu. « Au moment de la résurrection il n'y aura plus ni « maris ni épouses; ils ressembleront aux anges dans

« le ciel. » C'est ainsi que ce bon maître inspire la confiance aux enfans de l'Eglise, en leur faisant connaître que, lorsqu'ils ressusciteront, ils jouiront de la vue de Dieu sans aucune tache de corruption. Interrogé par un docteur de la loi pour savoir quel en était le grand commandement, le Sauveur s'exprima en ces termes : « Vous aimerez le Seigneur votre Dieu de
« tout votre cœur, de toute votre ame, et de toute
« votre pensée ; c'est là le plus grand et le premier
« commandement ; voici le second, qui ne lui est
« guère inférieur : Vous aimerez votre prochain
« comme vous-même. Dans ces deux préceptes, la loi
« tout entière et les prophètes sont compris. » Il réfuta les Pharisiens après les avoir interrogés sur le père du Christ, et fit voir qu'il était le Seigneur de David. C'est ainsi qu'il leur imposa un silence si absolu, que désormais aucun d'eux n'osa l'interroger, mais ils s'efforcèrent ouvertement de le livrer à la puissance des Romains.

Alors Jésus parla ainsi à la multitude et à ses disciples : « Les Scribes et les Pharisiens se sont assis sur
« la chaire de Moïse. Vous devez donc observer et
« exécuter tout ce qu'ils vous disent ; mais ne faites
« pas ce qu'ils font. Car ils disent bien et n'agissent
« pas de même. En effet, ils assemblent des fardeaux
« trop pesans pour être transportables, et ils les char-
« gent sur les épaules des hommes, sans daigner y
« mettre la main. Toutes leurs œuvres n'ont pour but
« que de s'attirer les regards du public. C'est pour-
« quoi ils font parade des phylactères où sont écrits
« les commandemens de Dieu, et ne manquent pas
« d'étaler les franges de leur robe. Ne recherchent-

« ils pas aussi la meilleure place dans les banquets et
« les premières chaires dans les synagogues, et les
« salutations dans les places publiques, et les titres
« d'honneur de la part de ceux qui les approchent ?
« Quant à vous, qui n'avez qu'un seul maître, ne leur
« donnez pas ce titre de rabbi qu'ils ambitionnent.
« Vous êtes tous frères; ne donnez à personne sur la
« terre la qualité de père, parce que vous n'en avez
« qu'un qui est dans les cieux ; n'appelez personne
« votre maître, parce que votre seul maître est le
« Christ. Celui qui est le plus grand parmi vous sera
« votre serviteur ; et quiconque s'élevera sera humi-
« lié, en même temps que celui qui s'humiliera sera
« élevé. Malheur à vous, Scribes et Pharisiens hypo-
« crites, qui fermez devant les hommes l'accès du
« royaume des cieux ! Vous n'y sauriez pénétrer, et
« vous ne voulez pas souffrir que d'autres y entrent. »
C'est ainsi que Jésus-Christ dit beaucoup de choses
exemplaires, enseigna les simples, et confondit les
hypocrites. Il parla de ceux qui jurent par le temple,
et par l'or qui est dans le temple, par l'autel et par les
présens dont il est chargé. Il s'entretint de la commisération divine, qui donna mission aux prophètes,
aux sages et aux Scribes, et de la cruauté des Juifs
qui firent périr dans divers supplices les envoyés de
Dieu. Il s'affligea sur Jérusalem ; il plaignit le sort,
non de ses édifices, mais de ses habitans ; il répéta
plusieurs fois avec larmes : « Jérusalem, Jérusalem,
« tu massacres les prophètes, et tu négliges de te cor-
« riger de ta perversité. »

Jésus sortit du temple, et répondit à ses disciples
qui lui faisaient remarquer ce magnifique édifice : « Il

« ne restera là pierre sur pierre qui ne soit détruite. »
Au rapport de Matthieu et de Marc, comme il était assis sur la montagne des Oliviers, ses disciples lui demandèrent en particulier quels seraient les temps et les signes de la destruction qu'il avait prédite. Il répondit à leurs questions sur ce désastre que beaucoup de calamités le précéderaient, les guerres entre les nations, les tremblemens de terre dans plusieurs contrées, la peste et la famine, des météores épouvantables, et d'autres signes horribles. Il prédit encore beaucoup de choses sur les persécutions qui devaient arriver, ainsi que sur son avènement. Il dit que les fidèles ne devaient pas s'occuper d'avance de ce qu'ils diraient alors, mais qu'ils devaient se contenir avec patience ; que Jérusalem serait assiégée par des armées : malheur alors aux femmes enceintes ! que le glaive et la captivité exerceraient leurs horreurs en même temps qu'on remarquerait les signes célestes, et qu'il viendrait dans une nue avec une grande puissance et une grande majesté. « Faites y attention, ajou-
« ta-t-il, parce que le jour de votre rédemption ap-
« proche. » Il enseigna qu'il fallait éloigner l'ivresse et les soins de cette vie, qu'il fallait veiller et prier ; il blâma l'orgueil des Scribes, et déclara de nouveau que le denier de la veuve l'emportait sur les autres offrandes.

Par l'exemple du figuier, Jésus fit connaître l'avènement de la consommation des siècles ; il fit une parabole sur les dix vierges, sur celui qui donna de l'argent à ses serviteurs avant de partir pour le pays étranger. Il parla de l'avènement du fils de l'homme avec ses anges dans une grande majesté ; de la séparation des brebis qui seraient placées à droite, et des boucs que l'on rejeterait à gauche ; des réprouvés qui seraient punis par d'éternels supplices, et des justes qui auraient pour récompense la vie éternelle.

Le premier jour de la fête des azimes, les disciples allèrent trouver Jésus, et lui dirent : « Où voulez-vous « que nous vous préparions ce qu'il faut pour manger « la Pâque ? » Jésus répondit à Pierre et à Jean : « Al-« lez à la ville ; vous y trouverez un homme chargé « d'une cruche pleine d'eau, vous le suivrez dans la « maison où il entrera ; et vous direz au père de fa-« mille : où est la chambre dans laquelle je dois man-« ger la Pâque avec mes disciples ? Il vous en fera « voir une grande et meublée ; vous y préparerez ce « qui convient. » Ils s'en allèrent et trouvèrent en effet ce que Jésus leur avait dit. C'est là qu'ils préparèrent la Pâque. Le soir étant arrivé, il vint avec les douze Apôtres et leur dit après les avoir fait mettre à table : « J'ai desiré ardemment manger ici la Pâque avec vous « avant de souffrir la mort ; car je vous déclare que « je ne mangerai plus de cette victime jusqu'à ce que « le royaume de Dieu soit accompli. »

Selon l'évangéliste Jean, la Cène étant terminée, et le diable ayant déjà inspiré au cœur de Judas Iscariote le dessein de trahir Jésus, le Sauveur, qui savait bien que son père lui avait remis toutes choses entre les mains, qu'il était sorti de Dieu et qu'il retournerait au Seigneur, se leva de table et quitta ses vêtemens. Il demanda un linge et le mit autour de lui, il versa ensuite de l'eau dans un bassin, et commença à laver les pieds de ses disciples et à les essuyer avec le linge qu'il portait. Après qu'il eut terminé cette opération, il reprit ses vêtemens, se remit à table, et dit : « Savez-vous bien ce que je viens de vous faire? Vous « m'appelez maître et Seigneur, et c'est avec raison, « car je suis l'un et l'autre. Ainsi, si je vous ai lavé les « pieds, tout Seigneur et maître que je suis, vous « devez aussi vous les laver l'un à l'autre. » Il ajouta beaucoup de choses, et finit par dire : « Quiconque me « reçoit, reçoit celui qui m'a envoyé. »

Matthieu rapporte que, pendant que les disciples mangeaient, Jésus parla ainsi : « En vérité, je vous « le dis, l'un de vous doit me trahir. » Chacun d'eux, vivement contristé, commença à demander : « Sei- « gneur, est-ce que ce serait moi? » Il fit cette réponse : « Celui qui avance avec moi la main vers le « plat est celui qui va me trahir. » Cependant, comme ils soupaient, Jésus prit un pain, le bénit, le rompit et le distribua à ses disciples en proférant ces paroles : « Prenez et mangez; ceci est mon corps. » Elevant ensuite le calice, il rendit grâces à Dieu, le leur présenta en disant : « Buvez tous de ce vin; ceci est mon « sang, gage d'une nouvelle alliance, et qui sera ré- « pandu en faveur d'un grand nombre pour la rémis- « sion de leurs péchés. Je vous assure que je ne boirai « plus de ce produit de la vigne, jusqu'au jour où j'en « boirai de nouveau avec vous dans le royaume de mon « père. »

Dans la nuit où il fut trahi, Jésus pria trois fois. C'est pour nous annoncer qu'il faut que nous demandions le pardon de nos péchés passés, l'assistance de Dieu contre les maux présens, et sa protection contre les dangers à venir; c'est aussi pour nous faire connaître que nous devons diriger toute prière vers le Père, vers le Fils et vers le Saint-Esprit. On ne doit pas perdre de vue non plus que, comme la tentation de la cupidité est triple, triple est aussi la tentation de la crainte, concupiscence de la chair, concupiscence des yeux, ambition mondaine, crainte de la mort, crainte de l'humilité, et crainte des douleurs. C'est contre toutes ces choses que le Seigneur nous enseigne qu'il faut nous fortifier par la prière. En effet, on comprend que le Seigneur a prié trois fois à cause de la triple tentation de la Passion.

L'illustre théologien Jean assure qu'après que Jésus eut lavé les pieds de saint Pierre, qui s'y opposait d'abord, ainsi que ceux des autres Apôtres, il fit connaître, dans un discours mystique et par l'autorité des prophétiques écritures, celui qui n'osait encore le trahir à découvert, en disant : « Celui qui « mange avec moi ce pain, levera le pied contre moi. » Ensuite, ayant résolu de faire connaître ce traître, il fut troublé dans son esprit, le déclara, et prononça ces paroles : « En vérité, en vérité, je vous dis qu'un « de vous me trahira. » Les disciples se regardèrent l'un l'autre, incertains de qui il voulait parler. Simon Pierre fit un signe à Jean, qui était appuyé sur le sein de Jésus, et Jean demanda au Sauveur : « Sei« gneur, quel est le coupable ? — C'est, répondit le « Sauveur, celui auquel je donnerai un morceau de « pain trempé. » Aussitôt il trempa un morceau de pain, et le donna à Judas Iscariote, fils de Simon. Judas ayant pris ce morceau, Satan passa dans son corps, et Jésus lui dit : « Ce que vous faites, faites« le au plus vite. » Cependant aucun des assistans ne comprit la signification de ces paroles. Ensuite Judas sortit à l'instant même : il était nuit.

A peine fut-il sorti, Jésus dit : « Désormais le fils « de l'homme est glorifié, et Dieu est glorifié en lui. » Il ajouta beaucoup d'autres choses d'une admirable profondeur sur l'amour sincère de Dieu et du prochain, sur l'unité de la Trinité, sur le triple reniement de Pierre, sur l'avènement et la consolation du Saint-Esprit, véritable consolateur de ceux qui observent les commandemens de Dieu, sur l'heureuse rénumération des justes, sur la persécution des fidèles, sur la damnation sans excuse des méchans, sur la dispersion des disciples, et sur le moment de sa Passion qui approchait.

Après avoir fini cet incomparable discours, Jésus éleva les yeux au ciel, et fit avec bonté une prière agréable à son Père pour ses disciples et pour tous les hommes qui, sur leur parole, croiraient en Dieu. Par cette prière, d'une extrême clémence, le Sauveur demanda pour nous à son Père beaucoup plus que l'humaine fragilité n'oserait jamais implorer.

Alors, selon saint Luc, il s'éleva une contestation entre les disciples, pour savoir lequel d'entre eux serait regardé comme le plus grand ; mais le céleste docteur les rappela à l'humilité par ses exemples et par ses discours. Il réprima pieusement la prétention de ces hommes faibles, et déclara que, par la piété seule, il serait leur serviteur.

Il promit le royaume des cieux à ceux qui se trouvaient avec lui, et, après quelques autres discours, il dit à Pierre que la vanité aurait pu élever mal à propos : « Simon, Simon, Satan a demandé à vous

« cribler comme le froment ; mais j'ai prié pour vous
« afin que la foi ne vous manque pas. Quand vous
« aurez été converti, affermissez vos frères. » Pierre
répondit : « Seigneur, je suis prêt à aller avec vous
« en prison, et même à la mort. — Pierre, lui dit
« Jésus, avant que le coq ait chanté aujourd'hui,
« vous m'aurez déjà renié trois fois : c'est moi qui
« vous le dis ; » et s'adressant aux autres apôtres, il
ajouta : « Quand je vous envoyai sans bourse, ni sac,
« ni chaussure, vous a-t-il manqué quelque chose ? »
Ils repartirent : « Rien du tout, Seigneur. » Il reprit
ensuite : « Maintenant que celui qui a une bourse et
« un sac les prenne, et que celui qui n'en a pas vende
« sa robe, et achète un glaive. » Les Apôtres répondirent : « Voici deux glaives ici. » Jésus leur dit :
« C'est assez. »

Matthieu et Marc rapportent que Jésus et ses disciples se rendirent sur la montagne des Oliviers. C'est
là qu'il leur dit : « Vous souffrirez tous en moi un
« grand scandale cette nuit. » De là il se rendit dans
un lieu nommé Gethsémané, ce qui signifie la vallée
d'abondance. Il adressa à ses disciples ces paroles :
« Asséyez-vous ici, et priez de peur d'entrer en ten-
« tation. » Ayant pris avec lui Pierre et les deux fils
de Zébédée, il commença à être saisi de douleur et
de tristesse ; puis s'éloignant d'eux à la distance d'un
jet de pierre, et, s'étant agenouillé, il pria en ces
termes : « Mon père, si c'est votre volonté, éloignez
« de moi ce calice. Faites toutefois votre volonté
« et non la mienne. »

Cependant un ange du ciel lui apparut pour le reconforter. Arrivé à l'agonie, il se mit à prolonger sa prière. Sa sueur coula subitement comme des gouttes de sang qui coulent à terre. Nous savons qu'il y avait au-delà du torrent de Cédron un jardin dans lequel il entra avec ses disciples. Judas connaissait ce lieu. Ayant pris avec lui une cohorte et des gens aux gages des prêtres et des Pharisiens, il arriva avec des flambeaux, des torches et des armes. Puis s'approchant aussitôt de Jésus, il lui dit : « Bonjour, mon maître ! » et l'embrassa. Alors la troupe s'approcha, se saisit de Jésus, et le retint. Ensuite, comme le rapporte Jean, Jésus leur dit : « Que cherchez-vous ? » Ils répondirent : « Jésus de Nazareth. — C'est moi qui le suis, » dit-il. Ils rétrogradèrent soudain, et tombèrent par terre.

Luc rapporte que ceux qui étaient auprès du Sauveur, voyant bien ce qui allait arriver, dirent : « Sei« gneur, faut-il frapper avec l'épée ? » Alors Pierre frappa Malchus, serviteur du grand-prêtre, et lui abattit l'oreille droite. Jésus répondit à la question qui venait de lui être faite : « Laissez faire ; » et, s'adressant à Pierre qui venait de frapper, il ajouta, selon le témoignage de Matthieu : « Remettez votre glaive « en son lieu ; car tous ceux qui auront pris l'épée, « périront par l'épée. Est-ce que vous pensez que je « ne puisse pas prier mon Père, qui me fournirait « plus de douze mille légions d'Anges ? Comment « donc voulez-vous que s'accomplissent les Ecritu« res ? Les choses ne doivent-elles pas arriver ainsi ? » On peut ajouter à ces paroles celles qui suivent et que rapporte Jean : « Est-ce que vous ne voulez pas que « je boive le calice que mon Père m'a donné ? » Alors, comme Luc le raconte, le Sauveur toucha l'oreille de Malchus, et la guérit.

Dans ce moment Jésus dit aux assistans : « Vous « êtes venus armés de glaives et de bâtons comme « pour vous saisir d'un voleur. Tous les jours j'étais « assis auprès de vous pendant que j'enseignais dans le « temple et vous ne m'avez pas arrêté. Mais voici votre « heure et celle de la puissance des ténèbres. » Soudain tous ses disciples l'abandonnèrent et prirent la fuite.

Un jeune homme couvert d'un suaire vint à suivre le cortége, qui voulut l'arrêter ; mais, ayant abandonné le suaire, il s'enfuit tout nu. Le Sauveur fut enchaîné au milieu de la troupe en présence du tribun de la cohorte et des envoyés des Juifs. On le conduit d'abord chez le pontife Anne, beau-père de Caïphe. Cependant Pierre venait de loin et entra dans la cour du prince des prêtres. Comme il faisait froid, il s'assit auprès du feu avec les gens de la maison pour voir la fin de l'événement. Ils allumèrent du feu, et s'assirent. Pierre se plaça au milieu d'eux. Pierre est digne d'une très-grande admiration pour avoir, malgré ses craintes, suivi le Seigneur. Sa frayeur est l'effet de la nature ; sa venue est l'effet de sa dévotion ; son reniement tient à l'adresse et sa pénitence provient de la foi.

Cependant les princes des prêtres et tout le conseil cherchaient de fausses dépositions contre Jésus, afin de pouvoir le livrer à la mort ; mais ils n'en purent trouver, quoiqu'ils eussent réuni beaucoup de faux témoins. Comme Jésus gardait le silence, le prince des prêtres lui dit : « Je vous adjure par le Dieu vivant « de nous dire si vous êtes le Christ fils de Dieu. » Jésus lui répondit aussitôt : « Vous l'avez dit. » Alors le prince des prêtres déchira ses vêtemens en disant :

« Cet homme a blasphémé. Qu'avons-nous encore
« besoin de témoins ? N'entendez-vous pas son blas-
« phème ? Que vous en semble ? » Tous firent cette
réponse : « Il mérite la mort. » En ce moment ils lui
crachèrent à la figure et l'accablèrent de soufflets ;
d'autres lui bandèrent les yeux, et lui dirent en lui
donnant des coups de poing sur la face : « Christ,
« prophétise-nous qui t'a frappé. »

Cette nuit, Jésus souffrit donc tous ces outrages dans
la maison du prince des prêtres : ce fut dans ces circonstances que Pierre fut tenté. Le triple reniement
de cet apôtre commença avant le premier chant du
coq, et finit avant le second, selon le témoignage de
Marc. Les trois autres évangélistes remarquent que
ce fut avant le premier chant que Pierre fut saisi de
crainte et de douleur. Alors il se rappela les paroles
de Jésus qui avait dit : « Avant que le coq ait chanté,
« tu m'auras renié trois fois. » Il sortit, et pleura amèrement. Le grand pontife interrogea Jésus sur ses
disciples et sur sa doctrine. Jésus répondit : « J'ai
« parlé à découvert dans le monde ; c'est à découvert
« aussi que j'ai donné mes instructions dans la syna-
« gogue, et dans le temple où se réunissent tous les
« Juifs ; je n'ai jamais parlé en cachette, à quoi bon
« m'interroger ? Interrogez plutôt ceux qui ont en-
« tendu ce que je leur ai dit. Ceux-là connaissent
« mes discours. » A ces mots un des officiers qui
étaient présents donna un soufflet à Jésus, et lui dit :
« Est-ce ainsi que vous répondez au pontife ? » Jésus
lui repartit : « Si j'ai mal parlé, faites voir en quoi ;
« mais si ce que j'ai dit est bien, pourquoi me frap-
« pez-vous ? »

Anne envoya Jésus lié au pontife Caïphe. Le jour étant venu à paraître, ainsi que le rapporte Matthieu, tous les princes des prêtres et les vieillards tinrent conseil contre Jésus-Christ, afin de le livrer à la mort. On le conduisit enchaîné pour le remettre aux mains de Ponce Pilate, gouverneur de la Judée.

Luc compose sa narration de ce qui arriva vers le matin au Seigneur, quand les hommes qui le retenaient se moquaient de lui, le frappaient, lui bandaient les yeux, lui donnaient des soufflets et proféraient contre lui de nombreux blasphèmes. Au point du jour les vieillards, les princes des prêtres et les Scribes s'assemblèrent, et, l'ayant fait conduire devant eux, lui dirent : « Si vous êtes le Christ, dites-le « nous. » Il fit cette réponse : « Si je vous le dis, vous « ne me croirez pas ; et si je vous interroge, vous ne « me ferez aucune réponse ; je ne serai point acquitté. « Bientôt le fils de l'homme siégera à la droite de la « puissance de Dieu. » Tous s'écrièrent : « Vous êtes « donc le fils de Dieu ? » Il reprit : « Vous le dites ; je « le suis. » Ils repartirent : « Qu'avons-nous besoin de « chercher d'autres témoignages ? Nous avons entendu « l'aveu de sa propre bouche. » Toute l'assemblée se leva et conduisit Jésus devant Pilate. Luc raconte toutes ces choses. Matthieu et Marc rapportent ce qui se passa jusqu'au matin ; puis ils reprennent le récit du reniement de Pierre ; l'ayant terminé, ils reviennent au matin afin de présenter tout ce qui arriva alors au Seigneur. Suivant Jean, Jésus fut conduit de Caïphe au prétoire. Comme c'était le matin ils n'entrèrent point, de peur de se souiller et de ne pouvoir manger la Pâque. Alors d'iniques rassemblemens se formèrent et conduisirent le Seigneur comme s'il eût déjà été convaincu de crime. Du consentement de Caïphe, auquel il avait déjà semblé juste que Jésus fût condamné à mort, on n'apporta aucun délai à le livrer à Pilate pour recevoir sa condamnation.

Matthieu raconte en ces termes la mort du traître : alors Judas, qui avait livré Jésus, le voyant condamné, touché de repentir, rapporta les trente pièces d'argent aux princes des prêtres et aux vieillards et leur dit : « J'ai péché en vous livrant le sang du juste. » Ils lui firent cette réponse : « Que nous importe ? c'est « ce que vous verrez. » Le malheureux jeta l'argent dans le temple, se retira et alla se pendre. Les princes des prêtres, ayant repris l'argent, dirent : « Il ne « nous est pas permis de le mettre dans le trésor du « temple parce qu'il est le prix du sang. »

Après avoir tenu conseil, ils en achetèrent le champ d'un potier pour en faire le cimetière des étrangers. C'est pourquoi celui-ci fut appelé Aceldamah, c'est-à-dire le champ du sang ; et ce nom lui est resté jusqu'à ce jour.

C'est ainsi que s'accomplirent les prophéties. Ensuite les saints évangélistes ne négligent rien pour raconter avec ordre ce qui arriva au Seigneur devant Pilate, événemens que les lecteurs studieux doivent rechercher avec soin et mettre convenablement chacun à sa place. Comme le remarque judicieusement l'évêque d'Hippone, Augustin, dans le troisième livre de l'accord des évangélistes, la passion du Christ fut l'occasion de beaucoup de questions et de réponses remarquables. Là chacun d'eux a recueilli et placé dans ses récits ce qu'il a jugé le plus important. Selon

Matthieu, Jésus parut devant le gouverneur; interrogé par lui pour savoir s'il était le roi des Juifs, il répondit : « Vous le dites. » Pilate sortit, comme le rapporte Jean, se rendit auprès de ceux qui n'étaient pas entrés dans le prétoire, et s'adressant à eux : « Quelle accusation, dit-il, intentez-vous à « cet homme ? » Ils répondirent : « S'il n'était pas un « malfaiteur, nous ne l'aurions pas conduit ici. » Pilate reprit : « Prenez-le, et qu'il soit jugé selon vos « lois. » Les Juifs ajoutèrent : « Il ne nous est pas permis « de condamner à mort. » Pilate rentra dans le prétoire, appela Jésus et lui dit : « Etes-vous le roi des « Juifs ? » Telle fut la réponse de Jésus : « Dites-vous « cela de votre propre mouvement, ou quelqu'un « vous a-t-il fait sur moi ce rapport ? » Pilate ajouta : « Est-ce que je suis Juif ? Votre nation et vos prê- « tres vous ont livré en mes mains ; qu'avez-vous fait ? » Jésus lui répondit : « Mon royaume n'est pas de ce « monde ; si mon royaume était de ce monde, mes « gens combattraient pour m'empêcher d'être livré « aux Juifs. Maintenant mon royaume n'est point ici. » C'est ce qui fit dire à Pilate : « Vous êtes donc roi ? » Jésus répartit : « Vous dites que je suis roi ; c'est pour « cela que je suis né, c'est pour cela que je suis venu « en ce monde, afin de rendre témoignage à la vérité. « Quiconque est inspiré par elle entend ma voix. » Pilate reprit : « Qu'est-ce que la vérité ? » A ces mots il retourna vers les Juifs, et leur dit : « Je ne trouve « dans cet homme rien qui puisse le faire condamner. » Alors les Juifs irrités, ainsi que Luc le raconte, commencèrent à accuser Jésus-Christ en disant : « Nous « avons trouvé cet homme qui soulevait la nation,

« défendant de payer le tribut à César, et se prétendant
« le Christ roi d'Israël. » Selon Matthieu, Jésus
ayant été accusé par les princes des prêtres et par les
vieillards ne fit aucune réponse, tant était grande
sa douceur. Alors Pilate lui dit : « Est-ce que vous
« n'entendez pas quelles sont les accusations portées
« contre vous? » Comme il ne fit aucune réponse, le
gouverneur l'admira vivement. Pilate ayant pris place
sur son siége, sa femme lui envoya dire : « Ne vous
« mêlez pas de ce qui concerne ce juste, car j'ai eu
« par rapport à lui beaucoup de visions aujourd'hui. »
Sur ce que Pilate disait : « Je ne trouve rien de cri-
« minel en cet homme, » les Juifs, comme le rapporte Luc, s'obstinaient à dire : « Il agite le peuple
« dans toute la Judée par ses instructions, en com-
« mençant par la Galilée et en continuant jusqu'ici. »
A ce mot de Galilée, Pilate demanda si Jésus était
Galiléen. Aussitôt qu'il eut appris qu'il était de cette
contrée qui dépendait d'Hérode, il le remit à ce prince
qui se trouvait alors à Jérusalem. A la vue de Jésus,
Hérode éprouva une grande joie; car depuis long-
temps il desirait vivement voir celui dont il avait tant
entendu parler, et parce qu'il espérait que le Christ
allait opérer quelque miracle. Il lui adressa un grand
nombre de questions : mais Jésus n'y fit aucune réponse. Cependant les princes des prêtres étaient là
présens, qui ne cessaient de l'accuser. Hérode, au
milieu de sa cour, se moqua de Jésus, le fit revêtir
d'une robe blanche et le renvoya à Pilate. Cet acte
rendit amis Hérode et Pilate, qui auparavant se détestaient à l'envi.

Ayant convoqué les magistrats et le peuple, Pilate

leur dit : « Vous m'avez présenté cet homme comme
« perturbateur du peuple ; et vous avez vu qu'après
« l'avoir interrogé je n'ai trouvé rien de répréhensible
« en lui, quelles qu'aient été vos accusations. Hérode
« ne l'a pas non plus trouvé coupable ; car je vous ai
« renvoyés devant lui et rien n'a été découvert qui mé-
« rite la mort. Je vais donc le renvoyer après l'avoir
« fait châtier. » Pilate savait que ce n'était que par envie
que Jésus avait été conduit devant lui. Le gouverneur
avait coutume de remettre au peuple, à la fête de Pâques, un prisonnier à son choix. L'assemblée s'étant
formée, Pilate dit : « Qui desirez-vous que je vous dé-
« livre, de Barabbas ou de Jésus qui s'appelle le Christ ? »
Les princes des prêtres et des vieillards engagèrent le
peuple à demander Barabbas, afin de perdre plus sûre-
ment Jésus-Christ. Ce Barabbas était un voleur fameux
qui avait été conduit en prison comme séditieux et
comme homicide. Le gouverneur recommença la même
question. « Qui voulez-vous que je vous délivre, de
« l'un ou de l'autre ? » La multitude cria : « Barabbas ! »
Pilate reprit : « Que ferai-je de Jésus qui s'appelle le
« Christ ? » Tous se mirent à crier : « Qu'on le crucifie ! »
Pilate repartit : « Mais quel mal a-t-il fait ? » Ces furieux criaient de plus en plus : « Faites-le crucifier. »
Pilate voyant que ses remontrances étaient inutiles
et que le tumulte ne faisait que s'accroître demanda
de l'eau, se lava les mains en présence du peuple
et dit : « Je suis innocent du sang de cet homme
« juste ; et vous en répondrez. » Tout le peuple répondit : « Que son sang retombe sur nous et sur nos
« enfans ! »

Alors Pilate remit Barabbas en liberté ; il ordonna

de saisir Jésus et de le battre de verges. Jean rapporte qu'alors les soldats ayant fait une couronne d'épines, la placèrent sur la tête du Christ, et le revêtirent d'une robe de pourpre. Ils s'approchaient de lui, et disaient : « Salut, roi des Juifs ! » puis ils lui donnaient des soufflets. Pilate sortit de nouveau du prétoire, et dit à l'assistance : « Vous le voyez, je
« l'ai fait conduire ici devant vous, afin que vous
« sachiez que je ne trouve en lui aucun motif d'accu-
« sation. » Jésus fut donc conduit dehors, portant une couronne d'épines et une robe de pourpre. Le gouverneur ajouta : « Voici l'homme ! » Les pontifes et leurs gens l'ayant vu se remirent à crier : « Cru-
« cifiez-le, crucifiez-le ! » Alors Pilate leur parla en ces termes : « Eh bien ! prenez-le vous-mêmes, et le
« mettez en croix : car pour moi je ne le trouve pas
« coupable. » Les Juifs reprirent : « Nous avons une
« loi, et, selon cette loi, cet homme doit mourir,
« puisqu'il se dit le fils de Dieu. »

A ces mots, Pilate craignit davantage pour le Christ ; il rentra au prétoire, et dit à Jésus : « D'où êtes-
« vous ? » Mais Jésus ne fit aucune réponse ; ce qui détermina ce gouverneur à ajouter : « Pourquoi ne
« me parlez-vous pas ? Est-ce que vous ignorez que
« j'ai le pouvoir de vous faire crucifier ou de vous
« mettre en liberté ? » Alors Jésus répondit : « Vous
« n'auriez sur moi aucun pouvoir, s'il ne vous venait
« d'en haut. C'est pourquoi celui qui m'a livré en vos
« mains est plus coupable que vous. » Depuis ce moment Pilate cherchait les moyens de relâcher le Christ. Cependant les Juifs continuaient de crier : « Si vous
« mettez cet homme en liberté, vous n'êtes pas l'ami

« de César ; car quiconque se prétend roi est ennemi
« de l'empereur. »

Pilate, ayant entendu ces discours, fit sortir Jésus, et monta sur un tribunal dans un lieu que l'on appelle Lithostrotos, et que les Hébreux nomment Gabbata. On était au jour de la préparation de Pâques, vers la sixième heure. Le gouverneur dit aux Juifs : « Voici « votre roi. » Ceux-ci répondaient dans leurs clameurs : « Elevez-le en croix, et qu'on le crucifie. » Il ajouta : « Crucifierai-je votre roi ? » Les pontifes répondirent : « Nous n'avons de roi que César. » Alors il le leur remit pour être attaché à la croix.

Tel est le récit que Jean rapporte de la conduite de Pilate, que Matthieu et Marc, qui l'avaient oublié, ont recueilli.

Matthieu s'exprime en ces termes : « Alors les sol-
« dats du gouverneur, ayant fait entrer Jésus dans
« le prétoire, réunirent autour de lui toute leur co-
« horte ; ils le dépouillèrent de ses vêtemens, et le
« revêtirent d'un manteau de pourpre. Après avoir
« tressé une couronne d'épines, ils la lui posèrent
« sur la tête, et lui mirent à la main droite un roseau.
« Ils s'agenouillaient devant lui, et disaient par déri-
« sion : Salut, roi des Juifs ! Puis lui crachant à la
« face, ils prenaient le roseau, et le frappaient à la
« tête. Après ces actes dérisoires, ils le dépouillèrent
« de son manteau, ou, comme dit Marc, de son vête-
« ment de pourpre ; ils lui rendirent sa robe, et le
« conduisirent à la croix. »

Jean rapporte que le Christ, portant sa croix, arriva à Golgotha, c'est-à-dire au lieu du Calvaire. Simon le Cyrénéen, père d'Alexandre et de Rufus, dont parlent trois des évangélistes, venant de sa maison de campagne, fut arrêté et contraint de porter la croix jusqu'au Calvaire.

On crucifia sur le Golgotha Jésus au milieu de deux larrons; on lui donna à boire du vin avec de la myrrhe; et l'on attacha sur sa tête une inscription, qui rapportait le motif de sa condamnation : « Cet homme « est Jésus, roi des Juifs. » Elle fut écrite en grec, en latin et en hébreu. Après l'avoir crucifié, les soldats prirent ses vêtemens, et en firent quatre parts, dans aucune desquelles ne put entrer sa robe, parce qu'elle formait un seul tissu sans couture. Ils se dirent donc l'un à l'autre : « Il ne faut pas la couper; « mais tirons au sort pour savoir à qui elle appar- « tiendra. » C'est ainsi que fut accompli ce passage de l'Ecriture, qui dit : « Ils se sont partagé mes vê- « temens, et ont jeté le sort sur ma robe. »

Pendant que Jésus était attaché à la croix, les princes des prêtres et les Scribes le blasphémaient, et, secouant la tête, disaient : « Eh bien! vous de- « viez détruire le temple de Dieu, et le rebâtir en « trois jours. Sauvez-vous vous-même, si vous êtes « le fils de Dieu, descendez de cette croix. »

Luc raconte qu'un des deux voleurs, qui étaient attachés en croix, blasphémait aussi en disant : « Si vous êtes le Christ, sauvez-vous vous-même, et « sauvez-nous. » Son camarade lui reprocha cette apostrophe insolente, et lui dit : « Est-ce que tu ne « crains pas Dieu, toi qui es condamné avec moi? A « la vérité, nous le sommes justement, puisque nous « recevons le prix de nos forfaits; mais celui-ci n'a « fait aucun mal; » et, s'adressant à Jésus, il disait :

« Seigneur, souvenez-vous de moi, quand vous serez
« parvenu dans votre royaume. » Jésus lui fit cette
réponse : « En vérité, je vous le dis, aujourd'hui
« vous serez avec moi dans le Paradis. »

La mère de Jésus-Christ, Marie femme de Cléophas, sœur de sa mère, et Marie-Madeleine, se tenaient auprès de la croix. Jésus ayant vu sa mère et le disciple qu'il aimait, il dit à la première : « Femme,
« voilà votre fils. » Ensuite il dit à son disciple :
« Voilà votre mère ; » et depuis ce moment le disciple la prit chez lui. Depuis la sixième heure, les ténèbres se répandirent par toute la terre jusqu'à la neuvième, vers laquelle Jésus cria fortement : *Eli, Eli, lamma sabachtani;* c'est-à-dire, « mon Dieu!
« mon Dieu! pourquoi m'avez-vous abandonné? » Ensuite, sachant que, pour que l'Ecriture fût accomplie, il fallait que tout fût consommé, il dit : « J'ai
« soif. » Il y avait là un vase rempli de vinaigre; les soldats y plongèrent une éponge qu'ils lui portèrent à la bouche au bout d'un bâton d'hysope. Jésus cria alors à haute voix, selon Luc : « Mon Père, je remets
« mon esprit en vos mains. »

Jean rapporte que Jésus, à ses derniers momens, ayant reçu le vinaigre, dit : « Tout est con-
« sommé; » et qu'ayant incliné la tête, il rendit l'esprit. Soudain le voile du temple se déchira en deux du haut en bas. La terre trembla ; les rochers se fendirent ; les tombeaux s'ouvrirent ; les corps d'un grand nombre de saints, qui étaient morts depuis long-temps, ressuscitèrent, et, sortant de la tombe après avoir repris la vie, se rendirent dans la ville sainte, et apparurent à beaucoup de personnes. Le

centenier et ceux qui étaient avec lui pour garder Jésus, témoins du tremblement de terre et des prodiges qui s'opéraient, furent saisis d'une vive crainte, et s'écrièrent : « Cet homme était véritablement le « Fils de Dieu. » Là se trouvaient à quelque distance Marie-Madeleine, Marie, mère de Jacques et de Joseph, et la mère des enfans de Zébédée, et plusieurs autres femmes, qui avaient suivi Jésus depuis la Galilée pour l'assister. Toutes les personnes, qui étaient venues pour voir le supplice, témoins de ce qui se passait, s'en retournèrent en se frappant la poitrine.

Le soir étant venu, Joseph d'Arimathie, noble sénateur, homme juste et probe, qui attendait le royaume de Dieu, et qui s'était caché cependant par la crainte qu'il avait des Juifs, eut le courage d'aller trouver Pilate, et de lui demander le corps de Jésus-Christ. Le gouverneur, ayant su du centenier que le Christ était mort, accorda la demande de Joseph. Celui-ci vint donc à la croix, enleva le corps, et ayant acheté un linceul, l'en enveloppa. Nicodème arriva aussi, portant avec lui environ cent livres d'un mélange de myrrhe et d'aloës. Ces hommes prirent donc le corps de Jésus, et, suivant l'usage des Juifs, l'ensevelirent dans des linges trempés d'aromates. Il y avait près du lieu du supplice un jardin, et dans ce jardin un sépulcre neuf taillé dans le rocher, et dans lequel personne n'avait encore été inhumé. Le jour de la préparation du sabbat, les Juifs étant arrivés, et le monument étant voisin, ils y déposèrent Jésus-Christ. Les femmes, dont nous venons de parler, et qui l'aimaient beaucoup, étaient assises auprès du monument, et examinaient avec attention où l'on déposait le corps.

Le lendemain, les prêtres et les Pharisiens firent à Pilate un rapport perfide sur les paroles de Jésus-Christ. Avec sa permission, ils scellèrent la pierre du tombeau, et y placèrent des gardes pour empêcher qu'on n'y entrât. On lit dans les évangiles beaucoup de choses sur les événemens qui accompagnèrent la résurrection du Sauveur. A moins d'être présentés avec soin dans un ordre convenable, ces événemens pourraient choquer. C'est pourquoi il est bon de consulter ce qu'en a dit Augustin, cet investigateur profond des divines Ecritures, et d'examiner la discussion qu'il en fait dans son troisième livre *de l'accord des évangiles*. Je suivrai son sentiment. Après un grand nombre de questions, il présente les faits suivans : « Autant que Dieu nous sera en aide, nous « distribuerons avec ordre le récit de tout ce qui ar-« riva au moment de la résurrection du Sauveur, se-« lon le témoignage de tous les évangélistes qui ra-« content cet événement. »

Dès l'aube du matin, le premier jour de la semaine suivante, comme tous en sont d'accord, on vint au monument. Il était déjà arrivé que plusieurs des gardes étaient tombés comme morts près de là, d'après ce que le seul Matthieu rapporte du tremblement de terre, de la pierre du sépulcre renversée, et de la consternation des gardes. Suivant l'évangile de Jean, Marie-Madeleine vint, sans aucun doute, avec les autres femmes qui assistaient le Seigneur, mais éprouvant pour lui un attachement plus vif. C'est pourquoi cet évangéliste fait avec raison une mention particulière de cette femme, et garde le silence sur celles qui, d'après d'autres témoignages, l'accompagnaient. Madeleine vint donc, et vit la pierre enlevée du monument; et, avant d'avoir examiné soigneusement autre chose, elle ne douta pas de l'enlèvement du corps. Au rapport de Jean, elle courut lui annoncer à lui-même, ainsi qu'à Pierre, ce qu'elle avait vu. Ce Jean était le disciple que Jésus aimait le plus. Ils s'empressèrent de courir au sépulcre. Jean, arrivé le premier, se prosterna, et vit à terre les linceuls. Cependant il resta dehors. Pierre, l'ayant suivi, entra dans le monument, et vit aussi les linceuls et le suaire qui avait été mis sur la tête, et qui se trouvait plié à part. Ensuite entra Jean, qui vit les mêmes choses, et crut, comme Marie l'avait dit, que le Seigneur avait été enlevé du tombeau ; car ils ne savaient pas que, d'après les Ecritures, il fallait qu'il ressuscitât d'entre les morts. Les disciples se retirèrent ensuite chez eux. Cependant Marie, qui pleurait, était restée auprès du monument, c'est-à-dire devant le lieu où le sépulcre avait été taillé dans le roc, mais pourtant dans l'espace où les femmes étaient entrées. Il y avait là un jardin, comme le rapporte Jean. C'est là qu'ils virent un ange assis à droite sur la pierre qui avait été enlevée de l'ouverture du tombeau. Matthieu et Marc parlent de cet ange. Il dit aux femmes : « Ne craignez « pas. Je sais que vous cherchez Jésus qui a été crucifié : « il n'est pas ici, car il est ressuscité comme il l'avait « dit. Venez, et voyez le lieu où le Seigneur avait été « déposé. Allez promptement dire aux disciples : Jésus « est ressuscité, et il vous précède en Galilée. C'est là « que vous le verrez, comme je vous le prédis. »

Ce que rapporte Marc ne diffère pas du récit de Matthieu.

A ces mots Marie, qui continuait de pleurer, s'inclina et regarda dans le monument. Elle y vit, comme le rapporte Jean, deux anges vêtus de blanc qui étaient assis l'un à la tête et l'autre au pied, au lieu même où dans ce sens avait été placé le corps de Jésus. Ils lui dirent : « Femme, pourquoi pleurez-vous? » Elle répondit : « C'est parce que on a enlevé mon Sauveur « et que j'ignore où on l'a placé. » Il faut entendre que les anges s'étaient levés, et qu'on les vit dans cette position comme Luc le raconte, et qu'ils parlèrent en ces termes aux femmes effrayées qui s'étaient prosternées la face contre terre : « Pourquoi cherchez-vous « dans le séjour des morts celui qui est vivant? Ce « n'est pas ici qu'il est; il est ressuscité. Rappelez-« vous ce qu'il vous a dit quand il était encore en « Galilée et qu'il proféra ces paroles : Il faut que le « fils de l'homme soit livré aux mains des pécheurs; « qu'il soit crucifié, et que le troisième jour il res-« suscite. » En effet, elles se souvinrent de ces paroles. Marie s'en retourna ensuite, et vit Jésus debout, comme le rapporte Jean; mais elle ne savait pas que c'était le Sauveur. Jésus lui dit : « Femme, « qu'avez-vous à pleurer? Que cherchez-vous? » Elle le prit pour le jardinier et lui répondit : « Seigneur, « si vous l'avez enlevé, dites-moi où vous l'avez dé-« posé afin que je l'emporte. » Jésus ajouta : « Marie! » Elle se retourna aussitôt et dit : « Rabboni, » ce qui veut dire maître. Jésus lui adressa ces paroles : « Ne « me touchez pas, car je ne suis pas encore monté « vers mon père. Allez trouver mes frères et dites-

« leur que je monte vers mon père qui est le vôtre,
« vers mon Dieu qui est votre Dieu. »

Alors Marie sortit du monument, c'est-à-dire du lieu où était le jardin devant le rocher qu'on avait creusé. Selon ce que dit Marc, elle était accompagnée des autres femmes qui avaient été saisies de tremblement et d'effroi. Elles ne dirent rien à personne ; alors, selon Matthieu, Jésus accourut au devant d'elles et leur dit : « Je vous salue. » Elles s'approchèrent de lui, lui prirent les pieds et l'adorèrent. Ainsi elles eurent, en venant au tombeau, un double entretien avec les anges et avec le Seigneur lui-même : d'abord quand Marie prit Jésus pour le jardinier, ensuite quand Jésus vint au devant d'elles sur le chemin. C'est ainsi qu'en se présentant deux fois à ces femmes il confirmait ce qu'elles avaient vu et il les rassurait contre la crainte. Ce fut alors qu'il leur dit : « Ne craignez pas. Allez, annoncez à mes
« frères qu'ils se rendent en Galilée. C'est là qu'ils me
« verront. » Marie Madeleine alla donc annoncer aux disciples qu'elle avait vu le Sauveur et qu'il avait parlé non seulement à elle, mais encore aux autres femmes dont parle Luc. Elles annoncèrent ces choses aux onze disciples et à d'autres personnes. On prit leur récit pour l'effet du délire et on n'y ajouta nulle foi : c'est ce qu'atteste Marc. En effet, après qu'il a raconté que ces femmes tremblantes et effrayées étaient sorties du monument et n'avaient rien dit à personne de ce qu'elles avaient vu, il ajoute que Jésus, étant ressuscité le premier jour de la semaine au matin, apparut d'abord à Marie Madeleine, du corps de laquelle il avait chassé sept démons ; qu'elle était allée annoncer

cette nouvelle à ceux qui avaient vécu avec lui et qui étaient plongés dans le deuil et les larmes, mais qu'ils ne la crurent pas quand elle leur dit que le Sauveur vivait et qu'elle l'avait vu. On lit dans Matthieu que, après le départ des femmes qui avaient vu et entendu toutes ces choses, quelques-uns des gardes qui étaient tombés comme morts s'étaient rendus à la ville et avaient annoncé aux princes des prêtres tout ce qui s'était passé, c'est-à-dire, tout ce qui était à leur connaissance. Les prêtres se réunirent aux vieillards pour tenir conseil et décidèrent de donner une forte somme aux soldats pour les engager à dire que, pendant leur sommeil, les disciples avaient dérobé le corps de Jésus; ils leur promirent protection contre le gouverneur qui leur avait confié la garde du tombeau. Cet argent les détermina à faire ce qu'on leur dit; et leur rapport obtient encore aujourd'hui la confiance des Juifs. Seul des quatre évangélistes, Luc ne dit pas que les femmes aient vu le Sauveur, mais seulement deux anges. Suivant Matthieu, le Seigneur se présenta devant elles à leur retour du monument. Marc de même que Jean assurent que ce fut Marie Madeleine qui d'abord vit Jésus ; mais ce dernier seul explique l'apparition.

Les quatre évangélistes sont d'accord, dans leur récit véridique, sur tout ce que fit le tout-puissant Emmanuel, notamment avant sa Passion. Ainsi ils racontent d'une manière uniforme la résurrection et l'ascension, ainsi que les dix apparitions de Jésus ressuscité : la première devant les femmes auprès du monument ; la seconde devant les mêmes, en chemin comme elles revenaient du tombeau ; la troisième devant Simon Pierre (car, quoique l'évangéliste n'explique pas où elle eut lieu, cependant il désigne clairement qu'elle s'opéra); la quatrième devant deux disciples qui se rendaient à Emmaüs, mais le Seigneur avait pris une autre figure pour n'être pas reconnu. Il les accompagna comme voyageur et leur demanda la cause de leur tristesse et de leur plainte. Sur le récit de Cléophas, qui lui dit que leur douleur provenait de la condamnation de Jésus de Nazareth, prophète puissant devant Dieu et tout le peuple par les œuvres et par la parole, il les reprit avec bonté; et commençant à Moïse et aux prophètes, il leur expliqua les Écritures en ce qui le concernait; il s'arrêta avec eux dans une hôtellerie, se mit à table, prit le pain, le rompit, le leur présenta, et, à sa manière de le rompre, se fit facilement reconnaître, et disparut aussitôt à leurs yeux. La cinquième apparition, rapportée par Luc et Jean, eut lieu à Jérusalem, devant plusieurs apôtres qui s'y étaient réunis le soir, mais parmi lesquels ne se trouvait pas Thomas. Jésus entra quoique la porte fût fermée : il leur montra ses mains et son côté, mangea devant eux un morceau de poisson rôti et un rayon de miel. Il souffla sur eux et leur dit : « Recevez le Saint-Esprit. » Huit jours après, la sixième apparition eut lieu; Thomas l'y vit et lui dit : « Mon « Seigneur et mon Dieu. » La septième apparition se fit sur le bord de la mer de Tibériade, où sept disciples qui pêchaient le virent le matin après leur travail de la nuit, pendant laquelle ils avaient fait la pêche merveilleuse de cent cinquante-trois poissons; ces disciples mangèrent, avec le Sauveur, du pain et du poisson sur le rivage. Ce fut sur une montagne de

Galilée, selon saint Matthieu, qu'eut lieu la huitième apparition : là, les disciples qui le virent l'adorèrent; quelques-uns d'eux toutefois doutèrent si c'était lui. Le Sauveur leur adressa la parole en ces termes : « J'ai « reçu toute puissance dans le ciel et sur la terre. « Allez donc, instruisez toutes les nations; baptisez-« les, au nom du Père et du Fils et du Saint-Esprit. « Apprenez-leur à observer tout ce que je vous ai re-« commandé. Désormais je suis avec vous tous les « jours, jusqu'à la consommation des siècles. » Marc rapporte la neuvième apparition ainsi qu'il suit : « Pendant que les apôtres venaient de se mettre à « table, il leur reprocha leur incrédulité et la dureté « de leur cœur. » C'est qu'en effet ils ne devaient pas rester plus long-tems avec lui sur la terre. La dixième apparition s'opéra le même jour : ses disciples le virent non plus ici-bas, mais élevé dans une nue, comme il montait au ciel. C'est ce dont Marc et Luc font mention. Tel est le nombre des apparitions que citent les livres évangéliques, et qui eurent lieu devant les hommes avant l'ascension de Jésus-Christ, savoir, neuf fois sur la terre et une fois lorsqu'il s'élevait dans l'air; mais, comme dit Jean, tout ce qui concerne le Sauveur n'a point été écrit. Effectivement, avant qu'il montât au ciel, il habita fréquemment avec ses disciples pendant quarante jours. Ce n'est pas à dire qu'il leur ait apparu continuellement, pendant toute cette durée de temps; car le premier jour après la résurrection il s'en passa huit, selon Jean, après lesquels il apparut de nouveau. C'est ainsi que pendant ces quarante jours apparaissant, autant qu'il voulut, à ceux qu'il voulut, et comme il voulut, il fortifia en eux la foi de sa résurrection. Marc et Luc font mention des deux dernières apparitions, de ce qui s'y dit et de ce qui s'y passa. Selon Marc, il blâma la dureté de cœur des incrédules, et dit à ceux dont la foi était ferme : « Allez dans tout l'univers prêcher l'Évan« gile à toute créature. Celui qui croira et qui aura « été baptisé sera sauvé ; celui qui n'aura pas cru sera « condamné. On reconnaîtra à ces signes ceux qui « auront cru : en mon nom ils chasseront les démons, « ils parleront de nouvelles langues ; ils prendront les « serpens, et lors même qu'ils boiraient du poison, « ce breuvage ne leur sera pas nuisible ; ils impose« ront les mains sur les malades et les guériront. » Après leur avoir parlé ainsi, le Seigneur Jésus s'éleva au ciel, et prit place à la droite de Dieu. Quant à Luc il s'exprime ainsi vers la fin de son évangile : « Jésus « conduisit ses disciples hors de la ville jusqu'à Bé« thanie ; alors ayant élevé les mains il les bénit ; pen« dant qu'il les bénissait, il termina sa mission, se « sépara d'eux et s'éleva dans le ciel.

Luc, au commencement des Actes des Apôtres s'exprime ainsi sur l'ascension du Sauveur : « Jésus man« geant avec ses apôtres, leur défendit de quitter « Jérusalem, et leur ordonna d'y attendre l'accom« plissement de la promesse du Père, que vous avez, « dit-il, entendue de ma bouche. Jean a baptisé dans « l'eau ; et vous, vous le serez par le Saint-Esprit. » Alors ceux qui se trouvaient là l'interrogèrent, en disant : « Seigneur, est-ce en ce temps-ci que vous « allez rétablir le royaume d'Israël ? » Le Sauveur leur répondit : « Il ne vous appartient pas de connaître le « temps ou les momens que mon Père tient en son

« pouvoir; mais vous recevrez la vertu du Saint-Esprit
« qui du ciel descendra sur vous; c'est ce dont vous
« me rendrez témoignage à Jérusalem, dans toute la
« Judée, dans Samarie et jusqu'aux extrémités de
« l'univers. » Après avoir ainsi parlé, il s'éleva à leur
vue, et une nue le déroba à leurs yeux. Comme ils
le regardaient monter au ciel, deux hommes vêtus de
blanc se présentèrent devant eux, et leur dirent :
« Galiléens, pourquoi restez-vous là à regarder au
« ciel ? Ce Jésus, qui vous a quittés pour s'y élever,
« en reviendra comme vous l'y avez vu monter. »

Les apôtres revinrent alors de la montagne des Oliviers, qui est éloignée de Jérusalem de la distance que l'on peut parcourir le jour du sabbat; ils rentrèrent dans la ville. Là, comme Luc l'atteste, ces disciples fidèles se réjouissaient vivement du triomphe de leur céleste maître, et continuaient de prier avec unanimité tant dans le temple que dans leurs chambres; ils attendaient avec confiance la promesse du Père annoncée par le Fils, ainsi que celui-ci le leur avait ordonné. Tout ce qu'ils lui avaient entendu dire leur était prouvé par la manifestation incontestable des œuvres, et ils les voyaient s'accomplir évidemment à leurs yeux. En effet, ils lui avaient souvent entendu dire qu'il souffrirait une cruelle passion, et qu'il ressusciterait glorieusement trois jours après. Ainsi ils voyaient avec joie triompher de la mort l'immortel auteur de la vie; ainsi ils témoignaient leur bonheur et leur allégresse, en le voyant s'élever aux cieux, et s'asseoir à la droite de son père. Les anges aussi qui parurent vêtus de blanc et parlèrent aux Galiléens, occupés à regarder le ciel avec admiration, désignent à la fois la joie des anges et des hommes, et annoncent l'avènement de Jésus à la fin des siècles pour juger les nations.

Pierre et Jean, Jacques et André, Philippe et Thomas, Barthelemi et Matthieu, Jacques fils d'Alphée et Simon le zélé, Judas frère de Jacques, qui jusqu'à la fin étaient restés avec le Sauveur, furent appelés par lui le ciel de la terre et la lumière du monde; et à bon droit ils méritèrent, par leur mépris du monde, de suivre ses traces divines, de gouverner l'univers et de juger le siècle. Après que cette vénérable assemblée, où se trouvèrent cent vingt disciples, fut rentrée dans Jérusalem, Pierre, qui, le premier par la vocation, était aussi le plus grand par la dignité, se leva au milieu de ses frères, et parla de la trahison de Judas, qui, s'étant pendu, avait vu crever son corps par le milieu et se disperser ses entrailles entre le ciel et la terre, parce qu'il n'était digne ni de la terre ni du ciel. Il parla aussi du champ qui avait été acheté du prix de la vente du Christ, et qui en conséquence avait été nommé Aceldamah, c'est-à-dire le prix du sang; ensuite il dit que, comme David l'avait prédit, il devait être choisi quelqu'un pour l'œuvre de la prédication et pour le céleste ministère, qui vînt occuper la place de Judas. Tout le monde se rangea à ce sentiment, et pour que le nombre sacré des apôtres ne restât pas imparfait, on présenta Joseph le juste et Matthias, afin de tirer leurs noms au sort. Pierre étant entré en oraison et ayant été secondé par les assistans, le sort tomba sur Matthias, qui en conséquence fut compté au nombre des apôtres. Ce sont les douze heures du jour et les douze mois de l'année parfaite; c'est ainsi que dès long-temps les apôtres avaient été désignés mystiquement par les prophètes et les patriarches. Toutes les nations fidèles les respectent, et ce n'est pas sans raison qu'on les regarde comme les sénateurs du Ciel et les princes glorieux de l'Eglise, parce que, sarmens fructueux, ils s'attachèrent au Christ comme à la véritable vigne. En effet, dans les champs, ils suivirent ses traces avec fidélité, ayant préféré la pauvreté au milieu des hommes; réunis et confidens de ses mystères, ils brillèrent de l'éclat des plus merveilleuses vertus; assis maintenant sur les célestes trônes, et chefs équitables des douze tribus d'Israël, comme ils avaient sans cesse concouru pour le prix de la vie céleste, et travaillé péniblement pour l'Eglise, vicaires et témoins de Jésus-Christ qu'ils n'avaient cessé d'être, ils jouissent dans le royaume des cieux de toutes les joies de la béatitude.

Quand les jours de la Pentecôte furent passés, les disciples fidèles s'étant assemblés à la troisième heure du jour, on entendit tout à coup un grand bruit qui venait du ciel, et le Saint-Esprit descendit en langues de feu sur l'assemblée, qu'il remplit de science et de grâces divines. Qu'il est prompt et habile cet ouvrier céleste, doux et vivifiant secours des ames qui desirent son onction! Ce feu divin parut, non pour brûler, mais pour illuminer.

Il enflamma avec fécondité les cœurs des disciples, les purgea de l'attrait des voluptés charnelles, et leur fit braver les supplices. Il leur enseigna soudain les différentes langues; il fortifia leur esprit par son autorité, et les éleva au comble des vertus contre toutes les entreprises de leurs ennemis. Les Apôtres usaient de toutes sortes d'idiomes pour célébrer les merveilles de Dieu, de manière que les étrangers de toutes les nations s'étonnaient que des Galiléens qui n'avaient pas quitté le sol natal, parlassent si éloquemment toutes les langues. Les Juifs, irrités de la confusion bien méritée qui les couvrait, ayant vu ce prodige, accoutumés qu'ils étaient à défigurer les œuvres du Christ, et à donner à ses paroles une interprétation mensongère, osèrent prétendre que l'éloquence de ceux qui célébraient les merveilles de Dieu n'était due qu'à leur ivresse qui les faisait déraisonner. Mais Pierre, qui était ivre en effet du breuvage spirituel, s'éleva contre les perfides, et fit tonner sur eux la parole salutaire de la sagesse ; il fit un éloquent tableau de l'Incarnation, de la Passion et de la Résurrection du Christ, et, à l'aide du Saint-Esprit, il confondit sans retour la tourbe des méchans. De même qu'autrefois il avait frappé de l'épée Malchus, et fait tomber une oreille de ce serviteur du grand-prêtre, de même il atteignit du glaive de la parole de Dieu les esclaves charnels du sens littéral de la loi de Moïse, et décria, dans l'esprit des néophytes, les anciennes cérémonies et les vieilles observances. C'est ainsi que par ses ferventes prédications Pierre déterminait à la fois à la pénitence et au baptême ces mêmes Juifs dont les perfidies cruelles avaient peu auparavant conduit le Messie au supplice ; et comme il avait eu l'habitude d'employer ses filets à tirer le poisson de la mer, de même, par le ministère de ses saintes prédications, il amena, du gouffre de l'ignorance sur le terrain de la vraie foi, les malheureux qui étaient dans l'erreur. Il en résulta le baptême de trois mille convertis qui s'opéra ce jour même. C'est ainsi qu'il fit revêtir le nouvel homme à ceux qui dépouillaient la décrépitude de la vie charnelle.

Ainsi, à l'aide de Dieu, j'ai donné le simple récit, avec ordre et précision, de tout ce qui se passa depuis la nativité du Christ jusqu'à l'avènement de l'Esprit consolateur, et fait connaître chacun des miracles du Sauveur, continuant mes recherches autant que mon intelligence pouvait me le permettre, et les gravant d'après les récits de l'éloquent Augustin et des autres docteurs. J'ai essayé dans ce précis d'être utile à mes semblables et à moi-même, et surtout à ceux qui n'ont pas le temps de parcourir les longs et profonds ouvrages, voulant d'ailleurs n'en retirer que les choses profitables. Ainsi j'ai recueilli et réduit à un petit nombre de pages le récit des miracles du Sauveur, qui se trouvent répandus au long dans quatre volumes. Au surplus, j'ai toujours puisé avec avidité les propres paroles des livres authentiques ; souvent aussi, pour être plus concis, j'ai changé leurs phrases, mais je me suis toujours attaché avec le plus grand soin à rechercher, pour la conserver, l'invariable vérité, et je ne me suis jamais écarté, à ma connaissance, des principes reconnus.

Désormais, puisque je me suis proposé de continuer cet ouvrage historique, de manière à rendre plus clair au lecteur l'ordre des temps, je dirai les événemens sur lesquels s'accordent les différens écrivains dans leurs ouvrages. Eusèbe de Césarée, Jérôme, qui parlait trois langues, Orose, Isidore de Séville, et plusieurs autres ont écrit les événemens que le cours des siècles amenait, et principalement chez nous le prêtre

Bède, dans son ouvrage *sur les temps*, qu'il écrivit pour les Anglais, et dans lequel il s'attache, mais avec véracité, à imiter le style des anciens.

Tibère, beau-fils d'Octavien Auguste, fils du premier mari de Livie, femme de ce prince, régna vingt-trois ans. Ce fut la douzième année de son règne qu'il nomma Pilate gouverneur de la Judée. Le tétrarque Hérode, prince des Juifs pendant vingt-quatre années, bâtit en l'honneur de Tibère et de Livie sa mère les villes de Tibériade et de Libiade.

L'an quinze de l'empire de Tibère, Jésus annonça au monde le royaume des cieux, après que Jean eut prédit le baptême, quatre mille ans après la création du monde selon les Hébreux, comme Eusèbe le prouve dans ses chroniques, en remarquant que l'an seize de Tibère concordait avec le commencement du quatre-vingtième jubilé des Juifs: ce qui, suivant les mêmes chroniques, compose cinq mille deux cent vingt-huit ans.

L'an dix-huit de l'empire de Tibère, le Seigneur racheta le monde par sa Passion, et, vainqueur de la mort, ressuscitant trois jours après, apparut manifestement à ses disciples, et, au bout de quarante jours, monta au ciel en leur présence. Agrippa, surnommé Hérode, dont le père était Aristobule, fils du roi Hérode, étant allé à Rome pour accuser Hérode le tétrarque, fut par Tibère mis en prison, où il se fit plusieurs amis, et principalement Caïus Caligula, fils de Germanicus.

Caïus, surnommé Caligula, régna trois ans dix mois et huit jours; il plaça sur le trône de Judée Hérode Agrippa, dont il avait brisé les fers. Ce prince conserva le sceptre pendant sept années, c'est-à-dire jusqu'à la quatrième du règne de Claude. Ayant été frappé par un ange, Hérode eut pour successeur son fils Agrippa, qui régna vingt-six ans jusqu'à l'extermination des Juifs. Hérode le tétrarque et ce prince furent forcés par Hérodias de se transporter à Rome pour s'y concilier l'amitié de Caligula ; mais, ayant été accusé par Agrippa, il perdit ses Etats, et ayant fui en Espagne, il y mourut de chagrin avec Hérodias. Pilate, qui avait prononcé contre le Christ la sentence de condamnation, reçut de Caligula tant d'outrages qu'il se tua de sa propre main. Pour honorer ses dieux, cet empereur profana les lieux saints des Juifs, en y introduisant ces impures idoles.

Claude régna treize ans huit mois et dix-neuf jours. Ce prince, la quatrième année de son règne, pendant que le monde était affligé d'une horrible famine, dont Luc fait mention dans les Actes des Apôtres, passa dans la Grande-Bretagne, où aucune armée n'avait osé aborder avant ni après Jules-César. La plus grande partie de cette île, au bout de très-peu de jours, se rendit sans combat et sans effusion de sang. Claude ajouta à l'empire romain les îles Orcades, et fut de retour à Rome six mois après son départ. La neuvième année de son règne, il chassa de Rome les Juifs, qui sans cesse y occasionnaient du tumulte : c'est ce dont Luc fait mention. L'année suivante, Rome fut en proie à une horrible famine.

Le règne de Néron fut de treize ans sept mois et vingt-huit jours. La seconde année de ce règne, Festus succéda à Félix dans le gouvernement de la Judée. C'est alors que Paul fut envoyé enchaîné à Rome.

Albin fut le successeur de Festus, et Gessius Florus prit la place d'Albin. Les Juifs ne purent supporter long-temps la mauvaise conduite, l'avarice et les autres vices de Florus : c'est ce qui les détermina à se révolter. Vespasien, à la tête d'une armée, fut envoyé en Judée, où il prit plusieurs villes. Le premier de tous les crimes de Néron est d'avoir persécuté les Chrétiens, dont il fit périr à Rome les plus illustres, Pierre par la croix, et Paul par le glaive. Peu entreprenant à la guerre, il perdit presque toute la Grande-Bretagne ; deux des plus fortes villes de cette contrée lui furent enlevées, et furent détruites de fond en comble.

Vespasien régna neuf ans onze mois et vingt-quatre jours ; il était en Judée quand l'armée le proclama empereur. Alors, confiant à Titus son fils la continuation de la guerre, il alla s'embarquer à Alexandrie pour se rendre à Rome, et s'empara du trône après le meurtre de Vitellius. Titus, en deux ans, fit la conquête du royaume de Judée, et détruisit le temple de fond en comble, mille quatre-vingt-quatre ans après sa première construction. L'issue de cette guerre fut le résultat de quatre années de combats, dont deux sous le règne de Néron, et deux autres après. Avant d'être sorti de la vie privée, Vespasien, entre autres exploits, se signala dans la Germanie et ensuite dans la Grande-Bretagne, où, envoyé par Claude, il combattit en bataille rangée trente-deux fois ; il soumit à l'Empire romain deux puissantes nations, vingt villes et l'île de Wight voisine de la Grande-Bretagne. C'est sous son règne que fut élevé le colosse de Rhodes, qui avait cent sept pieds de hauteur ou soixante-dix coudées. Ce prince mourut l'an soixante-dix-neuf.

Titus régna deux ans et deux mois : homme tellement admirable par la réunion de toutes les vertus, qu'il fut appelé l'amour et les délices du genre humain. C'est lui qui bâtit l'amphithéâtre de Rome, à la dédicace duquel il fit immoler cinq mille victimes.

Domitien, jeune frère de Titus, régna quinze ans et cinq jours. Il fut le second après Néron qui persécuta les Chrétiens ; mais peu après il reçut le prix de la guerre qu'il faisait à Dieu par la mort qui le frappa dans le sénat.

Nerva régna un an quatre mois et huit jours. Son premier édit eut pour objet le rappel des exilés. Ce fut grâce à cette faveur générale que l'apôtre Jean revint à Éphèse.

Trajan régna dix-neuf ans seize mois et quinze jours. Il excita une persécution contre les Chrétiens, et fit martyriser les serviteurs de Dieu. Pline le jeune, né à Côme, existait alors, orateur autant qu'historien illustre, dont il nous reste plusieurs ouvrages distingués. Un Panthéon que Domitien avait fait construire à Rome fut brûlé par la foudre : ce temple tirait son nom de ce qu'il offrait la réunion de tous les dieux. Les Juifs, qui excitaient des séditions dans diverses contrées, furent massacrés comme ils le méritaient. Trajan étendit au loin en tous sens les bornes de l'Empire romain, qui depuis Auguste avait été défendu plutôt qu'aggrandi notablement. Il mourut l'an 117.

Adrien, cousin germain de Trajan, régna vingt-un ans. Ayant reçu des instructions de Quadratus, disciple des Apôtres, d'Aristide l'Athénien, homme rempli de foi et de sagesse, et de Sérénus Gravius, gouverneur d'une des provinces de l'Empire, sur les livres qui avaient été composés relativement à la religion chrétienne, il ordonna par une lettre de ne pas condamner les Chrétiens sur de simples accusations. Il mit de nouveau un terme aux révoltes des Juifs, en les faisant massacrer généralement; il défendit même à ceux qui survivaient d'entrer jamais à Jérusalem. Il remit cette ville en bon état, par les murailles qu'il y fit construire; il lui fit même donner son nom. Instruit parfaitement dans les deux langues, il fit construire dans Athènes une bibliothèque d'un admirable travail. Marc fut établi premier évêque de Jérusalem, où s'étaient retirés plusieurs anciens Juifs devenus Chrétiens, tels que Jacques frère du Seigneur, Siméon fils de Cléophas, Just, Zachée, Tobie, Sixte, Jean, Matthias, Philippe, Sénèque, Lévi, Éphrem, Joseph, Judas et un autre Just. Ces quinze personnages quittèrent les circoncis, furent dans Jérusalem à la tête des Chrétiens pendant environ cent sept ans, depuis la passion du Sauveur, jusqu'au règne d'Adrien, et ne furent pas moins illustres par leur sainteté que par leur foi et leur science. Ils eurent pour successeurs, jusqu'en l'année 138, Marc, Cassien, Publius, Maxime, Julien, Caïus, un autre Julien, Capiton, Valens, Dolicien, Narcisse, Alexandre, Mazzabanes, Hyménée, Zabdas, Hermon, Macaire, un autre Maxime, Cyrille et Jean.

Antonin, surnommé le pieux, et ses fils Aurèle et Lucius Vérus régnèrent vingt-deux ans et trois mois. Le philosophe Justin présenta à Antonin un livre qu'il avait composé en faveur de la religion chrétienne, et rendit ce prince favorable aux Chrétiens. Peu de temps après, Crescence ayant excité une persécution,

Longin versa son sang pour Jésus-Christ, sous le pontificat de Pie évêque de Rome. Hermès composa un livre intitulé : *Le Pasteur*, dans lequel il rapporte le précepte de l'ange sur la célébration de la Pâque, au jour du dimanche. Polycarpe, étant venu à Rome, guérit de la souillure hérétique plusieurs Chrétiens qui avaient été corrompus récemment par les doctrines pernicieuses de Valentin et de Cerdon. Marc-Aurèle et son frère Lucius-Aurèle-Commode régnèrent dix-neuf ans et deux mois. Ils tinrent d'abord en commun les rênes de l'Empire, comme l'avaient fait jusqu'alors les Auguste. Ensuite ils firent la guerre aux Parthes avec succès comme avec une rare valeur. Une persécution s'étant élevée en Asie, Polycarpe et Pionius souffrirent le martyre. Dans les Gaules aussi, Photin, évêque de Lyon, et plusieurs autres Chrétiens répandirent glorieusement leur sang pour la religion. Peu de temps après, en expiation de tant de crimes, la peste ravagea un grand nombre de provinces, l'Italie surtout et principalement Rome. A la mort de Commode son frère, Antonin s'associa son fils Commode. Méliton, évêque de Sardes, écrivit en faveur des Chrétiens une apologie qu'il présenta à l'empereur Antonin. Lucius, roi de la Grande Bretagne, écrivit à Eleuthère, évêque de Rome, pour solliciter de lui la faveur de devenir chrétien. On compte au nombre des plus illustres évêques Apollinaire d'Asie à Hiéropolis, et Denis à Corinthe.

Après la mort de son père, Commode régna treize ans. Au surplus, il n'eut rien de la bonté et des vertus de son père, asservi qu'il était à toute espèce de débauches. Alors Irénée illustra le siége épiscopal de

Lyon. Ayant fait enlever la tête du colosse, l'empereur Commode y fit substituer l'image de la sienne. Il mourut l'an 192.

Helvius Pertinax ne régna que six mois. Il périt par l'effet d'une entreprise criminelle du jurisconsulte Didius Julien qui, après sept mois de règne, fut vaincu et tué par Septime Sévère, près du pont Milvius.

Victor, évêque de Rome, ordonna de fixer la Pâque, comme l'avait fait son prédécesseur Eleuthère, au dimanche qui se trouve depuis le quatorzième jusqu'au vingt et unième jour de la lune de mars, premier mois de l'année. Théophile, évêque de Césarée en Palestine, adoptant le décret de Victor, se réunit avec les autres évêques, qui assistaient au même concile, pour écrire une épître synodique fort importante contre ceux qui s'obstinaient à célébrer la Pâque comme les Juifs, le quatorzième jour, quel qu'il fût, de la lune de mars. (Année 203.)

Sévère Pertinax (Septime Sévère) régna dix-sept ans. Il tint courageusement, mais non sans peine, les rênes de l'Empire, et exerça une cruelle persécution contre les Chrétiens. Clément, prêtre de l'Eglise d'Alexandrie, et Panthénus, philosophe stoïcien, se distinguèrent par leur éloquence dans les disputes théologiques sur nos dogmes. Narcisse, évêque de Jérusalem, Théophile de Césarée, Polycarpe et Basile, évêque de la province d'Asie, répandirent alors un grand éclat. Dans diverses parties de l'Empire, la couronne du martyre fut décernée à un grand nombre de Chrétiens.

Claudius Albinus, qui s'était fait nommer César

dans les Gaules, ayant été tué aux environs de Lyon, Sévère porta la guerre dans l'une et l'autre Bretagne. Là, pour mettre les provinces conquises à l'abri de l'incursion des Barbares, il fit traverser la Grande-Bretagne dans une étendue de cent trente-deux mille pas, de l'une à l'autre mer, par un large fossé, fortement palissadé, et fortifié par de nombreuses tours. Ce prince mourut à York.

Antonin, surnommé Caracalla, fils de Septime Sévère, régna sept ans environ. Alexandre, évêque de Cappadoce, ayant conçu le désir de visiter les saints lieux, se rendit à Jérusalem, du vivant de Narcisse, évêque de cette ville, et qui était parvenu à un âge très-avancé : Alexandre en fut ordonné évêque, le Seigneur ayant, par révélation, inspiré ce choix. L'Africain Tertullien, fils d'un centurion proconsulaire, et qui vivait à cette époque, est célébré d'un concert unanime par toutes les Eglises.

Macrin régna un an et fut massacré près d'Archélaïde, au milieu d'une sédition des soldats, avec son fils Diaduménien qui l'avait aidé à s'emparer de l'empire.

Marc-Aurèle Antonin (Héliogabale) régna quatre ans. C'est en ce temps que fut bâtie, dans la Palestine, la ville de Nicopolis qui s'appelait auparavant Emmaüs, d'après les démarches que fit à cet effet Jules Africain, auteur de ces temps. Emmaüs est le même lieu qu'après sa résurrection le Seigneur daigna sanctifier par sa présence, comme le rapporte Luc. L'évêque Hippolyte, auteur de beaucoup d'ouvrages, a conduit jusqu'à cette époque le canon chronologique qu'il a composé. Il assure qu'en trouvant le retour de Pâques au même point, après un certain nombre d'années, il a donné à Eusèbe l'idée de son cycle pascal.

Aurèle Alexandre régna treize ans. Sa grande tendresse pour Mammée, sa mère, le fit chérir de tout le monde. Urbain, évêque de Rome, amena au christianisme et au martyre un grand nombre de personnes qui appartenaient à la noblesse. C'est alors qu'Origène d'Alexandrie devint célèbre dans tout l'univers. Mammée, mère de l'empereur Alexandre, désira de l'entendre, et l'ayant fait venir à Antioche elle le combla d'honneurs.

Maximin régna trois ans. Il dirigea contre les prêtres des églises, contre les clercs et les docteurs, une violente persécution dont le motif principal fut la haine qu'il portait à la famille de Mammée et d'Alexandre auquel il avait succédé, ou même principalement à cause du prêtre Origène. C'est sous son règne que Poncien et Anthéros, évêques de Rome, reçurent la couronne du martyre et furent inhumés dans le cimetière de Callixte.

Gordien régna six ans. On cite à cette époque l'illustre Jules Africain parmi les écrivains ecclésiastiques. Il rapporte, dans les chroniques dont il est l'auteur, qu'il se rendit à Alexandrie pour y entendre les discours d'Héracléas, qui avait une très-grande réputation. En effet, il passait pour très-savant en théologie, en philosophie et dans toutes les connaissances des Grecs.

Philippe et son fils qui portait le même nom régnèrent sept ans. Le premier de tous les empereurs, il embrassa le christianisme, d'après les instructions de Pance, qui combattait fidèlement pour le Christ. Ce fut la troisième année de son règne que s'accomplit l'an mille de la fondation de Rome. Les portes des temples païens ayant été fermée, la sainte Eglise fut avec joie ouverte librement aux louanges de Dieu, et cette année, la plus auguste de toutes celles qui s'étaient passées, fut célébrée dans des jeux magnifiques par un empereur chrétien.

Origène, fils du martyr Léonide, forma, dans Césarée de Palestine, à la philosophie divine du christianisme, Théodore, surnommé Grégoire, et Athénodore, jeunes frères qui devinrent ensuite d'illustres évêques du Pont. Ce même écrivain répondit en huit volumes à un certain Celse, philosophe épicurien, qui avait écrit contre nous. Pour le dire en peu de mots, il mit tant de zèle à composer des livres, que saint Jérôme dit quelque part qu'il en a lu cinq mille dont il était l'auteur. Décius régna un an et trois mois. Ayant mis à mort les deux Philippe, père et fils, la haine qu'il leur portait le détermina à persécuter les Chrétiens. Alors le pape Fabien, martyrisé dans la ville de Rome, céda son siège épiscopal à Corneille. Alexandre, évêque de Jérusalem, reçut la couronne du martyre à Césarée de Palestine, et Babylas à Antioche.

Gallus et son fils Volusien régnèrent deux ans et quatre mois. Denis, prêtre d'Alexandrie, rapporte que le commencement du règne de ce prince fut brillant et que tout lui réussissait au gré de ses désirs; mais que, ayant persécuté les saints personnages qui demandaient au Dieu suprême le maintien de la paix, aussitôt sa tranquillité disparut ainsi que sa gloire. Origène, n'ayant pas encore accompli sa soixante-dixième année, termina sa carrière, et fut inhumé dans la ville de Tyr. A la sollicitation de Lucine, Romaine d'une grande distinction, le pape Corneille tira pendant la nuit, du fond des catacombes, les corps des deux apôtres qui y avaient été déposés. Il inhuma Paul sur le chemin d'Ostie où il avait été décapité. Quant à Pierre, il l'enterra près du lieu où il avait été crucifié, parmi les corps des saints évêques, dans le temple d'Apollon, sur le mont Vatican, où Néron avait fait bâtir un palais le trois des calendes de juillet (le 29 juin).

Valérien et Gallien son fils régnèrent quinze ans. Ayant excité une persécution contre les Chrétiens, Valérien fut aussitôt fait prisonnier par Sapor, roi des Perses, et vieillit misérablement dans les fers, après avoir été privé de la vue. C'est ce qui détermina Gallien, effrayé d'un jugement aussi manifeste de Dieu, à rendre la paix aux nôtres. Mais, soit à cause du crime de ses propres débauches, soit par rapport à la guerre que son père avait faite à Dieu, les invasions des Barbares causèrent les plus grandes calamités dans l'empire romain. Dans cette persécution, Cyprien, évêque de Carthage, reçut la couronne du martyre : c'est ce prélat qui a composé plusieurs ouvrages très-savans. Ponce, un de ses diacres, nous a laissé un volume précieux sur sa vie et sa mort, ayant souffert l'exil avec lui jusqu'à ce dernier moment. Théodore Grégoire, évêque de Néocésarée, se distingua glorieusement par les plus grandes vertus. Par un de ses miracles, il transporta une montagne à force de prières, afin de procurer à une église qu'il faisait bâtir un emplacement suffisant. Etienne et Sixte, évêques de Rome, furent martyrisés.

Claude régna un an et neuf mois. Il vainquit les Goths, qui, depuis quinze ans, ravageaient l'Illyrie et la Macédoine : c'est pourquoi on plaça en son honneur un bouclier d'or dans le sénat, et une statue du même métal au Capitole. Marcion, prêtre très-éloquent de l'église d'Antioche, qui y enseignait la rhétorique, disputa contre Paul de Samosate, évêque d'Antioche, qui dogmatisait sur la nature humaine de Jésus-Christ. Son dialogue, qui fut recueilli par des écrivains publics, est parvenu jusqu'à nous.

Domitius Aurélien régna cinq ans et six mois. Ayant dirigé contre nous une persécution, la foudre tomba devant lui, à la grande épouvante de tous ceux qui l'environnaient, et peu de temps après il fut massacré par les soldats à moitié du chemin qui conduit de Constantinople à Héraclée. Le pape Eutycien fut martyrisé à Rome, et porté dans le cimetière de Calixte, où il avait de sa propre main inhumé trois cents treize martyrs.

Tacite régna six mois et fut tué. Florien obtint l'empire pendant quatre-vingt-huit jours, et fut massacré à Tarse. Anatole, né à Alexandrie, évêque de Laodicée en Syrie, savant philosophe, jouit d'une grande réputation ; on peut juger de l'étendue de son esprit par son livre sur la Pâque, et par ses dix livres d'institution arithmétique. C'est à cette époque que naquit l'hérésie insensée des Manichéens et des Sabelliens.

Probus régna six ans et quatre mois. Il délivra complétement les Gaules, qui étaient depuis long-temps occupées par les barbares, après avoir, dans de nombreux et sanglans combats, vaincu les ennemis. Archelaüs, évêque de Mésopotamie, composa en syrien un livre qui, traduit en grec, se répandit beaucoup, sur la dispute qu'il avait eue avec Manès de Perse.

Carus, ainsi que ses fils Carin et Numérien, régna deux ans. Caïus, évêque de Rome, reçut alors un grand éclat du martyre qu'il souffrit sous Dioclétien. Pierius, prêtre d'Alexandrie, sous le pontificat de Théon, prêcha les peuples avec une très-grande distinction. Ses sermons et ses divers traités, qui existent encore aujourd'hui, offraient tant d'élégance qu'on l'appela le nouvel Origène; homme d'une admirable sobriété, se dévouant volontairement à la pauvreté, il passa tout le temps de sa vie à Rome, après la persécution.

Dioclétien et Hercule Maximien régnèrent vingt ans. Carausius, ayant pris la pourpre, s'empara de l'une et de l'autre Bretagne. Narsès, roi des Perses, lui fit la guerre dans l'Orient. L'Afrique fut dévastée par les Gentiens. Achillée occupa l'Egypte. Pour faire face à tant d'ennemis, Dioclétien associa à l'empire les Césars Constance (Constance Chlore) et Galérius Maximien. Constance épousa Théodora, belle-fille d'Hercule Maximien, dont il eut six enfans qui furent les frères de Constantin. Galérius épousa Valérie, fille de Dioclétien. Dix ans après, Asclépiodore, préfet du prétoire, conquit les Bretagnes.

L'an dix-neuvième de ce règne, Dioclétien en Orient, Maximien Hercule en Occident, firent dévaster les églises, outrager le christianisme et mettre à mort ses sectateurs. Mais la deuxième année de cette persécution, les deux empereurs déposèrent la pourpre; Dioclétien à Nicomédie, et Maximien à Milan.

Cependant la persécution, ayant une fois commencé, ne cessa d'exercer ses ravages jusqu'à la septième année du règne de Constantin.

La seizième année de son règne, Constance (Constance Chlore), prince d'une grande douceur et de mœurs affables, termina sa carrière à York, dans la Grande-Bretagne. La persécution avait été si cruelle et si continue, que dans le cours d'un seul mois on compta dix-huit mille martyrs, qui avaient souffert la mort pour le Christ; ayant passé les limites de l'Océan, elle versa dans la Grande-Bretagne le sang précieux d'Alban, d'Aaron, de Jules, et de plusieurs autres personnages des deux sexes. Alors fut martyrisé Pamphile, ami d'Eusèbe, évêque de Césarée, qui, dans trois livres, a donné l'histoire de la vie de ce saint prêtre.

La troisième année de la persécution, époque de la mort de Constance, Maximin et Sévère furent nommés Césars par Galerius Maximien: ce Maximien mit le comble à ses méfaits et à ses attentats, en persécutant les Chrétiens. Dans ce temps-là, Pierre, évêque d'Alexandrie, et plusieurs autres évêques d'Égypte, furent mis à mort, ainsi que Lucien, prêtre d'Antioche, homme distingué par ses mœurs, sa continence et son érudition, et un grand nombre d'autres serviteurs du Christ.

Constantin, fils de Constance et de sa concubine Hélène, fut élevé à l'empire dans la Grande-Bretagne; il régna trente ans et dix mois. Depuis la quatrième année de la persécution, Maxence, fils d'Hercule Maximien, était regardé à Rome comme Auguste. Licinius, qui avait épousé Constance, sœur de Constantin, avait été déclaré Auguste à Carnonte. Constantin, devenu partisan des Chrétiens, après avoir été leur persécuteur, employa tous ses efforts pour élever au faîte des grandeurs l'Église de Dieu. La foi catholique fut exposée dans le concile de Nicée. L'empereur Constantin fit bâtir au Seigneur beaucoup de basiliques; il éleva en l'honneur de saint Jean-Baptiste, dans Rome, où il reçut le baptême, une église magnifique, qui fut appelée Constantinienne; il en éleva une autre à saint Pierre, à la place du temple d'Apollon; et une à saint Paul, sur la route d'Ostie; il en fit construire aussi une dans le palais Sersorien, à laquelle il donna le nom de Jérusalem, et dans laquelle il fit déposer un fragment de la croix du Sauveur. A la recommandation de sa fille, il dédia une église à sainte Agnès, martyre, et une aussi à saint Laurent, qui avait été martyrisé sur la voie Tiburtine dans le champ de Véranus. On lui doit encore une église sur la voie Labicane, entre deux lauriers, en l'honneur des saints martyrs Pierre et Marcellin, ainsi qu'un mausolée où il fit déposer sa mère dans un tombeau de pourpre. Il ordonna en outre la construction d'une basilique pour les saints apôtres Pierre et Paul et Jean-Baptiste, près du port d'Ostie qui dépend de la ville de Rome. Des églises furent élevées aussi en l'honneur de ce dernier saint dans les villes d'Albe et de Naples. C'est à ce même Constantin que l'on doit le rétablissement de la ville de Drépane en Bythinie, en l'honneur du martyr Lucien, qui y était inhumé; il lui donna le nom d'Hélénopolis, à cause de sa mère. Il bâtit dans la Thrace une ville, qui reçut son nom; il voulut qu'elle fût le siége de l'Empire romain et la capitale de tout l'Orient. Les temples des Païens furent par son ordre fermés à jamais, sans aucune effusion de sang humain.

Constance avec Constantin et Constant, ses frères, régna vingt-quatre ans cinq mois et treize jours. Jacques fut reconnu évêque de la ville de Nisibe, qui, grâces à ses prières, fut souvent délivrée des dangers qui la menaçaient. L'impiété arienne, soutenue de la protection de Constance, persécuta d'abord Athanase, et ensuite tous les évêques attachés à la pureté de la foi, lesquels eurent à souffrir l'exil, l'emprisonnement et toutes sortes d'afflictions. Maximin, évêque de Trèves, est un des prélats les plus illustres de cette époque. Ce fut lui qui reçut avec de grands honneurs Athanase, évêque d'Alexandrie, que Constance faisait chercher pour le punir. Antoine, ce saint moine, mourut dans son ermitage à l'âge de cent cinq ans. Constance étant de retour à Rome, on y reçut de Constantinople, par une admirable faveur du Ciel, les os de l'apôtre André et de l'évangéliste Luc. Hilaire, évêque de Poitiers, que les Ariens avaient exilé en Phrygie, s'étant rendu à Constantinople pour y présenter par écrit sa défense à Constance, fut renvoyé dans les Gaules.

Julien régna deux ans et huit mois. Il avait été baptisé et même élevé aux ordres sacrés, jusques et compris le diaconat; mais, ayant abandonné l'Eglise, il prit les armes, et s'étant emparé de l'empire retourné au culte des idoles, il devint le persécuteur des Chrétiens. Alors les Païens s'emparèrent, auprès de Sébaste, ville de Palestine, du tombeau de Jean-Baptiste, et dispersèrent ses os; les ayant ensuite réunis, ils les brûlèrent et les jetèrent çà et là. Par la Providence de Dieu, quelques moines venus de Jérusalem, s'étant mêlés à la foule, en recueillirent ce qu'ils purent, et les portèrent à leur supérieur Philippe. Aussitôt, par l'intermédiaire de Julien, diacre de son église, il les envoya à l'illustre pontife Athanase, parce qu'il ne se sentait pas le pouvoir de conserver par ses propres soins un trésor de cette importance. Athanase, devant un petit nombre de témoins, les renferma dans le mur du sanctuaire, qu'il avait fait creuser, et, plein de l'esprit prophétique, il conserva aux générations à venir ces reliques, qui devaient rendre tant de services. En effet, ce qu'il avait prévu s'accomplit sous l'empereur Théodose, par Théophile, évêque d'Alexandrie, qui, ayant fait détruire le tombeau de Sérapis, y consacra une église à saint Jean.

Jovien régna huit mois. Mélétius et ses partisans assemblèrent un concile à Antioche, dans lequel on condamna le dogme blasphémateur de Macédonius contre le Saint-Esprit. Après avoir conclu avec les Perses une trêve de vingt-neuf ans, Jovien rentra sur le territoire de l'Empire romain. Averti par la chute de son prédécesseur Constance, il écrivit à Athanase des lettres très-honorables et très-bienveillantes, et reçut de lui la forme de la pure croyance et le mode de disposition des élus. Malheureusement une mort prématurée le frappa en Cilicie, et ne lui permit pas de faire fructifier ses pieux principes.

Valentinien et son frère Valens régnèrent onze ans. Apollinaire, évêque de Laodicée, écrivit, en faveur de notre religion, plusieurs ouvrages de diffétens genres ; mais ensuite s'étant écarté de la foi, il donna son nom à une hérésie. Damase, évêque de Rome, bâtit en l'honneur de saint Laurent une église près du théâtre, et une autre sur les catacombes où reposaient les corps des saints apôtres Pierre et Paul; il orna même d'une inscription en vers la pierre du tombeau qui les couvrait. Ayant reçu le baptême par les mains d'Eudoxe, évêque Arien, Valens persécuta les fidèles.

Gratien, fils de Valentinien, fut dans Amiens élevé à l'empire. La troisième année du règne de ce prince, on dédia dans Constantinople une église aux apôtres martyrs. Après la mort cruelle d'Auxence, Ambroise fut établi évêque de Milan, et par la fécondité de ses prédications, convertit à la foi de Jésus-Christ cette partie de l'Italie qu'on appelle la Gaule Cisalpine.

Valens régna quatre ans avec Gratien et Valentinien, fils de Valentinien, son frère. Valens ayant par une loi prescrit aux moines de porter les armes, fit périr sous le bâton tous les réfractaires. Les Huns, qui jusqu'alors étaient restés renfermés dans d'inaccessibles montagnes, frappés d'une rage soudaine, tombèrent avec fureur sur les Goths. Ceux-ci attaqués sur différens points furent chassés de leurs anciennes demeures. Ayant passé le Danube, les Goths furent dans leur fuite reçus en armes par Valens ; mais bientôt par l'avarice de Maxime, général romain, éprouvant les horreurs de la famine, ils furent forcés de se révolter, et ayant défait l'armée de l'empereur, ils se jetèrent sur la Thrace, et portèrent partout le massacre et le brigandage.

Gratien et son frère Valentinien régnèrent six ans.

Théodose, mis par Gratien à la tête des armées, défit dans plusieurs combats mémorables ces grandes émigrations venues de la Scythie, les Alains, les Huns, et les Goths. Les Ariens, mécontens de la concorde de ces princes, abandonnèrent enfin, après quarante ans, les églises dont la violence les avait rendus maîtres. On convoqua un concile de cent cinquante Pères, qui se rassembla à Constantinople contre Macédonius, sous le pontificat de Damase, évêque de Rome. Devenu empereur, Théodose s'associa son fils Arcadius. L'an second du règne de Gratien, comme il l'était, ainsi que Théodose, consul pour la sixième fois, Théophile écrivit un ouvrage sur le comput Pascal. Maxime, homme vaillant, honnête et digne du titre d'Auguste si, contre la foi de ses sermens, il n'eût pas, dans la Grande-Bretagne, aspiré à la tyrannie, fut, à peu près malgré lui, créé empereur par son armée; il passa dans la Gaule, fit périr près de Lyon l'empereur Gratien qu'il avait attiré dans le piége, et chassa d'Italie Valentinien son frère. Cependant il ne tarda pas à subir avec Justine sa mère la peine de l'exil qu'il méritait si bien. Entaché, ainsi qu'elle, des souillures de l'hérésie arienne, il contribua à vexer avec perfidie l'évêque Ambroise, ce glorieux rempart de la foi catholique. Cette hérésie n'abandonna ses criminelles entreprises qu'à la vue des reliques conservées sans corruption des bienheureux martyrs Gervais et Protais, qu'une révélation divine fit connaître.

Théodose qui, du vivant de Gratien, avait déjà gouverné l'Orient pendant six ans, régna onze ans après la mort de ce prince. Réuni à Valentinien, qu'après son expulsion d'Italie il avait accueilli avec bonté. Ils détruisirent le tyran Maxime à trois milles d'Aquilée. Comme cet usurpateur s'était fait suivre dans les Gaules, par toute la jeunesse armée et toutes les forces militaires de la Grande-Bretagne, pour les forcer à défendre son pouvoir, ces malheureux ne retournèrent jamais chez eux. Ce que voyant, plusieurs nations cruelles d'outre-mer, les Scots venus du nord-ouest et les Pictes du septentrion, attaquèrent la Grande-Bretagne qui se trouvait ainsi privée de troupes et de défense, et la vexèrent long-temps après l'avoir pillée et dévastée. Jérôme, interprète de l'histoire sacrée, a conduit jusqu'à la quatorzième année du règne de Théodose le livre qu'il a composé sur les hommes illustres de l'Eglise.

Arcadius, fils de Théodose, et son frère Honorius régnèrent treize ans. On découvrit alors par une révélation divine les corps des saints prophètes Habacuc et Michée. Les Goths attaquèrent l'Italie, tandis que les Vandales et les Alains pénétraient dans les Gaules. Innocent, évêque de Rome, dédia l'église des très-saints martyrs Gervais et Protais, grâce à la dévotion d'un testament que fit une certaine Vestine, femme illustre de ce temps. Alors Alexis, serviteur de Dieu, vint à mourir. Le Breton Pélage attaqua la grâce de Dieu.

Honorius et Théodose-le-Jeune, fils de son frère, régnèrent seize ans. Alaric, roi des Goths, s'empara de Rome, et en livra une partie aux flammes, le 9 des calendes de septembre (24 août), l'an 1164 de la fondation de cette ville, dont il sortit après l'avoir pillée, six jours après qu'il y était entré.

« Le prêtre Lucien, l'an sept du règne d'Honorius, reçut de Dieu la révélation du lieu où se trouvaient les tombeaux et les reliques de saint Etienne proto-martyr, de Gamaliel et de Nicodême, dont il est parlé dans l'Evangile et dans les Actes des Apôtres. Ce prêtre écrivit sa révélation en grec pour l'utilité de toutes les Eglises; Avitus, prêtre originaire d'Espagne, traduisit en latin cette révélation, et y joignant une épître, fit jouir l'Occident de son travail, au moyen du prêtre Orose, auquel il le confia. C'est cet Orose qui, parvenu dans la Terre-Sainte, où Augustin l'avait envoyé auprès de Jérôme pour y former son ame, reçut les reliques de saint Etienne, et de retour dans sa patrie les porta le premier en Occident.

Les Bretons, ne pouvant supporter plus long-temps les ravages des Scots et des Pictes, envoyèrent à Rome des délégués, et promettant de se soumettre, sollicitèrent avec empressement des secours contre leurs ennemis. Une légion qu'on leur envoya aussitôt fit une grande destruction des barbares, chassa le reste hors du territoire de la Grande-Bretagne, et avant de la quitter ordonna d'élever un mur à travers l'île, et de l'une à l'autre mer, pour empêcher l'ennemi d'y pénétrer désormais. Ce rempart construit sans les règles de l'art, plutôt avec du gazon qu'avec des pierres, ne rendit aucun service à ceux qui l'avaient entrepris. En effet, les Romains étaient à peine partis que, de retour sur ses vaisseaux, l'ennemi coupe, foule aux pieds et dévore tout ce qu'il rencontre, comme une moisson dont il avait attendu la maturité. On fut obligé de demander de nouveau du secours aux Romains : ils accourent, taillent en pièces les barbares, les forcent à fuir au-delà des mers ; et, s'étant réunis aux Bretons, élèvent d'une mer à l'autre, entre les villes que la crainte de l'ennemi avait fait bâtir, une muraille, non pas de terre, facile à pulvériser, mais de rochers et de pierres solides. Sur le rivage du sud où l'on craignait aussi l'ennemi, on construisit des tours à des intervalles rapprochés. C'est ainsi que les Romains prirent congé de leurs alliés, comme s'ils ne devaient plus les revoir désormais. Boniface, évêque de Rome, érigea un oratoire dans le cimetière de sainte Félicité, et décora son tombeau ainsi que celui de saint Silvain. Le prêtre Jérôme mourut à quatre-vingt-onze ans, la douzième année du règne d'Honorius, le 2 des calendes d'octobre (30 septembre).

Théodose-le-Jeune, fils d'Arcadius, régna vingt-six ans. Valentinien-le-Jeune, fils de Constance, fut nommé empereur à Ravenne, tandis que Placidie sa mère était nommée Auguste. Les Vandales, les Alains et les Goths, nations féroces, passant d'Espagne en Afrique, ravagèrent et souillèrent tout par le fer, la flamme, le brigandage, et par l'impiété de l'hérésie d'Arius. Saint Augustin, évêque d'Hippone, et docteur éminent de toutes les églises, ne voulant pas voir la ruine de sa ville, mourut le troisième mois du siége qu'elle souffrait, le 5 des calendes de septembre (le 28 août), après avoir vécu soixante-seize ans, dont il avait passé près de quarante dans les ordres sacrés ou dans l'épiscopat. Dans ce même temps, les Vandales, après la prise de Carthage, passèrent en Sicile et la ravagèrent complétement. Paschasinus, prêtre de Lilybée, parle de ces calamités dans une lettre qu'il écrivit au pape Léon sur l'époque de la célébration de la Pâque. Palladius, ordonné par le pape Célestin, est le premier évêque qui ait été envoyé aux Scots, convertis à la foi du Christ. L'an huit du règne de Théodose-le-Jeune, l'armée romaine étant en marche pour quitter la Grande-Bretagne, les Scots et les Pictes, sachant qu'elle refusait d'y rentrer, attaquèrent de nouveau cette île, et la soumirent tout entière, jusqu'à la muraille que les Bretons avaient élevée. Sans nul retard, ceux qui étaient préposés à la garde des murs, ayant été tous tués ou pris ou chassés, les murs eux-mêmes étant en partie renversés, le ravage le plus cruel n'eut plus de bornes. Ce fut inutilement que, dans des dépêches où leurs calamités étaient décrites, les Bretons sollicitèrent des secours d'Aëtius, consul pour la troisième fois, et qui, l'an vingt-trois du règne de Théodose, était chargé du commandement des troupes romaines. Cependant une famine horrible et long-temps fameuse attaqua ceux que la fuite avait dérobés au tranchant du glaive. Alors quelques malheureux furent forcés de se joindre aux ennemis; d'autres retirés dans les montagnes, les cavernes et les bois, résistaient courageusement, et faisaient éprouver à leurs adversaires de grandes pertes d'hommes. Les Scots reprirent le chemin de leur pays, bien décidés à revenir sans tarder; les Pictes conservèrent une partie de l'île qu'ils avaient envahie et dans laquelle ils voulaient se fixer. Une grande abondance succéda à la famine; l'opulence fit naître le luxe et la négligence; la négligence occasionna de grands malheurs, et bientôt s'ensuivit le ravage affreux occasionné par de nouveaux ennemis, c'est-à-dire par les Angles. Les Bretons d'un avis unanime, et d'accord avec leur roi Wortigern, préférèrent, au lieu de combattre, inviter les Angles à devenir les défenseurs de la patrie ; mais ils trouvèrent bientôt, dans ceux qu'ils avaient accueillis, des ennemis qui les attaquèrent de tous côtés. Sixte, évêque de Rome, consacra à sainte Marie, mère du Sauveur, la basilique que les anciens appelaient le temple de Bacchus. Eudoxie, femme de Théodose, rapporta de Jérusalem les reliques du bienheureux saint Étienne, premier martyr, que l'on exposa à la vénération des fidèles dans la basilique de saint Laurent. Bléda et Attila son frère, roi de nations puissantes, dévastèrent l'Illyrie et la Thrace.

Marcien et Valérien régnèrent sept ans : les Angles ou Saxons descendirent dans la Grande-Bretagne sur trois vaisseaux remarquables par leur longueur. Lorsque l'on sut dans leur pays que leur trajet avait été heureux, on envoya une armée plus nombreuse que la première, et qui s'y étant réunie triompha de la résistance de l'ennemi. Les Angles se divisèrent ensuite, et ravagèrent par le fer et le feu presque toute l'île, depuis l'orient jusqu'à l'occident, ayant pris occasion de se comporter ainsi de ce que les Bretons ne payaient pas suffisamment ceux qui combattaient pour eux. Jean-Baptiste révéla le lieu où sa tête était cachée, auprès du palais du roi Hérode, à deux moines orientaux qui s'étaient rendus en pèlerinage à Jérusalem. Cette tête fut ensuite portée à Émèse en Phénicie, et y reçut le culte qu'elle méritait.

L'hérésie de Pélage causa de grands troubles dans la foi de la Grande-Bretagne. Ceux qui demandèrent l'assistance des évêques des Gaules, trouvèrent pour défenseurs de la foi, Germain, évêque de l'église d'Auxerre, et Loup, évêque de Troyes, également confesseurs de la grâce apostolique. Ces illustres champions du Seigneur corroborèrent la foi par les paroles de vérité et par l'éclat des miracles. Forts de l'assistance divine, ils joignirent leur force à celle des Bretons, et terminèrent heureusement la guerre qui leur était faite par les Saxons et les Pictes. En effet Germain, ayant été placé à la tête des affaires, mit en fuite ces ennemis cruels, non par le son de la trompette, mais aux cris de l'alleluia que toute l'armée fit monter vers les cieux. Ce saint évêque s'étant ensuite rendu à Ravenne, accueilli avec un grand respect par Valentinien et Placidie, quitta ce monde pour retourner auprès du Christ. Son corps honoré d'un nombreux concours, et accompagné des œuvres de ses vertus, fut transporté à Auxerre. Le patrice Aëtius, le salut en Occident des États occidentaux, et jadis la terreur d'Attila lui-même, fut mis à mort par Valentinien. Avec lui s'écroula l'empire de l'Italie, qui depuis n'a pu se relever.

C'est vers cette époque que le royaume des Francs prit naissance; car du temps de Théodose-le-Jeune, fils d'Arcadius, et vers le pontificat du pape Célestin, Ferramond (Pharamond), fils de Francus, duc de Sens, le premier des rois Francs, régna cinq ans, et à sa mort eut pour successeur Clodion, son fils, qui pendant sept années porta la couronne. Alors le diable, ayant pris la figure de Moïse, apparut aux

Juifs dans l'île de Crète, et leur promit de les conduire à pied sec à travers les mers, jusque dans la terre promise. C'est alors que plusieurs de ces malheureux furent mis à mort, et que le reste se convertit à la foi chrétienne.

L'an second du règne de Marcien et de Valentinien, Mérovée, roi des Francs, mourut après un règne de treize ans. Childeric son fils en régna vingt-trois, étant monté après lui sur le trône des Francs.

Léon (Léon 1) régna dix-sept ans. Il adressa sur le concile de Chalcédoine, à tous les évêques orthodoxes, dans tout l'univers, une lettre circulaire pour leur demander leur opinion individuelle sur les décisions de cette assemblée. Leurs réponses sur l'incarnation du Christ furent tellement concordantes qu'on les eût crues toutes écrites au même moment sous la dictée d'un seul homme.

Théodore, évêque de la ville de Cyrus, roi de Perse, son fondateur, prit le nom de Cyre, écrivit sur l'incarnation du Sauveur un traité contre Eutychès, et Dioscore, évêque d'Alexandrie, qui niaient dans le Christ la nature humaine; il écrivit en outre une histoire ecclésiastique, à partir de la fin de la chronique d'Eusèbe jusqu'à l'empire de Léon, sous lequel il mourut. Sur l'ordre du pape Hilaire, Victorius écrivit sur le cycle Pascal de cinq cent trente-deux ans.

Zénon régna dix-sept années. On découvrit alors le corps de l'apôtre Barnabas, et l'évangile autographe de Matthieu qui révéla lui-même le lieu où il était placé. Odoacre, roi des Goths, s'empara de Rome, que depuis cette époque les rois de la même nation possédèrent quelque temps. A la mort de Théodoric, fils de Triarius, Théodoric, surnommé Valamir, régna sur les Goths. C'est le même prince qui, après avoir ravagé la Macédoine et la Thessalie, et brûlé plusieurs quartiers de la Cité reine, occupa odieusement l'Italie. Huneric, roi des Vandales, partisan de la doctrine d'Arius, après avoir en Afrique exilé ou mis en fuite plus de trois cent trente-quatre évêques catholiques, ferma leurs églises et livra le peuple à divers supplices; ce fût vainement qu'il fit abattre les mains et couper la langue à une innombrable quantité de chrétiens; il ne put empêcher de confesser hautement la foi catholique. Sous la conduite d'Ambroise d'Orléans, homme modeste, qui seul, grâces aux Romains, avait survécu au massacre exécuté par les Saxons, et à ses parens alors égorgés sous la pourpre, les Bretons, appelant aux combats leurs vainqueurs, triomphèrent d'eux sur le champ de bataille. Depuis ce moment la victoire se décida, tantôt pour les uns, tantôt pour les autres, jusqu'à ce qu'un étranger plus puissant s'empara de toute l'île pour un long période de temps.

L'an premier du règne de Zénon, Childéric étant mort, Clovis son fils commença à régner dans la Gaule, et tint d'une main puissante le sceptre pendant dix-neuf ans.

Anastase régna vingt-huit ans. Transamond, roi des Vandales, exila en Sardaigne deux cent vingt évêques. Le pape Symmaque, auquel on dut, soit la fondation, soit la restauration d'un grand nombre d'églises, fit bâtir auprès des basiliques de Saint-Pierre, de Saint-Paul et de Saint-Laurent, de pieuses retraites pour les pauvres, et, chaque année, envoya des secours pécuniaires et des habillemens aux évêques persécutés qui se trouvaient en Sardaigne, ou qui étaient restés en Afrique. Favorable à l'hérésie d'Eutychès, et par conséquent persécuteur des catholiques, Anastase fut frappé de la foudre divine.

Clovis, roi des Français, fut baptisé par saint Remi, archevêque de Rheims, avec trois mille hommes les plus illustres de son armée. Il mourut quatorze ans après son baptême. Théodoric son fils lui succéda. A la mort de celui-ci, Clotaire son frère régna en France pendant cinquante-un ans. Alors Gildard [1] et Flavius [2] brillèrent sur le siége de Rouen; et Mamert, archevêque de Vienne en Dauphiné, institua, avant le jour de l'Ascension, des litanies, c'est-à-dire des prières solennelles, à cause d'une peste qui, sous diverses formes, affligeait les peuples.

Justin-le-Vieux régna huit ans. Le pape Jean se rendant à Constantinople, parvenu au milieu d'un nombreux concours à la Porte-Dorée, rendit la lumière à un aveugle qui réclamait son assistance. A son retour, Théodoric le fit saisir à Ravenne, et le jeta, ainsi que son cortége, dans une prison où il mourut, conduit à ce crime par l'envie de ce que Justin, défenseur de la foi catholique, avait reçu le prélat honorablement. La même année, il fit périr Symmaque, patrice de Ravenne; mais l'année suivante il mourut subitement dans cette ville. Son neveu Athalaric lui succéda. Enfin, après soixante-quatorze années de profanations hérétiques, Hildéric, roi des Vandales, fit rappeler d'exil les évêques, et ordonna de

---

[1] Saint Guildard ou saint Godard.
[2] Autrement Flieu ou Filleul.

réparer les églises. Benoît, abbé célèbre, obtint beaucoup de gloire par l'éclat de ses vertus, que le bienheureux pape Grégoire a racontées dans son livre des Dialogues.

Justinien, neveu de Justin par une sœur de ce prince, régna trente-huit ans. Le patrice Bélisaire, envoyé en Afrique par Justinien, y extermina les Vandales. Il reprit Carthage après quatre-vingt-seize ans d'occupation par ces barbares. Vainqueur des Vandales, il prit Gélimer, leur roi, qu'il envoya à Constantinople. Le corps du moine saint Antoine, retrouvé par une révélation divine, fut envoyé à Alexandrie, et inhumé dans l'église de Saint-Jean-Baptiste. Denis le petit écrivit sur les Pâques à dater de l'année de l'Incarnation. C'est alors que le code de Justinien fut promulgué dans tout l'univers. Victor, évêque de Capoue, composa aussi sur la Pâque un traité dans lequel il releva les erreurs de Victorius.

Le roi Clotaire mourut dans un âge avancé, et l'empire des Francs fut divisé en quatre royaumes : Paris échut à Charibert, Orléans à Gontran, Soissons à Chilpéric et Metz à Sigebert. Enfin, l'an trente-sixième de l'empire de Justinien, Sigebert périt par les embûches de son frère Chilpéric, avec lequel il était en guerre. Son fils Childebert, encore enfant, secondé par sa mère Brunehaut, prit les rênes des Etats de son père, et régna vingt-cinq ans.

Justin-le-Jeune occupa le trône pendant onze années. Le patrice Narsès vainquit en Italie et mit à mort Totila, roi des Goths. La jalousie des Romains, auxquels il avait pourtant rendu les plus grands services, l'ayant accusé auprès de Justin et de Sophie sa femme, d'opprimer l'Italie, Narsès se retira à Naples, dans la Campanie, d'où il engagea par ses lettres les Lombards à venir s'emparer de l'Italie. Le pape Jean termina l'église des Apôtres Philippe et Jacques, que son prédécesseur Pélage avait commencée; il en fit aussi la dédicace. Ce fut alors que le belliqueux Alboin, fils d'Audoin, roi des Lombards, passa de la Pannonie en Italie, et, de l'aveu du patrice Narsès, la soumit à son pouvoir.

Tibère Constantin régna sept ans. Grégoire, de nonce apostolique à Constantinople, devenu évêque de Rome, composa un livre d'exposition sur Job, et, en présence de Tibère, convainquit un Eutychéen, évêque de Constantinople, d'erreur dans ses propositions sur l'article de foi qui concerne la résurrection des morts. La démonstration fut si évidente que Tibère fut d'avis que l'on devait livrer aux flammes le livre de cet hérétique, qu'il réfuta lui-même par des explications très-orthodoxes. Cet Eutychéen enseignait qu'au moment glorieux de la résurrection, nos corps seront impalpables et plus subtils que l'air et les vents; ce qui était contraire à ces paroles du Sauveur : « Touchez, et voyez que l'esprit n'a ni chair ni os, « comme vous voyez que j'en ai. » Les Lombards, accompagnés de la famine et de la mortalité, et poursuivant le cours de leurs dévastations, allèrent mettre le siège devant Rome même. Ils avaient alors pour roi Alboin.

Maurice régna vingt-un ans. Herménégild, fils de Liwigildiguis, roi des Goths, ayant confessé courageusement la foi catholique, fut privé par son père, qui était arien, de toutes les dignités dont il était revêtu, jeté en prison et dans les fers; enfin, dans la seconde nuit du dimanche de la Résurrection du Sauveur, il fut décapité, et, tout à la fois roi et martyr, échangea contre le royaume céleste le trône périssable de ce monde. Son frère Reccared, ayant bientôt après succédé à son père, convertit à la foi catholique toute la nation des Goths, sur les instances de Léander, évêque de Séville, qui avait aussi instruit Herménégild.

Maurice épousa la fille de Tibère Constantin, et le premier des Grecs fit porter devant lui les faisceaux romains. L'an treize de l'empire de Maurice, Grégoire, pontife de l'Eglise romaine et docteur très-savant, réunit dans la basilique de l'Apôtre saint Pierre un concile de vingt-trois évêques, afin de pourvoir aux nécessités de l'Eglise. Le pape, ayant envoyé dans la Grande-Bretagne Augustin, Mellitus, Jean et plusieurs moines craignant Dieu, convertit les Anglais au christianisme. Edilbert, avec les peuples de Cantorbéry, ayant aussi embrassé la religion chrétienne, donna dans cette contrée et les provinces voisines des siéges épiscopaux, non-seulement à Augustin son docteur favori, mais encore aux saints prêtres qui l'avaient accompagné. A cette époque, les portions du peuple anglais qui habitaient au nord de l'Humber n'avaient pas encore entendu la parole de vie, non plus que leurs rois Elle et Edilfride.

L'an dix-huit du règne de Maurice, Grégoire, écrivant à Augustin ainsi qu'aux évêques de Londres et d'York, leur envoya le pallium, et les déclara métropolitains. Il mourut quatre ans après.

Phocas régna huit ans. A la prière du pape Boniface, ce prince décida que le siége de l'Eglise romaine et apostolique devait être le chef de toutes les églises de la chrétienté, afin de mettre un terme aux prétentions de l'Eglise de Constantinople, qui s'arrogeait cet honneur. C'est ce même prince qui, sur les instances d'un autre Boniface, pape aussi, fit convertir l'ancien temple que l'on appelait le Panthéon, après l'avoir purgé des ordures de l'idolâtrie, en une église consacrée à la bienheureuse Marie toujours vierge, et à tous les martyrs, de manière qu'au lieu même où jadis on rendait un culte, non pas à tous les dieux, mais à tous les démons, on célébra désormais la mémoire de l'universalité des saints.

Les Persans continuant de faire une guerre cruelle à l'Empire, enlevèrent à la puissance romaine plusieurs provinces, et notamment Jérusalem. Ils allaient détruisant les églises, profanant les lieux sacrés, ravissant les ornemens des temples des saints et des particuliers; ils enlevèrent même l'étendard de la croix du Sauveur.

Héraclius régna trente-un ans. Anastase, moine persan, souffrit pour le Christ un noble martyre. Quoique né en Perse, et qu'il eût été par son père instruit dans la science des mages, ayant entendu, par des captifs chrétiens, célébrer le nom de Jésus-Christ, soudain converti de tout son esprit à la foi du Sauveur, et cherchant partout ce divin maître, il se rendit à Chalcédoine, à Hiérapolis, et enfin à Jérusalem. C'est là qu'ayant reçu la grâce du baptême, il entra dans le monastère de l'abbé Anastase, à quatre milles de cette dernière ville. Là, ayant passé sept ans dans la vie monacale, il se rendit en pélerinage à Césarée de Palestine, tomba au pouvoir des Persans, fut condamné par Marzabanes au fouet, aux fers et à la prison, puis envoyé en Perse au roi Chosroès. Frappé du fouet à trois reprises, suspendu ensuite par une main pendant trois heures, il finit par être décollé avec soixante-dix autres martyrs. Bientôt il suffit à un certain démoniaque de revêtir sa tunique pour être délivré de la possession de Satan. Cependant le prince Héraclius étant survenu avec une armée, battit Chosroès et ses Persans, délivra les Chrétiens captifs, les ramena avec lui comblés de joie, et rapporta à Jérusalem le bois de la sainte croix. Les reliques du saint martyr Anastase, portées d'abord à son monastère, furent ensuite transférées à Rome, où elles sont exposées à la vénération des fidèles dans le couvent de l'apôtre saint Paul.

L'an dix-sept du règne d'Héraclius, Edwin, excellent roi des Anglais du Northumberland, reçut avec sa nation la parole du salut, qui lui fut portée par l'évêque Paulin, que le vénérable Just, archevêque de Cantorbéry, lui avait envoyé. Il appela ce Paulin au siége épiscopal d'York, la onzième année de son règne, qui répond à peu près à la dix-huitième de l'arrivée des Angles dans la Grande-Bretagne. Comme augure de la félicité à venir et du royaume céleste, le roi vit croître aussi la splendeur de ses terrestres États, à tel point qu'il réunit sous ses lois toutes les contrées de la Grande-Bretagne, tant celles qui étaient habitées par les Angles que celles qui l'étaient par les Bretons; et c'est ce qu'avant Edwin les Angles n'avaient pu faire. Dans ce temps-là, le pape Honorius reprit, par une lettre qu'il adressa aux Scots ou Ecossais, une erreur dans laquelle ils étaient tombés par rapport à l'observance de la Pâques; mais Jean, successeur de Séverin, qui avait remplacé Honorius, ayant été promu au pontificat, écrivit aussi à ces peuples, et sur la Pâque et sur l'hérésie des Pélagiens qui était chez eux dans toute sa force.

En France, après la mort de Théodebert et de Théodoric, Clotaire-le-Grand, fils de Chilpéric, monta sur le trône, et réunit toute la monarchie française sous ses lois. A sa mort, son fils Dagobert lui succéda, et gouverna dignement ses Etats pendant douze ans. Son fils Clovis régna ensuite, et laissa en mourant son diadême à ses trois fils, Clotaire, Théodoric et Childéric. Du temps de ces rois de France, plusieurs saints personnages se distinguèrent par leurs vertus et leurs miracles : Romain et Ouen, Ansbert et Eloi, Evroul et Laumer, Maur et Colomban, Philbert et Wandrille, et plusieurs autres puissans par la foi et la prédication, répandirent une vive splendeur par leur sainteté et par les prodiges qu'ils opérèrent.

Héracléonas régna deux ans avec sa mère Martine. Cyr, évêque d'Alexandrie, Serge et Pyrrhus, évêque de Constantinople, renouvelèrent l'hérésie des Acéphales, et répandirent le dogme d'une seule opération et d'une seule volonté dans la divinité et l'humanité du Christ. Dans ce même temps, ce Pyrrhus, dont nous venons de parler, passa de l'Afrique à Rome, alla trouver le pape Théodore, et, feignant, comme il le parut depuis, d'être sincèrement repentant, offrit à ce pontife, en présence de tout le clergé et du peuple, une déclaration souscrite de sa signature, dans laquelle il condamnait tout ce qui, soit par lui, soit par ses prédécesseurs, avait été écrit ou fait contre la foi catholique. Cette démarche le fit recevoir avec bienveillance comme pontife de la ville impériale. Etant retourné à Constantinople, Pyrrhus reprit le cours de ses erreurs, et le pape Théodore, ayant convoqué tous les prêtres et le clergé dans l'église de Saint-Pierre, prince des Apôtres, le mit sous le lien de l'anathême.

Constantin, frère d'Héraclius, régna six mois. Paul, successeur de Pyrrhus, ne se borna pas à affliger la catholicité par ses doctrines insensées, comme l'avaient fait ses prédécesseurs: il devint ouvertement persécuteur. Les nonces apostoliques, que la sainte Eglise romaine avait envoyés pour sa correction, furent par lui condamnés, les uns à l'emprisonnement, les autres à l'exil, et quelques-uns à la fustigation; il alla même jusqu'à dépouiller dans leur palais l'autel consacré à Placidie, et vénérable par ses miracles; il défendit d'y célébrer l'office de la messe. C'est pourquoi, comme ses prédécesseurs, il fut par le saint siége apostolique condamné justement à la peine de la déposition.

Constant, fils de Constantin, régna vingt-huit ans. Trompé par Paul, comme Héraclius son aïeul l'avait été par Serge, évêque aussi de la cité impériale, il exposa sa doctrine contre la foi catholique, déclarant qu'il ne fallait pas reconnaître dans le Christ ni une ni deux volontés ou opérations, comme s'il fallait croire que le Christ n'eût voulu ni agi. C'est pourquoi le pape Martin ayant réuni à Rome un concile de cent cinq évêques, frappa de l'anathême les hérétiques dont nous venons de parler, Cyr, Serge, Pyrrhus et Paul. L'exarque Théodore, envoyé peu après par l'empereur, enleva de l'église de Constantin (la Constantinienne) le pape Martin, et le conduisit à Constantinople. Relégué dans la Chersonèse de Thrace, Martin y finit ses jours, célèbre encore aujourd'hui dans ce lieu par le grand nombre de miracles que ses vertus opérèrent. Le concile dont il s'agit eut lieu l'an neuf du règne de Constant. Au mois d'octobre, ce prince envoya à Vitalien, récemment nommé pape, pour être déposé dans la basilique de l'apôtre saint Pierre, un livre d'Evangile écrit en lettres d'or et orné tout à l'entour de sa couverture de diamans d'une admirable grosseur. Peu d'années après, ce prince étant venu à Rome, offrit sur l'autel de saint Pierre un pallium d'étoffe d'or, et fit entrer dans l'église toute son armée, dont chaque soldat portait un cierge. L'année suivante, on remarqua une éclipse de soleil vers dix heures du jour, le 5 des nones de mai (3 mai). L'archevêque Théodore et l'abbé Adrien, envoyés par Vitalien dans la Grande-Bretagne, fécondèrent plusieurs églises des Anglais par la semence de la doctrine ecclésiastique. Après plusieurs ravages inouis, commis dans les provinces, Constant périt massacré dans le bain, et peu de temps après le pape Vitalien partit pour le royaume céleste.

Constantin Pogonat, fils de Constant, régna dix-sept ans. Les Sarrasins s'emparent de la Sicile et retournent bientôt à Alexandrie, emportant avec eux un immense butin. Agathon pape, cédant à la prière de l'empereur Constantin et de ses deux frères Héraclius et Libère, princes d'une grande piété, envoya à Constantinople, pour tâcher d'y opérer la réunion des saintes églises de Dieu, plusieurs légats, parmi lesquels était Jean, alors diacre de l'Eglise romaine, et qui devint évêque peu de temps après.

Accueillis avec de grands témoignages de bienveillance par Constantin, ce vénérable défenseur de la foi catholique, ils reçurent l'ordre de traiter (dans une entrevue pacifique, et mettant de côté les disputes philosophiques) ce qui concernait la vérité de la croyance chrétienne. On leur fournit, de la bibliothèque de Constantinople, tous les livres des anciens pères de l'Eglise, dont ils pouvaient avoir besoin. Là se trouvèrent cent cinquante évêques sous la présidence de George, patriarche de la cité impériale, et de Macaire, évêque d'Antioche. Ceux qui prétendaient qu'il n'y avait dans le Christ qu'une seule volonté et une seule opération, furent convaincus d'erreur d'après les nombreux témoignages des saints pères de l'Eglise catholique. Le débat terminé, George se corrigea; mais on fut forcé d'anathématiser Macaire avec ses sectateurs, ainsi que Cyr, Serge, Honorius, Pyrrhus, Paul et Pierre. On remplaça Macaire dans l'évêché d'Antioche par Théophane, abbé sicilien. Les légats furent tellement favorisés par la grâce, à cause de la paix qu'ils avaient rendue à la catholicité, que Jean, évêque d'Ostie sur le Tibre, l'un d'eux, eut l'honneur de célébrer, en latin, en présence de l'empereur et du patriarche, dans l'église de Sainte-Sophie, les messes publiques du dimanche de l'octave de Pâques.

Ce concile est le sixième œcuménique qui ait été célébré à Constantinople. Les actes en furent écrits dans la langue grecque, sous le pontificat du pape Agathon, pendant le règne du très-pieux empereur Constantin, qui résida dans son palais avec les légats du Saint-Siége et les cent cinquante évêques. En effet, le premier concile universel fut tenu à Nicée contre Arius, du temps du pape Jules, et sous l'empire de Constantin 1; il s'y trouva trois cent dix-huit pères. Le second composé de cent cinquante pères, se réunit à Constantinople contre Macédonius et Eudoxe, du temps du pape Damase et de l'empereur Gratien, lorsque Nectaire fut ordonné évêque de Constantinople. Le troisième concile se tint à Ephèse contre Nestorius, évêque de la cité impériale, sous l'empire de Théodose-le-Grand, et sous le pontificat de Célestin : deux cents pères y assistèrent. Ce fut à Chalcédoine que fut tenu le quatrième par six cent et trente pères, du temps de l'empereur Marcien et du pape Léon contre Eutychès, criminel supérieur de moines. Quant au cinquième, ce fut aussi à Constantinople qu'il eut lieu contre Théodore et tous les hérétiques, pendant que Vigile était pape et Justinien empereur. Nous venons plus haut de parler du sixième concile œcuménique.

La sainte et perpétuelle vierge du Christ, Edilfride, fille d'Ina, roi des Anglais, mariée d'abord à Tondebert, prince très-magnifique des Girviens du sud, et ensuite à Egfrid, roi du Northumberland, après avoir conservé douze ans sa virginité, même dans le lit conjugal, passa du trône, en prenant le voile virginal, dans la sainte retraite des religieuses. Aussitôt, mère des vierges et pure nourrice des saintes, elle fit bâtir un monastère dans ce lieu, qu'on appelle Elge : même après sa mort son corps rappela les mérites de sa vie ; car, inhumée avec ses vêtemens, elle fut seize ans après retrouvée aussi intacte qu'eux-mêmes.

Justinien-le-Jeune, fils de Constantin, régna dix ans. Il fit avec les Sarrasins, pour dix années, un traité qui rendit la paix à la terre comme aux mers. La province d'Afrique fut restituée à l'empire romain, auquel les Sarrasins l'avaient ravie après avoir pris et détruit Carthage. Cet empereur, voyant que Serge d'heureuse mémoire, pontife de l'Église romaine, ne voulait pas approuver et signer le concile de Constantinople, envoya Zacharie, son premier écuyer, pour le faire conduire à Constantinople ; mais les troupes de la ville de Ravenne et des autres contrées voisines s'opposèrent aux ordres criminels du prince ; et Zacharie accablé d'injures et d'outrages fut chassé de la ville de Rome. La quatrième année du règne de Justinien, Pepin devint en France premier maire du palais. Le pape Serge ordonna le vénérable Willebrod, surnommé Clément, qui, né Anglais, avait quitté la Grande-Bretagne, pour être évêque de la nation des Frisons. Il occasionna chez les barbares d'innombrables pertes au royaume de Satan, en même temps qu'il propagea considérablement la foi chrétienne. Justinien à cause de ses crimes et de sa perfidie, fut renversé du trône et envoyé en exil dans la Chersonèse, où Cyr abbé eut soin de pourvoir à sa nourriture. Léon régna trois ans : le seigneur pape découvrit, grâce à une révélation du Seigneur, dans le sanctuaire de l'église du vénérable apôtre saint Pierre, une cassette d'argent qui était restée très-long-temps oubliée dans un coin obscur, et qui renfermait une croix enrichie de plusieurs pierres précieuses. En ayant tiré quatre enveloppes qui recelaient des diamans d'une merveilleuse grandeur, il trouva une portion du précieux bois de la croix salutaire de Jésus-Christ. C'est cet objet sacré que dans la basilique du Sauveur, qu'on appelle la Constantinienne, on offre à l'adoration et au baiser de tout le peuple le jour de l'exaltation de la croix.

En Angleterre, le très-révérend Cuthbert, devenu de simple anachorète évêque de l'église de Lindisfarn, illustra toute sa vie, depuis l'enfance jusqu'à la vieillesse, par une suite continuelle de miracles. Onze ans après son inhumation, on découvrit son corps et les vêtemens dont il était habillé aussi intacts qu'à l'heure de sa mort. Cedwal, roi des Saxons occidentaux, abdiqua le trône en faveur d'Hisna, et s'étant rendu à Rome, fut baptisé le samedi de Pâques par le pape Serge; il était encore revêtu de blanc quand il fut attaqué d'une maladie qui le conduisit au tombeau, le 12 des calendes de mai (20 avril). Par l'ordre du pape, qui lui avait donné au baptême le nom de Pierre, il fut inhumé dans l'église de ce saint apôtre. L'épitaphe suivante fut gravée sur son tombeau : « Cedwal, le valeureux Cedwal, touché de « l'amour de Dieu, abandonna pieusement les hon-« neurs, les richesses, sa famille, ses puissans Etats, « les triomphes, les dépouilles enlevées à l'ennemi, « sa cour, ses villes, ses châteaux, son palais, tout ce « que le mérite de ses pères et le sien propre avaient « réuni; il se fit pieusement plonger dans les eaux ré-

« paratrices de la fontaine du salut, pour être, hôte
« royal, mis à portée de contempler saint Pierre et
« le séjour des bienheureux. Ainsi accourant des ex-
« trémités de l'empire Britannique, il traversa sans
« danger différentes nations, plusieurs mers et plu-
« sieurs contrées ; il vit la ville de Romulus et l'ad-
« mirable temple de saint Pierre, apportant avec lui
« de mystiques présens. Blanc et pur comme les
« agneaux du Christ, il ira se réunir à leur troupeau ;
« car si son corps repose dans le tombeau, son ame a
« été recueillie dans les cieux. Croyez bien que, pour
« lui, avoir mérité le royaume du Christ c'est n'avoir
« fait que changer de sceptre. »

Tibère régna sept ans. Le synode tenu à Aquilée ne voulut pas admettre le cinquième concile universel, jusqu'à ce qu'ayant reçu des instructions salutaires du pape, il consentit à l'admettre avec les autres églises chrétiennes. Gisulfe, duc des Lombards de Bénévent, ravagea la Campanie par le glaive, et la dépeupla par la captivité. Comme aucune puissance humaine ne pouvait résister à ces violentes attaques, le pape Jean, successeur de Serge, envoya vers ce conquérant des prêtres et des personnes chargées de présens, qui rachetèrent tous les captifs et firent rentrer l'ennemi dans ses foyers. Le siége pontifical fut occupé ensuite par un autre Jean qui, entre autres ouvrages remarquables, construisit un oratoire à la sainte Mère de Dieu, ouvrage d'une rare beauté, dans l'église de Saint-Pierre, prince des Apôtres.

Aribert, roi des Lombards, restitua justement au Saint-Siége un grand nombre de domaines dans les Alpes Cottiennes, qui avaient autrefois fait partie des biens dudit siége, et dont, depuis long-temps, les Lombards s'étaient emparés. Il fit écrire cette donation en lettres d'or, et l'envoya à Rome.

Justinien, replacé sur le trône, régna six ans avec son fils Tibère. Secondé par Terbellis, roi des Bulgares, il remonta au trône; il mit à mort les grands qui l'en avaient chassé, et Léonce qui avait pris sa place, et Tibère Absimare qui l'avait retenu en captivité durant tout le temps écoulé depuis sa déposition. Il fit arracher les yeux au patriarche Callinique qu'il envoya à Rome, et donna son évêché à Cyr, qui était abbé dans la Chersonèse, et qui, pendant son exil, avait pris soin de lui; il ordonna au pape Constantin de venir le trouver, le reçut honorablement et le renvoya; il le chargea de lui dire la messe le dimanche, et reçut de ses mains la communion, prosterné la face contre terre; il pria Constantin d'intercéder pour lui faire obtenir le pardon de ses péchés, et renouvela les priviléges de toute l'Eglise. Les troupes, que, malgré le pape, il avait envoyées dans la Chersonèse pour se saisir de Philippique, qui y était relégué par ses ordres, prirent tout à coup le parti de Philippique et le nommèrent empereur. Ce dernier prince revenant à Constantinople en vint aux mains, à douze milles de la ville, avec Justinien qui, vaincu et tué, abandonna le trône à son vainqueur.

Philippique régna dix-huit mois. Il chassa Cyr du siége épiscopal, et lui ordonna de retourner dans la Chersonèse reprendre, comme abbé, le gouvernement de son couvent. Il écrivit au pape Constantin des lettres si peu orthodoxes que, de l'avis de son conseil, Constantin les rejeta. Ce fut à cause de cet

10.

évenèrent qu'il fit peindre, dans le portique de l'église de Saint-Pierre, le tableau des actes des six conciles œcuméniques, parce que Philippique en avait fait enlever un pareil qui se trouvait à Constantinople. Le peuple romain décréta que le nom de cet empereur hérétique ne figurerait plus dans les actes publics, ni sur les monnaies; c'est pourquoi son effigie ne fut point placée dans l'église, ni son nom prononcé au prône des messes.

Anastase régna trois ans. Il priva de la vue, mais il ne tua pas Philippique qu'il avait fait prisonnier. Il écrivit à Rome au pape Constantin des lettres qu'il lui fit porter par Scholastique, patrice et exarque d'Italie, et dans lesquelles il reconnut la foi catholique, ainsi que les actes du sixième concile. Liutprand, roi des Lombards, sur l'avis du vénérable pape Grégoire, confirma la donation du patrimoine des Alpes Cottiennes, qu'Aripert avait faite et qu'il avait annulée. Vulfrand, archevêque de Sens et moine de Saint-Vandrille, brilla alors, et opéra beaucoup de miracles en portant aux Frisons la parole de Dieu. Saint Egbert, Anglais, honneur du sacerdoce par sa vie toute monacale, pélerin, acheminé vers la céleste patrie, convertit par ses pieuses prédications les premières provinces de la nation écossaise à l'observance canonique du temps pascal dont elle s'était trop longtemps écartée. Un si grand événement se passa l'an 717 de l'incarnation du Sauveur.

Théodose régna un an. Elu empereur, il remporta une victoire signalée et long-temps contestée, sur Anastase, près de la ville de Nicée. Ayant reçu la parole du vaincu, il lui fit donner l'ordre de prêtrise et l'envoya dans un cloître. A peine monté sur le trône, Théodose qui était catholique fit placer dans son premier lieu le tableau respectable où étaient peints les six conciles œcuméniques, et que Philippique avait fait enlever. Le Tibre sortit de son lit, et occasionna de nombreux désastres dans la ville de Rome, de manière que les eaux s'étant élevées à la hauteur d'environ huit pieds couvrirent une vaste étendue de territoire, et se joignaient depuis la porte Saint-Pierre jusqu'au pont Milvius. Cette inondation dura sept jours, jusqu'à ce que, les citoyens ayant chanté fréquemment des litanies, le fleuve rentra enfin dans son lit le huitième jour. Dans ces temps-là un grand nombre d'Anglais, nobles et vilains, hommes et femmes, officiers du roi et simples citoyens, par l'instinct de l'amour de Dieu, avaient coutume de se rendre de la Grande-Bretagne à Rome.

Léon régna neuf ans. Ce fut l'an troisième de son règne que Charles-Martel, fils de Pépin, devint maire du palais, et l'an suivant battit Rainfroi, qui fut forcé de se retirer à Angers.

Les Sarrasins vinrent avec une armée innombrable envelopper Constantinople, qu'ils assiégèrent pendant trois ans, jusqu'à ce que les citoyens ayant élevé vers le ciel de ferventes prières, le plus grand nombre des barbares périt par la faim, le froid et la peste, et le reste se retira rebuté d'un siége si difficile. A leur retour les Sarrasins firent la guerre aux Bulgares, peuple du Danube; vaincus encore de ce côté, ils furent obligés de fuir. Ayant gagné la haute-mer, les uns périrent dans les flots soulevés par les tempêtes, les autres furent massacrés sur le rivage où se brisèrent leurs vaisseaux. Liutprand, roi des Lombards, apprenant que les Sarrasins, après avoir dévasté la Sardaigne, ne craignaient pas même de souiller les lieux où on avait enseveli honorablement le corps de saint Augustin, qu'on y avait jadis transporté pour le mettre à l'abri de la fureur des barbares, l'envoya réclamer, l'obtint à grand prix, le fit transférer à Pavie, et lui fit rendre tous les honneurs qui étaient dus à un Père si distingué.

Jusque-là j'ai suivi la chronographie de l'anglais Bède, qui a conduit son travail jusqu'à l'an sept cent trente-quatre de l'incarnation du Sauveur. Ce Bède, prêtre, et Paul du Mont-Cassin, tous deux moines, tous deux imbus d'une grande science, entre autres bons ouvrages, ont publié en cinq livres l'histoire de leur nation; ils ont clairement fait connaître d'où partirent les Lombards et les Angles, et comment les uns soumirent l'Italie tandis que les autres s'emparèrent de la Grande-Bretagne.

Désormais je suis contraint de faire de pénibles recherches dans les écrits des autres savans; je tâcherai de poursuivre jusqu'à notre époque le récit des évènemens que le grand nombre et la diversité des calamités rend de plus en plus affreux, quand on voit deux prélats se disputer six ans, par toutes sortes de moyens, le pontificat romain, et après la mort de Henri, roi d'Angleterre, Etienne de Blois, son neveu, et Geoffroi son gendre, déployer toutes les fureurs de la haine, et se livrer à la guerre au détriment de tous.

Constantin (Constantin Copronyme), fils de Léon (l'Isaurien), régna cinquante-huit ans. Alors Hugues, archevêque de Rouen, occupait aussi avec éclat les siéges de Paris et de Bayeux, et gouvernait les abbayes de Jumiége et de Saint-Vandrille (Fontenelle). Charles et Pepin deviennent maires du palais, et Remi, leur frère, après avoir chassé Rainfroi, devient archevêque de Rouen. Constantin et Abdalla, émir des Sarrasins, rivalisent de cruauté contre les orthodoxes. Constantin assemble à Constantinople un concile de trois cent trente évêques.

L'an 754 de l'incarnation du Sauveur, le pape Etienne, excédé des persécutions d'Astolphe, roi des Lombards, s'enfuit en France, et, reçu honorablement à Paris, y tomba malade. A sa convalescence, il dédia un autel dans l'église Saint-Denis. Il sacra rois Pepin et ses deux fils Charles et Carloman; il leur recommanda la défense de la sainte Eglise contre les ennemis qui la persécutaient.

Pepin, roi des Français, après avoir dignement régné pendant seize années, mourut le 8 des calendes d'octobre (24 septembre), et laissa son royaume à Charles son fils.

Charlemagne régna quarante-sept ans, et fit beaucoup de choses mémorables tant pour l'Eglise que pour le siècle. Ses vertus furent grandes devant Dieu et les hommes : aussi une foule de voix ont rapporté avec admiration ses travaux, et les ont célébrés avec une grande ardeur devant des auditeurs avides de les écouter.

Il prit la route de Rome avec une noble armée de Francs. A son retour, il se saisit de la personne de Didier, roi des Lombards; il s'empara de Pavie et d'autres villes d'Italie.

Ce prince fit raser Pampelune; il prit à main armée la ville de Sarragosse; il anéantit à force de victoires les Saxons, les Espagnols et les Sarrasins; il humilia la puissance païenne devant la terreur du nom chrétien, et, au nom de Jésus-Christ, il arbora glorieusement l'étendard de la croix.

Léon (Léon Porphyrogénète), fils de Constantin, régna cinq ans. Charlemagne alla de nouveau à Rome, et, toujours victorieux, pénétra jusqu'à Capoue et dans la Pouille.

Constantin, conjointement avec sa mère Irène, régna dix-sept ans. C'est alors qu'un particulier de Constantinople découvrit un coffre de pierre, et dedans un homme étendu, avec cette inscription: « Le « Christ naîtra de la vierge Marie, et je crois en lui. « Sous l'empire de Constantin et d'Irène, ô soleil, « tu me verras pour la seconde fois. »

Charlemagne parvint, à travers le territoire des Allemands, jusqu'à celui des Boïens, et, trois ans après, conquit leur pays. Ensuite il envahit les Slaves, que l'on appelle Viltzes, et l'année suivante ravagea la Hongrie. Dans ce temps-là, Adrien et Léon gouvernèrent l'Église pendant quarante-quatre ans, honorèrent leur pontificat par l'éclat des bonnes œuvres, et rendirent à la chrétienté les services les plus éminens. C'est alors que gouvernèrent Constantin (Copronyme), Léon (l'Isaurien) et un autre Constantin, comme nous l'avons dit plus haut. Depuis l'époque de Constantin-le-Grand, fils d'Hélène, lequel fonda Constantinople, jusqu'à Constantin, fils d'Irène, l'empereur de Constantinople gouverna l'empire romain, et donna des lois à l'Italie et à beaucoup d'autres nations parlant diverses langues. Comme plusieurs de ces empereurs embrassèrent l'hérésie, et ne furent point élus par le peuple d'une manière légitime, mais ravirent avec iniquité la couronne des Augustes, en faisant périr cruellement, soit leurs maîtres, soit leurs parens; comme ils ne pouvaient défendre contre les barbares qui s'élevaient de toutes parts la moitié d'une si vaste domination, le pape Léon et une assemblée, tant des magistrats que du peuple romain, se réunirent pour s'occuper efficacement du salut de la république; ils furent d'un avis unanime pour secouer le joug des monarques de Constantinople; ils élurent Charlemagne roi des Francs, prince habile, qui les protégeait dès longtemps par ses vertus, et résolurent de lui confier l'empire romain. C'est ainsi donc que l'an 5 du pontificat du pape Léon, qui correspond à l'année 808 de l'incarnation du Seigneur, le roi Charlemagne devint le soixante-dix-huitième empereur des Romains, qui le proclamèrent Auguste. Ce prince condamna à mort tous ceux qui avaient outragé le pape Léon, par lequel il venait d'être sacré; mais, à la prière du pontife, il leur conserva la vie, et se borna à les exiler. Vers ce même temps, on ressentit un grand tremblement de terre, qui bouleversa presque toute l'Italie, et renversa en grande partie le toit et la charpente de l'église de l'apôtre saint Paul.

Nicéphore, frère d'Irène, régna six ans. Il fit la paix avec Charlemagne, auquel Aaron, roi des Perses, envoya des ambassadeurs avec des présens pour solliciter son amitié.

Michel, gendre de Nicéphore, régna trois ans. Ses

ambassadeurs réclamèrent de l'empereur Charlemagne le maintien de la paix.

Léon, fils de Bardas, régna six ans. Charlemagne mourut à Aix-la-Chapelle; et Louis-le-Débonnaire, qu'il avait eu de Hildegarde, fille de Guitiching (Vitikind), roi des Saxons, lui succéda et gouverna dignement pendant vingt-sept ans. Ce fut sous son règne qu'un déluge de tribulations affligea l'humanité. Pascal, le centième pape depuis Pierre, couronna Louis à Rome le jour de Pâques.

Théophile régna onze ans. Lothaire se révolta contre Louis-le-Débonnaire son père, et troubla la France en étendant partout la puissance de la perfidie. Alors les Normands dévastèrent la Grande-Bretagne et d'autres contrées. La crainte que ces païens inspirèrent força de déplacer et de cacher les corps de saint Samson, de saint Philibert, et de beaucoup d'autres.

Michel, fils de Théophile, régna vingt-sept ans. L'an 2 de son règne, l'empereur Louis mourut le 12 des calendes de juillet (20 juin). Son frère Drogon, archevêque de Metz, lui rendit les honneurs funèbres dans cette ville. Trois ans après, c'est-à-dire l'an 842 de l'incarnation du Sauveur, la bataille de Fontenai, qui eut lieu entre Louis, Lothaire et Charles-le-Chauve, aux environs d'Auxerre, fit, par un mutuel carnage, couler largement le sang des Chrétiens, le 6 des calendes de juillet (26 juin). Enfin la victoire se déclara en faveur de Charles. La même année, les Normands ravagèrent la ville de Rouen, et brûlèrent, aux ides de mai (15 mai), l'abbaye de Saint-Ouen.

Bazile, après avoir mis à mort Michel, son maître, régna vingt ans. Alors le monde fut partout affligé par une famine désastreuse sur les hommes, et par une épizootie générale sur les animaux. A la mort du roi Louis, Rollon pénétra dans la Neustrie avec les Normands, le 15 des calendes de décembre (17 novembre).

L'an 876 de l'incarnation du Seigneur, Rollon, entré en Normandie, fit la guerre aux Français pendant trente-sept ans, jusqu'à ce qu'il eût été baptisé par l'archevêque Francon. Léon et Alexandre, fils de Bazile, régnèrent vingt-deux ans. Charles-le-Gros étant mort, Arnoul fut nommé empereur, et gouverna dix ans.

L'an 900 de l'incarnation du Sauveur le roi Zuentibold tua le fils d'Arnoul. C'est alors que Rollon mit le siége devant Chartres. Gautelm, évêque de cette ville, homme religieux, sortit de la place, portant dans ses mains la tunique de Marie, sainte mère de Dieu et, assisté du secours divin, mit en fuite les ennemis et délivra sa ville. Il avait appelé à son aide Richard, duc de Bourgogne, et Ebble, comte de Poitiers. A la fuite de l'ennemi, le triomphe de Dieu combla de joie le peuple chrétien. Alexandre régna un an. Les Huns dévastèrent la Saxe et la Thuringe. Constantin (Porphyrogénète), fils de Léon, régna avec Zoé sa mère pendant quatre ans. La troisième année de son règne, Louis III, fils d'Arnoul, mourut, et Conrad, fils de Conrad, fut nommé empereur et régna sept ans.

Romain l'Arménien régna vingt-sept années conjointement avec Constantin (Porphyrogénète). C'est alors que Rollon se fit Chrétien et conclut la paix avec Charles (Charles-le-Simple), roi de France, après avoir reçu en mariage Gisèle sa fille. Durant le règne de Henri, le roi Charles mourut à Péronne dans la prison où le retenait le comte Héribert, et la France se trouva en proie à de grandes dissensions. Cinq ans après, Louis, fils de Charles (Charles-le-Simple), épousa Gerberge, fille de l'empereur Henri.

Constantin, avec Romain son fils, encore enfant, régna quinze ans. Alors Othon, fils de Henri, commença de régner, gouverna pendant trente-six ans et prit pour femme une sœur d'Edelstan, roi des Anglais. Dans ce temps-là, Guillaume-Longue-Épée battit Ritulphe (Rioul), comte d'Evreux, dans le lieu qui fut appelé le pré de la bataille. Ce prince fut assassiné huit ans après, le 16 des calendes de janvier (17 décembre), par Arnoul, comte de Flandre. Richard le vieux, fils de Guillaume-Longue-Épée, lui succéda, gouverna dignement son duché pendant cinquante-quatre ans, et fit beaucoup de travaux dignes d'éloge.

Étienne et Constantin, fils de Romain, déposèrent leur père. Mais Constantin ajouta bientôt à ce crime la déposition d'Étienne, et régna seize ans avec Romain son fils. Pendant qu'Edgar, fils d'Edmond, gouvernait les Anglais, et traitait avec la plus grande faveur les adorateurs de Dieu, obéissant fidèlement à ses maîtres en tout ce qui touchait à l'édification de l'Église, Dunstan, archevêque de Cantorbéry, Oswald, archevêque d'York, et Adelmod, évêque de Winchester, répandirent un grand éclat, tant par leur sainteté que par leur science, et gouvernèrent avec sollicitude et succès les peuples confiés à leurs soins ; attachés de tous leurs efforts à propager l'institution de la religion, ils obtinrent le plus grand succès, et fondèrent en Angleterre vingt-six abbayes, soit de moines, soit de religieuses. La guerre sanglante que firent les Danois, pendant laquelle, quelques années auparavant, le bienheureux Edmond, roi des Anglais, avait été martyrisé, répandit la désolation dans la presque totalité de l'île de la Grande-Bretagne, et sur l'universalité du troupeau de Jésus-Christ. En effet, les édifices sacrés furent détruits, et les ouailles du Seigneur furent dispersées ou déchirées par la dent des loups.

Nicéphore gouverna l'empire d'Orient pendant dix ans. L'univers fut affligé des plus grands troubles. L'avidité des grands les porta à se faire la guerre, à la tête de leurs vassaux armés.

Nicéphore ayant été assassiné par l'instigation de sa propre femme, Jean (Zimiscès) monta sur le trône, et sa nièce Théophanie épousa Othon, empereur d'Occident. L'an cinq de son règne, Othon-le-Jeune mourut; Othon son fils régna après lui dix-huit ans. C'est à cette époque que Hugues-le-Grand et d'autres seigneurs français se révoltèrent contre leur roi (Louis v). Hugues, duc de France, suivit les traces de Robert son père, qui reprit les armes contre Charles-le-Simple et s'était fait nommer roi; le roi Charles se voyant méprisé par ce duc parjure, ne laissa pas écouler un an sans réunir des troupes contre le rebelle qu'il vainquit et mit à mort dans la bataille de Soissons.

Au mois de mai, un vendredi, il plut du sang sur des ouvriers qui se trouvaient dans la campagne. La même année (954), au mois de septembre, Louis (d'Outre-mer) mourut après de grandes adversités; il fut enterré à Rheims dans l'église de Saint-Remi.

Lothaire, fils de Louis, fut sacré roi dans cette

même ville, et gouverna habilement pendant sept ans. Ce fut alors que Hugues-le-Grand d'Orléans, duc des Français, s'éleva au dessus de tous ses rivaux par ses richesses et sa puissance. Il épousa Hedwige, fille de l'empereur Othon, qui lui donna trois fils, Hugues, Othon et Henri, et une fille nommée Emma, qui devint la femme de Richard-le-Vieux, duc de Normandie, et mourut sans enfans.

La seconde année du règne de Lothaire, au mois d'août, Hugues-le-Grand assiégea la ville de Poitiers; mais par les mérites de saint Hilaire, évêque et patron de cette ville, le seigneur fit entendre terriblement le bruit du tonnerre : un tourbillon impétueux mit en pièces la tente du duc qui, frappé lui-même ainsi que son armée d'une terreur panique, leva aussitôt le siége et prit la fuite. La même année Guilbert, duc de Bourgogne, vint à mourir, et Othon, son gendre, fils de Hugues-le-Grand, prit possession du duché; mais étant mort peu après sans postérité, Henri son frère lui succéda. Dans ce temps-là Ansegise, évêque de Troyes, fut chassé de son siége par le comte Robert, et se rendit en Saxe auprès de l'empereur Othon. Bientôt après il revint avec une armée de Saxons, avec laquelle il assiégea long-temps la ville de Troyes, puissamment secouru par les armées des ducs Helpon et Brunon. Comme ils allaient ravager Sens, l'archevêque Archambauld, le vieux comte Rainard, et leurs troupes marchèrent à la rencontre des Saxons; il en périt un grand nombre dans le combat qui s'engagea: même le duc Helpon y trouva la mort. A la vue d'un tel désastre, son collègue Brunon leva le siège et retourna fort affligé dans sa patrie.

Le roi Lothaire recouvra le trône de l'empereur Lothaire; il se rendit avec une nombreuse armée au palais d'Aix-la-Chapelle, où résidait l'empereur Othon avec sa femme; Lothaire y pénétra à l'heure de dîner sans rencontrer aucun obstacle: car Othon prenant la fuite avec son épouse et ceux qui l'entouraient, s'empressa d'abandonner son palais. Lothaire vainqueur étant rentré en France, Othon rassembla une armée, se présenta devant Paris, dont il brûla un des faubourgs; mais son neveu même et plusieurs autres grands personnages tombèrent sous les coups des Français. Cependant Lothaire ayant convoqué Hugues, duc des Français, et Henri, duc des Bourguignons, fondit sur les ennemis. Il ne cessa de les poursuivre dans leur fuite jusqu'à Soissons. La peur que leur inspiraient ceux qui étaient à leur poursuite les fit se précipiter dans l'Aisne, dont ils ne connaissaient pas les gués, et dans laquelle il en périt un grand nombre. Ainsi il en mourut plus par l'eau que par l'épée. Comme la rivière remplissait alors tout son lit, il se noya tant d'hommes qu'il regorgeait de cadavres. Le roi Lothaire ne cessa de poursuivre l'ennemi pendant trois jours et trois nuits. Enfin, cette même année, contre la volonté des grands et de l'armée, ce monarque fit à Rheims la paix avec l'empereur, et ce qui contrista beaucoup tous les Français, il lui céda la Lorraine.

L'an neuf cent soixante-seize de l'incarnation du Sauveur, le roi Lothaire mourut et fut inhumé à Rheims dans l'église de Saint-Remi. Son fils Louis régna onze ans (un an et quelques mois), et à sa mort fut enterré dans l'église du saint martyr Corneille à

Compiègne. Charles son frère ( son oncle ) essaya de monter sur le trône, mais Hugues-le-Grand (Hugues Capet), fils de Hugues-le-Grand, leva l'étendard de la révolte, et à la tête d'une armée nombreuse alla mettre le siège devant Laon, où Charles résidait avec sa femme. Ce prince, dans un accès d'indignation, sortit de la ville avec ses troupes, attaqua l'armée de Hugues, la mit en fuite, et brûla toutes les tentes des assiégeans. Le duc voyant qu'il lui restait peu d'espoir de surpasser Charles en valeur, eut une entrevue avec Ascelin, évêque de Laon, et conseiller intime de Charles. Ce vieillard, oubliant son état, son âge et l'approche de la mort, imitateur d'Achitophel et de Judas, ne rougit pas de descendre à la trahison. Pendant la nuit, lorsque tout le monde se livrait au repos, il livra la ville de Laon. Alors Hugues fit enchaîner Charles avec sa femme, fille de Héribert, comte de Troyes, et les renferma pour long-temps dans la tour d'Orléans. Là, le malheureux Charles eut deux enfans, Louis et Charles. C'est depuis ce moment que la postérité de Charlemagne cessa de régner en France.

L'an neuf cent quatre-vingt-trois de l'incarnation du Sauveur (987), le duc Hugues reçut à Rheims l'onction royale.

La même année, son fils fut couronné roi et gouverna pendant trente-huit ans. Une certaine vision porta Hugues au grand attentat qu'il commit. En effet, saint Valeri apparut à Hugues alors duc des Français et établi dans la ville de Paris. Il lui révéla en songe ce qu'il était et ce qu'il voulait; il lui prescrivit de ne pas négliger, lors de l'expédition qu'il entreprendrait contre Arnoul-le-Jeune, comte de Flandre, de retirer son corps du couvent de Sithieu, où repose aussi celui de saint Bertin, et de le restituer au couvent de Leucone dans le Vimeux; ensuite il lui promit que s'il était fidèle à ce qu'il lui prescrivait, lui et sa postérité régneraient en France jusqu'à la septième génération. Hugues, reconnaissant, exécuta les ordres du saint, et par la volonté de Dieu, épouvanta Arnoul de l'impétuosité de sa valeur. Il reprit et rétablit respectueusement à la place qui leur était propre les corps des vénérables hommes, Valeri et Riquier, qui avaient été enlevés par un certain clerc nommé Erchambaut, corrompu à cet effet par une grande somme d'argent. Le duc se rendit à Leucone avec les grands qui composaient sa cour, et plaça dans un monastère situé sur la Somme le tombeau de saint Valeri, auprès duquel il établit des moines réguliers qu'il substitua à des chanoines séculiers. Peu après, comme on l'a dit plus haut, il monta sur le trône, et sa postérité s'y est maintenue jusqu'à ce jour. En effet, quatre rois de son sang ont régné jusqu'à ce moment, savoir, Robert, Henri, Philippe et Louis (Louis-le-Gros). Le roi Hugues, au commencement de son règne, assembla un concile à Rheims; il y invita Sévin archevêque de Sens, avec ses suffragans, et fit dégrader Arnoul archevêque de Rheims. Il donnait pour motif de cette peine, que le fils d'une concubine ne pouvait, d'après les canons, être promu à l'épiscopat; mais il lui portait réellement envie, parce qu'il était du sang royal de Charlemagne, et fils du roi Lothaire, à la vérité, fils naturel. Ce prélat n'en était pas moins bon, modeste et reconnu pour avoir les mœurs les plus pures. Le vénérable Sévin craignit plus la colère du

Seigneur que celle du roi; c'est pourquoi il refusa de donner son adhésion à l'injuste dégradation d'Arnoul. Il blâma même autant qu'il dépendait de lui la conduite de ce monarque. Aussi la colère du roi fut-elle à son comble, et marcha-t-il avec plus d'ardeur au but téméraire qu'il s'était proposé; toutefois d'autres évêques, malgré eux à la vérité, prononcèrent la dégradation d'Arnoul, par la crainte qu'ils avaient du roi, et remplacèrent ce prélat par Gerbert, moine et philosophe qui avait été gouverneur du roi Robert. Ainsi, d'après les ordres de Hugues, Arnoul fut déposé et chassé de Rheims avec un grand outrage, de l'église de la bienheureuse Marie mère de Dieu. Il fut jeté dans les fers à Orléans pendant trois ans. Le pape eut bientôt connaissance de ces choses: vivement indigné de ce qui s'était passé, il lança l'interdiction sur tous les évêques qui avaient déposé Arnoul et mis Gerbert à sa place. Il envoya en France Léon, abbé, comme délégué du Saint-Siége, afin qu'il régularisât les ordinations qui n'étaient pas canoniques. Ce légat commença par aller trouver Sévin à Sens, et lui communiqua les ordres du Saint-Siége, d'après lesquels un nouveau concile fut convoqué à Rheims. C'est là que l'archevêque Arnoul fut rappelé de prison, et rétabli dans son archevêché avec de grands honneurs. L'altercation du prélat Gerbert et de l'abbé Léon rendit de grands services, et tient une place distinguée dans l'histoire des archevêques de Rheims. Gerbert était très-savant dans les lettres divines et séculières, et justement célèbre dans l'école qu'il tenait; il eut plusieurs disciples fort illustres, tels que le roi Robert, Leothéric archevêque de Sens, Remi prélat d'Auxerre, Haimond, Hubold, et plusieurs autres personnages distingués dans la catégorie des philosophes. Remi a publié une excellente exposition sur la messe et éclairci l'ouvrage devenu ainsi plus utile du grammairien Donat. Haimond a mérité beaucoup d'éloges pour son explication des épîtres de l'apôtre saint Paul, et pour plusieurs traités spirituels sur les Evangiles et diverses parties des Saintes Ecritures. Quant à Hubold, savant dans la musique, il fit retentir les églises des louanges du Créateur, et chanta avec mélodie la Sainte-Trinité; il composa en outre, sur Dieu et ses saints, un grand nombre de morceaux de chants remplis de charme. Outre les élèves de Gerbert dont nous avons parlé, il en forma plusieurs autres qui, par leurs connaissances variées, rendirent par la suite les plus grands services à l'Eglise de Dieu. Déposé du trône archiépiscopal de Rheims qu'il avait usurpé injustement, il quitta la France avec autant de honte que de dépit, et se rendit auprès de l'empereur Othon, par lequel, ainsi que par le peuple de Ravenne, il fut promu à l'archevêché de cette ville. Quelques années après, il fut élevé sous le nom de Silvestre au siége apostolique l'an 999 de l'incarnation du Seigneur. On rapporte que pendant que Gerbert était à la tête d'une école, il eut un entretien avec le diable, et lui demanda ce qui devait lui arriver par la suite, le malin esprit lui fit entendre sa réponse par ce vers dont le sens était ambigu.

*Transiit ab R. Gerbertus ad R., post papa regens R.*

Cet oracle de l'infernal caméléon fut alors trop obscur pour être compris. Cependant, par la suite, nous voyons évidemment qu'il reçut son accomplissement, puisque Gerbert passa du siége de Rheims à celui de Ravenne et finit par devenir pape à Rome.

L'an de l'incarnation 1002 l'empereur Othon mourut, et eut pour successeur Henri II. Ensuite, en 1024, l'auguste Conon (Conrad) devint empereur. L'an 3 de son règne, Richard II, duc de Normandie, vint à mourir. Son zèle pour la religion lui mérita le nom glorieux de père des moines.

Alors, pendant le règne d'Edelred fils d'Edgar, il arriva en Angleterre beaucoup de calamités. Suénon, roi des Danois, envahit l'Angleterre où il débarqua avec une flotte considérable. La défection des Anglais, qui se soumirent à lui, força Edelred à fuir en Normandie avec sa femme et ses enfans. Emma, qu'il avait épousée, était sœur de Richard, fils de Gunnor et duc de Normandie, et de Robert, archevêque de Rouen. Peu après, le roi Suénon, qui était païen, fut tué par saint Edmond, roi et martyr, et son corps embaumé fut renvoyé en Danemarck. Les Danois étaient encore païens : ils furent effrayés de la mort de leur féroce monarque, dont le corps ne put être inhumé sur le sol d'Angleterre. Cependant le roi Edelred, ayant appris la mort de Suénon, rentra aussitôt dans son pays natal; et par ses paroles comme par ses promesses, ramena à lui ceux qui l'avaient abandonné, et les engagea à le défendre mieux qu'ils n'avaient fait auparavant contre les ennemis qui pourraient l'attaquer. Chunut (Canut), fils de Suénon, fut violemment indigné de la fuite de ses troupes et du lâche abandon qu'elles avaient fait du noble royaume d'Angleterre, déjà soumis à leurs armes. Il fit équiper une flotte, et, secondé par Lacman, roi des Suèves, et par Olaüs, roi des Norwégiens, il passa en Angleterre et mit le siége devant Londres. Alors le roi Edelred y était malade et y mourut. Edmond, son fils, surnommé Ironside, c'est-à-dire, côte de fer, fut nommé roi. Les Anglais et les Danois en vinrent souvent aux mains; et, comme la chance des combats fit varier la victoire, il y eut de part et d'autre une grande effusion de sang. Enfin, par l'intervention d'hommes habiles et prudens, les deux princes conclurent un traité de paix bien nécessaire à leurs peuples. Chunut se fit chrétien. Il épousa Emma, veuve du roi Edelred, et obtint la moitié du royaume. Il eut de cette princesse Hardechunut, qui devint roi des Anglais, et Gunnilde qui épousa l'empereur Henri.

A l'instigation de Satan qui ne se lasse pas de chercher tous les moyens de troubler mortellement le genre humain, le roi Edmond périt sept ans après par les embûches du cruel Ederic Stréone. Chunut obtint la possession de toute l'Angleterre qu'il posséda jusqu'à sa mort. Il relégua en Danemarck Edouard et Edmond, fils d'Edmond II, princes remplis de grâces et d'agrémens, et recommanda à Suénon, roi de Danemarck, son frère, de les faire périr; mais ce prince ne voulut pas livrer injustement à la mort des enfans d'une belle espérance, et d'ailleurs innocens. L'occasion s'en étant présentée, il les remit, comme ses neveux, en otage au roi des Huns. C'est là que mourut d'une manière prématurée le jeune Edmond. Quant à Edouard, par la permission de Dieu, il épousa la fille du roi, et régna sur les Huns. Il eut pour enfans Edgar, Adelin et Marguerite qui fut à la fois reine d'Ecosse et religieuse chrétienne. Edouard, fils du roi Edelred, étant rentré dans les droits de son père, fit venir ces enfans, et, comme les siens propres, les éleva en Angleterre avec beaucoup de bonté. L'an 1031 de l'incarnation du Sauveur, Robert, roi des Français, mourut, et son fils Henri monta sur le trône et régna vingt-neuf ans. Avec le secours de Robert, duc de Normandie, et des armées normandes, il déjoua les entreprises criminelles de la reine Constance, de Robert, son frère puîné, et de quelques autres Français qui avaient pris parti contre lui. L'an 5 de son règne, Robert, duc de Normandie, mourut le jour des calendes de juillet (1er juillet), auprès de Nicée, ville de Bithynie, à son retour d'un pélerinage qu'il avait entrepris à Jérusalem.

Guillaume-le-Bâtard son fils, âgé de huit ans, fut son successeur, et gouverna habilement pendant cinquante années. Dans son enfance, les Normands, tourmentés d'une double inquiétude, se révoltèrent contre lui, et, dans une longue guerre civile, firent un grand carnage tant des nobles que du peuple. Gislebert, comte de Brionne, Osbern, sénéchal de Normandie, Vauquelin de Ferrières, Hugues de Montfort, Roger d'Epagne, Robert de Grentemenil, Turquetil, gouverneur du jeune duc, et plusieurs autres seigneurs périrent sous les coups qu'ils se portèrent mutuellement.

Gui, fils de Renaud, duc de Bourgogne, et d'une fille de Richard II, pourvu d'un comté par Guillaume, prit les armes contre lui, et, à force de promesses, séduisit quelques Normands disposés à la trahison.

S'étant réuni à ses complices, Gui fit tous ses efforts pour priver le duc de son duché. Fortement pressé par eux, le jeune prince vola aussitôt à Poissi, s'y jeta aux pieds de Henri, roi de France, et lui demanda des secours contre les grands de ses Etats, et contre ses propres parens qui l'avaient trahi. Henri, prince généreux, touché de la désolation du jeune homme, réunit l'élite des troupes françaises, et marcha en Neustrie au secours du jeune duc.

L'an 1039 de l'incarnation du Sauveur, l'empereur Conrad mourut. Son successeur et son fils Henri régna dix-sept ans. L'an 4 de son règne, l'humanité fut affligée d'une grande mortalité.

L'an 1047 de l'incarnation du Sauveur, on livra une bataille sanglante au val des Dunes. Là Gui, accablé par le roi Henri et le duc Guillaume, fut battu à plate couture et forcé de quitter la partie avec les siens, poursuivi par la honte, et ayant souffert les plus grandes pertes. Dans ce même temps, Brunon, évêque de Toul, se rendit à Rome en qualité d'ambassadeur des Lorrains. Pendant son voyage, une certaine nuit qu'il était en prières, il entendit les anges qui chantaient ce qui suit : « Le Seigneur l'a dit, je suis occupé de pensées de paix et non d'affliction. » Cependant Brunon s'étant rendu auprès du pape Damase, fut reçu honorablement par ce pontife; et, dans un conclave, fut nommé cardinal évêque. C'était un homme beau et libéral, sage et éloquent, et orné d'un grand nombre de vertus. La même année, Damase mourut; et, sous le nom de Léon, Brunon fut élu à sa place. Il fit tous ses efforts pour rassembler les décisions des saints canons qui étaient tombés en désuétude dans les temps passés, par la négligence des rois et des pontifes, et qui même s'étaient presque perdus dans la mémoire des hommes. En 1050, il tint un concile très-important à Rheims, y traita de la chasteté et de la justice qui devaient distinguer les ministres de Dieu, et renouvela plusieurs décrets nécessaires qui étaient méconnus par les prélats et les prêtres. Ce fut alors que, secondé par Hérimart, abbé, le jour des calendes d'octobre (1er octobre), il fit la dédicace de l'église de saint Remi, archevêque de Rheims, et opéra la translation du corps de ce saint prélat, dont la solennité est célébrée en France le premier octobre de chaque année.

L'année suivante, le monastère d'Ouche, de Saint-Evroul fut restauré par Guillaume fils de Giroie, et par ses neveux, Hugues de Gnentemenil et Robert son frère : le vénérable Thierri, moine de Jumiège, en fut le premier abbé.

Dans ces temps, une animosité violente, et une intarissable source de guerres s'élevèrent entre le roi des Français et le duc des Normands. Guillaume d'Arques, oncle du duc, prit les armes contre lui, et par le conseil de Mauger son frère, archevêque de Rouen, réclama l'alliance du roi Henri. Aussitôt le généreux duc alla mettre le siége devant Arques; et, marchant au-devant d'Engelran, comte de Ponthieu, qui voulait se jeter dans la place, tua ce seigneur. Après la prise d'Arques, Guillaume déshérita son oncle et fit dégrader Mauger, auteur de ces dissensions. Le roi de France frémit de fureur à ces nouvelles, et, en 1054, pénétra avec une nombreuse armée dans le territoire d'Evreux, tandis qu'il faisait marcher son frère

Eudes au-delà de la Seine, avec de grandes forces sur le Beauvaisis. Dans ces circonstances, le duc Guillaume, à la tête d'une puissante armée, marcha sur les flancs du roi, tandis qu'il avait envoyé contre Eudes la cavalerie des Cauchois sous les ordres de Robert, comte d'Eu, et de Roger de Mortemer.

Arrivés en présence des Français, ils leur livrèrent bataille à Mortemer, et les mirent en déroute à la suite d'un grand carnage où les deux partis firent de grandes pertes. Gui, comte de Ponthieu, qui était venu pour venger la mort de son frère, fut fait prisonnier. Les Normands, au comble de la joie, s'empressèrent d'annoncer cette bonne nouvelle à leur duc. Le roi de France, apprenant que ses troupes avaient lâché pied devant les Normands, fut enflammé de colère, et, passant soudain à la tristesse, se retira de son côté. Quelque temps après, les amis de la paix s'employèrent dignement pour la ramener entre les princes divisés; Gui et quelques autres prisonniers furent rendus, et les deux souverains ayant par un traité mis fin à la guerre, leurs sujets furent au comble de la joie.

L'an mil soixante de l'incarnation du Sauveur, Henri, roi des Français, mourut, et son fils Philippe qui lui succéda, tint le sceptre de la France pendant quarante-sept ans; la sixième année de son règne, Edouard, fils d'Edelred, roi des Anglais, quitta cette vie. A sa mort, Harold, fils de Godwin, s'empara de la couronne d'Angleterre. L'année suivante on fut témoin de l'apparition d'une comète. Guillaume, duc des Normands, traversa la mer, et dans une bataille qu'il livra le 2 des ides d'octobre (14 octobre), conquit sur Harold, qui y périt, le royaume de la Grande-Bretagne. Le jour même de la naissance du Sauveur il prit le sceptre royal, et le tint pendant vingt ans et huit mois. De son temps, la sainte Église reçut de grands biens et de grands honneurs, confiée à la direction de personnages bons et religieux. Alors Maurile, Jean et Guillaume occupèrent la métropole de Rouen, Lanfranc celle de Cantorbéry, Thomas celle d'York; les monastères et les évêchés furent confiés à des Pères et à des maîtres dignes de les occuper.

L'an de l'incarnation mil quatre-vingt-sept, le roi Guillaume mourut. Son fils, Guillaume-le-Roux, régna douze ans et dix mois.

Vers cette époque, en 1095, le pape Urbain tint un concile nombreux à Clermont, et y proposa aux Chrétiens de marcher à Jérusalem contre les Païens : une grande sécheresse, une famine affreuse et une mortalité excessive affligèrent l'humanité à cette époque.

L'an de l'Incarnation mil quatre-vingt-dix-neuf, Jérusalem fut prise par les saints pélerins sur les nations vaincues qui l'avaient long-temps occupée. Alors mourut le pape Urbain, et Pascal lui succéda.

L'année suivante, Guillaume-le-Roux, roi des Anglais, fut tué à la chasse d'un coup de flèche. Son frère Henri lui succéda, et régna trente-cinq ans et quatre mois. Ce fut l'an sept de son règne qu'il gagna la bataille de Tinchebrai, où il fit prisonnier son frère Robert, duc des Normands, et conquit tout le duché. Alors l'empereur Henri mourut le 7 des ides d'août ( 7 août ), et Charles Henri son fils lui succéda. Trois ans après, Philippe, roi des Français, mourut, et Louis Thibaut ( Louis-le-Gros ) lui succéda, et a déjà régné vingt-neuf ans. L'année suivante, Anselme, archevêque de Cantorbéry, et Hugues abbé de Cluni, quittèrent cette vie; peu après, Guillaume, archeque de Rouen, venant à mourir, suivit ces prélats. A cette époque, pendant trois ans, la France éprouva une horrible famine, et un grand nombre de gens eurent à souffrir du feu sacré.

L'an mil cent dix-huit de l'incarnation du Seigneur, la veille de sa nativité, le vent excita en Occident de violentes tempêtes : plusieurs grands édifices et les arbres des forêts en furent renversés. L'année suivante la guerre ayant eu lieu entre Henri roi d'Angleterre et Louis roi de France, les deux armées en vinrent aux mains à Breneval, le 13 des calendes de septembre (20 août); l'armée française y fut mise en déroute par les Anglais et les Normands qui remportèrent la victoire. La même année, le pape Callixte II assembla un grand concile d'évêques à Rheims, et travailla de toutes ses forces à rétablir la paix entre les princes divisés. Enfin la concorde ayant réuni les deux monarques, le roi d'Angleterre retournant dans ses États, Guillaume et Richard ses fils périrent dans un naufrage le 7 des calendes de décembre (25 novembre), avec un grand nombre de personnages distingués de divers pays.

L'an du Seigneur mil cent vingt-trois, Amauri comte d'Évreux, et Galeran comte de Meulan s'étant révoltés avec quelques autres seigneurs normands, le roi Henri assiégea, prit et brûla les villes de leur domination, Montfort, Brionne et Pont-Audemer. Après avoir éprouvé plusieurs pertes notables, le comte Galeran fut pris dans un combat avec quatre-vingt de ses partisans, et fut pendant cinq ans retenu en prison par Henri, auquel il avait eu les plus grandes obligations, et contre lequel il avait eu l'insolence de prendre les armes.

L'an du Seigneur mil cent vingt-cinq, il se fit un grand changement dans l'état des princes : l'empereur Charles Henri v vint à mourir, et eut pour successeur dans l'empire Lothaire, duc des Saxons ; Guillaume duc de Poitiers et Guillaume duc de la Pouille, princes très-distingués, moururent aussi ; enfin trois ans après, étant occupé à l'église à prier pendant la messe, Charles, duc de Flandre, fut assassiné le jour des calendes de mars (1ᵉʳ mars). Guillaume, fils de Robert duc des Normands, lui succéda, et un an après fut tué près d'Alost. C'est alors que Gormond, patriarche de Jérusalem, et Geoffroi, archevêque de Rouen, quittèrent la vie.

L'an de l'incarnation du Sauveur mil cent trente, Baudouin II, roi de Jérusalem, mourut le 18 des calendes de septembre (15 août) ; Foulques, comte des Angevins, son gendre, lui succéda. Deux ans après, le pape Honorius mourut à Rome, et bientôt un schisme effroyable s'éleva dans l'Eglise : le diacre Grégoire, né à Pavie, fut élu la nuit par quelques-uns de ses partisans, tandis qu'Innocent était nommé par d'autres prélats, et fut reconnu par l'Eglise d'Occident ; trois jours après, Pierre, fils de Léon, fut intronisé par ses amis et appelé Anaclet. Comme il était fortement secondé par ses frères et ses parens qui avaient un grand pouvoir, il se maintint à Rome pendant sept ans, et s'appropria les domaines et les revenus de la papauté : la Pouille, la Sicile et une grande partie du monde chrétien se rangèrent de son côté.

L'an 1136 de l'incarnation du Sauveur, Henri, roi des Anglais et duc des Normands, courageux ami de la paix et de la justice, fidèle serviteur de Dieu, protecteur des faibles, ardent défenseur de la sainte Eglise, mourut dans le château de Lians [1], le jour des calendes de décembre. Son corps fut embaumé, transporté en Angleterre, et inhumé dans l'église de la Sainte-Trinité de l'abbaye de Reading qu'il avait fait bâtir. Son neveu Etienne, fils de sa sœur Hadalie, lui succéda. Ce prince a déjà accompli six années de son règne, fécond en graves événemens, qui ont produit de grandes douleurs et de grandes calamités ; car, ayant combattu à Lincoln les seigneurs armés contre lui, il fut vaincu, fait prisonnier, et jeté douloureusement dans les fers par Robert Brihidou.

L'an 1138 de l'incarnation du Sauveur, Pierre Anaclet mourut subitement. L'empereur Lothaire mourut aussi à son retour de la Pouille qu'il venait de soumettre ; il eut pour successeur Conrad, neveu de l'empereur Charles Henri. Cependant Roger, roi de Sicile, ayant suivi les pas de Lothaire, entra dans la Pouille ; et, à la mort de Ramnulf, duc vertueux auquel le pape et l'empereur avaient confié cette contrée pour la défendre, reprit par sa valeur toutes les places qui lui avaient été enlevées.

Ce monarque ne tarda pas, d'après ses desirs, à faire la paix avec le pape Innocent, qui récemment l'avait frappé publiquement de l'anathême, et que Roger son fils venait de faire prisonnier ; enfin il obtint de ce pontife, timide et contraint, le royaume de Sicile et le

---

[1] A Saint-Denis le Thibout, le 1ᵉʳ décembre 1135.

duché de la Pouille, et, ayant reçu de lui l'absolution, il plaça la couronne ducale de ce dernier État sur la tête du fils dont nous venons de parler.

Attaché à suivre les pas de nos ancêtres, j'ai essayé d'écrire leurs fastes; déjà, dans le premier livre de mon *Histoire ecclésiastique*, j'ai commencé d'attacher le fil de ma narration à l'incarnation du Sauveur; et l'ai conduit par une suite d'empereurs et de rois jusqu'à ce moment où l'empereur Jean (Jean Comnène), fils d'Alexis, gouverne Constantinople, où Lothaire donne des lois aux Allemands, Louis aux Français, Étienne aux Anglais, et le moine Rémi aux Espagnols. Je vais maintenant, dans mon second livre, examiner, avec l'aide de Dieu, ce qui a été publié par les anciens docteurs et raconté par les historiens, sur les saints Apôtres et les hommes apostoliques. Je desire recueillir en peu de mots leurs actions, autant que me le permettra l'inspiration du Saint-Esprit. Sur la demande de mes confrères, je vais rechercher avec soin la suite des pontifes romains et de leurs collaborateurs dans la vigne de Sabaoth: je parlerai d'eux dans un style véridique.

Depuis le bienheureux Pierre, auquel le Seigneur Jésus-Christ dit ces paroles: « Je vous donnerai les « clefs du royaume des cieux, » jusqu'au pape Innocent, présentement assis sur le siége apostolique, on compte cent onze pontifes romains. Je desire, dans le livre suivant, publier ce qui concerne tous ces papes, dont il est fait mention dans les *Gestes des Pontifes*.

# LIVRE SECOND.

La grâce céleste annonça avec clémence au genre humain, quand la plénitude des temps fut accomplie, la propice visitation, qui avait été prévue de Dieu dès avant la création du monde. Vers l'heure la plus nouvelle du siècle, elle illumina des rayons d'une lumière naissante les cœurs ténébreux des mortels. En effet, comme la voix sonore du saint Evangile nous le fait connaître avec vérité, notre Sauveur Jésus-Christ, l'an quinze de l'empire de Tibère César, reçut de Jean le baptême dans le Jourdain, et, véritable soleil de ce monde, brilla pendant trois demi-années par les signes et les prodiges les plus évidens, et manifesta au monde sa divinité, qui le rend égal, consubstantiel et co-éternel avec le Père et le Saint-Esprit. Ensuite, à l'âge de trente-trois ans, il souffrit dans sa clémence la passion sur la croix pour le salut des hommes, et, vainqueur de la mort, qui depuis cinq mille ans retenait le genre humain enveloppé dans les filets d'une juste damnation, il dépouilla l'enfer; et, après avoir vaincu Satan, cet antique serpent, le troisième jour il ressuscita victorieux d'entre les morts. Enfin quarante jours après avoir confirmé par des signes manifestes sa résurrection devant des témoins véridiques, il leur ordonna de porter l'Évangile à toutes les nations en exécution de ses miracles; il conduisit ses disciples à Béthanie, et, debout sur la montagne des Oliviers, et devant un grand nombre de spectateurs qui le félicitaient, il monta aux cieux. Dix jours après, ses amis jeûnant et se réunissant pour prier, il leur envoya l'Esprit consolateur. Comme il l'avait promis, et par une onction intérieure, il les instruisit de toutes choses à l'instant même; il les honora avec félicité de l'abondance de toutes les grâces; il les fortifia contre toutes les attaques de leurs ennemis et les rendit ainsi à la fois d'invincibles athlètes et les précepteurs de l'univers.

Luc, Syrien de nation, médecin de son état, disciple fidèle du Christ, rempli de la grâce du Saint-Esprit, après avoir écrit son Évangile pour les fidèles de la Grèce, compléta ce travail par un célèbre volume sur les actes des Apôtres, qu'il composa pour Théophile. Théophile signifie aimant Dieu, ce qui désigne tout homme studieux et intelligent, qui est rempli de ferveur dans la méditation de la loi divine. C'est à bon droit que la parole de Dieu s'adresse à un tel homme; c'est à bon droit aussi qu'il la reçoit avec vivacité, et qu'il la retient fortement dans les liens d'un amour sincère. C'est pourquoi l'Évangile, c'est-à-dire, la bonne nouvelle, pénètre justement en lui, et recueille le triomphe des Apôtres et des martyrs toujours invincibles, parce qu'il paraît digne d'être initié à ces mystères secrets.

Arator, sous-diacre éloquent du siége de Rome, s'appliqua à suivre la narration de Luc; il en tira la matière spéciale d'une composition poétique, et présenta au pape Vigile un poème remarquable par la beauté de sa mélodieuse versification, laissant ainsi à la postérité la plus reculée ce noble monument de ses veilles.

Ce sont ces grands et illustres précurseurs que j'essaie de considérer ; ce sont ces voyageurs rapides dont je suis pas à pas, quoique de loin et tout en boitant, les traces augustes. Je vais donc commencer sur ces matériaux mon premier travail, désirant vivement parler des Apôtres et de leurs bienheureux frères d'armes.

Luc rapporte dans sa féconde narration que, le saint jour de la Pentecôte, les Apôtres furent remplis de l'Esprit saint, et qu'ils parlèrent, dans les différentes langues des nations, de la puissance de Dieu en présence des Juifs étonnés, qui s'étaient réunis de différentes contrées. Malgré l'envie de leurs rivaux, qui, par jalousie, disaient en murmurant : « Ces « hommes sont pleins de vin, » Pierre, enflammé de l'ardeur de la foi, debout au milieu de ses onze confrères, éleva la voix, disserta d'une manière conséquente sur l'avènement de l'Enfant consolateur, depuis long-temps prédit par le prophète Joël ; il démontra par les plus véridiques assertions que Jésus de Nazareth, dont Dieu le père avait manifesté la mission par tant de vertus, de signes et de prodiges, et qui, trois jours après sa passion sur la croix, était ressuscité d'entre les morts, avait été annoncé de la manière la plus claire par le psalmiste. Les Juifs éprouvèrent dans leur cœur une profonde componction, et, après avoir reçu les paroles du salut, furent baptisés. Ce jour-là même, trois mille personnes environ furent comptées au nombre des croyans. C'est de là que procéda la primitive Eglise, sur laquelle se répandit avec tant d'abondance la grâce céleste. Les Apôtres opéraient à Jérusalem beaucoup de signes et de prodiges, et tous ceux qui les voyaient redoutaient des choses extraordinaires. Quant à ceux qui croyaient, ils habitaient ensemble et mettaient tout en commun; ils vendaient leurs propriétés et leurs provisions pour en partager le prix à chacun selon ses besoins. Tous les jours les fidèles croissaient en vertus; tous les jours s'augmentait le nombre de ceux qui, par les faveurs du Seigneur, étaient appelés au salut. A la neuvième heure, Pierre monta au temple avec Jean; il y vit un mendiant âgé de quarante ans, qui, depuis le sein de sa mère, était resté boiteux. Cet homme ayant annoncé qu'il n'avait aucune ressource, Pierre secourut son indigence, et l'ayant pris par la main, il le guérit bientôt par ses paroles au nom de Jésus-Christ. Aussitôt, ayant recouvré le solide appui de ses pieds et de ses jambes, cet homme se mit à courir, entra au temple avec les deux Apôtres, et, dans sa joie, loua publiquement le Seigneur. Cependant le peuple fut saisi de stupeur, et tomba en extase en voyant le miracle manifeste consommé au nom de Jésus-Christ sur le boiteux, qui journellement se plaçait à la porte la plus apparente du temple. Pendant que les Apôtres y étaient retenus, le peuple accourut au portique de Salomon pour voir l'infirme qui venait d'être guéri par la vertu du nom du Christ.

La multitude s'étant rassemblée, Pierre prit la parole, et, dans l'humilité de son discours, annonça qu'il ne fallait pas lui attribuer le mérite de cette cure, qui, toute entière, était due à la puissance de la divinité de Jésus-Christ. Il réfuta avec douceur les Juifs persécuteurs du Sauveur; puis, il employa beaucoup de bonté à les excuser, comme n'ayant agi que par ignorance, tout confiant qu'il était dans l'infatigable miséricorde de son maître. Enfin, il les excita à la pénitence de leurs crimes, et leur prouva de la manière la plus claire l'avènement du Sauveur, véritable prophète que tous les prophètes, ainsi que Moïse et Samuel, avaient jadis prédit.

Pendant que les deux apôtres parlaient au peuple, les prêtres, les officiers du temple et les Sadducéens survinrent, et les ayant fait saisir les firent conduire en prison. Pleins de l'iniquité de leur foi, ces réprouvés étaient fâchés de voir qu'on instruisît le peuple, et qu'on annonçât la résurrection de Jésus d'entre les morts. Un grand nombre de ceux qui avaient entendu la prédication furent touchés de la foi, et le nombre de ceux qui devinrent de véritables hommes s'éleva à cinq mille.

Le lendemain, Anne, prince des prêtres, Caïphe, Jean, Alexandre, et tout ce qu'il y avait de la famille des prêtres, les princes, les vieillards et les scribes se réunirent à Jérusalem. Après avoir fait placer les deux apôtres au milieu d'eux, ils leur demandèrent : « En vertu et au nom de qui avez-vous agi? » Alors Pierre, qui était tout plein de l'Esprit saint, déclara positivement que le boiteux avait été guéri au nom de Jésus-Christ le Nazaréen, et qu'il n'existait sous le ciel aucun autre nom qui pût conférer le salut. Les ennemis voyant la contenance de Pierre et de Jean, ayant découvert qu'ils étaient de simples particuliers sans instruction, les admirèrent et furent contristés en les reconnaissant pour avoir fait partie des disciples de Jésus; ils voyaient debout avec eux l'homme qui avait été guéri, et ne pouvaient nier le miracle, qui, évident aux yeux de tous, ne servait qu'à aigrir davantage la colère dont ils étaient enflammés.

Ayant pris conseil, ils convoquèrent les Apôtres, et leur défendirent de parler et d'enseigner au nom de Jésus-Christ. Pierre et Jean s'opposèrent avec une grande autorité à cet ordre inique, en disant: « Jugez « s'il est juste qu'en présence de Dieu nous vous « écoutions plutôt que le Seigneur. Il nous est im- « possible de ne point parler de ce que nous avons vu « et entendu. » L'assemblée les relâcha en les menaçant, mais n'osant les punir, parce qu'elle voyait bien que le miracle solennel qu'ils avaient opéré les rendait tout-à-fait agréables au peuple.

Rendus à la liberté, les Apôtres allèrent trouver leurs frères, et leur firent part de ce qui leur était arrivé. Ayant entendu ce récit, ils élevèrent unanimement la voix vers le Seigneur, et enflammés d'une ardeur divine, ils témoignèrent leur gratitude à Dieu par une oraison spéciale. Après cette prière, le lieu où ils se trouvaient trembla; tous les assistans furent remplis du Saint-Esprit, et dans les filets d'une sainte prédication, ils prirent beaucoup de gens, les attirant du gouffre de l'erreur vers la lumière de la foi et de la justice.

La multitude des croyans n'avait qu'un cœur et qu'une ame; personne ne possédait rien en propre, et parmi eux nul ne manquait de rien, entre eux toutes choses étaient communes. Ceux qui possédaient des maisons et des terres les vendaient, et en déposaient le prix aux pieds des Apôtres. Cet argent était partagé à chacun selon ses besoins. La parole manifestée d'abord à Jérusalem répandit un tel éclat que tous les vœux se tournèrent vers le ciel. La divine bénédiction consacra cette assemblée propice, et de là s'étendit sur nous la féconde institution des bonnes mœurs.

Joseph, surnommé par les Apôtres Barnabé, c'est-à-dire fils de consolation, Lévite et originaire de l'île de Chypre, disposé aux bonnes œuvres, vendit un champ qu'il possédait, en apporta le prix, et le déposa aux pieds des Apôtres. Cependant Ananie vendit aussi son champ, et de complicité avec sa femme, nommée Saphire, il en déclara frauduleusement le prix; il en apporta une partie, et la mit aux pieds des Apôtres. Le Saint-Esprit ayant fait connaître cette fraude à Pierre, l'apôtre réprimanda sur son mensonge l'homme qui le trompait. A peine cet homme eut entendu les réprimandes de l'apôtre, qu'il tomba par terre et qu'il expira. Trois heures après, la femme qui ignorait ce qui était arrivé à son mari, vint à se présenter; Pierre lui ayant demandé quel prix le champ avait été vendu, elle fit une fausse déclaration. Blâmée aussi par l'apôtre, elle tomba aussitôt devant lui et mourut: ce qui occasionna une grande frayeur dans toute l'Eglise ainsi qu'à tous ceux qui avaient vu ces événemens.

Il se faisait un grand nombre de signes et de prodiges dans le peuple par les mains des Apôtres. Tout le monde se rassemblait sous le portique de Salomon. Cependant personne n'osait se réunir aux Apôtres, quoique le peuple les glorifiât. Toutefois le nombre des croyans, hommes et femmes, devenait de plus en plus considérable. Sur les places publiques, on transportait les infirmes sur de petits lits, afin que Pierre à son arrivée les couvrît au moins de son ombre et les guérît ainsi de leurs maux. Des villes voisines, la multitude accourait à Jérusalem vers les Apôtres : on apportait les malades et les démoniaques, et chacun recouvrait la santé qu'il desirait.

Le prince des prêtres et tous ceux qui étaient avec lui furent remplis de fureur : ils saisirent les Apôtres et les firent renfermer dans la prison publique. Mais l'ange du Seigneur ouvrit les portes de la prison pendant la nuit, et, les conduisant dehors, leur dit : « Allez, et dans ce temple prêchez au peuple toutes « les paroles de vie! » Dès le point du jour, les Apôtres entrèrent dans le temple, et y portèrent avec confiance la parole de Dieu. Le prince des prêtres et ceux qui l'accompagnaient se réunirent pour délibérer et envoyèrent à la prison pour en extraire les Apôtres et les conduire devant eux. Les envoyés la trouvèrent soigneusement fermée, mais ils n'y virent personne. Enfin on apprit que ceux que l'on cherchait étaient dans le temple occupés à enseigner. Alors un officier avec ses gens alla les chercher sans violence, car il craignait que le peuple ne le lapidât. Le prince des prêtres ayant fait paraître les Apôtres devant le conseil, leur reprocha de remplir Jérusalem d'une doctrine qui leur était contraire, en opposition au décret général des vieillards. Les Apôtres répondirent : « Il « vaut mieux obéir à Dieu qu'aux hommes. Le Dieu « de nos pères a ressuscité Jésus que vous avez fait

« périr attaché à l'arbre de la croix. Le Seigneur, de
« sa main puissante, l'a élevé comme prince et sau-
« veur pour porter Israël à la pénitence et lui ob-
« tenir la rémission des péchés. Nous sommes les té-
« moins de ce que nous vous rapportons ; le Saint-
« Esprit l'est aussi, lui que le Seigneur a donné à tous
« ceux qui lui obéissent. » A ces mots les prêtres éprouvèrent une grande fureur, et cherchèrent à faire périr
les Apôtres.

Alors le pharisien Gamaliel, docteur de la loi,
homme très-considéré du peuple, se leva au milieu
du conseil, et, ayant fait retirer les Apôtres qu'il voulait servir, raconta qu'il y avait peu de jours, un
nommé Théodose, qui avait avec lui quatre cents sectateurs, les avait vus se réduire à rien ; que Judas le
Galiléen, qui avec les siens attirait le peuple à son
parti, avait péri à l'époque du dénombrement avec
ceux qui l'accompagnaient. Après quelques exemples
de ce genre, il ajouta : « Maintenant voici le conseil
« que je vous donne ; ne vous occupez pas de ces gens ;
« renvoyez-les, puisque, si leur parti ou leurs œuvres
« viennent des hommes, ils se dissiperont ; mais si
« c'est de Dieu qu'ils procèdent, vous ne pourrez les
« détruire, car vous paraîtriez vous-mêmes combattre
« contre Dieu. »

Ayant entendu ce discours, le conseil se rangea à
l'avis de Gamaliel, et renvoya les Apôtres après les
avoir fait fouetter, en leur prescrivant de ne plus désormais parler au nom de Jésus. Ils s'éloignèrent avec
joie du lieu de l'assemblée, parce qu'ils avaient été
jugés dignes de souffrir des outrages pour le nom du
Seigneur. Ils ne cessaient tout le jour de parcourir le

temple et les maisons pour enseigner et porter l'Evangile au nom de Jésus-Christ.

A cette époque le nombre des disciples s'étant accru, il s'éleva un grand murmure des Grecs contre les Hébreux, auxquels on reprochait d'écarter de la distribution journalière les veuves des premiers. Alors les douze Apôtres, ayant réuni la multitude des disciples, leur dirent : « Il n'est pas juste que nous « négligions la parole de Dieu pour avoir soin des ta- « bles. Choisissez donc, mes frères, sept hommes de « bonne réputation parmi vous, qui soient remplis de « l'Esprit saint et de la sagesse ; nous leur confierons « cet emploi : c'est ainsi que nous pourrons nous li- « vrer à la prière et au ministère de la parole. » Chacun y ayant consenti, on fit choix d'Etienne, homme rempli de foi et d'esprit saint, Philippe, Prochore, Nicanor, Timothée [1], Parmenès, Nicolas prosélyte d'Antioche. On les présenta aux Apôtres qui prièrent et leur imposèrent les mains. Le nombre des disciples se multipliait considérablement dans Jérusalem ; plusieurs des prêtres mêmes obéissaient à la foi.

Etienne, plein de grâce et de force, faisait des prodiges et de grands miracles parmi le peuple. C'est pourquoi les Juifs dans leur jalousie s'irritèrent contre lui, élevèrent avec lui des disputes, et firent d'inutiles efforts pour résister à la sagesse et à l'esprit qui parlait en lui. Alors ils apostèrent de faux témoins qui prétendirent avoir entendu les fidèles parler et blasphémer contre Moïse et le Seigneur : c'est ainsi qu'ils soulevèrent le peuple, les vieillards et les scribes. On

---

[1] Au lieu de ce nom on lit celui de Timon, dans les Actes des Apôtres, chap. vi, v. 5.

accourut pour enlever Etienne et l'accuser devant le conseil. Tous ceux qui y siégeaient prirent son visage pour celui d'un ange. Interrogé par le prince des prêtres, Etienne répondit éloquemment et sans effroi, expliqua sagement les anciennes prophéties et l'histoire des patriarches. Il donna de grands éloges à Abraham ainsi qu'à Moïse, et termina en peu de mots la narration de ces grandes choses. Enfin il reprit les incrédules et ceux qui méprisaient la foi; il appela hautement cruels et incirconcis de cœur, comme d'oreilles, ceux qui résistent toujours au Saint-Esprit et persécutent les prophètes. Le conseil à ces mots frémit de colère au fond de l'ame et grinça des dents. Etienne, plein du Saint-Esprit, vit au ciel la gloire de Dieu, et dit : « Je vois les cieux ouverts, et Jésus placé à la droite de Dieu. » Alors on se récria à haute voix, on se boucha les oreilles, on se jeta sur lui, et l'ayant entraîné hors de la ville on le lapida. Alors les témoins déposèrent ses vêtemens aux pieds d'un jeune homme nommé Saul; puis ils accablèrent de pierres Etienne qui invoquait Dieu et disait : « Seigneur Jésus, recevez mon esprit. » Après s'être mis à genoux, il cria à haute voix : « Seigneur, ne leur imputez pas ce péché. » Après avoir prononcé ces paroles, il s'endormit dans le Seigneur. Cet événement se passa l'an second de l'Ascension du Sauveur, le 12 des calendes de janvier (21 décembre).

Cependant quelques hommes craignant Dieu portèrent le corps du premier martyr dans la maison de campagne de Gamaliel, qui est appelée Caphargamala; on lui fit des obsèques avec un grand deuil, et on l'ensevelit avec respect. Par la suite, Nicodême, Gamaliel et Abibus, furent inhumés dans le même endroit. Un si grand trésor resta là caché plus de trois siècles, jusqu'à ce que le prêtre Lucien le découvrit par la révélation de Dieu. Jean, évêque de Jérusalem, le fit transporter dans sa ville l'an sept du règne d'Honorius.

Etienne ayant été lapidé, une grande persécution s'éleva contre l'Eglise de Jérusalem, et tous les fidèles, à l'exception des Apôtres, se dispersèrent dans les différentes contrées de Judée et de Samarie. Toutefois, dans leur dispersion même, ces hommes, fortifiés par le Saint-Esprit, passaient dans divers lieux et y portaient la parole de Dieu. Alors Philippe prêcha le Christ dans Samarie, et présenta à ses auditeurs un grand nombre de merveilles dans la guérison faite au nom de Jésus des paralytiques, des boiteux et des démoniaques. Les Samaritains donnèrent unanimement une grande attention aux prédications de Philippe, et s'empressèrent joyeusement d'embrasser la vraie foi. Alors Simon le magicien, qui jadis avait séduit les Samaritains, et qui long-temps les avait aveuglés par ses prestiges, ce qui le faisait considérer comme un grand personnage par tous ceux qu'il avait trompés, était appelé la grande vertu de Dieu. Philippe ayant évangélisé sur le royaume des cieux, Simon crut en lui, et, s'étant fait baptiser au nom de Jésus-Christ avec beaucoup d'hommes et femmes, il s'attacha à l'apôtre; car il voyait s'opérer sous ses yeux des miracles et de grands prodiges tellement extraordinaires qu'il en restait stupéfait d'admiration. Les Apôtres qui étaient à Jérusalem, ayant appris que Samarie avait reçu la parole de Dieu, y envoyèrent Pierre et

Jean. Ceux-ci, étant arrivés, prièrent pour qu'elle reçût le Saint-Esprit. Ils imposaient les mains sur les baptisés, et le Saint-Esprit leur était aussitôt donné. C'est de là que vient l'institution ecclésiastique, d'après laquelle le pontife impose les mains, en même temps qu'il prie et donne l'onction du chrême, aux catéchumènes qui ont reçu le baptême par le ministère du prêtre; et c'est ainsi que s'opère dans les baptisés une entière confirmation par les sept dons du Saint-Esprit.

Simon ayant vu que le Saint-Esprit s'obtenait par l'imposition des mains des Apôtres, leur offrit de l'argent et leur dit : « Donnez-moi aussi le pouvoir, « afin que celui à qui j'aurai imposé les mains reçoive « le Saint-Esprit. » Pierre lui répondit : « Périsse avec « vous votre argent, puisque vous avez pensé que le « don de Dieu peut s'acquérir à prix d'or ! Vous n'a-« vez ni parts ni chances dans ce discours, car votre « cœur n'est pas droit devant Dieu. Ainsi faites pé-« nitence de votre iniquité, et priez Dieu, qui peut-« être vous pardonnera cette pensée d'un cœur « égaré. En effet, je vois que vous êtes plongé dans « le fiel de l'amertume et les chaînes de l'injustice. » Simon, faisant peu de cas du discours de l'apôtre, se retira, et, devenu apostat, encourut long-temps la violente colère du Seigneur par d'innombrables forfaits. Cependant les Apôtres, après avoir prêché la parole du Seigneur, retournèrent à Jérusalem, et portèrent l'Evangile dans les différentes contrées des Samaritains. D'après l'ordre de l'ange de Dieu, Philippe se présenta à l'eunuque Candace, qui était le surintendant du trésor de la reine des Ethiopiens, au moment où ce seigneur revenait de Jérusalem; il s'assit avec lui sur son char; il lui expliqua les prophéties d'Isaïe, dont il faisait la lecture, et commençant à la prédiction de la mort de l'Agneau plein de douceur, il lui annonça Jésus. L'eunuque, plein de joie, reçut ces paroles : il les comprit diligemment, les crut volontiers, et, dès qu'on eut trouvé de l'eau, il se fit baptiser; puis il retourna dans sa patrie joyeux d'avoir été renouvelé par la régénération sacrée. Cependant l'esprit de Dieu enleva Philippe, et il évangélisa dans toutes les villes, depuis Azot jusqu'à Césarée. Saul, ne respirant encore que menace et meurtre contre les disciples du Seigneur, demanda, aux principaux d'entre les prêtres, des lettres pour les synagogues de Damas, afin d'y exterminer l'Église de Dieu, d'y charger de fers les hommes et les femmes de la secte des Nazaréens et de les faire conduire à Jérusalem. Comme il approchait de Damas, il fut tout à coup entouré d'une lumière qui venait du ciel. Tombé par terre, il entendit le Seigneur qui le réprimandait. Il se corrigea, et changea utilement pour lui et pour beaucoup d'autres. Ses compagnons de voyage entendirent le Seigneur qui parlait à Saul, mais ils ne virent personne. Conduit par la main à Damas, il y fut trois jours sans voir, sans boire et sans manger. Ananie, envoyé par le Seigneur, lui imposa les mains, le réconforta, l'illumina et le baptisa. Ainsi, par ce merveilleux moyen, de loup et de persécuteur cruel qu'il était, Saul devint un agneau de douceur et un bélier intrépide, un vase d'élection et le docteur des Gentils. Aussitôt, entrant dans les synagogues, il y prêcha Jésus comme fils de Dieu. Les assistans en furent d'autant plus surpris, qu'ils connaissaient son opiniâtreté, et qu'ils l'avaient toujours vu rempli de zèle pour les traditions de ses pères.

Saul se fortifiait de plus en plus et confondait les Juifs qui habitaient Damas. C'est pourquoi, à cause du témoignage fidèle qu'il rendait de la divinité de Jésus, une grande haine s'éleva contre lui. Aussi, peu de temps après, dans le dessein de le tuer, les Juifs le cherchèrent avec un grand soin, et, pour qu'il ne pût prendre la fuite, placèrent jour et nuit des gardes aux portes de la ville. Mais les disciples sachant que l'on tendait des embûches nocturnes à Saul, déjouèrent les projets de ses ennemis, et, durant l'obscurité de la nuit, le descendirent le long des murs dans une corbeille. Venu à Jérusalem, il chercha à se réunir aux disciples; mais tous le redoutaient, parce qu'ils ne croyaient pas qu'il fût disciple lui-même. Dans cette circonstance, Barnabé le prit et le leur mena : il leur raconta comment Saul avait vu le Seigneur sur le chemin de Damas, et leur fit part de toutes les autres choses qui lui étaient arrivées. Saul s'unit fidèlement à ceux qui rendaient grâces à Dieu, et se comporta de manière à mériter la confiance en prêchant le nom du Seigneur Jésus, entrant toujours et sortant avec eux. Il disputait avec les Grecs, confondait les Juifs, et, avec l'aide de Dieu, se montrait supérieur en toutes choses. Les principaux qui lui portaient envie, vaincus par Saul, essayèrent de le tuer. Ses frères ayant appris cette nouvelle, le conduisirent à Césarée et l'envoyèrent à Tarse. Cependant l'Eglise jouissait de la paix dans toute la Judée, la Galilée et la Samarie ; comme elle marchait dans la crainte du Seigneur, elle se fortifiait ; l'Esprit saint la remplissait de consolation, et la multitude des croyans augmentait journellement.

L'apôtre Pierre guérit à Lydda le paralytique Enée, qui, depuis huit ans, gissait sur un grabat. Tous les habitans de Lydda et de Sarona qui virent ce miracle, se convertirent au Seigneur. A Joppé, Tabita, femme remplie de bonnes œuvres et d'aumônes, vint à mourir et fut déposée par les frères dans une chambre. Les disciples ayant appris que Pierre était à Joppé, ville voisine de Lydda, envoyèrent vers lui deux hommes pour le prier de venir vers eux. Aussitôt il s'empressa d'obéir humblement à la demande des frères. A son arrivée, toutes les veuves en pleurs l'environnèrent, et lui firent voir les tuniques et les habillemens que cette femme faisait pour elles. Après avoir renvoyé les assistans, Pierre se mit à genoux, pria et dit en se tournant vers le corps : « Tabita, le-« vez-vous. » Elle ouvrit les yeux et se plaça sur son séant, après avoir regardé Pierre. Il lui donna la main, la leva et la rendit vivante aux saintes veuves. Ce miracle ayant été répandu dans toute la ville de Joppé, beaucoup de personnes crurent au Seigneur.

Il existait alors à Césarée un centenier, de la cohorte appelée Italique ; il s'appelait Corneille. C'était un homme religieux et craignant Dieu, comme toute sa maison, constamment occupé d'aumônes et de prières pour son salut éternel. Dans un songe qu'il eut, il vit clairement, vers la neuvième heure du jour, un ange de Dieu. Comme il le considérait, saisi de

crainte, il l'entendit lui dire : « Corneille, vos prières
« et vos aumônes ont monté en la présence de Dieu,
« qui les conserve en mémoire. » L'ange lui ordonna
ensuite d'envoyer chercher Simon Pierre, qui lui donnerait un salutaire conseil. Le centenier s'empressa d'obéir à l'ordre qu'il recevait, et envoya trois hommes
vers Pierre. Le lendemain, lorsqu'ils approchaient de
la ville, Pierre monta, vers la sixième heure, sur la
terrasse de la maison pour y faire sa prière. La faim
le tourmentant, il éleva la tête, et, dans le ravissement de son esprit, il vit les cieux ouverts, et un certain vase qui en descendait comme une grande nappe
nouée aux quatre coins, et dans laquelle étaient toutes
sortes de quadupèdes, de reptiles de la terre, et d'oiseaux du ciel. Une voix lui dit : « Pierre, levez-vous,
« tuez et mangez. » Pierre répondit : « Seigneur, loin
« de moi cette nourriture ; je n'ai jamais rien mangé
« d'immonde. » Pour la deuxième fois la voix se fit
entendre, et dit : « N'appelez pas ainsi ce que le Sei« gneur a purifié. » Ce prodige s'opéra trois fois, et
aussitôt le vase retourna dans le ciel. Par cette révélation, Pierre conçut divinement la conversion des
Gentils, qui devait s'opérer dans les quatre climats du
monde, en toutes langues et toutes tribus. Désormais, rassuré et joyeux, il donna asile aux envoyés
de Corneille dans la maison de Simon le corroyeur,
et, le lendemain, prit avec eux la route de Césarée
de Palestine. Y étant arrivé, il trouva Corneille avec
ses parens et ses amis, tous disposés à entendre la parole de vie et à lui obéir ; il se rendit pieusement à
leurs prières. Alors Pierre, ouvrant la bouche, parla
en ces termes : « En vérité, je vois que Dieu ne fait

« point acception de personnes, et que celui-là lui
« est agréable dans toute nation, qui le craint et qui
« pratique la justice. Il a envoyé le verbe aux enfans
« d'Israël en leur annonçant la paix par Jésus-Christ
« qui est le Seigneur de tous. » Comme Pierre prêchait ces choses et beaucoup d'autres sur l'avénement du Sauveur et sur la vie éternelle, et versait largement, des fontaines de la céleste doctrine, le breuvage de vie à ceux qui en étaient altérés, le Saint-Esprit descendit sur tous ceux qui prêtaient l'oreille à ses paroles, et leur conféra soudain la science des langues. Alors Pierre, en présence des circoncis qui se trouvaient avec lui et qui étaient saisis d'étonnement, baptisa Corneille et tous ceux qui croyaient avec lui. Sollicité par d'illustres néophytes, Pierre demeura quelques jours à Césarée, et, après les avoir confirmés dans la foi, il monta à Jérusalem, où il raconta à ses co-apôtres la conversion des Gentils. Alors certains circoncis entrèrent en discussion avec lui, et lui dirent : « Pourquoi vous êtes-vous introduit chez des
« hommes qui ont conservé leur prépuce, et pourquoi avez-vous mangé avec eux ? » Pierre alors commença à leur expliquer de suite comment il s'était livré à la prière dans Joppé, et comment il avait eu en extase une vision par laquelle Dieu lui avait démontré la vocation et la conversion des Gentils ainsi que son assistance. Il raconta ensuite avec sincérité les autres choses qui lui étaient arrivées. A ce récit, ils gardèrent le silence, et, comme ils étaient animés d'une charité fraternelle, ils se réjouirent et glorifièrent le Seigneur qui devait sauver les Gentils par la voie de la pénitence. Cependant quelques fidèles, qui étaient

de Chypre et de Cyrène, et quelques autres, qui avaient été dispersés pendant la persécution dont Étienne fut victime, s'étaient retirés en Phénicie, à Chypre, à Antioche, et n'avaient annoncé la parole de la foi qu'aux seuls Hébreux. Mais ceux qui étaient entrés dans Antioche firent connaître aux Grecs le Seigneur Jésus; et un grand nombre de croyans se convertirent à lui. L'Église de Jérusalem, ayant appris ces événemens, envoya Barnabé, homme vertueux, plein de foi et des dons de l'Esprit-Saint. Parvenu dans Antioche, il éprouva une grande joie en y voyant les effets de la grâce de Dieu. Ayant réconforté tous les fidèles, il partit pour Tarse, afin d'y trouver Saul; de là ils se rendirent ensemble à Antioche. Ils passèrent tout un an dans cette église, et y donnèrent l'instruction à un grand nombre de personnes ; c'est là que pour la première fois les disciples furent appelés Chrétiens.

Alors le prophète Agabus, l'un des prophètes qui étaient venus de Jérusalem, prédit, grâces aux inspirations divines, une grande famine qui devait avoir lieu. Alors Saul et Barnabé, ayant reçu de leurs frères les moyens de secourir les fidèles, furent envoyés à Jérusalem.

Cependant Tibère Auguste régna environ vingt-deux ans. Ce fut l'an dix-huit de son règne, comme le rapportent, avec vérité, les plus fidèles documens, que notre Seigneur Jésus-Christ fut mis à mort, ressuscita, et fit, d'une manière ineffable, plusieurs miracles qui, répandus depuis long-temps partout, firent l'objet d'un rapport de Pilate à Tibère, lequel ajouta que, vu les innombrables prodiges opérés en son nom par beaucoup de personnes, ce Jésus-Christ était regardé comme le Seigneur. Tibère fit part de ces choses au sénat. On rapporte, et Tertullien l'a écrit dans son *Apologétique*, que le sénat témoigna du mépris pour le Christ, parce que la décision du vulgaire avait prévenu son autorité, et qu'on ne lui avait pas d'abord remis le jugement de l'affaire. En effet, d'après une loi fort ancienne, nul ne pouvait chez les Romains être considéré comme dieu, si ce titre ne lui était conféré par un sénatus-consulte. Au surplus, comme l'assure Eusèbe de Césarée, dans le deuxième livre de son *Histoire ecclésiastique*, ce qui s'était passé était nécessaire afin qu'on ne crût pas que la vertu divine eût besoin d'être reconnue par les lois humaines. Ainsi que nous venons de le dire, le sénat ayant refusé de reconnaître la divinité du Christ, Tibère défendit de rien entreprendre contre la doctrine que le Sauveur avait enseignée. La divine providence inspira cette mesure à l'empereur, afin que, sans nul obstacle à ses commencemens, la parole de l'Evangile pût être portée partout. Il en résulta que, tout à coup, comme une lueur céleste qui viendrait à paraître, ou comme les rayons du soleil qui se lève, la parole divine répandit sur tout le globe l'éclat des lumières supérieures, afin que fût accomplie cette prophétie, qui disait : « Le son de leur voix s'est « répandu sur toute la terre, et leurs paroles ont pé- « nétré jusqu'aux confins de l'univers. » Depuis ce moment, dans toutes les villes, une immense multitude de peuple se réunissait à l'Eglise, comme au temps des moissons les blés sont portés dans les granges. Tous ceux qui étaient retenus dans les liens des pernicieuses superstitions que leurs pères leur avaient transmises, affranchis de leurs maîtres tyranniques en recevant la connaissance de la parole de Dieu par la doctrine du Christ et par les miracles dont sa vertu les rendait témoins, se soumettaient à un seul vrai Dieu et Seigneur, leur créateur, se repentant de leurs vieilles erreurs dont ils faisaient une fidèle confession.

A la mort de Tibère, Caïus Caligula prit l'empire et l'occupa pendant près de quatre ans. Il donna la principauté des Juifs à Hérode Agrippa, fils d'Aristobule, et lui confia en même temps les tétrarchies de Philippe et de Lysanias. Il y joignit peu après celle d'Hérode. C'est ce même Hérode qui avait été l'auteur de la mort de Jean-Baptiste, et qui avait agi d'une manière dérisoire dans la Passion du Sauveur. Caligula, après l'avoir vexé de toutes les manières, l'exila à perpétuité en Espagne, ainsi que le rapporte Josèphe, célèbre historien des Hébreux.

Alors le juif Philon, le plus illustre des écrivains, le premier au premier rang dans la philosophie des Grecs, laissa à la postérité d'éclatans monumens de ses talens, et, entre autres écrits, en composa un dans lequel il parle de la cruauté et de la folie de Caligula, dont l'orgueil fut porté si loin qu'il voulut se faire appeler le Seigneur, et qu'il profana les lieux saints de la Judée par l'introduction de ses idoles. En expiation des forfaits dont ils avaient osé se rendre coupables envers le Christ, les Juifs souffrirent d'horribles massacres et d'affreuses tribulations, ainsi que le racontent, dans leurs écrits, les philosophes Philon et Josèphe dont nous venons de parler. Effectivement, depuis l'époque du sacrilége qu'ils avaient commis, ils furent constamment en proie à la fureur des séditions, et constamment les victimes de la guerre et du meurtre, jusqu'à ce qu'enfin, au temps du siége de Jérusalem par Vespasien, le comble fût mis à leurs calamités et à leur destruction. Pilate, qui, l'an 12 du règne de Tibère-César, avait été nommé gouverneur de la Judée, et avait prononcé la sentence de condamnation contre le Christ, reçut de Caligula tant d'outrages et de vexations qu'il fut forcé de se donner la mort de sa propre main. C'est vers cette époque que Matthieu, qui portait la parole de Dieu dans la Judée, écrivit son Évangile en hébreu.

Caligula ayant été mis à mort, Claude régna treize ans et huit mois. Sous son règne tout l'univers eut à souffrir d'une épouvantable famine, ainsi que Luc rapporte qu'elle avait été prédite par le prophète Agabus.

En ce temps-là, pendant la famine qui eut lieu sous l'empire de Claude, le roi Hérode entreprit de persécuter quelques-uns des disciples de l'Eglise. Alors Jacques, fils de Zébédée, apôtre de notre Seigneur Jésus-Christ, visitait toute la Judée et la Samarie, opérait beaucoup de miracles par la vertu de Jésus-Christ, disputait dans les synagogues contre les incrédules, et donnait l'explication des saintes Ecritures, démontrant ainsi que tout ce qui avait été prédit par les prophètes s'était accompli dans le Seigneur Jésus-Christ. Le magicien Hermogène ayant entendu parler de ses vertus, lui porta envie, envoya son disciple Philète en qualité d'espion auprès de cet apôtre. Philète, étant venu avec quelques pharisiens, essaya de lutter contre Jacques et de réfuter, par ses objections, ses saintes prédications sur le Seigneur Jésus-Christ. Mais l'apôtre continua d'agir avec confiance dans le Saint-Esprit; il confondit toutes les assertions de son adversaire, et prouva, par les divines Écritures, que Jésus de Nazareth était le vrai fils de Dieu. De retour auprès d'Hermogène, Philète donna les plus grands éloges à Jacques, approuva fidèlement ses allégations sur la vraie foi, le déclara insurmontable, et publia un grand nombre de miracles qu'il avait vus ou dont il avait entendu parler. Enfin il engagea son maître à se rendre aussitôt avec lui auprès de l'apôtre, et à solliciter son indulgence afin de devenir l'un et l'autre ses disciples. Dans sa fureur, Hermogène enchaîna tellement Philète qu'il ne pouvait se mouvoir. Aussitôt que l'apôtre apprit ces choses par le fils de Philète, il lui envoya son suaire, et lui prescrivit de le toucher au nom du Seigneur. Cela fait, aussitôt Philète fut délivré des liens du magicien. Il courut vers Jacques, et, dans sa joie, se moqua des maléfices diaboliques.

Cependant le magicien, profondément affligé, se servit de toute la perversité de son art pour appeler les démons. Il leur ordonna de lui amener enchaînés Jacques et Philète. Les démons, étant arrivés, se mirent à hurler dans les airs, à se plaindre et à gémir horriblement, parce que l'ange de Dieu les avait liés avec des chaînes de feu qui rendaient leurs tourmens insupportables. Enfin, délivrés par l'ordre de l'apôtre, ils retournèrent vers Hermogène, lui lièrent les mains derrière le dos, et le conduisirent ainsi enchaîné devant Jacques. Le bienheureux apôtre le réprimanda, lui prouva que la société des démons est pour l'homme une chose détestable et tout-à-fait pernicieuse; puis il ordonna à Philète de délier le magicien qui se tenait devant lui humilié et confus. C'est alors qu'il prit le bâton de l'apôtre pour se défendre de la fureur des démons, et fit apporter de sa maison, sur la tête de ses disciples, plusieurs cassettes remplies de livres. Il commençait à les jeter au feu; mais l'apôtre lui ordonna de les précipiter dans la mer, après les avoir remplis de pierres et de plomb, de peur que l'odeur de l'incendie de ces objets maléficiés ne fût préjudiciable à ceux qui n'auraient pas pris les précautions nécessaires pour se préserver du danger. C'est ainsi que dépouillé de tout cet amas de criminelle magie, Hermogène revint vers Jacques, se jeta humblement à ses pieds, témoigna à Dieu un sincère repentir; et, s'attachant au bienheureux apôtre, lui fut fidèle en toutes choses. Ainsi il commença à se perfectionner dans la crainte de Dieu, à tel point que le Seigneur se servit de lui pour opérer plusieurs miracles, dont l'évidence amena la conversion de beaucoup de personnes qui abandonnèrent leurs erreurs et renoncèrent à leurs crimes.

Les Juifs, persévérant dans leur iniquité et ayant vu que le magicien, qu'ils croyaient invincible, avait, ainsi que ses amis, adopté la croyance du Christ, offrirent de l'argent à Lysias et à Théocrite, centeniers de Jérusalem, et mirent Jacques en prison. Une sédition ayant eu lieu, Jacques fut conduit devant eux, et tout le monde admira sa confiance dans le Seigneur. Interrogé par les Pharisiens, il fit des réponses admirables, et parla avec autant de sagesse que d'éloquence de ce que contiennent les saintes Ecritures. Ainsi il prouva d'une manière irréfragable que le Christ était né d'une vierge immaculée, qu'il avait souffert la passion, qu'il était ressuscité; et il s'étendit sur toutes les autres choses que l'Eglise catholique confesse. Aux discours persuasifs de l'apôtre, tous les auditeurs crurent, confessèrent leurs péchés, et s'attachèrent avec fidélité à l'Eglise de Dieu.

Quelques jours après, le pontife Abiathar, voyant qu'une grande multitude croyait au Seigneur, fut pénétré d'affliction, et répandit beaucoup d'argent pour exciter une sédition violente. Il en résulta que le scribe Josias mit une corde au cou de l'apôtre, et le conduisit au prétoire du roi Hérode, fils d'Aristobule. Le roi, qui voulait se rendre agréable aux Juifs, prononça la peine de la décollation. Pendant que l'on menait le condamné au supplice, un paralytique, qui était étendu à terre, lui demanda avec foi la faveur d'être guéri; Jacques lui dit : « Au nom « de mon Seigneur Jésus-Christ qui a été crucifié, et « pour l'amour duquel je suis conduit à la décolla-« tion, levez-vous sain et sauf et bénissez votre Sau-« veur. » Le paralytique se leva aussitôt, et, plein de joie, se mit à courir et à bénir le Seigneur. A cette vue, Josias se précipita aux pieds de l'apôtre et lui demanda humblement pardon.

Cependant Jacques, comprenant que le cœur du scribe avait été visité de Dieu, s'en réjouit et Josias confessa le Seigneur Jésus-Christ fils du Dieu vivant. Alors Abiathar le fit saisir et lui fit couvrir la face de coups de poing. Ensuite ayant fait à Hérode le rapport de cet événement, il lui demanda l'autorisation de faire décoller aussi le converti. Jacques, ayant embrassé le néophyte, lui fit l'imposition des mains sur la tête, et le bénit par un signe de croix sur le front. Ainsi le scribe, parfait dans la foi, eut avec l'apôtre la tête tranchée; ils reçurent tous deux du tout-puissant Emmanuel l'éternelle rémunération. Le martyre du bienheureux apôtre Jacques, digne frère de Jean l'Evangéliste, ayant été consommé le 8 des calendes d'août (25 juillet), jour auquel la dévotion de l'Eglise célèbre sa fête, sept disciples qui avaient été formés par lui à la vraie loi, et s'étaient trouvés à sa passion, inspirés de Dieu, placèrent le corps sur une vieille barque; et, pleins de confiance dans le Ciel, s'abandonnèrent à la haute mer, sans pilote et sans agrès. Ils arrivèrent miraculeusement en Espagne, et, bien accueillis par le roi de Galice, ils prêchèrent les premiers la foi et la religion aux Espagnols, et donnèrent à leur maître une sépulture honorable. Là, beaucoup de miracles s'opérèrent par les mérites de saint Jacques, apôtre, et les habitans de toute la province ne tardèrent pas à embrasser la foi du Christ. Dans ce siége épiscopal, des chanoines dévoués gardent avec respect le corps très-précieux de l'apôtre. De tous les climats du monde, les fidèles Chrétiens accourent et se réunissent pour implorer la clémence du Seigneur par l'intervention apostolique.

Le roi Hérode que Josèphe appelle Agrippa, voyant que le supplice de Jacques avait été agréable aux Juifs, fit aussi jeter Pierre en prison et le donna à garder à quatre escouades de soldats composées chacune de quatre hommes. On retint Pierre dans les fers, afin de ne le livrer publiquement à la mort qu'après la Pâque. Toute l'Eglise ne cessait de prier la divine majesté de ne pas permettre que le fidèle troupeau fût privé du secours tutélaire de son pieux pasteur. Le Seigneur, dans sa clémence, entendit bientôt les prières de son épouse, de sa fidèle amie, pour son protecteur chéri. Le secours céleste n'abandonna pas l'Eglise, et prévint, en les trompant, les attentats impies d'Hérode. La nuit, pendant que Pierre dormait enchaîné doublement entre deux soldats, et que des sentinelles étaient placées devant la porte de la prison, l'ange du Seigneur lui apparut au milieu d'une grande lumière, le réveilla en lui touchant le côté, et lui dit : « Levez-vous promptement. » Aussitôt les chaînes qui le retenaient lui tombèrent des mains ; il prit sa ceinture, se chaussa, se vêtit de ses habits et sortit. Ayant suivi l'ange, il passa à travers les gardes jusqu'à la porte de fer qui s'ouvrit d'elle-même. Il crut voir en songe tous ces événemens. L'ange l'ayant quitté, Pierre revint à lui-même, reconnut la vérité de ce qu'il voyait, et rendit grâces de son salut à son libérateur.

Il alla trouver ses frères qui étaient réunis dans la maison de Marie, mère de Jean surnommé Marc : ayant frappé à la porte, une jeune fille nommée Rhode s'avança pour le voir ; mais ayant reconnu la voix de Pierre, sa grande joie lui fit négliger d'ouvrir la porte : elle courut vite pour annoncer que Pierre y était : enfin il entra ; il rassura les disciples étonnés de sa présence, et leur raconta comment le Seigneur l'avait tiré de prison. Sans tarder, il sortit pour aller chercher une autre retraite.

Il y eut un grand trouble parmi les soldats par rapport à Pierre. Comme on ne put le retrouver, le roi Hérode entra dans une violente colère contre les gardes. Cependant l'attentat consommé par le roi contre les Apôtres ne tarda pas à recevoir sa digne récompense : le bras vengeur de Dieu est continuellement levé, comme nous l'enseigne Luc dans les *Actes des Apôtres*, et Josèphe dans le dix-neuvième livre de ses Antiquités. Il s'était rendu à Césarée qui s'appelait auparavant la tour de Straton ; un jour solennel, comme il donnait des spectacles aux citoyens en l'honneur de l'empereur, il s'avança sur le théâtre revêtu d'habits admirablement brodés d'or et d'argent ; il s'assit dans une tribune et harangua le peuple qui s'écria que tant d'éloquence n'était pas d'un homme mais d'un Dieu : soudain l'ange du Seigneur frappa le roi, parce qu'il n'avait pas rapporté sa gloire à Dieu même. Cinq jours après il expira dévoré par les vers.

Agrippa, fils d'Hérode, régna vingt-six ans, c'est-à-dire jusqu'à l'extermination des Juifs. Il vécut en paix avec les Romains et les Chrétiens. La parole de Dieu croissait et se multipliait.

L'église d'Antioche avait pour prophètes et pour docteurs, Barnabé, Saul, Simon-le-Noir, Lucius de Cyrène, Manassé, frère de lait du tétrarque Hérode. Pendant qu'ils étaient occupés à rendre leurs devoirs au Seigneur et qu'ils jeûnaient, l'Esprit-Saint leur dit : « Séparez-moi Barnabé et Saul pour qu'ils se livrent « à l'ouvrage auquel je les ai destinés. » Alors ayant jeûné et prié, on leur imposa les mains et on les laissa aller. Le Saint-Esprit les envoya à Séleucie d'où ils s'embarquèrent pour Chypre. Ils y prêchèrent à Salamine la parole de Dieu dans les synagogues des Juifs, et parcoururent toute l'île jusqu'à Paphos.

Là, le proconsul Serge Paul, homme prudent, envoya chercher Barnabé et Saul. Ayant entendu la parole de Dieu comme il le desirait, il crut. Alors Saul frappa d'un aveuglement momentané le magicien Elymas qui résistait à la foi, et mérita ainsi d'être nommé Paul, du nom de celui qu'il venait de vaincre, comme Scipion fut nommé l'Africain après avoir soumis l'Afrique. Ils se rendirent ensuite à Perge dans la Pamphilie, puis à Antioche de Pisidie, et prirent place dans la synagogue le jour du sabbat. Après la lecture de la loi et des prophètes, comme les chefs de la synagogue y donnaient leur consentement, Paul se leva, et de la main réclamant le silence, parcourut admirablement l'histoire des patriarches, et prouva parfaitement que les promesses faites autrefois par les prophètes au nom de Dieu s'étaient accomplies dans le Christ.

Le sabbat suivant, presque toute la ville se réunit pour entendre la parole du Seigneur. C'est ce qui détermina les Juifs les plus violens à s'efforcer, par leurs blasphèmes, de prévenir les effets de la prédication apostolique. Alors Paul et Barnabé dirent avec assurance : « C'est à vous qu'il fallait d'abord faire en-
« tendre la parole de Dieu ; mais puisque vous la re-
« poussez, et que vous vous jugez indignes de la vie
« éternelle, nous allons chez d'autres nations ; car le
« Seigneur nous l'a prescrit ainsi : je vous ai établis
« pour être la lumière des nations, afin que vous ser-

« viez à leur salut jusqu'à l'extrémité de la terre. » A ces mots le peuple se réjouit, et ceux qui étaient prédestinés crurent à la vie éternelle. Les Juifs, après avoir excité une persécution contre Paul et Barnabé, les chassèrent du pays. Ils allèrent pleins de joie à Iconium, et là, dans la synagogue, ils parlèrent devant les Grecs et les Juifs. Restés dans cette ville quelque temps, ils travaillèrent avec confiance pour la gloire de Dieu, avec la coopération duquel ils firent beaucoup de prodiges et de miracles. Les impies, les Gentils et les Juifs les accablèrent d'outrages et cherchèrent à les faire lapider, tant était grande l'envie qu'ils leur portaient. Les saints docteurs se rendirent à Listre et à Derbe villes de Lycaonie; ils parcoururent tout le pays aux environs, et portèrent partout les paroles de l'Évangile. Tous les citoyens furent touchés de leur doctrine.

A Listre, un certain boiteux, qui n'avait jamais marché, entendit les prédications de Paul. Ayant invoqué le nom du Seigneur Jésus, il fut aussitôt guéri par Paul, recouvra l'usage de ses jambes, et plein de foi glorifia le Sauveur. Le peuple, témoin de ce miracle, plein d'admiration, s'écria en lycaonien : « Ce sont des « dieux qui ont revêtu la figure humaine pour descen- « dre vers nous. » Et il donnait à Barnabé le nom de Jupiter, et à Paul le nom de Mercure. Un prêtre de Jupiter et plusieurs hommes du peuple ayant témoigné le désir de leur offrir un sacrifice, les apôtres s'élancèrent aussitôt dans la foule, déchirèrent leur vêtement, et, dans un discours plein d'humilité, rapportèrent au Seigneur la gloire de leur miracle : tout en s'abaissant pour ne pas recevoir de sacrifice, ils parvinrent à peine à calmer la multitude. Des Juifs étant survenus d'Iconium et d'Antioche de Pisidie, la populace égarée lapida Paul, et, croyant l'avoir tué, le traîna hors de la ville. Ses disciples étant accourus autour de lui, il se leva plein de vie, rentra dans la ville, et le lendemain partit pour Derbe. Peu de temps après, les deux apôtres revinrent à Listre, à Iconium, à Antioche de Pisidie : ils y prêchèrent la parole de vie, fortifièrent par leurs exhortations les ames des disciples, établirent des prêtres dans chaque église et les recommandèrent au Seigneur par le jeûne et par la prière. De la Pamphilie ils se rendirent à Attalie et s'embarquèrent pour Antioche.

Ils restèrent quelque temps dans cette ville avec leurs disciples. Alors quelques hommes, venus de la Judée, persuadèrent aux croyans qu'ils devaient être circoncis et observer la loi de Moïse; Paul et Barnabé leur répondirent, et furent envoyés, par une délibération commune, à Jérusalem vers les apôtres et les prêtres pour y faire résoudre cette question. A leur passage par la Phénicie et la Samarie, ils racontèrent la conversion des Gentils, et procurèrent ainsi une grande satisfaction aux frères. Ils furent bien accueillis à Jérusalem par l'Eglise, et firent connaître tous les miracles que le Seigneur avait opérés avec eux. Comme quelques-uns des croyans, qui appartenaient à la secte des Pharisiens, faisaient tous leurs efforts pour judaïser, Simon Pierre, Jacques et quelques autres prêtres s'empressèrent de traiter la question qui leur était proposée; ils décidèrent en définitive que des frères choisis et éprouvés seraient envoyés vers les Gentils, et les chargèrent, d'après l'inspiration du Saint-Esprist, d'une lettre, dans laquelle ils prévenaient leurs frères de mettre de côté toute autre charge, pour s'abstenir de ce qui a été sacrifié aux idoles, des animaux suffoqués, du sang et de la fornication. En conséquence, Paul et Barnabé, Judas, surnommé Barsabas, et Silas, furent envoyés à Antioche, et remirent l'épître des apôtres et des prêtres à la multitude des croyans parmi les Gentils. Ceux-ci, l'ayant lue, furent consolés et joyeux. Judas et Silas, qui étaient prophètes, portèrent de grandes paroles de consolation à leurs frères, les fortifièrent, et, peu de temps après, retournèrent en paix à Jérusalem. Cependant Paul et Barnabé annoncèrent pendant quelque temps dans Antioche la parole du Seigneur : à leur départ ils se partagèrent. Barnabé, avec Marc Jean, s'embarqua pour Chypre, tandis que Paul, ayant fait choix de Silas, parcourut la Syrie et la Cilicie, confirma les églises, et prescrivit d'observer les préceptes des Apôtres et des prêtres. Paul se rendit ensuite à Derbe et à Listre : il y circoncit, pour éviter les embûches des Juifs, Timothée, qui était fils d'un Gentil. Il traversa la Phrygie, la Galatie et la Mysie; il descendit en Troade, et, averti par une vision nocturne, passa en Macédoine. Il prêcha à Philippes, qui est la ville capitale de cette dernière contrée, il fit entendre la parole du Seigneur à Lydie, marchande de pourpre, qui était attachée au vrai Dieu : baptisée, ainsi que sa maison, elle crut, et pria vivement les Apôtres de demeurer chez elle.

Comme Paul se rendait à la prière avec ses compagnons, il rencontra une jeune fille qui avait un esprit de Python, et qui, par ses divinations, procurait à ses maîtres un grand gain. Elle les suivit en criant : « Ces « hommes sont les serviteurs du Dieu Très-Haut, et « ils vous annoncent la voie du salut. » Ayant continué d'en agir ainsi pendant plusieurs jours de suite, Paul, qui en était fâché, dit à l'esprit dont elle était obsédée : « Au nom de Jésus-Christ, je t'ordonne de « sortir de cette fille. » Il sortit à l'instant même. Les maîtres de la jeune fille, qui voyaient ainsi s'évanouir toute espèce de profit, se mirent en colère ; ils conduisirent Paul et Silas à la place publique devant les magistrats, et les accusèrent de mettre le trouble dans la ville en y introduisant une manière de vie étrangère aux Romains. La populace agitée se réunit aux ennemis des innocens. Par l'ordre des magistrats, ils furent frappés de verges, et plongés dans un cachot où on leur fixa les pieds dans des sarmens. Au milieu de la nuit Paul et Silas adorèrent le Seigneur et chantèrent ses louanges : ils ne tardèrent pas à éprouver son assistance spéciale. Soudain un grand tremblement de terre se fit sentir à un tel point que les fondemens même de la prison furent ébranlés. Toutes les portes s'ouvrirent ; les chaînes de tous les prisonniers tombèrent. À cette vue le geôlier, extraordinairement effrayé, et ayant entendu de Paul les paroles de la foi, crut et se fit baptiser avec toute sa famille. Les magistrats de la ville, ayant appris que ces apôtres étaient Romains, éprouvèrent de la crainte, les tirèrent de prison et les prièrent de sortir de la ville. Ils se rendirent chez Lydie, et par Amphipolis et Apollonie vinrent à Thessalonique. Là, pendant trois sabbats, Paul entra dans la synagogue des Juifs, et y prêcha publiquement sur les Écritures, insinuant et démontrant que le Christ avait dû souffrir la Passion et ressusciter d'entre les morts, et que ce Christ était celui qu'il annonçait. Plusieurs des Juifs et des Gentils crurent et se joignirent à Silas et à Paul ; c'est ce qui détermina les Juifs, animés par le dépit, à soulever la populace. Ils accusèrent Jason et quelques autres frères qu'ils traînèrent devant les magistrats de la ville ; mais ceux-ci, ayant entendu la justification de Jason et des autres, les mirent en liberté. Aussitôt les frères firent partir dans la nuit Paul et Silas pour Bœrée, d'où les frères conduisirent Paul jusqu'à Athènes, afin de le préserver de la fureur de la multitude. Il y attendit Silas et Timothée, qu'il avait laissés à Bœrée. Cependant il disputait dans la synagogue avec les Juifs et les Païens, et, sur la place publique, il prêchait journellement devant tous ceux qui venaient l'entendre. Quelques philosophes, soit épicuriens soit stoïciens, dissertaient avec lui. Les Athéniens et les étrangers ne s'occupaient à autre chose qu'à dire et se faire raconter des nouvelles. Paul, ayant été conduit à l'Aréopage, prit la parole, reprit les Athéniens sur leur idolâtrie et leurs superstitions, et commença à leur parler de leur autel sur lequel on lisait ces mots : « Au Dieu inconnu. » Il prit de là le texte de la prédication qu'il s'était imposée, et leur annonça le vrai Dieu, qui en effet était jadis inconnu au monde ; puis, renfermant beaucoup de choses en peu de mots, il parla d'une manière pressante de la foi et de l'espérance de la résurrection. Alors Denis-l'Aréopagite, Damaris sa femme, et quelques personnes qui leur étaient attachées, crurent à l'apôtre. Ensuite Paul sortit d'Athènes, et se rendit à Corinthe ; il y poursuivit le cours de ses prédications en annonçant Jésus-Christ aux Juifs et aux Grecs. Il discutait dans la synagogue tous les jours de sabbat. Silas et Timothée arrivèrent de la Macédoine. Aux prédications de Paul, Crispe, chef de la synagogue, toute sa famille et un grand nombre de Corinthiens se rendirent à la foi et se firent baptiser. Paul alla loger dans la maison d'un certain Tite-le-Juste, laquelle était contiguë à la synagogue. Par l'ordre de Dieu, manifesté dans une vision nocturne, l'apôtre y demeura un an et six mois, et y enseigna avec persévérance la parole de Dieu. Là, un juif nommé Aquilas, originaire du royaume de Pont, demeurait avec Priscille sa femme. Paul fabriquait des tentes comme ce juif, travaillait avec lui et vivait ainsi de l'ouvrage de ses mains. Après avoir fait ses adieux à ses frères, Paul vint en Syrie et se rendit à Éphèse. Il alla ensuite à Césarée, et, peu de temps après, à Antioche; après quelque séjour, il en partit, et parcourut de suite la Galatie et la Phrygie, où il confirma dans la foi tous les disciples.

Jusqu'ici j'ai sommairement recueilli sur la primitive Eglise ce que rapporte Luc dans les *Actes des Apôtres*, jusqu'au lieu où Paul baptisa dans Ephèse, au nom de Jésus-Christ, les disciples qui n'avaient été baptisés que du baptême de Jean. Il y resta avec ceux qui, pleins de l'Esprit-Saint, avaient le don des langues et prophétisaient; il y rendit de grands services durant trois mois par ses prédications sur le règne de Dieu; il en partit, et, pendant deux années, il porta l'Evangile en Asie; et y fit, au nom du Christ, de grands miracles sur les malades et les démoniaques. Désormais il me reste à parcourir d'autres écrits, et à y puiser certains détails sur les mêmes Apôtres, autant que j'en pourrai découvrir dans les livres authentiques qui ont l'approbation de l'Eglise.

Le rang des Apôtres et le mérite de chacun ne sont connus que du seul Créateur de toutes choses, qui, sondant les secrets du cœur humain, distribue à tous la rétribution de leurs travaux. Le mot apôtre signifie envoyé. En effet le Christ les envoya évangéliser par tout le monde, afin que, comme le pêcheur attire du fond de la mer dans ses filets, ils amenassent de l'abîme des vices à la lumière de la vie, par leurs prédications, les hommes exposés à une perte certaine. Voici quels sont leurs noms : Simon-Pierre et André son frère, Jacques, fils de Zébédée, et Jean son frère, Jacques, fils d'Alphée, et Philippe, Thomas et Barthélemy, Lévi Matthieu et Simon le Chananéen, Jude, Thaddée et Matthias.

Le premier par la vocation, le plus grand par la dignité, Pierre, porteur des clefs, monta sur le siége de la puissance apostolique, lui qui, obéissant avec empressement au Christ, l'avait sans cesse aimé de tout son cœur. Fils de Jonas ou Jean, il naquit à Bethsaïde, dans la province de Galilée, village situé auprès du lac de Gennésareth. Pour annoncer sa dignité future et l'éclat auquel s'éleva sa puissance, il porta trois noms : par l'indice de ces trois mots, la vertu multiple qui lui fut donnée par le ciel brille évidemment, car Simon signifie obéissant, Pierre reconnaissant, et Céphas une tête. En effet, Simon, par l'obéissance avec laquelle, ayant entendu le commandement du Seigneur, il s'attacha avec zèle à le suivre jusqu'à la mort, en abandonnant tout ce qui pouvait lui plaire et le retenir, s'éleva à la connaissance

de l'ineffable divinité. Inspiré par le ciel, il rechercha ardemment les connaissances divines qui sont au-dessus de l'intelligence humaine, et fit entendre fidèlement la voix éloquente d'une glorieuse confession, en disant : « Vous êtes le Christ, fils du Dieu vi-
« vant. » Aussi, récompensé incomparablement par le Christ, il mérita d'être honoré et désigné comme le chef et la base de l'Eglise. Le rémunérateur généreux qui lui avait divinement inspiré la connaissance de son essence céleste lui accorda, de son autorité supérieure, la foi d'un cœur pur, que sa bouche avait manifestée. « Simon Barjone, dit le Sau-
« veur, vous êtes bien heureux, parce que la chair
« ni le sang ne m'ont point révélé à vous, mais bien
« mon Père, qui est dans les cieux. » Simon, c'est-à-dire l'obéissant, qui s'appelle aussi Barjone, c'est-à-dire fils de la colombe qui désigne le Saint-Esprit, est véritablement bien heureux. L'homme obéissant, comme dit Salomon, publiera ses victoires; pendant qu'il observe sans cesse les commandemens divins, il est attaqué par diverses tentations dans ses combats journaliers; et, s'il persévère dans la loi de Dieu, il triomphe de Satan. En effet, qu'est-ce que la loi divine commande ou enseigne qui n'ait pas pour objet d'engager tout homme à combattre pour son Créateur, à lutter avec l'antique serpent, qui nous tend toujours des embûches, et à faire tous ses efforts pour obtenir le prix de la céleste vocation? Alors le courageux champion de la cause divine peut sans doute parler de ses victoires, quand il rend grâces à Dieu son protecteur, après avoir terrassé son ennemi, en disant avec le Prophète : « Vous m'avez ceint de cou-

« rage pour la guerre, et vous avez renversé sous
« mes pieds ceux qui s'étaient élevés contre moi. »
Il peut dire encore beaucoup d'autres choses semblables. Personne ne peut réjouir Dieu le père par la sainteté des œuvres, si, par la grâce du Saint-Esprit, il n'a obtenu la vertu de l'obéissance. Ensuite le Sauveur, consommant magnifiquement la récompense de la pieuse confession de Simon, lui dit : « Vous êtes
« pierre, et sur cette pierre je bâtirai mon Eglise,
« et les portes de l'enfer ne prévaudront pas contre
« elle. » *Petrus*, en latin, *Céphas*, en syriaque, sont des noms qui, dans l'une et l'autre langue, ont été dérivés du mot qui signifie pierre. En effet, l'Eglise dérive du Christ, qui est la pierre angulaire sur laquelle elle est posée.

Ainsi, par son obéissance, Simon parvint à la connaissance du fils de Dieu, qui ne lui fut révélé ni par la chair, ni par le sang, mais par le Père céleste. C'est pourquoi Pierre, c'est-à-dire connaissant, mérita d'obtenir son surnom du Sauveur. Enfin, ayant reçu les clefs du céleste royaume, il fut établi par le roi Sabaoth Céphas, c'est-à-dire la tête de l'Eglise. En effet, prince et souverain pontife des Apôtres, doué de la puissance de lier et de délier, célèbre par la doctrine et la sainteté, illustre par les signes et les miracles, il fut, dans l'Eglise du Christ, le premier pasteur et son vicaire spécial; il prêcha pendant sept ans les circoncis, et manifesta ses œuvres merveilleuses, dont Luc fait mention dans les *Actes des Apôtres*, comme je l'ai remarqué plus haut. Il guérit, à la porte principale du temple, un boiteux âgé de quarante ans; et conféra le baptême à cinq mille

Juifs ; il punit, après les avoir réprimandés, Ananie et Saphire sa femme, coupables de fraude et de mensonge, et frappa ainsi de terreur les hommes présens et la postérité, afin qu'ils se corrigeassent salutairement. Son ombre seule touchait dans leurs lits les malades sur les places publiques où il passait ; et, par ses mérites ainsi que par la puissance que le ciel lui avait départie, ils étaient aussitôt rendus à la santé. Il guérit à Lydda, au nom du Seigneur, le paralytique Énée qui depuis huit ans gissait sur un grabat, et conduisit à la foi ceux qui virent et admirèrent la nouveauté de ce miracle. Dans Joppé, il ressuscita la vénérable veuve Tabita qu'il rendit vivante aux veuves et aux saints qui l'entouraient. Les autres choses qu'il fit depuis la Judée jusqu'à Antioche, et les victoires qu'il remporta dans ses fréquentes disputes avec Simon-le-Magicien, ont été expliquées par Clément le Romain, fils de Faustinien, dans ses livres des *Récognitions*, ouvrage qu'il a aussi appelé l'*Itinéraire de Pierre*. Cet auteur, après avoir abandonné tout ce qu'il possédait à Rome, s'embarqua pour la Palestine, et alla trouver à Césarée l'apôtre Pierre, qui lui fut indiqué par Barnabé qu'il avait autrefois traité chez lui avec tous les égards de l'hospitalité et les soins de l'amitié. Clément fut accueilli par Pierre comme un fils par son père, à cause de la bienveillance dont Barnabé et lui l'honoraient. Instruit à fond dans la foi du véritable prophète, et ayant puisé une nouvelle vie dans les eaux sacrées, il s'attacha à l'apôtre d'une manière inséparable.

Pierre disputa à Césarée contre Simon-le-Magicien, et fortifia dans la foi ce qui resta de l'assemblée, après que Simon se fut retiré le soir avec mille des assistans. Ayant invoqué le nom de Dieu, il guérit les démoniaques et les malades.

Le lendemain, la discussion recommença, et avec l'aide de Dieu Simon fut vaincu sur beaucoup de points. Enfin, vers la chute du jour, Simon confus se retira avec un petit nombre de personnes, et le peuple satisfait se prosterna devant Pierre. Les démoniaques et les malades furent guéris par ses prières, et obtenant la science et la miséricorde du vrai Dieu, ils se retirèrent pleins de joie. Le troisième jour, Pierre convainquit par la vérité de ses raisonnemens Simon qui niait l'immortalité de l'ame, et mit au jour ses forfaits dont il lui donna les preuves. Le peuple, indigné, chassa le blasphémateur de la place, et même de la maison : de la multitude qui l'avait long-temps entouré, un seul homme à peine osa le suivre. Cependant Simon chargea sur les épaules de son compagnon toute sa magie de pollution et d'exécration; et craignant d'être repris par les lois, il les précipita la nuit dans la mer. Son compagnon ayant refusé de l'accompagner, parce qu'il le reconnaissait enfin pour un détestable imposteur, il fut obligé de prendre la fuite.

Pierre demeura trois mois à Césarée, et y ordonna évêque Zachée. Il y baptisa un jour de fête une multitude de croyans qui s'élevaient jusqu'au nombre de dix mille. De là il envoya douze frères après Simon, afin de tâcher de découvrir ses traces. Ceux dont l'apôtre fit choix, furent Sophonie et Joseph, Michée et Eléazar, Phinée et Lazare, Elisée et Benjamin, fils de Saba, Ananie, fils de Saphire, Rubel, frère de Zachée, Nicodème et Zacharie l'architecte. En attachant ainsi au culte de la divinité les frères fidèles, Pierre eut en vue le nombre duodénaire, et, s'appuyant principalement sur la grâce de Dieu, il voulut se servir d'eux pour poursuivre Simon-le-Magicien et les autres ennemis de la justice.

Trois mois après, Pierre se rendit, en passant par Dor, à la ville de Ptolémaïs, et y resta dix jours pour instruire le peuple dans la loi du Seigneur. Il s'occupa ensuite à répandre aussi la divine semence de la parole dans Tyr, Sidon et Béryte; puis il entra à Tripoli avec une multitude considérable d'élus qui l'avaient suivi de chacune de ces villes. Là il fut reçu, au grand empressement de tous les citoyens, dans la maison de Maron; ils accordèrent aussi une hospitalité gratuite et pleine d'humanité à tous les compagnons de Pierre. Dès le matin, la foule se porta au jardin de Maron pour entendre l'apôtre; il mit en fuite les esprits immondes qui vociféraient du fond des corps obsédés par eux, et guérit par ses discours ceux qui étaient malades. C'est là qu'il sema pendant trois mois la parole du salut, et qu'il baptisa Clément ainsi que plusieurs autres dans des fontaines qui sont voisines de la mer. Il établit évêque son hôte Maron, déjà accompli en toutes sortes de vertus.

De là il se rendit à Antarados, et divisa en deux sections la multitude des croyans qui le suivait. Il ordonna à Nicétas et à Aquilas de les conduire et de le précéder à Laodicée, de peur qu'une si grande multitude n'excitât la jalousie des ennemis de la foi. Pendant le voyage, dans l'intimité de la conversation, Clément fit connaître à Pierre d'où il était; il lui raconta son origine et l'histoire de sa famille. Le lendemain il se rendit dans une île voisine pour y admirer des colonnes de verre d'une immense grandeur. C'est là qu'au bout de vingt ans il reconnut, grâces à Pierre, sa mère Matidie. Pierre guérit par sa prière une paralytique, hôtesse de Matidie, et Clément donna à cette malade une récompense de mille drachmes.

Ensuite Pierre alla à Panéade, puis à Palton et Gabala; il gagna ainsi Laodicée, où il resta dix jours. Là se fit la reconnaissance de la mère et des trois frères de Clément Faustin. Deux frères, qui étaient jumeaux, racontèrent qu'après un naufrage qu'ils avaient éprouvé, comme ils étaient ballottés par les vagues sur un fragment de madrier où ils se tenaient attachés, des pirates les trouvèrent, et, après les avoir fait monter sur leur barque, les conduisirent à Césarée, où ils les vendirent sous des noms supposés à une certaine femme qui était juste : elle les fit élever comme ses enfans, les fit instruire dans les lettres libérales et grécques, et, lorsqu'ils furent parvenus à un certain âge, les mit aux études philosophiques.

Pendant que Pierre restait à Laodicée, et qu'il s'y occupait sans relâche, suivant sa manière, à de pieux travaux, un vieillard nommé Faustinien, ayant toutes les apparences de la pauvreté, se présenta pour prouver qu'il n'y a pas de Dieu, qu'il n'y a pas de providence en ce monde, et qu'un culte n'est pas nécessaire; mais que tout se fait par cas fortuit et par le hasard de la naissance. Ses trois fils, qu'il ne connaissait pas encore, s'élevèrent contre lui en présence du peuple, le réfutèrent durant trois jours avec beaucoup de distinction, et, dans leurs réponses, intruisirent leurs auditeurs en toutes sortes de bonnes doctrines.

Le premier jour, Nicétas allégua sagement qu'il existe un Dieu maître de tout, qui a fait le monde et le gouverne par sa providence, juste Seigneur, devant rendre à chacun ce qui lui appartient selon ses œuvres. Le lendemain, Aquilas disserta avec éloquence sur ce que le Seigneur juste disposa tout justement : le troisième jour, Clément disputa sur la raison de la naissance, savoir si tout en dépend, ou s'il existe quelque chose en nous qu'il faille attribuer non au hasard de la naissance, mais à la volonté de Dieu. C'est alors que par une inspiration divine, sans laquelle il ne se fait rien, et après vingt ans se fit la reconnaissance de cet obstiné vieillard et de sa femme avec leurs enfans.

Le premier magistrat de la ville fit tous ses efforts pour retenir chez lui Pierre et ses frères : sa fille qui, depuis vingt années, était cruellement obsédée par le démon, fut délivrée et guérie.

Ces mêmes jours, comme Faustinien était allé voir Anubion et Appion ses amis, qui restaient avec Simon, et comme il soupait avec eux, sa figure, par art magique, fut transformée en celle de Simon : ce qui causa une grande frayeur à tous ses amis qui craignaient que, par l'ordre de l'empereur, il ne fût pris pour le magicien et puni à sa place.

Ensuite Pierre vint à Antioche où il fut reçu par le peuple avec de grandes démonstrations de joie : il y prêcha la parole de Dieu, rendit à la santé les malades qu'on lui présenta, et guérit les paralytiques, les démoniaques, ainsi que tous ceux qui étaient affectés de quelque accident pernicieux. Le nombre des malades était immense. En présence du peuple,

Pierre offrit pour tous ses prières au Seigneur. Soudain, par la grâce de Dieu, une lumière extraordinaire éclata au milieu de l'assistance, et tous les malades aussitôt furent remis en santé. C'est pourquoi tous les habitans d'Antioche, d'une voix unanime, confessèrent le Seigneur. En sept jours, plus de dix mille hommes croyant Dieu furent baptisés.

Théophile, qui, parmi les puissans de la ville, était le plus élevé, s'enflamma pour le Sauveur d'un amour si vif qu'il lui offrit avec reconnaissance sa maison propre à faire une grande basilique, qui fut consacrée sous le nom d'église, et dans laquelle le peuple érigea une chaire à l'apôtre Pierre. Cependant Faustinien, à la vue de tant de miracles, ouvrant son intelligence aux célestes mystères, se jeta en public aux pieds de l'apôtre, abjura ses vieilles erreurs, et demanda à être baptisé. L'apôtre Pierre lui prescrivit le jeûne, et le dimanche suivant lui conféra le baptême; et, prenant texte de cette conversion pour sa prédication, il exposa au peuple tous les événemens de la vie de Faustinien. Ainsi cette narration réunit pour tous les auditeurs l'utilité à l'agrément, et rendit tout-à-fait recommandables au peuple le vieillard et sa famille. Toute la ville fit d'heureux progrès dans le culte divin, et la sainte mère Eglise se réjouit dans Jésus-Christ par le nombre des fidèles qui croissait journellement.

Le bienheureux apôtre Pierre occupa d'abord pendant sept ans le siége d'Antioche, et prêcha dans le Pont, la Galatie, la Cappadoce, l'Asie et la Bithynie. Ensuite Simon-le-Magicien étant allé à Rome, Pierre consacra l'église d'Antioche, et y ordonna pour l'établir à sa place, le prêtre Evod. Enfin il partit pour Rome avec plusieurs disciples choisis, et entra dans cette ville du temps de l'empereur Claude. Il y trouva le magicien dont nous venons de parler, occupé à séduire le peuple par ses impostures fantastiques, au moyen de cette puissance diabolique qu'on appelle démon familier. Ce fourbe en était enflé d'un tel orgueil qu'il se glorifiait d'être Dieu ; il avait même obtenu des citoyens romains l'honneur d'une statue sur les bords du Tibre, entre les deux ponts, comme s'il eût été mis au nombre des Dieux : en effet, Satan s'était emparé de cet insensé qui proclamait toutes sortes de méchancetés. Il l'arma d'abord d'une criminelle hérésie pour combattre la foi pure de l'Eglise. Le tout-puissant Emmanuel disposa à combattre pied à pied l'illustre chef de sa milice : je désigne ainsi Simon-Pierre, à qui le Christ confia les clefs du céleste royaume, et que, comme prince des apôtres, il établit pour gouverner saintement l'Eglise. Ainsi, arrivé à Rome, il dissipa les ténèbres du mensonge au grand jour de la vérité et de la justice ; et là, digne censeur, jugeant avec équité, il occupa le siége pendant vingt-cinq ans deux mois et trois jours.

Quand la lumière éclatante de la parole de Dieu eut éclairé la ville de Rome, et que la parole de vérité, prêchée par Pierre, eut pénétré dans l'ame de tous les auditeurs, et leur eut causé tant de satisfaction qu'une seule prédication par jour ne suffisait pas au zèle des assistans, Marc, disciple de l'apôtre, déterminé par ses pressantes et journalières sollicitations, écrivit son Evangile, mit ainsi par écrit ce que Pierre enseignait par la parole, et le transmit à la postérité pour le perpétuel enseignement des lecteurs. Pierre se réjouit de ce que, grâce au Saint-Esprit, il se trouvait ainsi dépouillé par une sorte de larcin religieux. Prenant en considération les avantages de la foi et de la piété, il confirma lui-même les récits de l'Evangéliste, et donna à toujours l'Ecriture à lire aux églises. Il composa deux épîtres qu'on appelle canoniques. C'est ainsi que, pendant les règnes de Tibère, de Caïus Caligula, de Claude et de Néron, il travailla virilement dans la vigne du Seigneur, forma d'excellens disciples, les remplit de vertu et de science, et leur donna une destination spéciale pour diverses contrées. En conséquence il plaça son disciple Marc, qu'il aimait comme un fils, d'abord à Aquilée, puis à Alexandrie; Martial à Limoges; Apollinaire à Ravennes; Valère à Trèves, et plusieurs autres qui, établis dans divers lieux, firent, au nom du Christ, de nombreux miracles, conduisirent à la lumière de la foi une multitude de Gentils, les régénérèrent dans l'onde sacrée du baptême, et les placèrent dans le sein de la pieuse mère Eglise.

Un jour que Pierre était à Rome, pendant que plusieurs de ses frères prenaient leur repas, Tite lui dit: « Puisque tous les malades sont guéris par vous,
« pourquoi laissez-vous étendue à terre la paralyti-
« que Pétronille? » L'apôtre répondit: « Il lui con-
« vient qu'il en soit ainsi; mais pour qu'on ne croie
« pas que je veuille, par mes discours, cacher l'impos-
« sibilité où je serais de la guérir, je dis à cette fem-
« me: Levez-vous, Pétronille, et venez nous ser-
« vir. » Aussitôt elle se leva guérie, et fit le service de la

table. Dès qu'elle eut fini, il lui ordonna de retourner à son grabat; puis, quand elle commença à être parfaite dans la crainte de Dieu, non seulement son mal se dissipa, mais elle recouvra de mieux en mieux une santé parfaite qu'elle dut à l'abondance de ses prières.

Illustre champion du Tout-Puissant, vase d'élection, docteur des Gentils, prédicateur de la vérité, méritant de posséder le douzième trône parmi les Apôtres, ravi dans le ciel pour y entendre ces secrètes paroles qu'il n'est pas donné à l'homme de proférer, Paul doit être dignement glorifié et continuellement honoré par les enfans de l'Eglise comme leur savant précepteur. Il avait été appelé Saul : ce qui signifie en hébreu tentation, parce que d'abord il s'attacha à tenter la sainte mère Eglise. Ensuite ayant changé de nom, de Saul il fut appelé Paul, c'est-à-dire admirable, et devint ainsi merveilleusement de loup ravissant le plus doux des agneaux. Paul en latin s'interprète par petit. C'est pourquoi il dit publiquement en parlant de lui-même : « Je suis « le plus petit des Apôtres. »

Paul, de la tribu de Benjamin, pharisien issu de pharisiens, naquit à Tarse en Cilicie. Il fut élevé à Jérusalem, depuis son enfance, et instruit dans la loi de Dieu par Gamaliel. L'an second après l'Ascension du Seigneur, comme il se montrait trop ardent zélateur de la religion de ses pères, disposé à sévir violemment contre les Chrétiens, et qu'il se rendait, avec des dépêches du prince des prêtres, vers la ville de Damas pour y faire mettre à mort les adorateurs du Christ, il fut tout-à-coup, aux approches de la ville, environné d'une lumière extraordinaire ; et, frappé inopinément par la céleste voix du Seigneur Jésus, il fut, pour son salut, précipité à terre d'où il se releva dépouillé de son ancienne férocité. Ce fut alors que conduit à Damas par ses compagnons de voyage, il y resta trois jours privé de l'usage de ses membres. Au bout de ce temps, visité, d'après l'ordre de Dieu, par Ananie, il embrassa la foi qu'il avait combattue, reçut le baptême et alla prêcher avec intrépidité les Juifs et les Gentils. Ayant commencé à Jérusalem, il pénétra jusqu'en Illyrie, en Italie, en Espagne, et proclama le nom de Jésus-Christ devant les peuples de beaucoup de contrées auxquels il était encore inconnu. L'évangéliste Luc, compagnon de Paul et son collaborateur, parle de lui jusqu'à la fin avec exactitude comme avec dignité, et s'occupe admirablement de ses principales actions.

Arator, sous-diacre de la sainte Église romaine, a écrit à ce sujet un second livre ; il a chanté pieusement dans un mètre héroïque les *Actes des Apôtres* et les combats de Paul, sa patience dans ses maux et le naufrage qu'il souffrit. J'ai déjà précédemment recueilli quelques-unes de ses actions : toutefois je ne crains pas de les rappeler, pour la plus grande gloire du Créateur.

Saul, qui est le même que Paul, ayant par l'avertissement du Saint-Esprit quitté ses compagnons, alla prêcher à Paphos ; il y frappa d'aveuglement le magicien Elymas, qui résistait aux paroles de la foi, et convertit le proconsul Sergius Paulus. Entré dans la synagogue d'Antioche, il leva la main pour recommander le silence ; il parla du peuple d'Israël quittant l'Egypte à travers des mers suspendues et les diverses merveilles qui s'opérèrent dans le désert. Un autre jour de sabbat, il entretint l'auditoire de la Passion du Christ ainsi que de sa Résurrection; il rapporta en preuve les passages des prophètes et augmenta le troupeau de l'Eglise d'un grand nombre de croyans.

A Listre, il guérit un boiteux de naissance qui écoutait avec attention la parole de Dieu; il déchira ses vêtemens, et employa l'éloquence et la raison pour calmer le zèle des Lycaoniens, qui, conservant encore leurs vieilles superstitions, voulaient lui offrir des sacrifices.

Après beaucoup de combats dans la prédication, il traita la question des Juifs baptisés, afin que les nouveaux croyans ne reçussent pas le baptême avant d'avoir été circoncis. Il envoya à cet effet des délégués aux fidèles de Jérusalem, consulta Pierre, Jacques et d'autres vieillards, et transmit dans une épître leur sentiment sur la nécessité de s'abstenir des victimes sacrifiées aux idoles, du sang, des animaux étouffés, et en outre de la fornication. Philippe chassa l'esprit immonde du corps d'une jeune fille, et ayant forcé à la fuite le démon, qui répondait aux questions qu'on lui faisait, il priva du prix de leurs divinations les avides spéculateurs qui en trafiquaient. C'est ce qui le fit accuser par cette sorte de gens auprès des magistrats qui l'envoyèrent en prison. Pendant la nuit, il s'adressa dans ses prières au Seigneur de lumière, et ce propice protecteur des fidèles s'empressa de l'exaucer; car, un tremblement de terre s'étant manifesté, les chaînes des prisonniers se détachèrent; et le geôlier lui-même s'étant fait baptiser avec sa famille, Paul et Silas, serviteurs du roi Sabaoth, furent mis en liberté.

Paul, prêchant à Athènes, y fut surnommé par le peuple l'homme qui sème la parole, et fut ainsi appelé convenablement par les Infidèles. En effet, de ses paroles il coulait une fontaine propre à désaltérer ceux qui avaient soif de la vie éternelle, et il répandait gratuitement la semence du salut devant ceux qui desiraient la recueillir. Il combattit contre les philosophes, tant épicuriens que stoïciens, et leur annonça le vrai Dieu, que les Athéniens désignaient sous le nom de Dieu inconnu. Denis-l'Aréopagite, ainsi que sa femme Damaris, crurent et furent baptisés; et Paul l'admit au nombre de ses amis les plus distingués par la sagesse et la justice. Peu de temps après, comme l'assure l'athénien Aristide, Denis fut ordonné évêque d'Athènes par l'apôtre, et après beaucoup d'illustres témoignages de ses vertus, il reçut la noble couronne du martyre.

Paul passa à Corinthe : il y trouva Aquilas qui prêchait avec sa femme Priscilla; il se fixa chez lui, et y exerça l'art de faire des tentes dans lequel ils étaient habiles. C'est là que le Christ l'avertit de ne pas cesser ses prédications; il obéit fidèlement, et beaucoup de conversions furent le fruit de ses travaux. Dans Ephèse, le Saint-Esprit accorda le don de la diversité des langues à douze hommes que Paul venait de baptiser au nom du Seigneur. Pendant que Paul y guérissait, au nom du Seigneur Jésus, plusieurs espèces de malades, sept Juifs osèrent imposer les mains sur Sceva, fils du prince des prêtres; lequel était possédé du démon, qu'ils conjurèrent par le nom du Seigneur que Paul prêchait. Le démon ne tarda pas à prouver par le démoniaque qu'il reconnaissait Jésus et son disciple Paul; car il fondit sur les exorcistes infidèles qu'il déchira et mit en fuite. Un grand nombre d'Éphésiens ayant entendu la prédication de la vérité crurent et reçurent le baptême, et quelques hommes avides de s'instruire brûlèrent leurs livres de magie, dont le prix s'éleva à cinquante mille deniers. Ainsi croissait et se fortifiait puissamment la parole de Dieu, ainsi sa grâce corroborant les fidèles, le parti des impies était confondu et séchait de dépit. Cependant Paul envoya en Macédoine Timothée et Éraste, tandis qu'il restait pour quelque temps en Asie.

Un orfèvre nommé Démétrius, voyant que les Éphésiens, par suite des instructions de Paul, cessaient de lui acheter de petits temples de Diane, et regrettant la perte des bénéfices que son métier lui rapportait, puisque la condamnation des idoles le réduisait à l'oisiveté, rassembla des complices, prépara une plainte générale et excita le peuple aux clameurs et à la sédition. C'est ce qui porta une foule de furieux à se précipiter vers le théâtre, où elle enleva les Macédoniens Gaïus et Aristarque, compagnons de Paul: mais ce vain bruit d'insensés n'attira sur ses auteurs que de la confusion.

Paul ayant réuni ses frères leur fit ses adieux, et leur adressa ses exhortations. Il se mit en route pour se rendre en Macédoine. Il resta trois mois dans la Grèce. Il eut alors pour compagnons Sosipater, fils de Pyrrhus de Béroée, les Thessaloniciens Aristarque et Secundus, Gaïus de Derbes, Timothée, Titicus et

Trophime, tous trois asiatiques. Après la fête des Azimes, Paul et Luc allèrent par mer, en cinq jours, de Philippes à Troade, et y passèrent sept jours. Le premier jour de la semaine, plusieurs personnes s'étant réunies pour rompre le pain, comme ils écoutaient jusqu'au milieu de la nuit un long discours de Paul, qui devait partir le lendemain, un jeune homme nommé Eutychus, assis sur une fenêtre, succomba au sommeil, et tomba du troisième étage. Mais Paul, par ses prières, l'ayant ressuscité, il revint à la vie à la grande satisfaction de ceux qui avaient été témoins de l'événement.

De Milet Paul envoya à Éphèse pour mander les anciens de l'église, et leur expliqua beaucoup de choses utiles pour le salut des âmes. Ayant terminé sa prédication, il s'agenouilla, et toute l'assistance se mit à prier avec lui. On répandit des larmes abondantes, et les frères s'étant embrassés, ils conduisirent l'apôtre à son vaisseau. Il y monta, et continuant en ligne droite sa navigation, il passa à Chio, à Rhodes, à Patare, et traversant la Syrie, il arriva à Tyr où il resta sept jours avec ses fidèles amis en Jésus-Christ. De Ptolémaïs il alla à Césarée, et logea dans la maison d'un évangéliste, Philippe, qui avait quatre filles vierges qui prophétisaient. Alors le prophète Agabus arriva de Judée ; il se lia les pieds et les mains avec la ceinture de Paul, et par la grâce du Saint-Esprit il prédit clairement que les Juifs lieraient ainsi Paul dans Jérusalem, et qu'ils le livreraient entre les mains des Gentils. Tout le monde s'étant mis à pleurer, on le pria de ne pas monter à cette ville. Paul fit cette réponse : « Je suis prêt, non seulement à être

« enchaîné dans Jérusalem, mais même à y mourir
« pour la gloire du nom du Seigneur Jésus. »
 Ainsi appuyé sur la constance de sa foi, il alla à
Jérusalem; il y raconta à Jacques et aux autres anciens tout ce que par son ministère Dieu avait opéré
parmi les nations. Ayant appris la conversion des Gentils, ils glorifièrent le Seigneur créateur de toutes
choses. Ensuite Paul entra dans le temple pour la purification, et commença à accomplir les cérémonies
de la loi de Moïse, afin d'ôter toute occasion de scandale aux zélateurs de la législation paternelle : ainsi
s'étant fait juif avec les Juifs, il satisfit tout le monde.
Cependant les Juifs asiatiques, qui virent Paul dans
le temple, soulevèrent le peuple par leurs clameurs
malveillantes et le saisirent. Toute la ville fut aussitôt
dans l'agitation et le peuple s'attroupa de toutes parts.
On l'entraîna hors du temple, dont on ferma les
portes; on le frappa violemment et on chercha à le
tuer. Claudius Lysias, tribun d'une cohorte, ayant
appris que toute la ville était dans la confusion par
suite d'une sédition subite, prit avec lui des centeniers et des soldats, et courut au lieu du tumulte. Il
fit enlever de force l'apôtre, le fit lier de deux chaînes,
le retira de la foule et le fit conduire dans la forteresse, pour savoir de lui qui il était et ce qu'il faisait.
Du consentement du tribun, Paul monta les degrés,
et, parlant en hébreu, raconta toute l'histoire de sa
conversion, et son passage du judaïsme à la grâce du
Christ, de laquelle il rendit parfaitement raison. Tandis qu'il parlait avec la plus grande sagesse, les Juifs
ne pouvant supporter la force de ses paroles élevèrent des clameurs violentes, et se mirent à crier avec

fureur : « Enlevez-le d'ici-bas, car il n'est pas juste de « le laisser vivre. » Le tribun le fit conduire à la forteresse, frapper de verges et livrer à la torture. Alors Paul dit au centenier qui était avec lui : « Est-ce qu'il « vous est permis de frapper un citoyen Romain, et qui « n'a point été condamné ? » Le tribun ayant entendu ces paroles, et voyant dans Paul un citoyen Romain, ne fut pas sans crainte de ce qu'il l'avait fait lier.

Le lendemain Paul fut conduit devant le conseil au milieu duquel, se tenant debout, il parla pour lui-même avec une grande justesse. Cependant Ananie, prince des prêtres, ordonna à ceux qui étaient près de lui d'aller le frapper à la figure. Alors Paul lui adressa la parole en ces termes : « Le Seigneur vous « frappera aussi, muraille blanchie. Vous siégez ici « pour me juger selon la loi, et c'est contre la loi que « vous ordonnez qu'on me frappe. » Les assistans dirent à l'apôtre : « Vous maudissez le grand-prêtre de « Dieu ? » Paul reprit alors : « J'ignorais, mes frères, « que cet homme fût le prince des prêtres. » En effet, il est écrit : « Vous ne maudirez pas le prince de votre « peuple. » Paul sachant qu'une partie du conseil était composée de Sadducéens et l'autre de Pharisiens, s'écria au milieu du conseil : « Mes frères, je suis Phari« sien, fils de Pharisien ; je ne suis poursuivi que parce « que j'espère une autre vie, et que je crois à la résur« rection des morts. » A ces mots, les partis se divisèrent et la multitude se sépara. Les Sadducéens prétendent qu'il n'y a ni résurrection, ni ange, ni ame, tandis que les Pharisiens les reconnaissent. Quelques Pharisiens contestaient, en disant : « Nous ne trouvons rien « de répréhensible en cet homme. Que savons-nous

« si un esprit ou un ange lui a parlé ? » Aussitôt il s'éleva un grand tumulte, et le tribun, craignant que Paul ne fût mis en pièces par les furieux, le fit enlever du milieu d'eux par ses soldats, et conduire à la forteresse.

La nuit suivante le Seigneur se présentant à l'apôtre, lui dit : « Sois constant ; car, de même que tu « as rendu témoignage de moi dans Jérusalem, il « faut que tu rendes aussi à Rome témoignage de « moi. » Le jour étant venu, plus de quarante juifs se rendirent auprès des princes des prêtres et des anciens, et firent vœu de ne manger ni boire qu'ils n'eussent conduit Paul au conseil, et qu'ils ne l'eussent massacré. Le tribun, ayant appris cette conjuration par le fils de la sœur de Paul, déjoua adroitement les machinations des impies. En effet, à la troisième heure de la nuit, cet officier envoya à Césarée l'apôtre enchaîné, sous l'escorte de deux cents soldats, de soixante-dix cavaliers et de deux cents lanciers ; il remit la connaissance de l'affaire au gouverneur Félix, auquel il écrivit. Amené à Césarée, Paul fut renfermé dans le palais d'Hérode, et cinq jours après conduit à l'interrogatoire. Le grand-prêtre Ananie s'y présenta avec les vieillards-juifs ; et l'orateur Tertulle exposa insidieusement l'accusation contre Paul. Celui-ci, du consentement du gouverneur, répondit en peu de mots, et, par une réponse prudente, réfuta complétement ses accusateurs. Le gouverneur ajourna l'affaire jusqu'à ce que le tribun fût descendu de Jérusalem, et prescrivit au centenier de garder soigneusement le prisonnier. Quelques jours après, Félix étant venu avec Drusilla sa femme, qui était juive, fit venir Paul, et l'entendit sur la foi qu'il avait en Jésus-Christ. Comme l'apôtre parlait de la justice, de la chasteté et du jugement dernier, Félix trembla, et, dans l'espoir d'obtenir de l'argent de l'accusé, il l'envoya chercher fréquemment. Au bout de deux ans, Félix eut pour successeur Porcius Festus qui, voulant se rendre agréable aux Juifs, laissa Paul dans les fers.

Peu de temps après, Festus descendit de Jérusalem à Césarée, et fit accuser Paul par les Juifs. Ceux-ci lui imputèrent beaucoup de griefs qu'ils ne purent prouver. Paul se justifia très-bien des imputations qu'on lui faisait d'être coupable envers la loi des Juifs, contre le temple et contre César. Enfin, à cause de la perfidie des Juifs et de la tergiversation du juge qui essayait de les favoriser, il se détermina à en appeler à César. En conséquence, il parut devant le roi Agrippa et le gouverneur Festus : ayant élevé la main, rendant raison de sa vocation et de sa foi en Jésus-Christ, il parla fort éloquemment. Enfin tout le monde admira son mérite, et les grands se disaient à l'envi et à part : « Il n'y a rien qui mérite la mort ni les fers dans « ce que cet homme a fait. On pourrait le renvoyer « s'il n'en eût pas appelé à l'empereur. » Il fut donc remis à Jules, centenier de la cohorte Augustine. Le macédonien Aristarque et lui l'accompagnèrent. On comptait dans le navire qui le portait deux cent soixante-seize ames; la navigation, que les tempêtes rendirent fort dangereuse, dura quatorze jours, pendant lesquels on ne vit ni le soleil ni les étoiles : comme toute espérance de salut était perdue, on ne prit pas même de nourriture. Paul avait conseillé de passer l'hiver dans l'île de Crète; mais l'avis et les efforts du

commandant et du pilote avaient prévalu ; le centenier et ses soldats se rangèrent à ce parti. C'est ainsi qu'une téméraire précipitation fit affronter la saison des tempêtes, et eût fait périr tous les passagers, si Paul, par ses grands mérites, ne les eût préservés. Ils eurent à souffrir de grandes terreurs et de grands travaux, au point de se jeter sur les syrtes, de voir briser tous les agrès du bâtiment, et d'être contraints à jeter, de leurs propres mains, dans la mer les vivres et tout le chargement du vaisseau. Sur ces entrefaites, l'ange du Seigneur apparut à Paul et lui dit : « Paul, ne crai-
« gnez rien ; il faut que vous comparaissiez devant
« César ; c'est à vous que Dieu accorde la vie de tous
« vos compagnons de navigation. »

Après ces désastres on arriva avec de grandes difficultés à l'île de Malte. Les barbares eux-mêmes leur témoignèrent beaucoup d'humanité : ils allumèrent des feux pour se rétablir à cause du froid et de la pluie. Pendant que Paul apportait des sarments au foyer, une vipère, ranimée par la chaleur, lui saisit la main. Les barbares, voyant cette attaque, assurèrent que l'animal était dangereux, et que, sans nul doute, l'apôtre ne tarderait pas à mourir ; mais il lança la vipère dans le feu, et, au grand étonnement de ceux qui étaient présens, il ne souffrit aucun mal.

Publius, gouverneur de l'île, accueillit avec bienveillance les naufragés qu'il garda trois jours. Cependant Paul alla voir le père de Publius qui était dangereusement malade de la fièvre et de la dysenterie. Il pria, il lui imposa les mains, et le malade fut guéri ; quelques autres insulaires malades vinrent trouver Paul, et reçurent leur guérison. C'est ainsi que les mérites de Paul attirèrent de grands honneurs aux naufragés et leur firent donner tout ce qui leur était nécessaire pour leur navigation. Au bout de trois mois, ils s'embarquèrent sur un bâtiment d'Alexandrie qui avait hiverné dans l'île, et, sous la conduite de Dieu, ils ne tardèrent pas à arriver à Rome. Quelques-uns des frères, ayant appris l'arrivée de Paul, vinrent au devant de lui pour le féliciter; il fut permis à Paul de rester dans la ville sous la garde d'un seul soldat. Trois jours après, les principaux d'entre les Juifs ayant été appelés par lui, il se plaignit devant eux de son arrestation, et de ce qu'il avait eu à souffrir de la part des frères à Jérusalem. Il leur parla ensuite avec fermeté de la foi qu'il faut avoir en Jésus-Christ. Il passa deux ans dans la maison qu'il avait louée, et prêcha à tous le royaume de Dieu. Il enseigna, sans obstacle et en toute liberté, ce qui concerne le Seigneur Jésus-Christ.

Jusqu'ici nous avons tiré des actes des Apôtres la narration de saint Luc évangéliste, qui rapporte qu'après s'être séparé des autres frères, Paul vint à Rome, et y prêcha la parole de Dieu pendant deux ans, sans que personne empêchât ses prédications. L'an second du règne de Néron, il entra dans Rome, et se défendit lui-même devant ce prince, dont les commencemens étaient favorables encore; rassuré par lui, il fut mis en liberté par Néron même, que, par une figure de rhétorique, il appelle lion; il sortit de Rome et dirigea ses pas vers les nations occidentales jusqu'à Narbonne, ville de la Gaule. On rapporte qu'il y construisit une basilique, dont il fit la dédicace en l'honneur des martyrs Macchabées; on y voit encore sur le mur, marqué à l'huile, un signe de croix, que l'apôtre y traça avec son pouce. Il y ordonna pour évêque Paul son disciple, qu'il établit dans la ville, et qui, après avoir multiplié ses bonnes œuvres, termina sa vie par une fin bienheureuse.

Cet évêque, et plusieurs autres, jetèrent un grand éclat dans l'Eglise de Dieu, après avoir été formés à la foi catholique par le saint docteur des nations : ils furent placés dans la chaire magistrale pour gouverner prudemment le peuple de Dieu dans les différentes contrées de la terre. En effet, Luc en Bithynie, Tite dans l'île de Crète, Carpus à Troade, Timothée et Archippe dans l'Asie, Trophime à Arles, Onésime à Éphèse, Sosthènes à Corinthe, Titicus à Paphos, Denis l'Aréopagite à Athènes, Epaphras à Colosses, et Eraste à Philippes, jetèrent les filets de la vraie foi, et tirèrent les Païens des ténèbres de l'ignorance à la lumière de la vérité, de même que les poissons du fond de la mer. Comme ils enseignèrent le sentier de la justice, ils y retinrent, par leurs paroles et leurs actions, ceux qu'ils y avaient introduits. Aussi leurs noms sont écrits dans le livre de vie, et tous les peuples de la terre célébreront leur sagesse et leurs louanges.

Maintenant c'est une digne entreprise que de parler de la mort triomphante des saints, et de continuer avec véracité la suite de notre narration d'après les documens des Pères. Nous dirons comment ces glorieux princes de la terre, élevant noblement l'étendard du véritable Josué, conquirent la terre de la répromission; comment ils s'aimèrent l'un l'autre pendant la vie, ne furent point séparés à leur mort, et animés d'un même esprit, combattirent à Rome contre l'empereur Néron et le magicien Simon; comment, ayant dans un seul jour vaincu l'ennemi, ils obtinrent le royaume des cieux. Le Romain Marcel, fils du préfet Marc, baptisé par le bienheureux apôtre Pierre, a donné dans une lettre des détails sur la perversité de Simon-le-Magicien et l'innocence de Pierre à l'époque du martyre de Nérée et d'Achillée qui, pour la foi du Christ, souffrirent l'exil dans une île, et y combattirent journellement pour les invincibles assertions de la vérité contre les magiciens Furius et Priscus, disciples du magicien Simon. Ce Marcel rapporte qu'un certain jour pendant que Simon, disputant contre Pierre, vantait sa magie, et cherchait à exciter la haine du peuple romain contre l'apôtre, une veuve vint à passer au milieu d'une grande foule, faisant porter au tombeau son fils unique sur lequel elle gémissait à grands cris. Alors Pierre dit aux sectateurs de Simon: « Approchez-vous de ce cercueil, et tirez-en « ce cadavre. Celui-là qui le ressuscitera passera à « bon droit pour avoir la foi véritable. » Le peuple, ayant apporté le mort, Simon dit: « Si je le ressuscite, « vous mettrez Pierre à mort. » La foule répondit: « Nous le brûlerons tout vif. » Alors Simon, ayant évoqué ses démons, se mit à opérer avec leur ministère, et parvint à rendre au corps quelque mouvement. A cette vue le peuple commença à chanter les louanges de Simon, et à demander la perte de Pierre. Mais l'apôtre, ayant avec peine obtenu le silence, parla ainsi à la multitude: « Si ce corps est vivant, « qu'il parle, qu'il marche, qu'il prenne de la nour-« riture, qu'il retourne chez lui. S'il en est autre-

« ment, sachez que vous êtes trompés par Simon. »
Alors le peuple se mit à crier d'une voix unanime :
« S'il en est ainsi, et que Simon ne fasse pas ce qu'il
« a promis, il subira la peine dont il a menacé
« Pierre. » Le magicien, feignant d'être en colère,
chercha à fuir; mais la foule le retint en l'accablant
d'injures. Pierre, étendant alors ses mains vers le
ciel, s'exprima ainsi : « Seigneur Jésus-Christ, qui
« nous avez dit à nous autres disciples, allez ! en mon
« nom, chassez les démons, guérissez les malades,
« ressuscitez les morts ; rendez la vie à cet enfant,
« afin que tout le peuple reconnaisse que vous êtes
« Dieu, et qu'il n'y en a pas d'autre que vous ; qui,
« avec le Père et le Saint-Esprit, vivez et régnez dans
« les siècles des siècles. Ainsi soit-il ! » Aussitôt l'enfant ressuscita; il adora Pierre, et dit : « J'ai vu le
« Seigneur Jésus-Christ commandant aux anges, et
« leur parlant ainsi A la demande de mon ami
« Pierre, que cet unique orphelin soit rendu à la
« veuve sa mère. » Tout le peuple se mit à crier unanimement : « Il n'y a de Dieu que celui que Pierre
« enseigne. » Simon changea de visage, et voulut
s'échapper; mais le peuple le retint encore, et voulut
le jeter dans le feu. Pierre s'élança au milieu de la
foule, et le délivra en lui disant : « Notre maître
« nous a enseigné à rendre le bien pour le mal. »
Ainsi Simon s'étant évadé alla trouver Marcel qu'il
avait déjà séduit. Il attacha près de sa porte un énorme
chien qu'une chaîne de fer pouvait à peine retenir.
« Voyons, dit-il, si Pierre, qui a coutume de venir
« chez vous, pourra y entrer. » Une heure après,
Pierre vint en effet ; il fit un signe de croix, déchaîna

le chien, et lui dit : « Va, et dis à Simon de cesser
« d'employer le ministère des démons à tromper le
« peuple pour lequel le Christ a répandu son sang. »
Marcel, voyant tant de miracles, courut au-devant
de Pierre; et, s'étant jeté à ses genoux, le reçut
dans son logis, d'où il chassa honteusement Simon.
Le chien devint doux pour tout le monde, et ne s'attacha à poursuivre que le magicien. Après l'avoir lâché, Pierre courut, et cria : « Je t'ordonne, au nom
« de Notre-Seigneur Jésus-Christ, de ne mordre au-
« cune partie du corps de cet homme. » Aussi l'animal ne put lui toucher aucun membre; mais il déchira
tellement par ses morsures les vêtemens de Simon,
qu'aucune partie de son corps ne resta couverte.
Alors toute la populace, et surtout les enfans se mirent à courir sur lui, de concert avec le chien, et ils
le chassèrent hors des murs de la ville, en hurlant
après lui comme après un loup. Accablé de tant de
honte, Simon fut un an sans oser reparaître; ensuite
il se fit connaître de Néron, et par les liens d'une
perverse amitié, le méchant se réunit au plus méchant. Vers la fin du terme du combat apostolique,
le Seigneur apparut dans une vision à l'apôtre Pierre,
et lui dit : « Simon et Néron, possédés par Satan,
« trament des embûches contre vous. Ne craignez
« rien; je suis avec vous, et je vous accorderai la
« consolation de voir l'apôtre Paul qui demain entrera dans Rome. Vous aurez, de concert avec lui,
« la guerre contre Simon durant sept mois entiers;
« et quand vous l'aurez vaincu, chassé et précipité en
« enfer, vous viendrez tous deux vers moi avec les
« palmes de la victoire. » C'est ce qui eut lieu. En ef-

fet Paul arriva le lendemain. Saint Lin a raconté quand et comment les deux apôtres se virent, et le combat dans lequel, après sept mois, ils triomphèrent de Simon. Tout le récit de leur passion fut écrit en grec, et transmis par ce pape aux églises d'Orient.

Ainsi que j'ai déjà commencé, je vais faire un choix entre les événemens; et, sans me livrer à une copieuse prolixité de paroles, je mettrai en ordre une suite abrégée de ce qui s'est passé de remarquable.

Ayant appris que Paul devait venir à Rome, Pierre en éprouva une grande joie; et, se levant aussitôt, il alla au-devant de lui. En se voyant mutuellement, ils pleurèrent de satisfaction, restèrent long-temps dans les bras l'un de l'autre, et se baignèrent de larmes. Bientôt la parole de Dieu étant prêchée par ces grands apôtres, la majeure partie des peuples crut en eux, et les vains discours des Juifs et des Gentils ne purent résister en public à ceux que le Saint-Esprit avait largement doués d'une grande abondance de toute sagesse.

Pendant que des peuples innombrables se convertissaient au Seigneur par les prédications de Pierre, il arriva que Livie, femme de Néron, et Agrippine, femme du préfet Agrippa, furent aussi conduites à la conversion. L'effet en fut tel qu'elles quittèrent le lit conjugal, et que par amour pour le Roi éternel, elles se consacrèrent à la chasteté. Paul se distingua aussi par la splendeur de toutes sortes de grâces, et se signala grandement dans l'univers romain par ses miracles, par ses vertus, par sa grande doctrine, et par son admirable sainteté. Il acheta hors de la ville un jardin public; et là, de concert avec Luc, Tite et quelques autres fidèles, il s'occupa de la parole de vie. Cependant il réunit une très-grande multitude d'auditeurs, et, avec l'aide de Dieu, il attacha à la foi beaucoup d'ames : de sorte que ses prédications et sa sainteté retentissaient par toute la ville, et que de là sa réputation volait dans toutes les contrées d'alentour. Plusieurs officiers de la maison impériale accouraient à lui ; et, ayant entendu sa prédication, se convertissaient au Seigneur Jésus-Christ. Quelques-uns même des gardes de Néron venaient entendre l'apôtre, et, devenus chrétiens, abandonnaient leurs enseignes. Enflammés d'une ferveur intérieure, ils s'attachaient tellement au Christ qu'ils ne voulaient plus désormais retourner à leurs corps ni au palais, préférant aux armes, aux richesses et aux honneurs la gloire des vertus et la foi véritable. Ainsi chaque jour il causait au diable de notables dommages, et apportait de salutaires joies aux fidèles. Sénèque même, le précepteur de l'empereur, se lia avec Paul d'une telle amitié, en contemplant sa divine science, qu'il pouvait à peine se passer un instant de la conversation de l'apôtre ; de sorte que, lorsque le philosophe ne pouvait s'entretenir de vive voix avec le saint, il tâchait, par la fréquence de leur correspondance épistolaire, de se procurer la douceur de son entretien amical et de ses conseils. C'est ainsi que, par la grâce active du Saint-Esprit, la doctrine de Paul se propageait et se faisait chérir : aussi enseignait-il librement, et trouvait-il beaucoup d'empressement de la part de ses nombreux auditeurs. Il disputait avec les philosophes païens, et confondait les Juifs. Presque tout le monde se soumettait à son enseignement. Plusieurs même de ses écrits furent lus en présence de l'empereur par son précepteur : ce qui le fit admirer de tout le monde ; même le sénat romain n'avait pas de lui une médiocre opinion.

Mais pendant que les deux illustres apôtres faisaient éclater une splendeur divine, non seulement sur les Romains, mais aussi sur tous les hommes qui, des diverses contrées, se rendaient à Rome comme dans la capitale du monde, les chefs des synagogues s'agitèrent dans toute l'amertume de leur zèle, et, par leurs clameurs impies, excitèrent le vulgaire turbulent à partager leur haine contre les Apôtres. A cet effet, ils dépêchèrent Simon-le-Magicien vers Néron qui descendait de son palais, et s'appliquèrent à inculper faussement les deux bienheureux. Simon commença par alléguer des calomnies contre Pierre, qu'il assura être un magicien et un séducteur. Les hommes pervers croyaient à Simon, et ceux qui admiraient sottement ses fantastiques merveilles étaient les dupes de leurs illusions : car il faisait mouvoir un serpent d'airain, aboyer des chiens de pierre, rire et marcher des statues de bronze : lui-même il courait, et soudain s'élevait dans les airs.

A ces prodiges Pierre opposait ses miracles. A sa voix les infirmes étaient guéris ; ses prières rendaient la lumière aux aveugles ; et, dès les premiers mots de son commandement, les démons prenaient la fuite. Cependant il ressuscitait les morts eux-mêmes, et enlevait tous ceux qu'il pouvait à la pernicieuse société du magicien. Il en résultait que tous les hommes pieux détestaient Simon, tandis que les scélérats, qui étaient ses complices, imputaient par un faux témoignage des crimes au saint apôtre. A la fin, ces accusations parvinrent jusqu'à Néron qui fit appeler le magicien. Conduit devant l'empereur, il commença par abuser la cour à force d'illusions, et se métamorphosa plusieurs fois de manière à paraître tout à coup tantôt enfant, tantôt vieillard, tantôt jeune homme. C'est ainsi qu'il se livrait à ses impiétés, à l'aide de Satan; ce que voyant l'empereur, il le prenait pour le fils de Dieu. Alors ce magicien séducteur, ayant, avec ses complices, accusé les apôtres, Néron fit en grande hâte conduire devant lui Pierre et Paul. Dès le lendemain les apôtres et le magicien disputèrent en présence de l'empereur; et, comme le raconte une histoire véridique, ils opérèrent beaucoup de prodiges. Les disciples manifestèrent la vérité des choses, prouvèrent que le magicien n'était en tout qu'un voleur et un scélérat; et, pour que les hommes faibles n'eussent en lui aucune confiance, ils protestèrent, sur leur damnation, que c'était un infâme apostat. Simon, les ayant menacés qu'il enverrait ses anges pour punir Pierre, cet apôtre pria secrètement Néron de faire apporter un pain d'orge, et de le lui remettre en particulier. L'ordre ayant été exécuté, Pierre prit ce pain, le bénit, le rompit et le cacha sous sa manche : puis il demanda au magicien, qui se vantait d'être fils de Dieu, ce qu'il venait de faire à l'instant. Alors Simon, éprouvant un violent dépit de ne pouvoir découvrir ce secret de l'apôtre, appela à grands cris des chiens énormes auxquels il ordonna de dévorer Pierre sous les yeux de César. Voilà que tout à coup des chiens, d'une merveilleuse grandeur, vinrent à apparaître, et s'élancèrent sur Pierre. Celui-ci, s'étant agenouillé à terre, étendit les deux mains, et présenta le pain qu'il venait de bénir. Les chiens ne l'eurent pas plus tôt vu qu'ils disparurent à l'instant même. C'est ainsi que le magicien devint publiquement la risée de tout le monde, n'ayant pu offrir que des chiens après avoir promis qu'il enverrait des anges contre l'apôtre : ce qui prouve que les anges dont l'imposteur disposait n'avaient qu'une forme canine, au lieu d'une apparence divine.

« Enfin Simon-le-Magicien ayant été en beaucoup de choses confondu par la puissance des paroles des Apôtres, Néron fit construire une haute tour de bois dans le Champ de Mars. Le lendemain l'empereur, le sénat, les chevaliers romains et tout le peuple se réunirent pour ce spectacle où Néron fit conduire les Apôtres. Alors Simon, en présence de tout le monde, monta au haut de la tour. Le front couronné de lauriers, il étendit les mains vers les cieux, et commença à prendre son vol dans les airs. Cependant Paul, à genoux devant toute l'assemblée, priait le Seigneur; tandis que Pierre, attentif aux entreprises de Simon, attendait avec sécurité le moment favorable de la vengeance divine. Enfin il dit à son fidèle compagnon : « Paul, levez un peu la tête, et regar-
« dez. » Les yeux baignés de larmes, Paul leva la tête, et vit Simon qui déjà volait dans les airs; puis il dit : « Pierre, qu'attendez-vous ? Terminez ce que
« vous avez commencé. Le Seigneur Jésus-Christ ne
« nous appelle-t-il pas déjà ? » Aussitôt Pierre, tournant ses regards vers Simon, s'écria : « Anges de
« Satan, qui portez cet imposteur dans les airs pour

« induire en erreur le cœur des hommes infidèles,
« je vous adjure, par le Dieu créateur de toutes cho-
« ses, et par Notre-Seigneur Jésus-Christ son fils, qui
« au bout de trois jours est ressuscité d'entre les morts,
« à l'instant même cessez de soutenir Simon, et qu'il
« soit abandonné à lui-même. »

Aussitôt, à la voix de Pierre, le magicien, précipité des airs, tomba dans le lieu que l'on appelle la Voie Sacrée, et, mis en quatre parties, il couvrit de ses membres quatre pierres. Jusqu'à ce jour cet accident porte témoignage de la victoire de l'apôtre. Le bruit de la chute fut affreux, Paul leva la tête, et rendit grâces à Dieu, juge équitable. Cependant Néron, enflammé de colère, fit jeter dans les fers Pierre et Paul. Le corps de Simon fut par ses ordres gardé avec soin pendant trois jours et autant de nuits; car le prince pensait que le magicien ressusciterait le troisième jour. Pierre au contraire assurait qu'il était damné pour l'éternité. Les Apôtres se réjouissant dans le Saint-Esprit, et confessant ouvertement le Seigneur Jésus leur maître, Néron, rempli d'une grande fureur, dit à son préfet Agrippa : « Il faut absolument faire périr ces
« impies ; procurez-vous donc des chaînes de fer, et
« qu'ils soient brûlés dans la naumachie. » Agrippa lui répondit : « C'est à tort que vous voulez ainsi les faire
« périr, puisque Paul paraît innocent du meurtre de
« Simon : il est juste toutefois que, pour son impiété,
« il ait la tête tranchée. Quant à Pierre, qui a commis
« un homicide, il doit être élevé en croix. » César ayant adopté cet avis, les docteurs du salut éternel furent aussitôt éloignés de la présence de l'empereur, et remis aux mains de Paulin.

« Ce Paulin, l'un des plus illustres magistrats de Rome, fit saisir les Apôtres du Christ, et les renferma dans la prison Mamertine sous la garde de Processus, de Martinien, et de quelques autres soldats. Ils restèrent là pendant neuf mois, et ils y guérirent par leurs prières un grand nombre de malades et de démoniaques qui étaient venus vers eux. Enfin tous ceux qui étaient dans la prison avec eux criant sans cesse et réclamant unanimement de l'eau pour calmer la soif qui les tourmentait, aussitôt les bienheureux Apôtres prièrent le Seigneur, et furent promptement exaucés par celui auquel ils s'étaient attachés. En effet, le bienheureux apôtre Pierre, ayant fait un signe de croix sur le mont Tarpéien, au même moment une fontaine en jaillit. Alors Processus et Martinien, et tous ceux qui étaient dans la prison se prosternèrent aux pieds de l'apôtre Pierre. Quarante-sept personnes, croyant au Seigneur, furent baptisées alors. L'apôtre offrit pour elles un sacrifice de louanges au Seigneur, et tous les dimanches les fit participer à l'Eucharistie.

« A la vue de tant de miracles, les officiers Processus et Martinien dirent aux Apôtres : « Allez où « vous voudrez ; Néron vous a oubliés et n'attend « rien de vous. » Pierre et Paul, suppliés par leurs frères de sortir de la prison, la quittèrent après neuf mois de captivité, et gagnèrent une des portes de la ville, en passant par la voie Appienne. Alors Paul alla trouver, dans la ville de Rome, ses amis et les personnes qui le connaissaient. Il fortifia dans la foi les Romains, et les autres croyans qui se réjouissaient vivement de sa libération. Suivant sa manière accoutumée, il répandit avec abondance la parole de Dieu, et, avec le secours du Seigneur, il augmenta encore pendant quelques jours le nombre des fidèles. Le bienheureux Pierre, qui avait eu la jambe démise par les fers dont il avait été enchaîné, et dont la bande qui couvrait la blessure vint à tomber dans la voie nouvelle, parvenu près de la porte Appienne, vit le Seigneur Jésus-Christ. Aussitôt que Pierre le reconnut, il l'adora et lui dit : « Seigneur, où allez-vous? » Jésus lui répondit : « Pierre, suivez-moi ; car je vais à Rome « me faire crucifier une seconde fois. » L'apôtre ayant suivi le Sauveur rentra dans Rome, et Jésus lui dit : « Ne craignez rien ; car je suis avec vous « jusqu'à ce que je vous introduise dans la maison « de mon père. »

Pierre était à peine rentré dans la ville le matin que les magistrats le firent saisir et le traduisirent au tribunal de l'empereur. Néron, se rappelant ce qui s'était passé, ordonna que Pierre serait élevé en croix, et que Paul serait décollé. Pierre, conduit au pied de la croix, et tout occupé de choses célestes, considérant sagement, dans son esprit, que le Seigneur Jésus-Christ, qui était descendu du ciel sur la terre, avait été élevé sur une croix plantée droite, pria les bourreaux de retourner la sienne et de le crucifier la tête en bas. Ils retournèrent la croix et lui attachèrent les pieds en haut et les mains vers la terre. Alors une innombrable multitude de peuple se rassembla, et sa colère fut si violente qu'elle voulut jeter dans les flammes l'empereur Néron lui-même. Pierre arrêtait cette multitude en disant : « N'allez pas, mes chers enfans, n'allez pas mettre

« obstacle à mon départ ; mes pieds marchent déjà
« dans la céleste voie. Gardez-vous de vous attrister,
« partagez plutôt ma joie, puisque j'obtiens aujour-
« d'hui le fruit de mes travaux. »

Après une longue exhortation, dans laquelle il expliqua parfaitement la figure de la croix du Christ qu'il imitait, il pria, et, rendant grâces à Dieu, il dit : « Je vous rends grâces, bon pasteur, parce que
« le troupeau que vous m'avez confié compatit à mon
« sort ; Seigneur, je vous le demande, qu'il parti-
« cipe comme moi à votre bonté dans votre royaume. »
Il ajouta : « Bon pasteur Jésus-Christ, je vous re-
« commande le troupeau que vous m'avez remis,
« afin qu'il ne s'aperçoive pas qu'il est privé de moi
« quand il est sous la garde de celui par lequel j'ai
« pu le conduire jusqu'à ce jour. » A ces mots il rendit l'esprit.

Aussitôt des hommes qu'on n'avait jamais vus dans ce lieu et qui n'y reparurent plus, se montrèrent tout à coup, et dirent qu'ils étaient venus de Jérusalem à cause de Pierre. Réunis à l'illustre Marcel, ils enlevèrent secrètement le corps de l'apôtre, et le déposèrent sous un térébinthe près de la naumachie dans le lieu qu'on nomme le Vatican. Ils attestèrent que cet événement avait donné aux Romains de grands protecteurs au ciel, dans la personne de ces deux grands patrons qui avaient été honorés de l'amitié du Seigneur Jésus-Christ.

Maintenant je vais, en peu de mots, tirer de l'histoire de la passion du docteur des Gentils le récit du combat glorieux qu'il soutint, de la course qu'il termina, et du voyage par lequel il parvint à sa suprême vocation. Je raconterai ces choses avec vérité à la louange de notre ineffable Sauveur.

Aussitôt que Paul fut sorti de prison, comme nous l'avons dit, il regagna le jardin où il demeurait auparavant. Là une nombreuse réunion de ses amis vint lui témoigner sa joie. Enfin un certain jour, qu'il enseignait la doctrine du salut, et que, vers le soir, dans un appartement élevé, il instruisait la multitude, Patrocle, échanson de l'empereur, s'étant soustrait aux regards de la cour, se rendit à la nuit, et sur l'invitation de ses collègues, à la demeure de Paul, afin d'entendre de sa bouche l'enseignement de la vie éternelle. La foule du peuple n'ayant pas permis à ce seigneur de parvenir jusqu'auprès du maître pour entendre commodément la parole de Dieu qu'il aimait avec ferveur, il monta sur une fenêtre très-haute, et s'assit sur elle en dehors. La prédication très-étendue s'étant beaucoup prolongée, et le jeune homme, accablé de sommeil, ayant commencé à dormir un peu, par l'effet des embûches du malin esprit, il tomba de la fenêtre de la chambre qui était fort élevée et rendit l'esprit aussitôt. Cet accident fut annoncé à Néron à son retour du bain. Comme il aimait beaucoup ce jeune homme, il fut vivement attristé et choisit un autre officier pour le remplacer dans l'emploi d'échanson.

Paul, qui continuait d'instruire le peuple dans l'intérieur de sa chambre, sut aussitôt par le Saint-Esprit ce qui venait de se passer : il l'annonça à l'assistance, et se fit, sur-le-champ, apporter ce corps qui était inanimé. Le cadavre ayant été déposé dans la chambre, Paul harangua la multitude, et l'exhorta à prier avec une pleine foi le Seigneur Jésus pour la résurrection du mort. Tout le monde s'étant prosterné et mis en prière, aussitôt qu'elle fut finie, Paul s'exprima ainsi : « Jeune Patrocle, levez-vous, « et racontez ce que vous a fait le Seigneur. » Soudain Patrocle, sorti comme d'un songe, se mit à glorifier le Seigneur tout-puissant. Paul le renvoya en joie avec tous les autres officiers de la maison impériale.

Pendant que Néron était occupé à se lamenter sur la mort de Patrocle, et qu'il était plongé dans la profondeur immense de sa tristesse, il entendit dire autour de lui que Patrocle vivait, et qu'il arrivait aux portes du palais. A ces mots, César fut saisi d'effroi; il défendit qu'on laissât le jeune homme pénétrer jusqu'en sa présence. Cependant, à la persuasion de ses amis, il permit qu'il entrât. Quand il le vit plein de force et n'offrant aucun signe de mort, il resta stupéfait; et, s'étant entretenu avec lui, il vit qu'il était chrétien. Néron en fut enflammé de colère et lui donna un soufflet : Patrocle ne fit que s'en réjouir davantage dans le Seigneur Jésus.

Alors Barnabé et Just, le soldat Paul, Arion de Cappadoce, et Festus de Galatie, tous ministres de César, tous amis, dirent au prince : « Pourquoi frap- « pez-vous ce jeune homme d'une sagesse si droite « et d'une véracité si franche? Et nous aussi nous « combattons pour l'invincible roi Jésus-Christ, notre « Seigneur. » César, ayant entendu que dans un même sentiment, et dans les mêmes paroles, ces hommes proclamaient Jésus roi invincible, les fit jeter en prison, afin de faire torturer ceux qu'auparavant il avait trop aimés. Il fit aussi rechercher avec le plus grand soin tous les prédicateurs de ce grand roi, et rendit un édit barbare par lequel il ordonna de punir par différens tourmens et sans interrogatoire tous ceux que l'on trouverait, n'importe en quel lieu. En conséquence, les fidèles furent recherchés partout avec la plus grande rigueur par les agens du gouvernement. La plupart furent découverts et conduits devant César; parmi ceux-ci se trouva Paul, portant encore, au nom du Christ, ses fers accoutumés: il fut conduit enchaîné. Tous les autres Chrétiens le regardaient comme leur maître, honoraient à bon droit celui que le Seigneur avait désigné comme un vase d'élection, et le préféraient chacun à soi-même en toute chose. Aussi, sans autre indice, il fut facile à Néron de reconnaître que Paul était à la tête de la milice du grand roi. Lui ayant demandé pourquoi il s'était introduit en cachette dans l'empire Romain, pourquoi il détournait de son service ses soldats pour les attacher à celui de son roi, Paul, tout plein de l'Esprit-Saint, proclama avec constance, en présence de tous ceux qui étaient là, les vertus du Dieu tout-puissant, et les invita tous à mériter les largesses de cette main qui peut dispenser les plus riches présens à chacun selon ses mérites. Il prévint César lui-même qu'il devait obéir fidèlement au roi suprême. Enfin il lui assura que son roi viendrait juger les vivans et les morts, et qu'il détruirait par le feu la forme de ce monde. A ces mots, le César Néron fut enflammé de colère et ordonna que tous les soldats du Christ fussent jetés sur le bûcher. Quant à Paul, traité comme criminel de lèze-majesté, un sénatus-consulte prescrivit que, suivant les lois romaines, il aurait la tête tranchée. Néron le fit livrer à Longin et à Mégiste, préfets, ainsi qu'au centurion Ceste pour qu'il fût mis à mort hors de la ville. Chemin faisant, Paul leur prêcha, sans interruption, la parole du salut. Les ministres et les officiers de Néron employèrent toute leur activité pour découvrir et livrer à la mort tous les Chrétiens qui étaient cachés ; il en résulta un massacre si considérable de fidèles que le peuple romain se précipita vers le palais impérial et faisait tous ses efforts pour exciter une sédition contre César lui-même. Ce fut alors que Néron, effrayé des clameurs populaires, publia un autre édit pour ordonner de laisser les Chrétiens vivre en paix : c'est pourquoi Paul fut une seconde fois présenté à ses regards. Dès que Néron le vit, il s'écria avec violence : « Eloignez ce magicien, éloignez cet auteur de maléfices ! Qu'on décolle cet imposteur, faites disparaître de la surface de la terre ce novateur qui vient changer les esprits. » Paul eut la constance de déclarer qu'après sa mort il vivrait éternellement et qu'il demeurerait avec son invincible roi, et que, pour preuve de la foi qu'on devait à ses paroles, il se présenterait vivant, après sa décollation, de la manière la plus claire, en présence de l'empereur. Enfin Paul, plein de joie, fut conduit au supplice, et ne cessa de prodiguer les paroles de vie à ses bourreaux et à tous ceux qui les accompagnaient. Avec l'aide du Saint-Esprit, il démontra la vanité de l'idolâtrie et prouva que, pour peu que l'on raisonnât, elle n'était rien du tout. Il exposa admirablement la vraie foi et la connaissance du vrai Dieu. Il pérora avec magnificence sur la damnation des réprouvés et la glorification des justes. Ce ne fut pas inutilement qu'il parla ; son divin sermon porta soudain ses fruits. En effet il toucha et enflamma les cœurs de tous les assistans, et changea en gémissemens la voix de convertis repentans de leurs crimes passés.

Cependant ces saintes occupations amenaient du retard, et une nombreuse multitude élevait fortement la voix. Néron envoya Parthénius et Féritus pour voir si ses ordres étaient accomplis et pour accélérer la passion de l'apôtre, si tant était qu'il vécût encore. Paul s'empressa de leur offrir la semence du salut; mais, comme la perversité l'emportait en eux, il ne put réussir sur ces cœurs endurcis. Comme il marchait avec une innombrable escorte, il rencontra vers la porte de la ville de Rome Plantilla, dame d'une grande qualité : « Adieu, lui dit-il, Plantilla, fille du « salut éternel. » Il lui demanda le voile dont sa tête était couverte, afin de se bander les yeux à l'heure de sa passion. Cette dame, tout en pleurs, se recommanda à ses prières, lui présenta aussitôt le voile et se retira un peu à l'écart pour éviter la foule, ainsi que l'apôtre le lui avait ordonné. Paul la réconforta contre les insultes des païens qui lui reprochaient de croire un magicien et imposteur ; il lui prescrivit d'attendre à l'écart sa venue, et lui dit qu'elle recevrait, par le moyen de son voile, des signes certains de sa mort. Il instruisit en peu de mots Longin et ceux de ses compagnons qui croyaient, comment et par qui ils pourraient se faire baptiser après sa mort. Parvenu au lieu de sa passion, il se tourna vers l'Orient, tendit les mains au ciel, pria très-long-temps en hébreu, répandit des larmes et rendit grâces à Dieu. Ensuite, prenant congé de ses frères, il les bénit, se banda les yeux avec le voile de Plantilla, fléchit à terre l'un et l'autre genou et tendit le col. Le bourreau frappa avec force et enleva la tête. Lorsqu'elle fut séparée du corps, elle fit encore entendre clairement en hébreu le nom de Jésus-Christ. Aussitôt un jet de lait s'élança du corps de l'apôtre sur le vêtement du soldat, et le sang coula ensuite. On ne retrouva plus le voile qui avait servi à lui bander les yeux au moment de la décollation. Une si grande immensité de lumière et une odeur si suave descendirent des cieux que les yeux des assistans n'en pouvaient supporter l'éclat, et qu'aucune langue humaine n'en pourrait décrire le parfum. Tous ceux qui virent ces choses furent plongés dans l'admiration et louèrent, pendant plusieurs heures, l'invincible roi Sabaoth. Cependant Parthénius et Féritus s'en retournèrent, et parvinrent à la porte de la ville : ils y trouvèrent Plantilla qui glorifiait le Seigneur. Ils lui demandèrent, par dérision, pourquoi elle ne couvrait pas sa tête du voile qu'elle avait prêté à Paul. Elle leur répondit avec courage, enflammée qu'elle était de la chaleur de la foi : « Hommes vains et misérables, qui « ne savez pas croire les choses mêmes que vous « voyez de vos propres yeux et que vous touchez de « vos propres mains ! le voici le voile que j'avais « prêté ; il est honoré du précieux sang qu'il a reçu. » Ensuite elle raconta avec une sainte allégresse que Paul était descendu du ciel, accompagné de troupes innombrables d'anges vêtus de blanc ; qu'il lui avait rapporté son voile; qu'il lui avait rendu grâce de sa complaisance, et qu'il lui avait promis les récompenses éternelles. Aussitôt Plantilla tira le voile de son sein et le leur montra tout couvert des roses du sang du martyr. Ces hommes, frappés d'une excessive crainte, doublèrent le pas pour se rendre auprès de César et lui annoncer ce qu'ils avaient vu ou entendu. Lorsqu'il eut appris ces choses, il s'en étonna étrangement; et, frappé d'une grande frayeur, il s'occupa de tout ce qui lui était annoncé avec les philosophes, avec ses amis et avec les ministres de la république.

Vers la neuvième heure, pendant qu'on était plongé dans l'étonnement, que les questions se multipliaient et que tout le monde s'en entretenait, Paul entra dans le palais quoique les portes en fussent fermées, et debout devant César, il lui dit: « César Néron, « vous voyez en moi Paul, soldat du roi éternel et « invincible! Croyez donc maintenant que je ne suis « pas mort, mais que je vis par mon Dieu. Quant à « toi, misérable, des malheurs affreux te mena- « cent. En peu de temps tu éprouveras un grand « supplice, et ta perte sera éternelle, parce que, « entre autres forfaits que tu as commis, tu as injus- « tement versé le sang d'un grand nombre de jus- « tes. » Disant ces mots, l'apôtre disparut soudain. Néron ayant entendu ces paroles fut frappé d'épouvante au-delà de ce qu'on peut dire; et, devenu comme fou, il ne savait plus ce qu'il devait faire. Enfin, convaincu par ses amis, il fit mettre en liberté Patrocle et Barnabé, et tous ceux qui avaient été jetés dans les fers avec eux. Longin et ses compagnons, comme Paul le leur avait prescrit, vinrent à son tombeau. Ils y trouvèrent deux hommes qui priaient, ayant Paul debout au milieu d'eux. Effrayés de cette merveille, ils n'osèrent approcher davantage. Quand ils virent s'avancer vers eux les préfets et le centurion qui avaient assisté au supplice de Paul, ils prirent aussitôt la fuite, saisis qu'ils étaient d'une frayeur humaine. Aux pieuses supplications de ces magistrats, les fidèles s'arrêtèrent; et, ayant reçu leur profession de foi, ils les baptisèrent avec une joie toute spirituelle.

Dans ce temps-là une grande persécution tonna sur les Chrétiens : cette première calamité fournit aux suivantes un admirable exemple de vertu et de constance. En Toscane, Tropès, un des grands officiers de Néron, fut décollé, après de longs tourmens; à Rome, Processus et Martinien et quarante-six de leurs compagnons furent baptisés par le bienheureux apôtre Pierre. Enfin Tite et Luc revinrent à eux de l'extase où les plongeait la prière. Longin et deux autres particuliers furent convertis par Paul, et reçurent de Tite et de Luc la salutaire absolution. Ceux-ci suivirent pas à pas, par la foi et le martyre, les docteurs qui les avaient instruits. A Milan, Nazaire, Gervais, Protais et Celse, encore enfant, furent martyrisés. C'est ainsi que Néron ajouta la théomachie [1] à ses innombrables forfaits, et encourut à bon droit l'exécration de son armée et du peuple romain, qui décidèrent que ce prince serait frappé publiquement de verges jusqu'à la mort. Lorsqu'il eut appris cette sentence, la terreur et un insupportable effroi s'emparèrent de

[1] La guerre contre Dieu, c'est-à-dire la persécution des Chrétiens.

lui ; le malheureux prit la fuite et ne reparut plus. Quelques personnes rapportent, que pendant qu'il errait dans sa fuite, il périt de faim et de froid, et fut dévoré par les loups.

Tels sont les faits principaux que j'ai trouvés épars relativement aux suprêmes sénateurs de l'Eglise, et que j'ai recueillis avec simplicité et concision : ils sont tirés d'un grand nombre de volumes, et j'ai décrit d'un style véridique ces faits mémorables pour les transmettre à la mémoire de la postérité.

Pierre prêcha pendant sept ans dans la Judée, et siégea sept autres années à Antioche ; il se rendit à Rome sous l'empire de Claude César, pour combattre le magicien Simon, et pendant vingt-cinq ans il y prêcha l'Evangile, en même temps qu'il y occupa le premier le siége pontifical. L'an trente-sixième après la passion du Christ, le 3 des calendes de juillet, ( 29 juin ) il fut crucifié ; et son corps fut inhumé sur le Vatican le long de la voie Aurélienne. Le même jour Paul souffrit noblement la passion après d'innombrables combats et les plus grands travaux : il fut décollé sur la voie d'Ostie, au second mille, dans des jardins qui sont situés sur les eaux Salviennes. Ainsi les deux apôtres souffrirent à Rome pendant le règne de César Néron, sous le consulat de Bassus et de Tuscus : le premier est honoré par toute la ville près de la voie triomphale, et l'autre jouit d'un pareil honneur sur la voie d'Ostie.

Rome, capitale du monde, se glorifie avec raison d'avoir pour patrons ces sublimes personnages, vers lesquels un peuple fidèle s'empresse d'accourir de toutes les parties du monde afin que, soutenu par ces puissans avocats, il soit éternellement protégé contre tous ses ennemis, et contre toutes les puissances. Tout l'univers ressent leur assistance, lorsqu'il demande avec une dévotion convenable la faveur de leur suffrage, assisté de Dieu, ce roi suprême qui, triple et unique à la fois, vit et règne par tous les siècles des siècles. Ainsi soit-il !

André, frère de Simon Pierre, d'après l'étymologie hébraïque, signifie beau ou répondant ; mais en grec, ἀπὸ τοῦ ἀνδρός¹, venant du mot homme, signifie viril. Cet apôtre eut pour son partage dans la prédication la Scythie et l'Achaïe. C'est dans cette dernière contrée, à Patras, que le deuxième jour des calendes de décembre (30 novembre), il mourut suspendu à la croix. Nous possédons un excellent ouvrage sur ses vertus, dans lequel sont rapportées beaucoup de choses admirables sur ce bienheureux martyr ; j'ignore le nom de l'auteur de ce livre, mais le récit des belles choses qu'il renferme me semble à bon droit fait pour plaire au lecteur. C'est pourquoi j'en vais tirer succinctement et insérer dans cet opuscule les choses les plus remarquables à la louange du Messie tout-puissant.

Quand Matthieu, apôtre et évangéliste, annonça la parole du salut aux Myrmidons, il leur fut arraché par de cruels citoyens, et jeté en prison dans les fers après avoir eu les yeux arrachés. D'après les ordres de l'ange de Dieu, l'apôtre André se rendit sur le bord de la mer. Il y trouva un vaisseau sur lequel il

---

(1) Il y a là, dans le texte publié, une plaisante bévue : au lieu des trois mots grecs, on a mis : *A potu Andreas.*

monta aussitôt, et, secondé par les vents, il arriva dans la ville où saint Matthieu était retenu dans les horreurs du cachot.

Dès qu'André vit son co-apôtre livré à la plus grande douleur avec plusieurs autres prisonniers, il se mit à pleurer amèrement. Ils firent ensemble la prière ; aussitôt la terre trembla et une grande lumière brilla dans la prison. Les yeux du saint évangéliste lui furent rendus ; les chaînes de tous les captifs se brisèrent, et Matthieu comme tous les autres qui partageaient son sort se trouvèrent mis en liberté et partirent. André ayant prêché aux habitans de ce pays la parole de Dieu, fut saisi par eux et traîné les pieds liés par toutes les places de la ville ; ses cheveux étaient arrachés et le sang lui coulait de la tête. Enfin aux prières de l'apôtre une grande terreur se répandit sur tous les habitans de la Myrmidonie, qui se hâtèrent de le remettre en liberté. Alors s'étant prosternés à ses pieds, ils reçurent sa prédication, et, divinement inspirés, ils crurent au Seigneur et se firent baptiser. André les quitta, revint dans son pays, y toucha les yeux d'un certain aveugle et lui rendit aussitôt la lumière.

Démétrius, chef de la ville d'Amasie, ayant entendu parler des miracles qu'André faisait au nom de Jésus-Christ, vint en larmes se jeter aux pieds de l'apôtre, pour le prier de rendre à la vie un jeune égyptien, que la fièvre venait de faire mourir. André, plein de douceur, le consola dans son affliction, se rendit avec lui dans le séjour du deuil, se mit en prières, et soudain l'enfant sain et sauf se leva. Tous ceux qui virent ce miracle se réjouirent, crurent et furent baptisés.

Sostrate, jeune chrétien, ayant été par sa mère engagé à l'inceste, s'enfuit auprès de l'apôtre : cette femme pleine de dépit accusa son fils devant le proconsul. Le jeune homme se taisant par pudeur, saint André l'excusa, et publiquement réprimanda cette impudique sur son crime. Le proconsul, irrité, fit renfermer le jeune homme dans le sac des parricides et jeter dans le fleuve, tandis que l'on conduisait André en prison. Pendant que l'apôtre priait, un grand tremblement de terre accompagné de coups de tonnerre affreux renversa le proconsul de son siége et jeta les assistans par terre. La mère de l'enfant, frappée de la foudre, fut brûlée et mourut. Alors le proconsul se jeta aux pieds de l'apôtre en disant : « Serviteur de Dieu, ayez pitié de ceux qui vont périr, et ne souffrez pas que la terre nous engloutisse. » Aux prières d'André le tremblement de terre cessa ; la sérénité reparut dans les airs, et lui-même parcourant les rangs guérit tous ceux que la crainte avait troublés. Le proconsul reçut la parole de Dieu, il crut au Seigneur ainsi que toute sa famille, et se fit baptiser par l'apôtre.

Gratien de Sinope, pris de la fièvre, fut gravement malade ; sa femme même enfla d'hydropisie. Son fils aussi s'étant lavé dans un bain de femme, était gravement tourmenté par le démon, qui lui fit perdre la raison. Prié par le proconsul, André monta en voiture pour se rendre à la ville ; il entra chez Gratien, chassa le démon, et guérit le jeune homme qu'il purifia. Il réprimanda un mari et sa femme, souillés de la contagion de l'adultère, et les guérit après avoir reçu d'eux la promesse qu'ils s'amenderaient; rétablis l'un et l'autre, ils reçurent la foi de Jésus-Christ, et se firent baptiser pleins de joie avec toute leur maison.

À Nicée, sept démons se cachaient le long de la voie publique dans des tombeaux. Ils lapidaient tous les hommes qui passaient à midi, et ils en avaient déjà tué un grand nombre. Enfin, ayant appris l'arrivée de l'apôtre, toute la ville fut au comble de la joie; on alla au devant de lui avec des rameaux, et on s'écria : « Homme de Dieu, notre salut est en vos « mains. » On lui exposa toute la suite de l'affaire, et bientôt ils reçurent aussi de l'apôtre toutes les règles de la foi et de la religion. Aussitôt ils se réjouirent, crurent au Seigneur et professèrent Jésus-Christ fils de Dieu. Cependant André rendit grâce au Sauveur de cette prompte conversion. Il fit paraître devant le peuple les sept démons, sous la forme de chiens, et, pour que désormais ils ne pussent nuire à personne, il les relégua dans des lieux arides et stériles. C'est ainsi que, par la vertu de Dieu, il délivra la ville de Nicée, baptisa les croyans, et leur donna pour évêque Célestin, homme bon et sage.

André s'étant rendu à Nicomédie, trouva aux portes de la ville un jeune homme mort étendu sur un grabat, dont il vit les parens courbés sous le poids de l'âge, et qui suivaient en pleurant à chaudes larmes le cadavre de leur fils. Plein de douleur pour tant de larmes, il leur demanda comment ce jeune homme était mort. Ces gens effrayés ne lui répondant pas, il l'apprit de leurs domestiques : ce jeune homme étant seul dans sa chambre, sept chiens survinrent tout à coup qui se jetèrent sur lui. Déchiré par eux misérablement, il tomba mort. André reconnut ainsi l'œuvre des sept démons qu'il avait chassés de Nicée. Soupirant vers le ciel, il demanda à Dieu la vie du défunt. Ayant fait sa prière, il se tourna vers le cercueil et dit : « Au nom de Jésus-Christ, levez-vous! » L'enfant se leva, au grand étonnement du peuple, et s'attacha à celui qui venait de le ressusciter. L'apôtre emmena avec lui jusqu'en Macédoine ce jeune croyant, qu'il instruisit par les paroles du salut. Sorti de la ville, il monta sur un vaisseau, entra dans l'Hellespont, et se disposa à se rendre à Byzance. Voilà que tout à coup la mer s'agita, le vent s'éleva violemment, le navire allait être englouti, et les matelots s'attendaient à périr. Enfin le bienheureux André adressa sa prière au Seigneur, qui ordonna au vent de se taire, et à la tranquillité de renaître. Une heureuse navigation conduisit bientôt à Byzance tous les passagers délivrés du danger.

Comme ils s'approchaient de la Thrace, une grande multitude d'hommes se présentèrent tous le glaive à la main, brandissant la lance et prêts à fondre sur tout ce qui allait débarquer. Le bienheureux André fit sur eux le signe de la croix, et pria Dieu pour la conservation de ses compagnons de voyage. L'ange du seigneur, passant avec une grande lumière, toucha les glaives des ennemis, qui, s'étant jetés par terre, laissèrent passer, sans aucun accident, l'homme de Dieu et ceux qui l'accompagnaient. L'apôtre André se rendit à Bérinthe, ville maritime de Thrace, et y trouva un bâtiment qui partait en toute hâte pour la Macédoine ; l'ange de Dieu lui prescrivit de s'y embarquer.

Y étant entré, il y prêcha la parole de Dieu, et le nocher ainsi que les matelots crurent au Seigneur.

Exoüs, jeune homme noble et très-riche, habitait Thessalonique. A l'insu de sa famille, il alla trouver l'apôtre, et l'ayant entendu prêcher la parole de Dieu, il crut au Seigneur, et, laissant là avec dédain ses parens et ses biens, il s'attacha à lui. Sa famille s'étant mise à sa recherche, le trouva à Philippes, et s'efforça, mais en vain, en employant tour à tour les présens et les menaces, de le détacher de l'apôtre. Celui-ci les prêcha, mais ils méprisèrent la parole du salut, et, ayant réuni une troupe nombreuse, ils essayèrent de mettre le feu à la maison. Munis de faisceaux de joncs, de glaïeuls et de torches, ils commençaient à réussir dans leur attaque. Alors le jeune homme, ayant invoqué le nom du Christ, jeta sur le feu une fiole d'eau, dont la vertu divine éteignit aussitôt l'incendie comme s'il n'eût point été allumé. Ensuite les furieux approchèrent des échelles pour envahir la maison et faire périr sous le glaive ceux qui s'y étaient retirés; mais ils furent aveuglés par la puissance de Dieu, qui les empêcha ainsi d'effectuer leur escalade. Alors un certain Lysimaque, citoyen de la ville, reconnut la main de Dieu, et réprimanda hardiment en ces termes la folie de ses voisins : « Sim-
« ples mortels, pourquoi vous consumer en travaux
« inutiles? Dieu lui-même combat pour ces hommes,
« et vous ne vous en apercevez pas ! Renoncez à votre
« entreprise insensée, de peur que la colère céleste
« ne vous anéantisse. » A ces mots, tous les cœurs furent frappés de componction, et, les ténèbres de la nuit venant à s'étendre sur la terre, ils furent illumi-

nés par un éclat soudain qui venait des cieux. Étant montés, ils trouvèrent l'apôtre en prière. Ils se prosternèrent sur le pavé, et sollicitèrent ses bontés et leur pardon, qu'ils obtinrent. L'apôtre les releva avec bonté, les fortifia dans la foi, et ils louèrent ensemble le Tout-Puissant. Les parens de l'enfant furent les seuls qui ne crurent pas. Après avoir maudit leur fils, ils retournèrent dans leur patrie; et, cinquante jours après leur retour, ils moururent ensemble à la même heure. Alors le jeune homme reçut de ses concitoyens, dont il était chéri, tout son patrimoine. Comme il s'était attaché à l'apôtre, il distribua aux pauvres tout le prix de ses biens. Quelque temps après, ils partirent ensemble pour Thessalonique : tous les citoyens se réunirent, pleins de joie, autour d'eux dans le théâtre. Exoüs leur prêcha la parole de Dieu; le bienheureux André, admirant sa sagesse, l'écoutait en silence. Enfin, à la demande de la multitude, l'apôtre fit apporter devant lui Adimathus, fils de Carpien, lequel était malade. Ce jeune homme, ayant reçu de son père la nouvelle de sa guérison, crut, prit ses vêtemens, se leva sain et sauf après vingt-trois ans de grabat, et, courant rapidement, devança ses parens, se rendit au théâtre, s'y prosterna aux pieds de l'apôtre, et, au grand étonnement des peuples, lui rendit grâces de sa santé qu'il venait de recouvrer. Un Thessalonicien ayant prié l'apôtre en faveur de son fils qui était possédé du démon, Satan, auteur de cette obsession, étrangla le malheureux dans une chambre secrète. Le père ayant trouvé son fils mort, et étant par conséquent fort affligé, toutefois robuste dans sa foi, ne perdit pas l'espérance, fit porter le corps au théâtre par ses amis, et raconta à l'apôtre tout ce qui était arrivé. Celui-ci se tourna vers le peuple, et dit : « Hommes de Thessalonique, que sert-il d'offrir des « miracles à vos yeux, si vous ne croyez pas? » Comme ils promirent de croire s'ils voyaient un miracle, l'apôtre André dit au défunt : « Au nom de Jésus-Christ, « levez-vous, jeune homme! » Aussitôt le mort ressuscité se leva, et le peuple étonné tint fidèlement la promesse qu'il avait faite de recevoir la foi.

Médias de Philippes, tout en pleurs de voir son fils malade, alla prier l'apôtre qui, plein de douceur, reçut son invitation avec bienveillance, et, lui prenant la main, se rendit avec lui à Philippes. Comme ils entraient aux portes de la ville, un vieillard accourut, et réclama les bontés d'André pour ses fils que Médias faisait tourmenter en prison à cause d'une faute qu'ils avaient commise. Sur l'invitation de l'apôtre, Médias se jeta à ses pieds, et fit grâce non seulement aux deux fils du vieillard, mais encore à sept autres prisonniers en faveur desquels personne ne sollicitait, afin de pouvoir ainsi par ses bonnes œuvres obtenir la guérison de son fils. Les prisonniers ayant été délivrés, l'apôtre guérit Philomède qui depuis vingt-deux ans était impotent.

Enfin, aux acclamations des peuples qui demandaient aussi la guérison de leurs malades, André, confiant dans le Seigneur, dit au jeune homme qu'il venait de guérir : « Allez dans les maisons des ma« lades, et, au nom de Jésus-Christ qui vous a « rendu la santé, ordonnez-leur de se lever. » Il s'empressa d'obéir aux ordres de l'apôtre. Le peuple crut en voyant tant de miracles, et offrit beaucoup de présens au bienheureux André : mais celui-ci, qui prêchait gratuitement pour tous la parole de la vie, ne voulut rien accepter.

Il guérit aussi gratuitement la fille de Nicolas qui était languissante, et pour la guérison de laquelle le père offrait de riches présens. Il profita de ce miracle pour engager tous les assistans à embrasser la foi.

La réputation de l'apôtre André s'étendait par toute la Macédoine, et publiait les prodiges que ses vertus opéraient sur les malades. C'est ce qui irrita contre lui le proconsul Virin ; il envoya à Thessalonique des soldats pour saisir André ; mais ayant vu l'éclat de son visage, ils n'osèrent pas même le toucher. Les peuples qui croyaient au Seigneur, ayant appris qu'une troupe armée se présentait pour s'emparer de l'apôtre, tirèrent leurs glaives, s'armèrent de bâtons, et dans leur fureur voulaient tuer les soldats. Malgré ses défenses, il eut peine à les préserver de la mort. Le proconsul envoya une nouvelle troupe : elle n'eut pas plutôt vu l'apôtre que le trouble dont elle fut saisie l'empêcha de proférer une seule parole. Enfin, pour la troisième fois, le proconsul mit en route une multitude de soldats dont l'un était possédé du démon, et proféra contre le proconsul absent les paroles les plus violentes. Le démon sortit ensuite ; le soldat tomba et mourut. Cependant le proconsul vint lui-même, agité d'une grande fureur ; et, se tenant debout derrière André, ne put le voir jusqu'à ce qu'il parlât. Enfin ce malheureux, ayant vu le saint de Dieu, l'accabla d'injures et de menaces. Mais l'homme de bien essaya par la douceur de ses discours de calmer ce juge furibond.

Ayant prié le Seigneur, il ressuscita le soldat défunt. Le proconsul n'en persista pas moins dans sa fureur insensée. Dès le matin il fit introduire dans l'arène plusieurs bêtes féroces ; il y fit conduire l'apôtre qu'on leur abandonna. Les officiers du proconsul traînèrent André par les cheveux, le jetèrent dans l'arène, et lâchèrent sur lui un sanglier horrible et féroce. Cet animal tourna trois fois autour du saint de Dieu, et ne lui fit aucun mal. Par l'ordre du proconsul un nouveau sanglier fut amené par trente soldats, et lancé par deux chasseurs : mais il ne toucha pas à André, et mit les chasseurs en pièces. Enfin, poussant un épouvantable grognement, il tomba et expira. A cet aspect le peuple proclama les louanges du Seigneur. On vit un ange descendre du Ciel, et reconforter le saint resté dans le stade. Enfin le cruel proconsul, bouillant de colère, ordonna de lâcher un léopard fameux par sa férocité. Lancé contre l'apôtre, il se retira, monta jusqu'au siége du proconsul, saisit son fils et l'étrangla. Il fallait qu'une excessive folie possédât ce magistrat : car il n'eut aucune douleur, et ne dit rien de ce qui se passait. Alors le bienheureux fortifia le peuple dans l'amour de Dieu ; et, pour corroborer la foi, promit de ressusciter le fils du proconsul. Il se prosterna à terre, pria très-long-temps, prit la main du défunt, et le ressuscita au nom du Seigneur. Les peuples, qui virent ces choses, glorifièrent Dieu, et voulurent tuer Virin qui, dans son incrédulité, osait résister au saint de Dieu : mais l'apôtre ne permit pas ce meurtre. Le proconsul confus se retira du prétoire.

A la prière d'une certaine femme, le bienheureux

André se rendit dans un champ où se retirait un serpent qui dévastait toute la contrée, animal effroyable qui n'avait pas moins de cinquante coudées de longueur. L'apôtre s'en étant approché, le serpent, poussant de grands sifflemens et levant la tête, s'avança vers la foule épouvantée. Alors le saint de Dieu dit à cette bête féroce : « Cache ta tête, animal funeste ! « tu l'as élevée dès le commencement du monde « pour la mort du genre humain. Soumets-toi au « serviteur de Dieu, et meurs à l'instant. » Aussitôt le serpent rugit effroyablement, entoura un grand chêne qui était voisin, s'enlaça autour de son tronc, et, vomissant un ruisseau de venin avec son sang, il expira. L'apôtre alla ensuite au domaine de la femme dans lequel gisait mort un petit enfant que le serpent avait frappé. Il dit aux parens d'aller voir que celui qui l'avait tué était mort lui-même. Comme ils se retiraient, l'apôtre dit à la femme du proconsul : « Allez, et ressuscitez l'enfant. » Comme elle n'éprouvait aucun doute, elle s'approcha du corps, et dit : « Au nom de mon Dieu Jésus-Christ, lève-toi sain et « sauf. » L'enfant se leva aussitôt en présence de l'assemblée qui éprouvait une grande joie, et qui rendit grâces à Dieu.

La nuit suivante, le bienheureux André vit Pierre et Jean dans une vision, où il lui fut révélé que dans peu de temps il serait suspendu à la croix, et imiterait en cela la passion du Seigneur Jésus. Il convoqua ses frères, leur expliqua le sens de la vision, et les consola dans la douleur qu'ils éprouvaient de son prochain départ de cette vie. Pendant cinq jours il les instruisit sur leur salut, et, par de pieuses prières, recommanda à Dieu le troupeau de l'Eglise. Il partit ensuite pour Thessalonique.

Le proconsul Lisbius essaya de résister aux voies de Dieu : il envoya plusieurs fois des soldats pour s'emparer d'André. Mais il fut trompé dans ses desirs détestables : dès l'arrivée de l'apôtre, il fut cruellement flagellé par deux démons. C'est pourquoi, allant trouver l'homme de Dieu, il confessa son iniquité en présence de tout le peuple ; puis, ayant reçu volontiers de l'apôtre la parole de Dieu, il fut guéri de ses blessures, crut au Seigneur, et ne cessa de marcher avec diligence dans la voie divine.

Cependant Caliste, femme du proconsul, éprouvait une violente jalousie contre Trophime, qui avait été autrefois la concubine de ce magistrat, mais qui, ayant formé avec un autre homme une nouvelle liaison, s'était attachée à la doctrine apostolique. C'est ce qu'ignorait Lisbius ; il fit mander un commissaire, lui prescrivit de condamner Trophime comme prostituée, et de la conduire au lieu de débauche. En conséquence, Trophime subit cet arrêt, fut livrée au chef de la maison et ne cessa de prier le Seigneur. Lorsque des libertins se présentaient à elle, elle leur opposait l'Evangile qu'elle portait toujours sur sa poitrine, et tout à coup leur ardeur impudique se refroidissait. Un jour elle fut attaquée par un débauché très-emporté qui voulut la violer : elle résista, et pendant la lutte l'Evangile tomba par terre. Alors Trophime, affligée, leva les mains au ciel et dit en pleurant : « Seigneur, ne souffrez pas que je sois déshonorée, « vous dont le nom m'a fait chérir la chasteté. » Aussitôt l'ange du Seigneur apparut, et le jeune débauché tomba à ses pieds où il expira. Réconfortée par la grâce divine, elle bénit le Sauveur, et au nom du Christ ressuscita le jeune homme. Toute la ville accourut à ce spectacle. Caliste se rendit au bain avec son commissaire. Lorsqu'ils étaient ensemble dans l'eau, un horrible démon leur apparut, les frappa tous deux et les fit mourir. Ce fut la cause d'un grand deuil, et cet événement inattendu fut rapporté à l'apôtre et au proconsul. Cependant la nourrice de Caliste, tellement accablée par la vieillesse qu'on était obligé de la porter, alla prier André de ressusciter la défunte. Quoique le mari fût justement irrité du crime qu'elle venait de commettre, l'apôtre, plein de douceur, fit apporter le corps en public; il pria, s'en approcha, et lui toucha la tête en disant : « Au nom de Jésus-Christ mon Dieu, levez-vous ! » Aussitôt la femme se leva et demanda à se réconcilier avec Trophime. A la vue de ces miracles divins, le proconsul Lisbius fit, grâce à l'apôtre, de grands progrès dans la foi, et suivit fidèlement ses conseils en toutes choses.

Un jour qu'ils étaient ensemble assis sur le rivage et que beaucoup de personnes y écoutaient pieusement de la bouche de l'apôtre la parole de Dieu qu'il leur prêchait, un cadavre fut jeté par la mer aux pieds d'André, qui le ressuscita soudain après avoir adressé ses prières au Seigneur. Ce cadavre était celui d'un jeune homme nommé Philopator, fils de Sostrate, citoyen de Macédoine. Comme il pleurait la perte de ses compagnons qui avaient été engloutis par les flots, et qu'il suppliait l'apôtre de les rendre à la vie, celui-ci adressa ses prières au ciel, et l'onde obéissante ayant amené trente-neuf cadavres, il les ressuscita en ordonnant à chacun des frères qui se trouvaient là, d'imposer la main sur un corps et de lui dire : « Que Jésus-Christ, fils du Dieu vivant, te ressus- « cite ! » C'est ainsi que trente-neuf hommes furent rendus à la vie et glorifièrent le Seigneur Tout-Puissant. Après beaucoup de miracles et de bonnes œuvres qu'il m'est impossible de rapporter en détail, le bienheureux apôtre André alla à Patras, où se trouvait gravement malade Maximille, femme du proconsul Egée, qui avait succédé à Lisbius. Alors Effidime, qui avait été convertie par l'enseignement de Sosie, pria l'apôtre de visiter Maximille qui était malade de la fièvre. Il se rendit dans la chambre de la malade, conduit par Effidime. Il fit sa prière : la fièvre disparut, et la malade fut guérie. Le proconsul offrit au saint de Dieu cent pièces d'argent qu'il ne voulut pas même regarder.

Pendant que le bienheureux apôtre opérait à Patras de nombreux miracles, et qu'à la vue des secours corporels qu'il prodiguait, plusieurs personnes passaient à la foi du Christ, Stratocle, frère du proconsul Egée, arriva d'Italie. Il avait un esclave nommé Algmana, qu'il aimait beaucoup, et qui, obsédé par le démon, gisait écumant dans la cour. Tout à coup un grand tumulte s'étant élevé, Stratocle, en proie à la plus vive douleur, fit, à la persuasion de Maximille et d'Effidime, appeler chez lui le bienheureux André. Aussitôt que l'apôtre eut prié, le jeune démoniaque fut guéri. C'est ce qui détermina Stratocle à croire au Seigneur : fortifié dans la foi, il s'attacha à l'apôtre, pour entendre de lui la parole de Dieu. Egée s'était rendu en Macédoine, et Maximille, qui était embrasée d'un amour spirituel, cherchait journellement l'occasion de recevoir de l'apôtre la céleste doctrine, et ne cessait d'aller le voir dévotement. C'est ce qui irrita vivement contre l'apôtre le proconsul, indigné de ce que sa femme, après avoir reçu le dogme du salut, ne voulait plus partager le lit conjugal.

Nous allons maintenant raconter en peu de mots, et placer avec vérité dans ce livre la passion du très-bienheureux André : cette histoire, conservée depuis les temps les plus anciens dans les bibliothèques de la sainte mère Eglise, est fidèlement récitée par sa pieuse dévotion. Les prêtres et les diacres des églises d'Achaïe ont vu clairement ces événemens sur lesquels ils ont écrit un ouvrage utile et élégant, à l'usage de toutes les églises qui sont établies dans les quatre climats du monde.

Le proconsul Egée, de retour de la Macédoine, vint à Patras qui est une ville d'Achaïe, et se mit à forcer les fidèles du Christ de sacrifier aux idoles. Saint André alla le trouver, et tâcha de l'amener à la vraie foi par les meilleurs raisonnemens ; mais la sagesse ne put pénétrer dans cette ame méchante. Alors le libéral dispensateur de la science divine, quoiqu'il n'eût pu réussir auprès de l'impie Egée, alla prodiguer l'abondance des alimens de la céleste doctrine à d'autres personnes qui étaient destinées à la vie éternelle. Il traita fort sagement le mystère de la croix, démontra clairement pourquoi Dieu s'était fait homme et avait été mis à mort, et expliqua éloquemment l'histoire de la passion du Sauveur, et les avantages généraux qui en étaient résultés pour

le genre humain. Irrité de ces prédications, Egée
fit saisir l'apôtre et le fit jeter en prison, où les
habitans de presque toute la province allèrent le
visiter. Ils voulaient tuer le proconsul et briser les
portes de la prison pour mettre l'apôtre en liberté.
Mais André les calma par de salutaires avis, leur
prodigua les instructions pendant toute la nuit, leur
rappela à la mémoire la patience du Seigneur Jésus,
et fit tous ses efforts pour engager le peuple à ne pas
mettre obstacle à sa passion.

Le lendemain le proconsul Egée fit conduire l'apôtre devant lui, et, placé sur son tribunal, employa
tous les artifices pour le séduire; mais le saint appuyé sur son Dieu résista courageusement aux caresses
comme aux menaces. Enfin Egée le fit étendre, et le
fit fouetter avec sept fouets tressés. Après ce supplice, le courageux champion du Christ prêcha les
louanges de la croix; et, malgré la fureur du tyran, proclama constamment les maximes de vérité.
Alors Egée, indigné, ordonna qu'on l'attachât à la
croix, et le livra à la question, afin qu'ayant les pieds
et les mains liées, il fût tué sur le chevalet; de sorte
qu'il ne devait pas mourir promptement par l'effet
des clous, mais souffrir de longues tortures. Pendant
que le saint homme était conduit par les bourreaux,
il se fit un grand concours de peuple qui criait, et
disait: « Qu'a donc fait cet homme juste et ami de
« Dieu pour être mis en croix? » André tranquille et
plein de joie marchait au supplice; priait le peuple
de ne pas s'opposer à sa passion; et ne cessait d'enseigner la doctrine salutaire. Parvenu au lieu de son
dernier combat, il vit l'instrument du supplice, et

s'écria d'une voix élevée : « Salut, ô croix, qui as
« été consacrée par le corps de Jésus-Christ, et or-
« née comme de pierres précieuses par l'application
« de ses membres ! O bonne croix qui as reçu du
« corps du Seigneur tout ton éclat et ta beauté, com-
« bien tu as été par moi long-temps desirée, chérie
« tendrement, recherchée sans cesse, et préparée
« souvent à la satisfaction de mon esprit ! En disant
ces choses et beaucoup d'autres qui étaient remplies
d'amour et de dévotion, il se dépouilla, et remit ses
habits aux bourreaux. Ils s'approchèrent, l'élevèrent
en croix, et le suspendirent, en l'étendant avec des
cordes, par toutes les parties de son corps. C'est
ainsi que, par leur cruelle action, ils exécutèrent les
ordres de l'impie proconsul. Cependant une foule,
de près de vingt mille hommes, se trouvait là, et
criait que ce n'était que par un jugement inique
qu'on livrait au supplice un si saint homme. Là on
voyait aussi Stratocle frère d'Egée. Saint-André fortifiait les ames des fidèles, les engageait à la patience
temporelle en leur enseignant que, pour les récompenses éternelles, il faut savoir tout endurer. Cependant la foule se porta au palais d'Egée, et disait dans
une exclamation unanime : « Quelle sentence avez-
« vous rendue là, proconsul ? Vous avez mal jugé.
« Accordez-nous l'homme juste ; rendez-nous l'homme
« saint ; ne mettez pas à mort l'homme chéri de Dieu. »
En entendant ces choses et beaucoup d'autres que
disait le peuple, Egée fut saisi de frayeur ; et, promettant de le faire détacher, il alla vers l'apôtre avec
le peuple. Saint André l'exhorta à croire au Christ,
et, pendant qu'il le pouvait encore, de recourir à la

foi pour son salut. Cependant, toujours attaché à la croix, il triomphait avec sérénité ; et, en parlant de la vue du Christ qu'il aimait de toute son ame, et qu'il avait long-temps desiré, il disait, plein de joie : « Je vois maintenant mon roi ; je l'adore ; je « suis placé en sa présence. » Alors les bourreaux, ayant mis la main à la croix, ne pouvaient le toucher, et faisaient d'inutiles efforts pour l'en détacher ; et, dans l'impuissance d'y parvenir, leurs bras restaient engourdis. Alors saint André s'écria à haute voix, et fit publiquement à Dieu une prière très-dévote. Après avoir long-temps prié Jésus son bon maître, soudain, à la vue de tout le monde, une lumière extraordinaire, venant du ciel comme la foudre, l'environna tellement que les yeux humains ne pouvaient le considérer au milieu de tant d'éclat. Cette lumière ayant duré à peu près une demi-heure, André, cet illustre champion du Christ, rendit l'esprit au moment où elle disparut, et alla trouver le Seigneur avec elle. Alors Maximille, femme de condition sénatoriale, enleva avec respect ce corps précieux, l'embauma et l'ensevelit dans un lieu distingué.

Sur ces entrefaites, pendant qu'il se rendait chez lui, Egée fut saisi par le démon, et mourut, ainsi tourmenté par le malin esprit, sur la voie publique, en présence de tout le peuple. Quant à Stratocle, frère d'Egée, il ne toucha rien de sa fortune, et s'enfuit en emportant le corps de l'apôtre saint André. Ces événemens causèrent tant d'effroi dans la province, qu'il n'y resta personne qui ne crût au Sauveur notre Dieu. On raconte que du tombeau de saint André il découle une manne semblable à de la farine, et une huile d'une odeur exquise, qui indiquent aux habitans du pays quelle doit être la fécondité de l'année. Si le produit est petit, la terre ne donne que peu de fruits ; si au contraire il est copieux, on en recueille une grande abondance.

Glorieux apôtre de Jésus-Christ ! c'est uniquement par l'amour que je vous porte que j'ai exposé brièvement le cours de votre vie si heureusement ornée par les grâces divines. J'en rapporte le mérite à la louange de votre maître tout-puissant, auquel vous êtes jusqu'à la mort resté fidèlement attaché. Apôtre plein de douceur, accordez vos bontés à votre dévot serviteur, et recommandez-moi, moi qui suis un pécheur, par vos pieuses prières, à la clémence du Créateur, au culte duquel je veux, avec son aide, persister d'être fidèle, dans le bonheur comme dans l'infortune. Vous exhortâtes du haut de la croix le cruel Egée, votre meurtrier, à se rendre à l'évidence de la foi ; protégez sans cesse les dignes enfans de l'Eglise, qui, dans la profonde dévotion de leur cœur et la modulation de leurs accens, vous adressent ce chant pieux. Bienheureux André, vous le plus doux des saints, obtenez-nous le pardon de nos fautes, et, par votre intercession, soulevez le fardeau de péchés sous lequel nous succombons. Nous sommes fréquemment brisés dans les tribulations de ce siècle chancelant, et nous gémissons du mal qui nous oppresse. Priez pour nous la majesté du Seigneur afin qu'il nous accorde la faveur de jouir de la lumière éternelle. Ainsi soit-il !

Jacques et Jean, tous deux fils de Zébédée, furent appelés par le Christ Boanergées, ou comme on lit mieux encore, Boanérées, c'est-à-dire enfans du tonnerre, à cause de la fermeté et de la grandeur de la foi avec laquelle ils conservèrent inviolablement et enseignèrent purement la loi du Seigneur. Jacques signifie supplantateur; Jean veut dire grâce de Dieu, ou bien celui dans lequel est la grâce. C'est à bon droit que ces frères choisis portèrent des noms si distingués, eux qui, par la supplantation des vices, vainquirent avec éclat le tortueux serpent dans la carrière de la vie fragile, et devinrent spécialement les amis de Dieu; eux qui, comblés de toute espèce de grâces, prodiguèrent à la sainte mère Église tout le lustre des doctrines de la vérité.

J'ai dit avec sincérité et concision, dans mon précédent livre, autant que j'ai pu le découvrir dans les anciens écrivains, comment le bienheureux Jacques porta l'Évangile dans la Judée et la Samarie, et comment, sur l'accusation des princes des prêtres et des Pharisiens, Hérode, fils d'Aristobule, le fit conduire au martyre. Maintenant je recherche ce qui a été écrit sur Jean l'évangéliste, l'ami de Jésus-Christ; et je desire recueillir succinctement tout ce qui le concerne pour la plus grande gloire du roi Sabaoth. Je suivrai ce qui a été rapporté par Mellitus de Laodicée, et par d'autres fidèles répandus sur la surface du monde, par d'autres illustres antiquaires, et principalement par Jérôme, cet interprète des divines Écritures, dans le préambule de l'Apocalypse.

Jean, apôtre, évangéliste et vierge, fut choisi par le Seigneur Jésus-Christ, chéri au-dessus tous les autres disciples, et devint l'objet d'une telle prédilection que, pendant la cène il reposait sa tête sur la poitrine du Sauveur, qui, depuis, attaché à la croix, ne recommanda qu'à lui sa propre mère. Ainsi il confia la garde de la Vierge à celui qu'il avait détourné du mariage, et appelé à de chastes embrassemens. Lorsque Jean prêcha publiquement en Asie la parole de Dieu, et porta courageusement témoignage de Jésus-Christ devant les Juifs et les nations, il fut accusé à Rome, dans un rapport mensonger de ses ennemis jaloux. Par l'ordre de Domitien qui, le premier après Néron, persécuta les chrétiens, il fut enlevé d'Éphèse, et traduit devant César et le sénat, près de la Porte Latine. Comme il persistait, inébranlable dans la foi, il fut, par l'ordre de César, plongé dans un vase d'huile bouillante le 2 des nones de mai (6 mai): mais, protégé par la grâce divine, il en sortit sain et sauf. Le même jour, les fidèles célèbrent dévotement par une fête la mémoire de cet événement. Il se rendit ensuite en exil dans l'île de Pathmos. Il y écrivit l'Apocalypse dans lequel l'ordre et l'état de l'Église sont décrits en sept manières, ainsi que les grandes vexations des tribulations et la rétribution des vertus. Enfin, par la grâce de Dieu qui dispose tout justement, la même année que Jean fut envoyé en exil, le sénat romain fit mettre à mort Domitien pour le punir de ses actes de cruauté; ensuite il prescrivit par un sénatus-consulte d'anéantir tout ce que Domitien avait ordonné. C'est pourquoi l'apôtre Jean, qui avait été déporté avec outrage par l'ordre de Domitien, retourna vers les Éphésiens avec honneur, et à la satisfaction générale. En effet, tout le peuple d'Éphèse, ayant appris son retour, alla au-devant de lui ; et les hommes comme les femmes, qui manifestaient fidèlement leur joie, n'eurent qu'une voix pour crier : « Béni soit celui qui vient au nom « du Seigneur ! »

Comme Jean entrait dans la ville, on portait au tombeau Drusine qui, le chérissant avec ferveur, avait desiré le voir. Les veuves, les pauvres, les parens et ceux qu'elle laissait orphelins, pleuraient également, et disaient en criant : « Saint Jean, apô- « tre de Dieu, vous nous voyez porter au tombeau « Drusine qui, fidèle à vos saints avis, nous nour- « rissait tous, servait Dieu dans la chasteté et l'hu- « milité, et, desirant votre prompt retour, disait « journellement : que ne puis-je de mes propres yeux « voir avant de mourir l'apôtre du Seigneur ! » Alors le bienheureux Jean fit mettre à terre le cercueil, en fit retirer le corps, et dit d'une voix claire : Dru- « sine, que mon Seigneur Jésus-Christ vous ressus- « cite ! levez-vous, retournez de vos pieds à votre « maison, et m'y préparez un repas. » Aussitôt elle se leva, obéit pleine de joie aux ordres de l'apôtre, et il lui parut qu'elle sortait non de la mort, mais du sommeil. C'est pourquoi le peuple ne cessa de crier pendant trois heures : « Il n'y a qu'un Dieu, et c'est « celui que Jean nous enseigne ; il n'y a aussi qu'un « Seigneur Jésus-Christ. »

Dans le même temps, deux frères, jeunes et très-riches, à l'instigation du philosophe Craton, vendirent leur patrimoine, achetèrent des pierres précieuses fort belles qu'ils brisèrent sur la place publique en présence du peuple, et par vaine ostentation de leur dédain pour les richesses de ce monde, se donnèrent ainsi en spectacle. Le bienheureux apôtre Jean, passant par la place publique, fut témoin de cet acte de vanité. Ayant pitié de la folie de ces gens, il leur donna un conseil bienveillant : il fit venir à lui Craton, ce professeur d'erreurs, blâma cette destruction ruineuse, enseigna combien, selon le précepte du Christ, il était utile de mépriser le monde, et rappela l'instruction du maître suprême qui dit à un jeune homme qui lui demandait son avis sur le salut éternel : « Si vous voulez être parfait, allez, vendez tout ce que vous possédez, donnez-en le prix aux pauvres, et vous aurez un trésor dans le ciel; venez et suivez-moi. » Le philosophe Craton se soumit aux avis salutaires de l'apôtre, et le pria de rétablir les pierres précieuses qui avaient été brisées en morceaux. Alors le bienheureux Jean rassembla toutes ces parcelles, et, les tenant dans sa main, les yeux élevés vers le ciel, il pria long-temps. Ayant terminé sa prière, aussitôt que les fidèles qui étaient présens eurent répondu *Amen*, les fragmens des pierres précieuses se trouvèrent tellement solides qu'on n'y voyait pas même la trace des cassures. Alors le philosophe Craton se jeta avec tous ses disciples aux pieds de l'apôtre; il crut et fut baptisé avec eux. Ce fut alors que, prêchant publiquement la foi de Jésus, il commença à devenir un véritable philosophe. Cependant les deux frères, qui n'avaient pas vainement vendu leur bien, obéirent à l'Evangile, et donnèrent au Christ, dans la personne de ses pauvres, le prix de leurs pierres précieuses. Alors un nombre infini de croyans s'attacha à l'apôtre et suivit ses traces.

Atticus et Eugène son frère, citoyens honorables

de la ville d'Éphèse, imitèrent l'exemple des deux jeunes gens dont nous venons de parler; ils vendirent tout ce qu'ils pouvaient avoir, en firent présent aux pauvres, et suivant l'apôtre, l'accompagnèrent dans toutes les villes où il prêcha la parole de Dieu. Il arriva qu'ils entrèrent à Pergame et qu'ils y virent leurs esclaves qui se promenaient avec des vêtemens de soie et tout brillans de la gloire du siècle. Aussitôt, frappés par la flèche du diable, les deux frères devinrent fort tristes de voir qu'ils manquaient même d'un manteau, tandis que leurs esclaves paraissaient puissans et brillans. Alors saint Jean, découvrant les ruses de Satan, ordonna qu'on lui apportât des baguettes réunies en faisceaux et de ces petits cailloux qu'on trouve sur le bord de la mer. Ce qui ayant été fait, l'apôtre invoqua le nom du Seigneur, et, tout à coup, les baguettes furent changées en or et les cailloux en pierres précieuses. Alors il leur parla en ces termes : « Allez pendant sept jours chez les orfèvres et les lapidaires, et faites-moi connaître quand vous leur aurez fait éprouver votre or et vos pierreries. Les deux frères parcoururent les boutiques d'orfévrerie, et, au bout de sept jours, allèrent trouver l'apôtre pour lui annoncer que les orfèvres avaient trouvé l'or très-pur, et les lapidaires les pierreries très-fines. Alors saint Jean leur tint ce discours :
« Allez, et rachetez les terres que vous avez vendues
« puisque vous avez perdu le prix des cieux ; ache-
« tez des habillemens de soie, afin de briller comme
« la rose dans le temps. Sa fleur étale un moment
« ses parfums et ses couleurs, mais elle ne tarde pas
« à se flétrir. Vous avez regretté de voir l'éclat de vos

« esclaves, et gémir de vous être rendus pauvres; re-
« devenez brillans pour vous flétrir ensuite; soyez ri-
« ches dans le temps pour être réduits à mendier dans
« l'éternité. Est-ce que la main du Seigneur n'est pas
« assez puissante pour donner la richesse à ses servi-
« teurs, et les rendre incomparablement éclatans? Il a
« voulu le sacrifice des ames afin que ceux qui, pour
« son nom, dédaignent la possession des biens tem-
« porels, soient convaincus qu'ils jouiront un jour
« des richesses éternelles. » Pendant que le bienheureux Jean disait ces choses et d'autres semblables
par motif d'édification, et qu'il s'étendait glorieusement sur la misère et le mépris du monde, sur l'a-
postasie et la persévérance dans la vertu, voilà que
tout à coup un jeune homme, nommé Stactée, était
conduit au tombeau par sa mère qui était veuve. Cette
mère, profondément affligée, et la foule qui assistait
aux funérailles, se jetèrent aux pieds de l'apôtre;
et, les larmes aux yeux, le prièrent de ressusciter
le jeune homme au nom de son Dieu, de même qu'il
en avait agi à l'égard de Drusine, et de rendre ainsi
le bonheur à sa mère et à la femme qu'il avait récemment épousée. Alors l'apôtre, s'étant prosterné, pria
long-temps en versant des larmes, et, se levant trois
fois, il suspendit sa prière pour étendre les mains vers
le ciel. Il prolongea beaucoup son oraison secrète; il
fit ensuite tirer du cercueil le corps qui y était enseveli, appela le jeune homme par son nom, et lui ordonna de ressusciter, afin d'annoncer les choses qu'il
avait vues pendant sa mort. Alors Stactée, se levant,
adora l'apôtre, et se mit à réprimander les disciples :
« J'ai vu, dit-il, vos anges qui pleuraient, tandis que

« les anges de Satan se félicitaient de votre humilia-
« tion. J'ai vu aussi le royaume qui vous est destiné,
« et des appartemens ornés de pierreries éclatantes,
« offrant partout la joie, les banquets, les richesses,
« la vie éternelle, une perpétuelle lumière, et toutes
« les délices auxquelles vous avez renoncé. Et au
« lieu de ces biens, quelle douleur! Vous avez ac-
« quis un domaine de ténèbres, de dragons et de
« précipices, plein de flammes sifflantes et de tor-
« tures, d'infections et de tourmens! » Stactée ayant
dit ces choses et plusieurs autres du même genre,
la multitude du peuple qui l'écoutait resta stupéfaite.
Cependant Atticus et Eugène, ainsi que le ressuscité,
se prosternèrent devant l'apôtre, et le prièrent aussi
d'intercéder pour eux auprès du Seigneur. Saint Jean,
se rendant à leurs supplications, leur donna pour réponse le conseil d'offrir pendant trente jours leur repentir à Dieu, et surtout de persister dans leurs prières
pendant ce temps, jusqu'à ce que les verges d'or fussent retournées à leur nature primitive, et que les
pierreries fussent redevenues propres à l'usage auquel
elles avaient été d'abord destinées. Il arriva que les
trente jours se passèrent sans que l'or retournât en baguettes, et les pierreries en cailloux. Enfin les deux
frères, accablés d'inquiétude, allèrent trouver l'a-
pôtre, et implorèrent sa clémence avec beaucoup de
prières et de larmes. Il prit en pitié leurs pleurs et leur
repentir, et, comme tout le monde intercédait pour
eux, il ordonna aux baguettes de retourner à la forêt,
et aux cailloux de regagner la plage, jusqu'à ce qu'ils
eussent repris leur première forme. Ensuite les deux
frères reconquirent la grâce qu'ils avaient perdue, à

tel point que, comme auparavant, ils chassaient les démons, guérissaient les infirmes, rendaient la lumière aux aveugles, et opéraient de nombreux miracles au nom du Seigneur. Toute la ville d'Ephèse, et même toute la province d'Asie, rendaient des hommages à Jean qu'elles comblaient d'éloges, quand il survint une sédition excitée par les idolâtres. Les Gentils, animés d'une fureur insensée, entraînèrent Jean au temple de Diane, et firent tous leurs efforts pour l'amener à fléchir devant l'infamie des idoles. Rempli de l'Esprit-Saint, il leur proposa d'aller à l'Eglise du Christ, d'implorer la puissance de Diane pour renverser le temple du Sauveur; et s'ils ne pouvaient ainsi en venir à bout, d'invoquer le nom de Dieu pour faire crouler le temple de leur déesse et briser son idole. Il leur dit qu'en agissant ainsi, ils se convaincraient de la vérité, repousseraient leurs vaines superstitions, et marcheraient dans le sentier de la vraie foi et de la justice. Cette condition plut au peuple, et peu de personnes s'y opposèrent. Alors saint Jean exhorta doucement les assistans à s'éloigner du temple, et d'une ame dévote et d'une voix claire, il se mit à prier. Aussitôt le temple et toutes les idoles furent renversées, et se dispersèrent comme la poussière que le vent dissipe sur la surface de la terre. Le même jour, douze mille Gentils, sans compter les enfans et les femmes, se convertirent et reçurent le baptême au nom de la Sainte-Trinité. Alors Aristodime, qui était pontife de toutes les idoles, par l'instigation de l'esprit pervers, porta le peuple à la sédition, à tel point que, le désordre s'étant accru, les citoyens se préparèrent à la guerre contre les citoyens. Jean, qui aimait la paix, s'écria : « Aristodime, dites-moi « ce qu'il faut faire pour calmer l'indignation de votre « esprit. » Le pontife répondit : « Si vous voulez que « je croie en votre Dieu, prenez le poison que je vais « vous donner à boire. Si, après l'avoir avalé, vous « ne mourez pas, il me sera démontré que vous ado- « rez le véritable Seigneur. » L'apôtre accepta cette proposition; mais Aristodime, voulant l'effrayer, alla trouver le proconsul, et lui demanda deux hommes, qu'à cause de leurs forfaits on allait décoller. Le magistrat les lui ayant accordés, il les fit conduire sur la place publique, et là, en présence de l'apôtre et du peuple assemblé, ils burent le poison et tombèrent morts à l'instant même. Le bienheureux Jean, voyant étendus sans vie les malheureux qui avaient avalé la coupe empoisonnée, la saisit avec intrépidité, et faisant sur elle le signe de la croix, il pria dévotement et raconta fidèlement à tous les auditeurs les œuvres ineffables du Seigneur. Il s'arma ensuite du signe de la croix, et avala d'un trait tout ce que renfermait la coupe : il rendit grâces au Seigneur et demeura plein d'allégresse et de joie. Ce que voyant les peuples, ils crièrent : « Il n'y a qu'un Dieu, et c'est « celui que Jean enseigne. »

Cependant Aristodime, ayant, pendant trois heures, examiné opiniâtrement l'apôtre de Dieu, et n'ayant remarqué en lui aucun signe de pâleur ni de crainte, refusait encore de croire, malgré les reproches que lui adressaient les assistans, et fermait à la vérité son cœur endurci. Enfin il demanda que les deux hommes morts empoisonnés fussent divinement rendus à la vie, et promit que, s'il en était ainsi, il embrasserait la foi

sans aucun doute. Cependant le peuple se soulevait contre lui, en disant qu'il fallait le brûler, lui et sa maison, s'il osait commettre encore des vexations contre l'apôtre de Dieu. Jean, ayant vu qu'une rixe violente s'élevait entre les croyants et les incrédules, réclama le silence, et parla ainsi au peuple : « La pa-
« tience est une grande vertu que nous devons imi-
« ter d'après les vertus divines ; ainsi dénouons les
« liens de l'infidélité d'Aristodime, s'il en est encore
« enlacé. Je ne discontinuerai pas mon entreprise
« autant que je pourrai trouver un remède à la bles-
« sure. Il est nécessaire que j'use de la persévérance
« d'un habile médecin qui met tous ses soins à appli-
« quer constamment aux malades divers médicamens.
« Ainsi, puisqu'Aristodime n'a point encore été guéri
« par ce que nous avons fait jusqu'à ce moment, en-
« treprenons pour le guérir ce que nous n'avons pas
« encore essayé. » Alors il appela le pontife et le revêtit de son habit. Quant à lui, il se couvrit de son manteau et lui dit : « Allez, étendez-vous sur le corps
« des morts, et parlez ainsi : Jean, apôtre de notre
« Seigneur Jésus-Christ, m'envoie à vous, afin qu'en
« son nom vous ressuscitiez, et que tout le monde
« apprenne que la mort et la vie obéissent à mon Sei-
« gneur Jésus-Christ. » Aussitôt, ayant obéi aux ordres de l'apôtre et vu ressusciter les morts, Aristodime s'empressa d'adorer Jean, et se rendit auprès du proconsul pour lui raconter à haute voix les merveilles dont il avait été témoin. Ensuite il prit une résolution salutaire, et dit au magistrat : « Allons nous jeter
« aux genoux de l'apôtre pour lui demander pardon. »
Tous deux se rendirent auprès de Jean, et, se pros-

ternant, sollicitèrent leur grâce. Il les reçut avec bonté, leur offrit de prier et de remercier le Seigneur; il leur prescrivit ensuite de jeûner pendant une semaine. Quand ils eurent satisfait à ce commandement, ils reçurent le baptême ainsi que leurs parens, leurs alliés et leurs domestiques. Ils brisèrent de leurs propres mains toutes leurs idoles, et bâtirent une église au nom de saint Jean, dans laquelle il fut enseveli.

Le bienheureux Jean était parvenu à l'âge de quatre-vingt-dix-neuf ans, quand le Seigneur Jésus-Christ lui apparut avec ses disciples, et lui dit : « Viens me « trouver, car il est temps que tu assistes à mon ban- « quet avec tes frères. » Alors Jean s'étant levé, se mit en marche; mais le Seigneur lui dit : « Tu vien- « dras à moi le dimanche anniversaire de ma résur- « rection, lequel arrivera dans cinq jours. » Ayant dit ces mots, le Sauveur retourna au ciel. Le dimanche étant arrivé, toute la multitude se réunit auprès de Jean dans l'église qui avait été bâtie en son nom. Dès le premier chant des coqs, célébrant les mystères de Dieu, il parla au peuple jusqu'à la troisième heure du jour, et il ajouta : « Mes frères et mes com- « pagnons, vous qui hériterez du royaume de Dieu « et qui y prendrez part, apprenez à connaître notre « Seigneur Jésus-Christ; sachez combien, par moi, « il vous a accordé de vertus, de prodiges, de mi- « racles, de grâces et de bonnes doctrines. Persévé- « rez donc dans ses commandemens; car le Seigneur « daigne me rappeler de ce monde. » Aussitôt il fit creuser, près de l'autel carré, une fosse dont on rejeta la terre hors de l'église. Il y descendit; et, étendant ses mains vers le Seigneur, il dit : « Invité à

« votre banquet, Seigneur Jésus-Christ, je vous rends
« grâce d'avoir daigné m'appeler à cette faveur, sa-
« chant que je la desirais de tout mon cœur. J'ai
« vu votre face et je suis comme ressuscité du tom-
« beau. Le parfum que vous répandez excite en moi
« le desir de l'éternité. Votre voix est pleine de la
« douceur du miel, et vos discours sont incompara-
« blement plus éloquens que ceux des anges. J'ai
« écrit celles de vos œuvres que j'ai vues de mes
« propres yeux, et les paroles qui de votre bouche
« sont parvenues à mes oreilles. Maintenant, Sei-
« gneur, je vous recommande vos fils que l'Eglise
« vierge-mère a régénérés par l'eau et le Saint-Esprit.
« Recevez-moi afin que je rejoigne mes frères avec les-
« quels vous êtes venu m'inviter à me trouver. Ouvrez-
« moi la porte de vie, et conduisez-moi dans la salle
« de vos banquets auxquels assistent avec vous tous
« vos amis. Vous êtes le Christ, fils du Dieu vivant qui,
« sur l'ordre de votre père, avez sauvé le monde. Nous
« vous rendons grâces pendant l'infinité des siècles. »
Tout le peuple ayant répondu : « Ainsi soit-il ! » l'apôtre fut, pendant près d'une demi-heure, entouré d'une
lumière si vive qu'on n'en pouvait supporter l'aspect.
On trouva ensuite la fosse remplie, mais elle ne contenait rien autre chose que de la manne qu'elle produit encore jusqu'à ce jour : ce qui y occasionne, par
les mérites de Jésus-Christ, une grande abondance
de miracles. En effet, il y accourt beaucoup de personnes ; elles y adressent à Dieu des vœux et des
prières, et, par les mérites de saint Jean, apôtre et
évangéliste, elles obtiennent l'effet de leurs oraisons ;
elles ne tardent pas à ressentir salutairement, dans

la guérison de leurs infirmités et l'affranchissement de leurs périls, quelles sont les vertus de leurs prières. Pécheur aussi, je me joins à elles; j'ai recours en tremblant à ma dévotion; et, dévoué tout entier, dans la foi et l'espérance, à l'excellent ami du Sauveur, je lui parle ainsi : « O très-bienheureux Jean, « ami familier du Christ, qui, choisi vierge par le « Seigneur Jésus, et principalement chéri entre tous, « avez été plus que qui que ce soit imbu des célestes « mystères, et êtes devenu le plus illustre des Apô- « tres et des Évangélistes ! je vous prie avec sincérité, « aimez-moi, misérable que je suis, moi qui vous « aime tant, et montrez-vous clément en exauçant « mes prières. Voyez en pitié les peines et les cha- « grins, dont je souffre sans cesse, les nombreuses « infirmités de mon corps et les afflictions de mes « membres. Éloignez ces maux de moi par la vivacité « des prières que vous offrirez pieusement en ma fa- « veur au Seigneur, afin que, purifié de mes fautes, « je mérite d'être toujours attaché au culte divin, « associé à la blanche phalange des fidèles, et de « louer éternellement le roi Sabaoth. Ainsi soit-il ! »

Jacques-le-Mineur, fils d'Alphée, qui, dans l'Evangile, est appelé le frère du Seigneur, parce que Marie, femme d'Alphée, était la tante de la mère du Sauveur, que Jean l'Evangéliste appelle Marie femme de Cléophas; ce Jacques fut ordonné évêque de Jérusalem par les Apôtres, peu de temps après l'ascension du Seigneur, et occupa le siége pendant trente ans. Tous les Apôtres l'honoraient, tant pour sa grande sainteté que pour sa parenté avec Jésus, et pendant qu'ils étaient dispersés, pour la prédication, dans les divers pays du monde, ils recouraient à lui comme à un père, lorsque l'occasion s'en présentait, et lui demandaient humblement, comme de raison, de même qu'à un maître, les avis qui leur étaient nécessaires. Enfin, l'an sept du règne de Néron, pendant que Jacques prêchait à Jérusalem le Christ fils de Dieu, il fut précipité du temple par les Juifs qui le lapidèrent. Il fut inhumé près du temple le jour des calendes de mai (1er mai).

Hégésippe, homme saint et savant, assez voisin du temps des Apôtres, fait mention, dans le cinquième livre de ses commentaires, de Jacques-le-Juste. Il raconte qu'après que le gouverneur Festus, successeur de Félix, fut mort en Judée, cette province manquant de gouverneur et de prince avant qu'Albin vînt l'occuper, Jacques, frère du Seigneur, monta au ciel par l'effet de la cruauté des Juifs. Dès le sein maternel, il fut doué de la sainteté; il ne but jamais ni vin, ni autres liqueurs enivrantes, et ne mangea jamais de la chair d'aucun animal. Le fer n'approcha jamais de sa tête, il ne se frotta jamais d'huile, et n'usa jamais du bain. Il n'employait aucun vêtement de laine et se bornait à un simple pièce de drap. Il entrait seul dans le temple, et se jetait sur les genoux, priant pour le pardon du peuple. Il en résulta qu'à force de s'agenouiller et de persister dans la prière, il lui était survenu à chaque genou des callosités pareilles à celles du chameau. C'est pourquoi, à cause de son incroyable continence et de son équité suprême, il fut appelé le Juste et Oblias, ce qui signifie rempart du peuple.

Quelques hommes qui appartenaient aux sept hérésies des Juifs, lui demandèrent quelle était la signification de Jésus, il répondait : « C'est le Sauveur. » Les Juifs en effet se partagent en sept sectes, qui toutes sont éloignées du sentier de la vérité : les Pharisiens et les Sadducéens, les Esséniens et les Galiléens, les Hémérobaptistes, les Basbuthéens et les Samaritains, se glorifient d'être appelés par leurs noms particuliers, et défendent et suivent avec opiniâtreté les divers dogmes qu'ils ont adoptés. Quelques-uns d'entre eux, instruits par Jacques, crurent que Jésus était le Christ. Beaucoup des principaux Juifs s'étant convertis au Seigneur, il s'éleva de grands troubles parmi les Scribes et les Pharisiens, qui disaient : « Il s'en faut « de très-peu que tout le peuple ne croie que Jésus « est le Christ. » Enfin, d'un commun avis, ils se rendirent auprès de Jacques, et le prièrent respectueusement de monter le jour de Pâques au sommet du temple, et d'y rendre un vrai témoignage de Jésus, à la multitude des Juifs et des Gentils, qui se rendraient pour cette fête à Jérusalem, soit du voisinage, soit des contrées lointaines. Ayant trouvé cette occasion de manifester la vérité, l'apôtre fut comblé de joie, et promit de se rendre aux vœux de ceux qui l'invitaient ; ce qui n'était pas à la satisfaction des méchans. L'homme juste sentit qu'il devait agir par l'inspiration divine, et fit ce qu'on lui demandait. En effet, il monta sur le pinacle du temple et s'adressant au peuple à haute voix, il proclama, avec autant de constance que d'éclat, que Jésus fils de Dieu avait accompli ce qui avait été prédit de lui par les Prophètes.

Enfin les fidèles prédications de Jacques étant terminées, le peuple éprouva une grande joie; il glorifia le Seigneur, et s'écria : « Gloire au fils de David! » Cependant les Pharisiens et les autres ennemis de la vérité furent violemment contristés, et, s'étant concertés méchamment entre eux, ils crièrent : « Oh! oh! le juste est dans l'erreur. » C'est alors qu'ils accomplirent ce qui est écrit dans le livre de la Sagesse : « Enlevons le juste, parce qu'il nous est inutile. » Les Pharisiens montèrent vers lui et parlèrent ainsi : « Nous vous avons prié de détruire dans le peuple l'erreur de Jésus, et vous l'avez fortifiée. » Jacques leur répondit : « J'ai détruit l'erreur et manifesté la vérité. » Cependant les Pharisiens, voyant la foule applaudir aux prédications de l'apôtre, et croire en Jésus-Christ, précipitèrent le juste du sommet du temple, et se mirent à le lapider. Renversé, prosterné à genoux, il dit en priant : « Seigneur, mon Dieu et mon père, « je vous en prie, pardonnez-leur, car ils ne savent « ce qu'ils font. » Pendant que le supplice durait, et que le saint continuait de prier, un des prêtres, fils de Réchab, s'écria : « Epargnez-le, je vous en « prie, épargnez-le ! Que faites-vous ? Il prie en « votre faveur ce juste que vous lapidez. » Alors un des Pharisiens, enflammé de courroux, saisit le bâton d'un foulon, frappa fortement le martyr à la tête, et lui fit sauter la cervelle. C'est ainsi que le confesseur de Jésus-Christ consomma l'œuvre de son martyre, et fut inhumé près du temple même, le jour des calendes de mai (1ᵉʳ mai).

Peu de temps après eut lieu la guerre de Vespasien contre les Juifs, que les plus sages d'entre eux regardèrent comme voulue de Dieu, pour la vengeance de Jacques le juste, comme on le lit positivement dans les livres de Josèphe, célèbre historien des Hébreux. Pendant que les Juifs incrédules sont livrés aux plus grands dangers par une double calamité, l'Eglise de Dieu, pleine de joie dans la vraie foi et les vertus du salut, invoque, avec une pure dévotion et par ces mots éclatans, pour la seconder dans ses combats journaliers, le champion intrépide qui a enduré ce martyre: « Jacques le juste, frère du « Seigneur Jésus, ayez une pieuse compassion de « nous, coupables que nous sommes d'une jactance « orgueilleuse, et souillés des vices du monde. Exau-« cez nos prières avec clémence; accordez-nous les « joies de la vraie lumière. Vous qui avez prié le Sei-« gneur pour vos ennemis, accordez votre protection « à ceux qui vous implorent, afin qu'ils obtiennent « la récompense éternelle. Ainsi soit-il. »

Philippe signifie bouche de lampe. Ce nom fait connaître qu'il était ouvert entièrement à l'infusion d'une double charité. En obéissant au divin commandement, il était imbu de grâces sacrées, et, comme une lampe éclatante, il répandit sur les nations barbares la lumière étincelante de ses exemples, et la doctrine de la vérité. Il naquit à Betsaïde, ville de Galilée, et fut un des premiers qui s'attacha aux pas du Christ. Après l'ascension du Seigneur, il prêcha trente ans l'Evangile aux Gaulois ou Galates, et aux Scythes, et conduisit ainsi différentes nations à la connaissance de la vraie lumière. Un jour qu'il était dans la Scythie, arrêté par les Gentils, qui le traînaient à la statue de Mars pour le forcer d'y sacrifier, un énorme dragon sortit de dessous le piédestal de la statue, et frappa le fils du pontife, qui présentait le feu du sacrifice, ainsi que deux tribuns employés dans la même province, et dont les officiers avaient mis aux fers le saint apôtre Philippe. Le souffle du dragon rendit tout le monde malade, et la maladie alla toujours en augmentant.

Alors Philippe avertit chacun qu'il devait croire au Seigneur, renverser et briser la statue de Mars, ériger la croix du Christ, au lieu même où l'idole semblait fixée à jamais, et adorer le signe de la rédemption. Enfin il ajouta que si l'on faisait ces choses, les infirmes seraient guéris, les morts ressusciteraient, et que le dragon funeste serait mis en fuite au nom de Jésus-Christ. Alors ceux qui souffraient, vaincus par la douleur, se mirent à crier : « Reprenons nos forces et renversons cette statue. » Ayant obtenu le silence, l'apôtre ordonna au dragon de prendre la fuite au nom du Sauveur, de fuir dans le désert pour ne nuire à personne, et de rester dans un lieu dont n'approcheraient point les hommes. Alors le cruel dragon sortit, prit rapidement la fuite, et désormais ne reparut plus. Cependant l'apôtre, au nom du Sauveur, ressuscita le fils du pontife, ainsi que les tribuns qui étaient morts, et rendit à la santé tous ceux qui étaient malades. Tous ceux qui avaient persécuté l'apôtre Philippe firent pénitence, et voulurent l'adorer, parce qu'ils le prirent pour un dieu. Il leur donna constamment ses instructions, les pénétra habilement de la connaissance du souverain Dieu, et répandit incessamment dans les cœurs des croyans tout ce qui tient à la vraie foi. Plusieurs milliers d'hommes crurent au vrai Dieu et furent baptisés par l'apôtre.

Philippe, secondé amplement par la grâce de Dieu, construisit un grand nombre d'églises, et dans chacune d'elles ordonna des évêques et des prêtres avec les autres ordres sacrés. D'après une révélation il se rendit en Asie, s'arrêta quelque temps dans la ville de Hiérapolis, et y éteignit l'hérésie des Hébronites, qui nient que Jésus-Christ soit le fils de Dieu, et qu'il ait pris dans le sein de la Vierge un véritable corps humain. Là se trouvaient deux filles de Philippe, toutes deux vierges sacrées, par lesquelles le Seigneur conquit une multitude de vierges. Sept jours avant sa mort, il manda les prêtres, les diacres et les évêques des villes voisines, et leur prédit qu'il ne respirerait l'air de la vie que sept jours ; il les avertit tous de persister virilement dans la foi, et de conserver toujours les doctrines du Seigneur. Enfin le bienheureux apôtre, ayant long-temps exhorté le peuple, se rendit auprès du Sauveur à l'âge de quatre-vingts ans, le 7 des calendes de mai (25 avril). Son corps très-saint fut inhumé à Hiérapolis. Quelques années après ses deux filles furent ensevelies, l'une à sa droite, et l'autre à sa gauche. C'est là que, aux pieuses demandes des fidèles, beaucoup de miracles s'opèrent par les mérites de celui auquel se présentent ses bien-aimés gendres qui, pleins d'allégresse, chantent à haute voix : « Philippe, bouche de lampe, « nous nous prosternons pour vous prier de faire « parvenir nos demandes aux saintes oreilles du cé- « leste juge, afin qu'il nous fasse grâce des supplices « que nous méritons, et qu'il nous accorde les su- « prêmes joies que nous implorons de lui. Ainsi « soit-il ! »

» Thomas signifie abîme, et Didyme signifie jumeau, parce que, semblable au Sauveur, cet apôtre fut comblé de toutes les grâces des vertus. Il prêcha l'Evangile aux Parthes et aux Mèdes, aux Hircaniens et aux Persans, aux Bactriens et aux Indiens, et consomma son martyre sous le roi Médée, dans la ville de Calamine, le 12 des calendes de janvier (21 décembre). Peu de temps après, il fit un grand nombre de miracles éclatans dans la ville d'Edesse.

» On trouve beaucoup de différences dans les relations qui concernent les Apôtres, tant pour l'antiquité des époques que pour l'éloignement des contrées où ces cultivateurs du champ de Jésus-Christ prêchèrent les barbares qui, par leurs habitudes étrangères, diffèrent considérablement des Romains, tant pour leurs coutumes que pour leur langage. C'est pourquoi il est certains faits relatifs aux saints apôtres, et qui ont passé jusqu'à nos jours, dont nous devons douter parce qu'ils nous ont été transmis par des auteurs peu certains, et qu'ils ont surtout été qualifiés d'apocryphes par le pape Gélase et par d'autres grands docteurs. L'illustre évêque Augustin a élevé aussi des doutes sur plusieurs de ces écrits, et en a fourni un certain exemple contre le manichéen Fauste en faisant de scrupuleuses recherches sur les gestes de saint Thomas. Je ne rapporte pas ces choses sur le peu d'accord de quelques écrits qu'on trouve par le monde épars dans les rouleaux des anciens, pour attaquer les œuvres merveilleuses des saints, mais afin de discuter certains récits relatifs aux Apôtres et à d'autres bienheureux, avec le même zèle qu'y apportaient les anciens, en employant les plus convenables précautions pour la défense de la foi et l'édification des mœurs. Maintenant, au nom du Seigneur, je poursuivrai brièvement mon récit sur le fructueux voyage de l'apôtre saint Thomas, sa prédication du Christ prospère et glorieuse, et sa pénible passion pour parvenir au sentier de la vie éternelle.

Thomas Didyme étant à Césarée, le Seigneur Jésus-Christ lui apparut, le recommanda à Abbane, lieutenant de Gondafore, roi des Indiens, et l'envoya dans l'Inde pour y bâtir à ce monarque un palais à la romaine. Comme ils traversaient la mer, Thomas parla mystiquement à Abbane de la science de son art, et lui promit de construire, en tout genre d'architecture, des ouvrages admirables en marbre et en bois. Le septième jour, ils arrivèrent heureusement à Andrinople, descendirent de leur vaisseau, et entendirent des voix qui chantaient en s'accompagnant de flûtes, de cithares et d'autres instrumens de musique. Le roi de cette ville célébrait les noces de sa fille Pélagie avec Denis. Les hérauts parcouraient la ville en criant qu'il fallait venir prendre part au banquet royal, riches, pauvres, nobles, citoyens ou étrangers; et que ceux qui n'y viendraient pas déplairaient au prince. Ainsi Abbane et Thomas allèrent prendre part au festin; et le saint, comme à son ordinaire, ne s'occupa ni des jeux ni des mets, mais seulement de pratiques célestes. Cependant une chanteuse juive, jouant de la flûte, faisait le tour des tables, et chantait à chacun ce qu'il desirait. Parvenue auprès de Thomas, elle s'arrêta immobile un moment devant lui, et voyant qu'il ne mangeait ni ne buvait, mais qu'il avait les yeux fixés vers le ciel, elle comprit qu'il devait être Hébreu, et qu'il priait le Dieu du ciel. C'est pourquoi, se réjouissant avec lui comme avec un compatriote, elle se mit à chanter dans sa langue maternelle : « Il « n'y a de Dieu que celui des Hébreux, qui a créé « tout : il a fait le ciel et la terre ; il a creusé les « mers. » En entendant ces mots, l'apôtre redoubla l'ardeur de ses prières, et avertit la chanteuse de répéter avec attention les paroles de vérité qu'elle venait de chanter. Le maître-d'hôtel, voyant qu'il ne mangeait ni ne buvait, le réprimanda, et lui appliqua un soufflet sur la figure. Alors l'apôtre prédit en hébreu ce qui devait arriver à cet officier avant la fin du banquet. En effet, comme le maître-d'hôtel puisait de l'eau à la fontaine, il fut attaqué par un lion qui lui suça le sang, et s'enfuit. Des chiens dévorèrent ses membres, et l'un de ces animaux qui était noir, tenant à sa gueule la main droite qui avait frappé l'apôtre, l'apporta au milieu de la salle. Tous les convives restèrent stupéfaits en voyant ce spectacle, et la musicienne juive, qui seule avait entendu la prophétie, jeta sa flûte, et, courant aux pieds de Thomas, se mit à les baiser, et dit à ceux qui l'entouraient : « Cet homme est un prophète ou un apôtre « de Dieu : car aussitôt que le maître-d'hôtel l'a eu « frappé, il a prédit en hébreu l'événement dont il est « la victime. Je ne me lèverai pas, a-t-il dit, de ce « banquet que je ne voie apporter ici par un chien « noir la main qui m'a frappé. » Le roi s'étant informé d'où provenait le bruit qu'il entendait, et de ce qui venait d'arriver, fit appeler auprès de lui l'apôtre, et le pria de bénir sa fille et son mari. Aussitôt

Thomas entra avec le roi dans la chambre nuptiale, posa la main sur la tête des deux conjoints, et, au nom de Dieu, ayant rappelé les noms des patriarches, il leur donna sa bénédiction, après avoir prié pour eux. L'apôtre allait sortir de l'appartement, et le nouvel époux le conduisait, quand aussitôt une palme, chargée de ses fruits déjà grands, parut à sa main. Le jeune prince, plein de joie, s'empressa de courir vers sa femme, et lui donna de ces fruits à goûter. Lorsqu'ils en eurent mangé l'un et l'autre, ils s'endormirent, et eurent un songe. Ils virent comme un roi puissant qui brillait dans l'éclat des diamans, et qui, s'étant placé entre eux, les embrassait en disant : « Mon apôtre vous a bénis afin que « vous participiez à la vie éternelle. » S'étant réveillés, comme ils se racontaient ce qu'ils avaient vu, voilà que tout à coup Thomas se présente devant eux, et leur dit : « Mon roi, qui vient de vous parler « pendant votre vision, m'a introduit ici, quoique « les portes soient fermées, afin que la bénédiction « que je vous donne puisse fructifier. Vous aurez l'in- « tégrité qui est la reine de toutes les vertus, et le « fruit du salut éternel. La virginité est la sœur des « anges, et le gage de tous les biens ; la virginité est « la victoire remportée sur les passions, le trophée « de la foi, le triomphe sur l'ennemi, et l'assurance « de l'éternel repos : car la souillure naît de la cor- « ruption, le crime de la souillure, et la confusion « du crime. »

Thomas ayant dit ces choses et beaucoup d'autres à la louange de la virginité, et sur ce que les passions ont de hideux, et sur les inconvéniens qui, pour la

plupart des hommes, résultent des unions charnelles. Denis et Pélagie écoutèrent avec reconnaissance ces salutaires instructions; et aussitôt deux anges leur apparurent et leur parlèrent en ces termes : « Nous som-
« mes les anges que Dieu vous envoie, en consé-
« quence de la bénédiction que vous a donnée son
« apôtre, afin que nous offrions au Seigneur toutes
« vos demandes tant que vous garderez ses comman-
« demens. »

Ce fut par de tels avis, remplis de piété, que les deux époux furent instruits. Ils se jetèrent aux pieds de l'apôtre, en disant : « Confirmez-nous en toute vé-
« rité, afin qu'il ne nous manque rien de la science
« de Dieu. » Thomas leur répondit : « Je viendrai
« vous voir la nuit prochaine, et vous instruirai plus
« amplement avant de partir. » Il vint comme il l'avait promis; il les instruisit avec soin sur tous les mystères de la vie éternelle, et les sanctifia dans les eaux du baptême. Ayant terminé ces pieux travaux, il s'embarqua, et, au bout de quelque temps, envoya un de ses disciples qu'il ordonna prêtre et établit à Andrinople pour y diriger l'église, dans laquelle un peuple nombreux fut acquis au Seigneur. Ce lieu est le siége de l'apôtre Thomas, et la foi catholique s'y est maintenue jusqu'à ce jour. Denis fut fait évêque; sa femme prit le voile saint, se consacra à Dieu, et, après la mort de son mari, souffrit un double martyre, n'ayant pas voulu habiter avec son mari ni sacrifier aux idoles. Elle fut décollée pour avoir confessé le Christ, et l'on écrivit sur son tombeau, en langue et en caractères grecs : « En ce lieu repose l'épouse
« de Denis, évêque, fille de l'apôtre Thomas. »

Cet apôtre se rendit à Hiéropolis, ville de l'Inde. Abbane entra chez le roi Gondafore, et lui annonça l'arrivée de Thomas, qu'il lui dit être un architecte très-habile. Le roi s'occupa avec lui du palais qu'il voulait faire bâtir, et lui montra l'emplacement où il desirait l'élever. Thomas alors prit une canne, mesura le terrain, et parla ainsi : « C'est ici que je pla-
« cerai les portes ; cette entrée regardera le soleil le-
« vant ; cette première pièce sera le vestibule ; cette
« seconde l'antichambre ; cette troisième la salle de
« repos ; la quatrième la grande salle ; la cinquième
« la pièce d'hiver ; la sixième la pièce d'été ; la sep-
« tième le chauffoir et la salle des banquets ; la hui-
« tième les bains chauds ; la neuvième le gymnase ;
« la dixième les cuisines ; la onzième les réserves
« d'eau ; la douzième l'hippodrome et le portique
« circulaire pour les promeneurs. » Le roi, ayant considéré cette distribution, dit à Thomas : « Vous êtes
« véritablement architecte, et il vous convient de tra-
« vailler pour les rois. » Ensuite il se retira en lui remettant des sommes considérables.

L'apôtre se mit à parcourir les provinces et les villes, à prêcher la parole du Seigneur, à baptiser les croyans, et à donner aux pauvres d'abondantes aumônes. C'est ainsi qu'il acquit à Dieu un peuple innombrable. Il ordonna des clercs, il bâtit des églises, et, pendant deux ans entiers que le roi Gondafore fut absent, il fortifia l'Eglise de Dieu. Le roi étant venu, et apprenant ce qu'avait fait l'apôtre, il le fit jeter au fond d'une prison avec Abbane qu'il fit aussi enchaîner ; mais comme Gad, frère du roi, se trouvait à toute extrémité, le supplice fut différé. Pendant que le roi songeait à les faire écorcher vifs, et à les livrer ensuite aux flammes, Gad vint à mourir. Ce prince était généralement aimé, et la douleur fut générale. Les barbares, suivant leurs usages, enveloppèrent le mort dans la pourpre et le lin le plus beau, et ornèrent son corps de pierres précieuses. Le roi lui fit bâtir un tombeau de pierres de pourpre [1], et il fut déposé dans un cercueil de même matière. Pendant que les ouvriers s'occupaient de ces ouvrages magnifiques, et que par conséquent l'inhumation était différée, Gad, qui était mort, ressuscita le quatrième jour à la première heure de la journée. Cet événement occasionna une terreur et une stupeur générale, et fit taire tout à coup les gémissemens de ceux qui, suivant les usages de l'Inde, pleuraient sur le tombeau du prince. Cependant Gad réprimanda fortement le roi Gondafore de ce qu'il avait pris la résolution de faire écorcher et brûler l'ami du Dieu auquel les anges obéissent. Il rapporta qu'il venait de voir dans le ciel un palais admirable, tellement disposé que c'était l'exécution du plan de Thomas; il rapporta ensuite beaucoup de choses sur les mérites de ce saint personnage et sur les secrets du ciel; puis il se rendit en toute hâte à la prison, délivra l'apôtre de ses fers, se jeta en pleurs à ses pieds, et lui demanda grâce pour Gondafore.

Comme l'apôtre sortait, le roi, devenu plus doux, alla au devant de lui, se prosterna à ses pieds, et sollicita son pardon. Alors l'apôtre, trouvant l'occasion favorable, se mit à prêcher les barbares, leur annonça la vérité, et, entre autres choses, leur dit :
« Mon Seigneur Jésus-Christ a été généreux envers

---

[1] Sans doute de porphyre ou de marbre rouge.

« vous, quand il vous a manifesté ses secrets. Vos pro-
« vinces sont remplies d'églises; préparez-vous donc
« à le sanctifier. » Il dit aux princes ces choses et
beaucoup d'autres, et les instruisit dans la foi et la religion sacrée.

Toute l'Inde fut bientôt remplie du bruit des merveilles que le Seigneur opérait par les mains de son
apôtre; et une grande affluence de peuples vint à lui
des villes voisines comme des contrées lointaines; ils
voulaient immoler en son honneur, comme à leurs
dieux, des veaux et des béliers, parce qu'ils croyaient
qu'il était le Seigneur. Cependant le roi Gondafore,
à la persuasion de l'apôtre, ordonna qu'ils attendissent
un mois, jusqu'à ce que toute la province fût réunie,
et qu'on ferait alors ce qu'il prescrirait. Au bout de
trente jours, une immense multitude se réunit dans
un champ, sur le flanc du mont Gazus; et là se trouvait un très-grand nombre de malades diversement
affligés. L'apôtre réunit tous les infirmes sur un même
point; il se plaça au milieu d'eux, puis, élevant ses
mains vers le ciel, il fit sa prière en leur faveur. Quand
cette prière fut terminée, un rayon de lumière frappa
les assistans si vivement qu'ils se crurent sur le point
de périr d'un coup de foudre. Tous prosternés avec
l'apôtre, ils restèrent dans cette position près d'une
demi-heure, et sentirent la présence ineffable de la
bonté de Dieu; car les fiévreux, les sourds, les aveugles, les boiteux et tous les autres infirmes furent
guéris par la vertu du Créateur. Aux ordres de l'apôtre tout le monde se leva, et chacun, plein d'allégresse, remercia le Seigneur de la santé qu'il avait re-
couvrée.

Ce fut alors que le bienheureux Thomas monta sur une pierre élevée, afin de voir tout le monde, et d'être vu de tous. Il réclama le silence, et exposa abondamment la véritable doctrine. Le dimanche suivant, on baptisa neuf mille hommes, sans compter les femmes et les enfans. Sur une révélation qu'il eut, l'apôtre partit pour l'Inde supérieure; et tous les peuples venaient en hâte le trouver pour l'entendre. Ils voyaient tous les signes et les prodiges qu'il opérait; ils les admiraient, et n'osaient mépriser ses prédications. Il chassait les démons, il illuminait les aveugles, il purifiait les lépreux, il guérissait toutes les douleurs tant de chaleur que de froid, il ressuscitait aussi les morts. Une certaine femme, nommée Sintice, qui était aveugle depuis six ans, fut si bien guérie qu'on ne voyait pas même une seule trace de son infirmité passée. C'est ce qui fit que Mygdonie, femme de Charisius, cousin du roi Médée, fût saisie d'un zèle ardent. Elle se déguisa pour prendre place parmi ses propres servantes, afin de se rendre au lieu où saint Thomas prononçait ses salutaires prédications. D'après les instructions de l'apôtre, toute la multitude crut, et, après un jeûne de sept jours, reçut le baptême. Quant à Mygdonie, aussitôt qu'elle eut entendu prêcher l'apôtre Thomas, elle ne voulut plus approcher du lit conjugal. C'est ce qui fit que Charisius, irrité, alla trouver le roi, et obtint de lui l'arrestation et l'emprisonnement du saint. Mais Sintice conduisit Mygdonie à la prison, et, avec quelques présens, obtint du geôlier les moyens de pénétrer jusqu'à son prisonnier. L'apôtre, ayant connu quelle était la confiance de Mygdonie, lui ordonna de retourner promptement chez elle, et de l'y attendre dans sa chambre soigneusement fermée. Vers le milieu de la nuit, l'apôtre se présenta, remplit sa promesse, pénétra dans la chambre, réconforta Mygdonie, l'instruisit dans la foi, et lui ordonna de jeûner durant sept jours. La huitaine accomplie, il retourna de nouveau vers cette femme qu'il trouva fidèle, et qu'il baptisa avec tous ceux qui avaient cru. Cependant Charisius, dont la sœur avait épousé le roi Médée, demanda que la reine Treptie fût envoyée à sa femme pour la rappeler au lit conjugal. Le roi Médée lui accorda sa demande : la reine Treptie se rendit auprès de Mygdonie, lui prodigua les caresses, et employa toutes les ruses et tous les efforts pour la ramener à ses anciennes habitudes. Mais comme Mygdonie était déjà fortifiée puissamment dans le Christ, elle résista, et, devenue champion courageux de la foi, elle tint bon; elle eut même l'art d'amener au Christ la reine vaincue par ses bonnes raisons. Mygdonie, en effet, lui répondit avec une grande douceur, lui glissa adroitement dans le cœur un sentiment tendre pour l'apôtre, et disposa ainsi son cœur à entendre ses prédications. « Ma sœur Treptie, lui « dit elle, si vous connaissiez les choses que j'ai « apprises, vous ne prendriez pas Thomas pour un « homme, mais pour un Dieu. En effet, il rend « l'ouïe aux sourds, et la santé à tous les malades, la « vie même aux morts. Il nous enseigne une autre « vie qui est éternelle, inaccessible à la douleur et à « la tristesse. Cette nuit même un mort a été par lui « ressuscité. Simfore, chef des soldats, s'est rendu à « la prison, a réclamé sous sa responsabilité l'apôtre

« qu'il a reçu des mains du geôlier, et l'a conduit chez
« lui. Thomas s'est mis en prières, et a rendu à la
« vie le fils unique de cet officier. Dans ce moment
« même l'apôtre est dans la maison de Simfore, où
« il enseigne tous ceux qui se présentent à lui, et
« guérit leurs maux. » Treptie répondit : « S'il en est
« comme vous le dites, allons-y; et si j'éprouve la
« vérité de vos récits, je m'empresserai de croire. Il
« serait d'un insensé de ne pas désirer la vie éter-
« nelle, et de ne pas ajouter foi à tant de vertus. »
Elles se rendirent à la maison du général; elles entrèrent, mais elles ne purent parler à l'apôtre qui
était occupé à imposer les mains sur plusieurs infirmes. La reine, ayant vu tant de merveilles, resta
stupéfaite, et s'écria : « Maudits soient de Dieu ceux
« qui ne croient pas aux œuvres du salut ! » Alors un
homme malade de l'éléphantiasis, ayant un aspect
horrible, le visage couvert de gale, et la voix très-
rauque, fut introduit sur le commandement de l'apôtre qui, l'ayant considéré, se mit à pleurer sur lui. Il
fléchit les genoux, pria très-long-temps, lui imposa
la main droite, et supplia le Seigneur en l'invoquant.
Ensuite un certain enfant parut, ayant la figure
très-brillante. Il tira d'un coin écarté un lépreux auquel il fit quitter ses vêtemens; il le dépouilla de sa
peau comme d'une tunique, de même que l'on
écorche un veau, et le présenta à l'apôtre. Celui-ci,
lui ayant fait un signe de croix, le baptisa, et le fit
vêtir d'habillemens blancs et neufs. Le peuple,
voyant ces choses, glorifia le Seigneur. La reine elle-
même, baisant les pieds de Thomas, demanda aussi
à être baptisée. Alors l'apôtre, dont la prescience

lui annonçait comme prochain le temps de son passage à une meilleure vie, baptisa la reine avec tous ceux qui étaient présents.

La reine, de retour, engagea le roi à se rendre à la foi, et elle se montra constamment chrétienne. Alors le cœur du roi fut effrayé, et, tout en colère contre Charisius, il s'écria : « Quand je suis « occupé à vous rendre votre femme, ne voilà-t-il « pas que je perds la mienne ? Treptie est deve- « nue plus opiniâtre contre moi que Mygdonie ne « l'était contre vous. » Il envoya aussitôt vers Thomas, et le fit conduire devant lui, les mains liées derrière le dos. Il lui ordonna de persuader aux femmes qu'il avait déçues de rentrer au lit conjugal. Comme Thomas refusait de déférer à cet ordre, et préférait sauver par la foi ses persécuteurs eux-mêmes, le roi, plein de fureur, ordonna de faire rougir des lames de fer, de déchausser l'apôtre, et de l'y faire tenir debout nu-pieds jusqu'à ce qu'il succombât à la douleur. Aussitôt il vint à couler de l'eau, et les lames furent refroidies. Ensuite, par le conseil de Charisius, l'apôtre fut jeté dans la fournaise des thermes, mais on ne put parvenir à les chauffer. Le lendemain, l'apôtre en sortit sain et sauf. Enfin, on voulut le forcer à sacrifier à une statue du soleil. Cette statue était d'or, portée dans un quadrige doré, ainsi que ses chevaux qui semblaient à toute bride s'élancer rapidement vers les cieux. Dans le temple les Gentils exécutaient des danses à la manière des barbares. Des vierges chantaient au son de la lyre, de la flûte et du tympanon, en portant des encensoirs et des drapeaux. Comme le roi et ses amis conduisaient l'apôtre dans le temple, et lui persuadaient de sacrifier à la statue du soleil, Thomas, parlant en hébreu, ordonna au démon de sortir, de se présenter à lui, et d'exécuter ses ordres. Le démon, sorti du sein de la statue, se présenta devant lui, de manière que seul il l'aperçut. L'apôtre s'entretint en hébreu avec ce diable, et personne ne savait ni ce qu'il disait, ni à qui il parlait.

Enfin saint Thomas, adorant Dieu à genoux dans le temple, et ayant ordonné au démon, en présence du roi et au nom de Jésus-Christ, de ne blesser personne, mais de réduire en poussière le métal de la statue, aussitôt l'idole fondit comme de la cire approchée du feu, et se réduisit à rien. Alors les prêtres se mirent à crier horriblement; le pontife du temple passa son glaive au travers du corps de l'apôtre; le roi prit la fuite avec Charisius; un grand trouble s'éleva, parce que la plus grande partie du peuple élevait des acclamations en faveur de l'apôtre, et cherchait le meurtrier pour le brûler vif. Le peuple transporta honorablement à l'église le corps de l'apôtre en chantant des hymnes, en célébrant ses louanges, et l'embauma avec de précieux aromates. Il se fit là un grand nombre de signes et de miracles; car les démoniaques étaient délivrés et toutes les maladies guéries. Long-temps après, les Syriens supplièrent Alexandre, empereur romain, qui revenait vainqueur de la Perse, après avoir triomphé du roi Xerxès, et obtinrent de lui qu'il envoyât des ambassadeurs aux rois de l'Inde pour obtenir le corps de Thomas. Ainsi il fut transporté de cette contrée et déposé à Edesse dans un coffret d'argent, suspendu à des chaînes du même métal.

I.

Là ne peuvent vivre ni idolâtres, ni hérétiques, ni Juifs.

Abgar fut roi d'Edesse ; c'est lui qui mérita l'honneur de recevoir une lettre écrite de la main du Sauveur ; un enfant nouvellement baptisé doit en faire la lecture si une nation ennemie marchait contre cette ville. Le même jour qu'elle aurait été lue, les barbares seraient ou ramenés à des sentimens de douceur ou mis en fuite avec menace, tant par l'écrit du Sauveur que par les prières de saint Thomas apôtre, surnommé Didyme, qui, ayant touché le côté de Jésus, lui dit : « Seigneur, vous êtes mon Dieu. »

Georges Florent Grégoire, vénérable archevêque de Tours, écrit qu'il a appris, d'un certain Théodore qui avait voyagé dans l'Inde, plusieurs faits importans sur saint Thomas, que cet homme à son retour raconta ainsi qu'il suit :

« Dans l'Inde, au lieu où fut placé d'abord le corps
« du bienheureux apôtre Thomas, on trouve un mo-
« nastère et un temple d'une admirable grandeur,
« construit et décoré avec le plus grand soin. Le
« Seigneur opère dans ce temple un grand miracle.
« Un flambeau, placé et allumé devant le tombeau de
« l'apôtre, y jette continuellement nuit et jour un
« grand éclat par une faveur spéciale de Dieu, quoi-
« que le feu n'en soit alimenté par aucune huile ni au-
« cune mèche ; la flamme n'en diminue pas la source ;
« le vent ne saurait l'éteindre, ni aucun événement
« le détruire. Il reçoit la matière qui l'alimente par
« la vertu de l'apôtre et d'une manière inconnue aux
« hommes qui ne peuvent l'attribuer qu'à la puissance
« divine. Dans la ville d'Edesse, où nous avons dit

« que sont inhumés les bienheureux restes de l'apô-
« tre, lorsque la fête de sa translation arrive, il se
« réunit un grand concours de peuples qui viennent
« de diverses contrées pour acquitter des vœux ou
« pour se livrer au commerce ; ils ont toute liberté de
« vendre et d'acheter pendant trente jours sans payer
« aucuns droits. De grandes et incomparables faveurs
« sont accordées au peuple pendant ces jours qui ap-
« partiennent au cinquième mois. Là ne s'élève au-
« cune querelle parmi les hommes ; aucune mouche
« n'attaque la viande même la plus mortifiée ; aucune
« source ne se tarit pour ceux qui ont soif ; quoi-
« qu'on y tire des puits plus de cent pieds d'eau, pour
« peu que vous creusiez, vous trouverez des eaux en
« abondance. On ne saurait douter que ces merveilles
« ne s'opèrent par la vertu de l'apôtre. Quand les jours
« de la solennité sont passés, le fisc reprend son
« exercice, la mouche absente reparaît, la source
« cache ses eaux ; ensuite une pluie, envoyée par
« l'ordre de Dieu, nettoie tellement le parvis du
« temple de toute espèce d'ordures et de saletés qui,
« pendant la solennité, s'y sont amassées, que vous
« croiriez qu'on n'y a pas même marché. »

Notre Dieu tout-puissant, juge équitable et pieux,
patient rémunérateur, accorde à ses saints une merveilleuse gloire, et les couronne ineffablement d'un
honneur éternel ; il châtie le genre humain en l'ef-
frayant, et en le punissant il le sauve par la pénitence.
C'est pourquoi, gémissant dans cette vallée de larmes, supplions-le ; rendons-lui grâces pour les biens
ineffables qu'il nous accorde ; attachons-nous à ses
commandemens, pour nous hâter d'arriver à lui!

20.

Prions aussi le bienheureux apôtre Thomas, nommé Didyme, et confians dans son intercession, disons-lui dans nos chants: « O Thomas, qui avez touché le côté « de Jésus-Christ, nous vous prions par ces saintes « plaies, qui ont effacé tous les péchés du monde; « purifiez-nous de nos crimes par vos prières. Nous « ressentons les cruelles blessures des péchés. Dans « notre anxiété nous en soupirons, nous prions avec « larmes; soyez assez clément pour offrir au Dieu ton- « nant vos puissantes prières. Ainsi soit-il! »

Barthélemi est un mot syriaque, qui se rend par ces termes: « Le fils de celui qui suspend les eaux. » Ce fut à lui que la prédication de la Lycaonie échut en partage. Il porta ensuite l'Évangile en Assyrie, à Tarse, et dans l'Inde. Enfin, vivant à Alban, ville de la grande Arménie, il fut écorché vif par les Barbares, et décollé par l'ordre du roi Astyage; il fut inhumé le 9 des calendes de septembre (24 août). Son corps sacré fut d'abord transporté dans l'île de Lipari, puis à Bénévent, l'an 809 de l'incarnation du Sauveur, et il est honoré par la pieuse vénération des fidèles.

Il s'agit maintenant de rechercher avec soin toute la suite de l'histoire de sa passion, et de la tirer de l'ancien livre, pour l'insérer avec concision dans notre narration.

Suivant les historiens, les Indes se divisent en trois parties, dans lesquelles on rapporte qu'il se trouve cinquante mille villes, et neuf mille peuples. La première partie de l'Inde s'étend jusqu'à l'Éthiopie; la seconde, jusqu'aux Mèdes; la troisième, jusqu'à la fin de la contrée, parce que d'un côté elle touche à la région des ténèbres, et de l'autre à l'Océan. Ce fut dans cette dernière partie de l'Inde que l'apôtre Barthélemi se rendit : il entra dans un temple où se trouvait l'idole d'Astaroth, et il y resta comme pélerin. A l'arrivée de l'apôtre, Astaroth perdit la parole, ne rendit aucune réponse à ceux qui le consultaient, et ne put remédier à ce qui le blessait. Le temple était rempli de malades; Astaroth ne répondait plus aux sacrifices qu'on lui faisait journellement; les infirmes que l'on conduisait là, des contrées les plus lointaines, se plaignaient douloureusement de leurs maux; les adorateurs de l'idole ne tiraient aucun avantage, ni des offrandes qu'ils faisaient, ni des blessures dont ils se couvraient suivant leur usage. On se rendit dans une autre ville où on adorait un autre démon, nommé Béérith : on lui sacrifia et on lui demanda la raison du silence d'Astaroth, ainsi que des autres événemens qui avaient lieu. Il répondit à ces questions : « Votre Dieu est tellement lié de chaînes de « fer enflammé, qu'il n'ose plus ni soupirer ni parler, « depuis que l'apôtre de Dieu, Barthélemi, est entré « dans ce pays. » Le démon répondit, en outre, à ceux qui lui demandaient quel était ce Barthélemi : « C'est l'ami du Dieu tout-puissant ; il est venu dans « cette province pour en chasser les dieux qui sont « révérés par les Indiens. » Les adorateurs d'Astaroth ajoutèrent : « Dites-nous à quel signe nous pourrons « le reconnaître parmi tant de milliers de personnes « que nous voyons. » Béérith répondit : « Les cheveux « de sa tête sont noirs et crépus ; sa carnation est « blanche ; ses yeux sont grands ; son nez est régulier « et droit ; ses oreilles recouvertes de cheveux ; sa

« barbe longue avec peu de poils blancs ; sa taille bien
« prise et d'une proportion telle qu'on ne saurait la
« considérer comme grande ni comme petite. Il est
« vêtu d'une tunique sans manches de couleur blan-
« che avec des clous de pourpre ; il se couvre d'un
« manteau blanc, aux coins duquel sont attachés des
« pierres de pourpre. Il y a vingt-six ans qu'il porte
« ces habillemens, qui ne s'usent ni ne se salissent.
« Les sandales qu'il porte à ses pieds depuis un pareil
« nombre d'années n'ont pas non plus besoin de ré-
« paration. Il s'agenouille et prie le Seigneur cent fois
« pendant la nuit ; sa voix est forte comme le son de
« la trompette ; il marche accompagné des anges de
« Dieu, qui ne souffrent pas qu'il soit fatigué, ni qu'il
« ait faim. Il conserve toujours le même air, le même
« esprit ; à toute heure il reste serein et joyeux ; il
« prévoit tout, il connaît tout ; il parle et comprend
« toutes les langues de tous les peuples. Il sait même
« quelles ont été les demandes que vous m'avez
« faites, et quelles sont mes réponses à son égard. Les
« anges de Dieu lui obéissent et l'annoncent. » Après
avoir dit ces choses et beaucoup d'autres, le démon
garda le silence.

A leur retour, ces gens parcoururent tous les lieux
d'hospitalité où se trouvaient les étrangers, et considérèrent avec attention leurs figures et leurs vêtemens ; mais pendant deux jours ils ne purent découvrir l'apôtre. Enfin un certain démoniaque, nommé
Seustique, s'écria : « Apôtre Barthélemi, vos prières
« portent le feu dans tout mon corps. » L'apôtre lui
répondit : « Devenez muet, et sortez d'ici. » Aussitôt
l'homme qui pendant beaucoup d'années avait été

tourmenté par le malin esprit, fut délivré de sa possession.

Polémius, roi de cette province, ayant entendu parler de ces événemens, envoya trouver Barthélémi, et le pria de guérir sa fille qui était lunatique, et qui mordait, déchirait et frappait tous ceux qu'elle pouvait saisir. L'apôtre s'étant levé, alla au palais avec l'envoyé du roi, et ordonna de débarrasser de ses chaînes la jeune princesse. Comme les ministres et les gens de la maison craignaient d'approcher de la malade, l'apôtre leur dit : « Je tiens enchaîné l'ennemi « qui s'était emparé d'elle. Allez, déliez-la, lavez-la, « donnez-lui à manger, et amenez-la-moi demain ma-« tin. » On fit ce que l'apôtre ordonnait, et le démon cessa de tourmenter la princesse. Alors le roi fit charger plusieurs chameaux d'or, d'argent, de pierres précieuses et de robes ; il fit chercher l'apôtre ; mais, comme on ne le trouva pas, on rapporta les présens au palais.

Le lendemain, au moment où l'aurore se levait, pendant que le roi était encore dans sa chambre exactement fermée, l'apôtre tout seul lui apparut et l'instruisit dans la vraie foi et dans les doctrines du salut ; car il lui rapporta, dans un ordre convenable, l'incarnation du Verbe de Dieu, qui avait pour mère une vierge immaculée, la triple tentation et la triple victoire, qu'il expliqua avec un grand soin. Le roi Polémius se rendit à la prédication de l'apôtre, et ordonna, à dessein, aux pontifes des idoles de sacrifier le lendemain. Comme ils offraient leur sacrifice à la première heure du jour, le démon leur parla et se plaignit de tous les tourmens que les anges lui faisaient endurer. Par l'ordre de l'apôtre, il fit publiquement l'aveu des déceptions auxquelles il livrait les malheureux. Alors l'apôtre dit au peuple : « Voilà « le dieu auquel vous avez attribué votre guérison. « Entendez maintenant le vrai Dieu, votre créateur, « qui habite dans les cieux. Si vous voulez que je prie « pour vous, et que tous les malades ici présens re- « couvrent la santé, renversez et brisez cette idole. « Quand elle sera détruite, je ferai la dédicace de ce « temple au nom de Jésus-Christ, et je vous consa- « crerai tous ici par son baptême. » En conséquence de cette prédication et par l'ordre du roi, le peuple apporta des cordages et des machines ; mais il ne put renverser l'idole. Alors l'apôtre parla en ces termes : « Détachez ces liens. » Quand ils furent enlevés, il ordonna au démon de prendre la fuite et de briser la statue. C'est ce qu'il fit aussitôt, en anéantissant toutes les idoles qui se trouvaient là. Tous ceux qui virent ce miracle crièrent à haute voix : « Il n'y a qu'un Dieu « tout-puissant, et c'est celui que l'apôtre Barthélemi « nous enseigne. » Alors ce bienheureux apôtre éleva ses mains au Seigneur, et pria long-temps pour le salut de toute l'assistance. Chacun ayant répondu : Ainsi soit-il! l'ange du Seigneur, étendant les ailes, et tel qu'un soleil brillant, apparut, vola dans les quatre coins du temple, et grava avec son doigt le signe de la croix sur les pierres de taille. Ensuite il ordonna que chacun fît sur son front le signe de la croix. Il leur montra ensuite un grand égyptien plus noir que la suie, ayant la figure décharnée, la barbe longue, les cheveux tombant jusqu'aux pieds, les yeux brillans comme le fer rougi au feu, et lançant des étincelles : il sortait de sa bouche et de ses narines du soufre enflammé ; il avait comme le Sphinx les plumes et les ailes couvertes d'aiguillons ; ses mains étaient liées derrière le dos, et il était tout enchaîné dans des fers rouges. Aussitôt que le pervers Satan eut été vu par tout le peuple et délié par l'ange, il reçut l'ordre de fuir dans un lieu désert, loin de l'habitation des hommes, et d'y attendre le jugement dernier : alors il jeta un horrible hurlement de sa voix épouvantable, prit son vol et ne reparut jamais. Ensuite, à la vue de toute l'assistance, l'ange du Seigneur s'envola vers le ciel.

Alors le roi Polémius, ainsi que sa femme et ses deux fils, tous ceux qui avaient été délivrés, tout le peuple de sa ville et des villes voisines qui faisaient partie de ses États, crurent au Seigneur et reçurent le baptême. Lui-même, ayant déposé le diadême de son front ainsi que la pourpre, s'attacha à l'apôtre. Cependant les pontifes et les idolâtres de tous les temples se rassemblèrent, et allèrent trouver le roi Astyage, frère aîné de leur prince, et lui adressèrent leurs plaintes en ces termes : « Votre frère s'est fait le disciple d'un « magicien qui s'empare de nos temples et met nos « dieux en pièces. » Ayant fait ce rapport les larmes aux yeux, les prêtres des autres villes, non moins affligés, présentèrent les mêmes plaintes. Alors le roi Astyage, indigné, envoya mille soldats avec les pontifes pour tâcher de découvrir l'apôtre et pour le conduire enchaîné devant lui. Barthélemi, ayant été amené au roi, interrogé par lui sur le vrai Dieu, répondit avec constance. Cependant on annonça au roi que son dieu Waldach venait de tomber et s'était mis en pièces. Alors le roi déchira le vêtement de pourpre dont il était couvert, fit frapper avec un bâton le saint apôtre, et ordonna de le décoller ensuite. Les peuples innombrables de douze villes qui croyaient au Seigneur, vinrent enlever le corps en chantant des hymnes avec une grande pompe. Ils lui construisirent une basilique d'une merveilleuse grandeur, et y déposèrent ses restes sacrés. Trente jours après cet événement, le roi Astyage et tous les prêtres tombèrent au pouvoir de Satan, et, venant au temple, confessèrent l'apôtre; et ainsi, par le jugement de Dieu, tombèrent morts. Alors une grande frayeur s'empara de tous les incrédules, qui, voyant la vengeance manifeste de Dieu, se soumirent à la foi et reçurent le baptême des prêtres que l'apôtre Barthélemi avait ordonnés. D'après une révélation qu'il eut, le roi Polémius, aux acclamations du peuple et du clergé, fut ordonné évêque par l'apôtre; il fit des miracles et vécut vingt ans dans l'épiscopat; après avoir perfectionné ses travaux et mis l'ordre dans son église, il rendit son ame à Dieu.

L'espace de beaucoup d'années était franchi, une seconde persécution eut lieu contre les Chrétiens. Comme les Gentils voyaient tout le peuple courir au tombeau du bienheureux Barthélemi, et lui adresser assidûment leurs prières avec ferveur, excités par l'envie, ils enlevèrent son corps, le placèrent dans un cercueil de plomb, et le précipitèrent dans la mer. A l'aide de la providence de Dieu, ce cercueil de plomb, enlevé de ce lieu par les flots, fut porté à l'île de Lipari, et là fut révélé aux Chrétiens pour qu'ils le reçussent honorablement. Il y fut recueilli et enseveli;

on éleva sur son tombeau un temple magnifique, et on y établit des moines pour y chanter les louanges du Seigneur.

Matthieu Lévi était, comme il le rapporte dans son évangile, percepteur des deniers publics ou publicain, lorsqu'il fut appelé par le Seigneur et enrichi d'une multitude de grâces. Il évangélisa d'abord dans la Judée, puis il prêcha en Macédoine. Enfin il souffrit le martyre en Ethiopie pendant qu'il célébrait la messe, du temps d'Hirtacus Adelphe, après avoir converti et baptisé en Jésus-Christ le roi Eglippe avec beaucoup de soldats de sa nation. C'est ainsi qu'il passa au Seigneur le 11 des calendes d'octobre (21 septembre). On trouve ainsi qu'il suit dans de vieux ouvrages la suite de la prédication et de la passion de ce bienheureux évangéliste.

L'apôtre Matthieu, ayant écrit en hébreu son évangile dans la Judée, se rendit en Éthiopie par l'ordre de Dieu, et, opérant beaucoup d'œuvres divines, il sauva un grand nombre d'hommes. Etant entré à Nadaber, ville considérable, il découvrit les prestiges des magiciens Zaroès et Arphaxath qui se faisaient passer pour des dieux, et trompaient ainsi le roi Eglippe et tout son peuple. Quand ils le voulaient, ils rendaient les hommes immobiles; ils avaient l'art de les aveugler et de les assourdir; ils ordonnaient aux serpens de blesser des malheureux, et par leurs enchantemens ils les guérissaient. On ne parlait que d'eux dans toute l'Ethiopie; et des contrées les plus lointaines de ce royaume, on s'empressait d'accourir vers ces magiciens, et les trompés adoraient les trompeurs. Il en résultait que, comme le dit le vulgaire, on avait pour ces méchans plus de crainte respectueuse que pour les bons de tendre amour.

Ce fut pour remédier à tant de maux que le Seigneur, dans sa clémence, s'occupant du bonheur des hommes, envoya l'apôtre Matthieu pour secourir les Éthiopiens entachés d'une double noirceur. Un eunuque éthiopien nommé Candace, ayant vu Matthieu, après avoir été baptisé par le diacre Philippe, l'un des Apôtres, alla, plein de joie, se jeter à ses pieds, l'adora, et lui donna asile dans sa maison. Tous les amis de l'eunuque Candace venaient voir Matthieu, et après l'avoir entendu proférer les paroles de vie, croyaient au Seigneur Jésus-Christ. La plupart se faisaient baptiser en voyant que l'apôtre de Dieu guérissait tous les maux que les magiciens faisaient aux hommes. En effet, ces imposteurs blessaient tous ceux qu'ils pouvaient atteindre, afin que, pour obtenir leur guérison, ils vinssent s'adresser à eux; et ces malheureux passaient pour être guéris quand leurs blessures ne continuaient pas. Mais Matthieu, l'apôtre du Christ, ne se bornait pas à guérir ceux que les magiciens avaient blessés; il rendait encore la santé à toutes les personnes qui, souffrant de diverses infirmités, lui étaient présentées. Il annonçait au peuple la vérité de Dieu si parfaitement que tout le monde admirait son éloquence, et s'étonnait de ce qu'il parlait si bien les langues de la Grèce, de l'Égypte et de l'Éthiopie. Candace l'ayant interrogé avec confiance et affection, Matthieu lui expliqua clairement comment l'orgueil des hommes avait occasionné la confusion des langues à la tour de Babel;

comment la divinité, s'étant incarnée par l'humilité du Christ, avait de nouveau racheté le genre humain, vaincu l'antique ennemi des hommes, enflammé du feu du Saint-Esprit les cliens qu'il avait choisis, et donné amplement à tous la science des langues et la sagesse des Écritures. Comme le saint apôtre prodiguait aux peuples qui l'écoutaient bénévolement toute la doctrine du salut qu'il tirait du trésor de sa prudence, il arriva quelqu'un qui dit que les magiciens allaient se présenter avec leurs dragons. Ces serpens étaient couverts d'un casque ; ils vomissaient un souffle enflammé ; leurs narines répandaient une odeur de soufre brûlant qui suffisait pour tuer les hommes. Alors saint Matthieu se signa, et sortit malgré les représentations de l'eunuque Candace. Dès qu'il fut en présence des magiciens, les deux dragons vinrent s'endormir à ses pieds. Alors l'apôtre dit aux magiciens : « Où donc est votre art ? Si vous le pouvez, tirez ces serpens du sommeil. » Ils essayèrent vainement, par les charmes de la magie, de tirer du sommeil les dragons en employant toutes les ressources de leur art. Cependant les peuples s'assemblaient, et restaient stupéfaits à la vue de ces merveilles. A la fin le bienheureux apôtre donna, au nom du Seigneur, l'ordre aux deux animaux féroces de retourner avec la plus grande douceur à leur place, et de se retirer sans faire de mal à personne. Aussitôt les serpens levèrent la tête, se mirent en mouvement, sortirent de la ville dont on leur ouvrit les portes, et ne reparurent jamais. Alors le saint évangéliste s'adressa avec bonté au peuple rempli de joie, et lui raconta toute la suite de l'histoire de la condition du premier homme, des charmes du paradis, de l'envie et de la fourberie de l'ange apostat, de la chute d'Adam par suite de la prévarication de ce premier homme, et de la rédemption du genre humain par la passion du Fils de Dieu. Comme l'apôtre prêchait beaucoup d'autres choses sur l'essence du Verbe, tout à coup on entendit un grand bruit occasionné par le deuil, parce qu'on s'attristait de la mort d'Euphranon, fils du roi Eglippe. Des magiciens assistaient à ses funérailles, et, ne pouvant le ressusciter, assuraient au roi que son fils avait été enlevé par les Dieux pour prendre place dans le ciel, conseillant de le comprendre au nombre des divinités, et de lui élever un temple et des statues. La reine Euphénisie reçut un conseil plus judicieux de son fidèle Candace. Ayant méprisé les abominations des magiciens, elle envoya respectueusement des barons illustres pour appeler l'apôtre Matthieu auprès du roi. Dès que l'apôtre entra, elle se prosterna aussitôt à ses genoux; elle le pria fidèlement et dévotement de ressusciter son fils. Le bienheureux apôtre la félicita de sa foi fervente, et pria le Seigneur tout-puissant pour la résurrection du défunt. Il prit ensuite la main du jeune prince, lui ordonna de se lever, au nom de Jésus-Christ, et aussitôt il fut ressuscité.

A la vue d'un si grand miracle, le cœur du roi fut saisi d'effroi. Il fit apporter la pourpre, envoya des hérauts dans toutes les villes et les provinces de l'Éthiopie, et les chargea de faire la publication suivante : « Venez à la ville, et vous y verrez le Sei-« gneur caché sous la figure d'un homme. » Tout le peuple étant accouru avec des cierges et des lampes, avec des parfums et différentes offrandes pour les sacrifices, saint Matthieu parla ainsi : « Je ne suis point « le Seigneur, mais le serviteur du Dieu tout-puis- « sant qui m'a envoyé vers vous pour vous faire quit- « ter vos erreurs, et vous donner la connaissance du « vrai Seigneur, afin que vous l'adoriez. Éloignez de « mes yeux l'or, les couronnes dorées et l'argent. Allez, « élevez un temple au Seigneur afin que nous puis- « sions nous y assembler, et que vous y entendiez la « parole de Dieu. » A ces mots le peuple se retira plein de joie ; soixante mille hommes se mirent à bâtir un temple, et terminèrent en trente jours cette sainte église. A cause de la résurrection du fils du roi, Matthieu nomma cette église la Résurrection ; il y siégea vingt-trois ans ; il établit des prêtres et des diacres, ordonna des évêques pour les villes et les principales places, et construisit beaucoup d'églises. Le roi et la reine, ainsi que les différens peuples d'Éthiopie, reçurent le baptême du Christ, et les magiciens effrayés s'enfuirent en Perse. Le bienheureux Matthieu opéra un grand nombre de miracles qu'il m'est impossible de raconter en détail : par exemple, il rendit la lumière aux aveugles, guérit les paralytiques, délivra les démoniaques, et même ressuscita les morts.

Le roi très-chrétien Eglippe, parvenu à une extrême vieillesse, se rendit auprès du Seigneur, et Hirtacus Adelphe prit les rênes de l'empire. Il voulut épouser Éphigénie, fille du feu roi, qui, s'étant consacrée au Christ, avait reçu le voile sacré des mains de l'apôtre, et se trouvait déjà à la tête de plus de deux cents vierges. Il espérait que, par l'intermédiaire de Matthieu, il pourrait toucher le cœur d'Ephigénie, et il eut à cet égard avec lui l'entretien suivant : « Prenez la moitié de mon royaume, et fai-« tes que je puisse m'unir par le mariage avec la « princesse. » Alors le bienheureux Matthieu prescrivit au roi, à Ephigénie et à tout le peuple de se réunir le samedi suivant dans l'église pour y entendre la parole du Dieu tout-puissant: c'est ce qui fut exécuté. Toute l'assemblée ayant observé le plus strict silence, l'apôtre parla de la continence et d'un bon mariage, et de ses œuvres raisonnables, sur lesquelles il s'étendit avec éloquence et sagesse. Il démontra clairement que l'aliment des viandes ou l'union conjugale n'étaient point exempts de souillure, mais qu'ils n'étaient pourtant point criminels; que les ordures du corps pouvaient être lavées par les aumônes et les œuvres de miséricorde, tandis que les crimes ne pouvaient l'être que par les larmes de la pénitence. « Si quelqu'un, dit-il, pense se restau-« rer par le spirituel aliment du corps du Seigneur, « après avoir pris une nourriture charnelle, il de-« vient doublement coupable de crime, d'infamie et « d'orgueil, non pas parce qu'il a mangé, mais parce « qu'il a usurpé les avantages de l'Eucharistie, con-« tre l'ordre, la justice et les lois de Dieu. C'est « ainsi que l'homicide et le mensonge, quoique par « leur nature ils soient un mal, peuvent cependant « devenir un bien selon le motif qui les occasionne. « En effet, si quelqu'un profère un mensonge pour « rendre service à un innocent, et pour le protéger « contre ses ennemis, ou si un juge condamne à « mort un scélérat pour l'empêcher de tuer un grand « nombre d'innocens, il en résulte un fruit bon et

« utile. C'est ce qui paraît d'une manière évidente
« dans le meurtre de Goliath et de Sisara, d'Aman
« et d'Holopherne. Ainsi, quand un mariage a lieu,
« il prend sa source dans l'honnêteté des bonnes
« œuvres, et cette union devient sainte et juste. Si le
« serviteur d'un roi osait usurper la fiancée de son
« maître, il est clair qu'il commettrait, non seule-
« ment une offense, mais même un grand crime, et
« qu'il mériterait d'être jeté vivant dans les flammes
« du bûcher. Ce qui constitue le crime n'est pas de
« s'être procuré une épouse, mais d'avoir fait tort à
« plus puissant que soi. » Ce fut par ces discours et par
d'autres exemples manifestes que l'apôtre Matthieu
voulut dissuader le roi Hirtacus d'épouser Ephigénie,
déjà consacrée à Dieu, en lui faisant craindre d'exciter
le courroux du roi céleste, s'il avait la témérité de
s'unir à elle par le mariage. Cette prédication irrita
tellement Hirtacus qu'il se retira, tandis que l'apôtre,
plein de constance et de joie, persistait dans sa doctrine et ses discours. Alors il bénit devant tout le
peuple Ephigénie prosternée à ses pieds, et donna
le voile à toutes les vierges qui étaient là présentes.
Toute l'église ayant reçu les mystères du Seigneur
par la célébration de la messe, et chacun s'étant
retiré chez soi, Matthieu resta près de l'autel où il
avait consacré le corps du Sauveur, et là, les mains
étendues et priant, il reçut le martyre. Un soldat,
envoyé par Hirtacus, frappa d'un coup d'épée l'a-
pôtre par derrière, et en fit ainsi un martyr du
Christ. Dès que cet événement fut connu, le peuple se rendit au palais avec des torches, et ce ne
fut pas sans peine que les prêtres, les diacres et les

autres personnes religieuses parvinrent, par de saints discours, à empêcher que le roi ne fût brûlé avec tous ceux qui l'entouraient. Cependant Ephigénie donna aux prêtres et au clergé tout ce qu'elle possédait en or, en argent et en pierres précieuses, afin que l'on pût bâtir en l'honneur de l'apôtre une basilique digne de lui, et que l'on donnât le reste aux pauvres. Hirtacus, de son côté, essaya de faire condescendre à ses vœux la princesse, en employant d'abord l'entremise des femmes nobles, et ensuite la séduction des magiciens. Enfin, quand il vit que rien ne lui réussissait pour parvenir à l'accomplissement de ses vœux, il fit entourer de feux le prétoire dans lequel Ephigénie habitait avec les vierges du Seigneur, et servait Dieu jour et nuit. Comme la flamme se répandait autour de l'édifice, un ange du Seigneur apparut avec saint Matthieu, fortifia les vierges sacrées, et leur promit une prompte délivrance. Aussitôt Dieu excita un violent ouragan, détourna l'incendie de la maison de ses vierges, et embrasa le palais du roi avec toutes les richesses qu'il contenait. Hirtacus parvint à grand'-peine à se sauver avec son fils unique; mais depuis ce moment il ne put goûter un moment de joie : car un démon fougueux s'empara du jeune prince, l'entraîna rapidement au tombeau de l'apôtre Matthieu, et, lui ayant lié les mains derrière le dos, le força de confesser les crimes de son père. Quant au roi, attaqué de l'éléphantiasis, il se frappa de son glaive, se perça l'estomac de sa propre main, et par cette mort expia le martyre de l'apôtre. Tout le peuple insulta à son trépas, et plaça sur le trône

Béhor, frère d'Ephigénie, qui avait été baptisé par Matthieu. Ce prince commença à régner à l'âge de vingt-cinq ans, conserva le sceptre pendant soixante-deux années, et maintint une paix solide avec les Romains et avec les Persans. Toutes les provinces des Ethiopiens se remplirent d'églises catholiques dans lesquelles, sous la confession du bienheureux apôtre Matthieu, beaucoup de miracles s'opérèrent. Matthieu fut le premier qui écrivit en hébreu l'Evangile de Notre-Seigneur Jésus-Christ, lequel, d'après sa révélation, fut retrouvé sous l'empire de Zénon. La sainte mère Eglise célèbre par une fête la mémoire de saint Matthieu, le 11 des calendes d'octobre (21 septembre), et chante ses louanges, de bouche et de cœur, par les plus doux concerts.

O saint Matthieu, vous qui êtes doué d'une double puissance, priez constamment Jésus pour nous, afin qu'il nous gouverne au milieu des tourbillons du monde, de peur que nous ne soyons engloutis dans l'enfer pour l'éternité.

Simon le Cananéen ou le Zélé, pour le distinguer de Simon Pierre, ainsi que du traître Judas qui s'appelait Simon Iscariote, était originaire de Cana, village de Galilée, où le Seigneur changea l'eau en vin. Il reçut la mission de l'Egypte.

Jude, fils de Jacques, eut trois noms : car on l'appelait également Jude, Thaddée et Lebbée. Il prêcha dans la Mésopotamie et dans le royaume de Pont : il se réunit à Simon pour pénétrer en Perse, où, après avoir soumis au Christ une innombrable multitude de peuples, ils consommèrent leur martyre le 5 des calendes de novembre (28 octobre.)

Craton, disciple des Apôtres, a longuement écrit ce qu'ils ont fait pendant treize ans, et ce qu'ils ont souffert dans la Perse. Son ouvrage occupe dix volumes que l'historiographe Jules Africain traduisit en langue latine. Abdias, évêque de Babylone, qui reçut l'ordination de ces Apôtres, écrivit en hébreu leur histoire qui fut mise en grec par son disciple Eutrope. C'est d'après tous ces travaux que Jules Africain donna son interprétation aux Latins: on en a fait un abrégé, fort agréable pour ceux qui veulent savoir quels furent les commencemens de leurs prédications, quand ils les terminèrent, pour abandonner le monde, et comment ils se rendirent au royaume céleste. Les saints apôtres Simon et Jude, ayant eu une révélation du Saint-Esprit, entrèrent en Perse, et y rencontrèrent les deux magiciens Zaroès et Arphaxath qui avaient fui d'Ethiopie à l'aspect de l'apôtre saint Matthieu. La doctrine de ces hommes était dépravée et remplie de blasphèmes mortels contre le Seigneur et les prophètes. Quand les Apôtres furent arrivés en Perse, Warardach, préfet et duc du roi des Babyloniens, qui se nommait Xerxès, lequel faisait la guerre contre les Indiens qui venaient d'envahir les frontières du royaume, se présenta devant Jude et Simon. Dès leur arrivée, les démons, qui donnaient des réponses mensongères à ceux qui leur offraient des sacrifices, devinrent muets dans tous leurs temples. Leurs adorateurs, qui se rendaient au temple d'une ville voisine, les consultèrent. Pour réponse le démon se mit à mugir, et déclara qu'il ne pouvait parler tant que les apôtres de Dieu, Simon et Jude, seraient présens. Alors le duc Warardach fit rechercher les Apôtres, et, les ayant découverts, leur demanda qui ils étaient et d'où ils venaient. Ils dirent qu'ils appartenaient à la nation des Hébreux, et qu'ils étaient venus pour le salut de tous. Le duc les pria de rendre à ses dieux la puissance de parler : ils en donnèrent la permission après avoir fait la prière. Aussitôt les serviteurs des idoles furent saisis par les démons, et prédirent qu'une grande guerre allait avoir lieu, et qu'il y périrait beaucoup de monde de part et d'autre. Les Apôtres s'étant mis à rire, le duc fut effrayé ; mais, à leur persuasion, il différa jusqu'au lendemain le départ des ambassadeurs qui devaient demander la paix. Cependant les pontifes profanes étaient en fureur contre les Apôtres, et disaient qu'on ne devait laisser ni parler ni entendre dans une ville aussi opulente que Babylone, ces hommes vils et couverts de haillons. Alors le duc fit garder à vue jusqu'au lendemain les deux Apôtres, ainsi que les pontifes insensés, et attendit, d'après l'avis des premiers, le résultat de l'affaire.

Le jour suivant, la parole des Apôtres s'accomplit. Les envoyés du duc revinrent très-rapidement, montés sur des dromadaires avec les ambassadeurs des Indiens, et annoncèrent que tout s'était passé comme ces Apôtres l'avaient prédit. En effet, les Indiens restituèrent les territoires envahis, payèrent des tributs, et conclurent des traités de paix durables. Voyant que Jude et Simon étaient des hommes véridiques, ainsi que l'événement le prouvait, Warardach, irrité, fit préparer un grand bûcher pour les pontifes, et ordonna de les y précipiter avec leurs complices.

Les Apôtres, qui n'avaient pas perdu de vue les ordres du Seigneur, se jetèrent aux pieds du duc, se couvrirent la tête de poussière, le supplièrent de ne pas faire périr leurs ennemis, et annoncèrent éloquemment devant le peuple qui les admirait que telle était la doctrine de notre Dieu.

Enfin Warardach ordonna de compter les pontifes, et de rechercher quelles étaient leurs richesses pour les donner aux Apôtres. On trouva que les temples étaient desservis par cent vingt pontifes, et que chacun d'eux coûtait tous les mois au fisc une livre d'or. Quant au suprême pontife, il recevait le quadruple de la somme de chacun. Leurs richesses, tant en or et en argent qu'en habillemens et en animaux, étaient si considérables, qu'on ne pouvait les compter. Le duc les offrit aux Apôtres qui les refusèrent avec dédain, et ordonnèrent qu'on les distribuât aux pauvres. Enfin le duc, ayant annoncé au roi Xerxès tout ce qu'il avait fait, ainsi que les Apôtres, Zaroès et Arphaxath, qui se trouvaient alors avec le roi, se mirent à déprimer les Apôtres, et s'efforcèrent d'engager le public à les contraindre d'adorer les dieux. Le duc n'en parla pas moins toujours en faveur de Simon et de Jude. Enfin, une plaidoirie eut lieu en présence du roi. Après que les magiciens eurent parlé en public, les avocats qui leur étaient opposés restèrent muets, et il se passa l'espace d'à peu près une heure sans qu'aucun de ces avocats, naguères très-diserts et éloquens, pût exprimer une seule parole. Enfin les magiciens leur permirent de parler, mais ils ne purent marcher, et, ayant fait quelques pas en arrière, ils ne purent rien voir quoiqu'ils eussent les yeux ouverts. A l'aspect de ce prodige, tout le monde fut saisi d'effroi, et on respecta les magiciens, plutôt par crainte que par amour. Ce spectacle dura depuis le matin jusqu'à la sixième heure, et les avocats, fort tristes, furent obligés de se retirer chez eux avec confusion.

Cependant le duc raconta ces choses aux Apôtres qu'il aimait tendrement. Il convoqua chez lui le corps des avocats dont nous venons de parler, et présenta devant eux les apôtres de Dieu, Simon et Jude, afin qu'ils pussent triompher des magiciens en obéissant à leurs ordres. Quand les avocats virent des hommes vêtus d'habillemens misérables, ils éprouvèrent une sorte de mépris; mais Simon, par une salutaire prédication, réprima ce mouvement d'orgueil. Il démontra que l'on déposait quelquefois des objets d'un mince mérite dans des coffrets d'or enrichis de diamans, tandis que, dans des boîtes de bois ou de peu de valeur, on plaçait souvent de précieux bijoux; que parfois on remplissait de vinaigre les vases les plus brillans, en même temps qu'on plaçait les meilleurs vins dans des cruches d'un aspect hideux; que de même on remarquait quelquefois de grandes vertus dans des personnes qui semblaient méprisables au premier coup-d'œil, et que la vertu, par l'éclat de son mérite, plaisait par dessus tout au suprême Créateur.

Enfin les saints Apôtres donnèrent de salutaires avis aux avocats, et par de pieuses prières les recommandèrent à Dieu, et leur firent le signe de la croix sur le front. Zébédée et les autres avocats, parvenus devant le roi, se mirent à insulter les magiciens, qui ne purent les offenser par aucun raisonnement. Alors les magiciens en courroux firent venir une multitude de serpens, qui effrayèrent grandement ceux qui les virent. A l'ordre du roi, les Apôtres se présentèrent. Dès leur arrivée ils remplirent leurs manteaux de ces serpens, et les lancèrent hardiment contre les magiciens, dont ils se mirent aussitôt à dévorer les chairs. Ces imposteurs hurlaient comme des loups à la grande satisfaction des spectateurs qui voyaient clairement les souffrances des impies. Le roi et le peuple disaient aux Apôtres : « Laissez mourir ces « gens. » Les Apôtres répondirent : « Nous sommes « envoyés pour rappeler de la mort à la vie, et non « pour précipiter de la vie dans la mort. » Ensuite ils prièrent, et ils ordonnèrent aux serpens de retirer leurs poisons des magiciens, et de retourner à leur place. Ces hommes souffrirent des tourmens plus vifs quand tous les serpens recommencèrent à déchirer leurs chairs et à sucer leur sang, pour retirer leur venin. Quand les serpens se furent retirés, et que de l'avis des Apôtres les magiciens affligés eurent passé trois jours sans manger, ni boire ni dormir, Simon et Jude allèrent les voir pour les visiter, et les guérir sans vouloir leur rendre le mal pour le mal. Comme les magiciens avaient déjà en Ethiopie fui la présence de saint Matthieu, ils prirent la fuite, persistèrent dans leur méchanceté, se retirèrent ainsi couverts de confusion loin des saints personnages, et portèrent à les détester tous les idolâtres de la Perse. Ils allaient sacrifiant dans tous les temples, et par leurs prestiges ils rendaient les spectateurs soudainement immobiles, puis libres et aveugles, puis clairvoyans et sourds, puis doués du sens de l'ouïe. C'est ainsi qu'ils se moquaient de ceux qui sacrifiaient aux idoles et de tous leurs semblables.

Les Apôtres invités par le roi et par le duc, s'arrêtèrent à Babylone, opérant de grands miracles, faisant entendre les sourds, redressant les boiteux, rendant la vue aux aveugles, purifiant les lépreux, et chassant les démons du corps des possédés. En conséquence ils avaient un grand nombre de disciples, parmi lesquels ils choisissaient les prêtres, les diacres, et les clercs des églises.

La fille d'un Satrape très-opulent, qui avait été séduite, ayant éprouvé de grands dangers pendant ses couches, pour lesquels on accusait le diacre Eustosin du crime d'inceste, les Apôtres entendirent parler de cet événement, se firent présenter les parens de la jeune fille ainsi que le diacre, et se firent apporter l'enfant qui, ce jour-là même, était né à la première heure. Ayant commandé à l'enfant de parler, il dit d'une voix très-claire : « Ce diacre est un « homme saint et chaste, il n'a jamais souillé sa chair. » Les parens insistèrent pour connaître le père de l'enfant ; alors les Apôtres dirent : « Nous devons ab- « soudre les innocens ; mais il ne nous appartient pas « de divulguer les coupables. »

Hicharon, ami du roi, se trouvait à la guerre lorsqu'il reçut au genou une flèche, que l'on ne put arracher de ses os par aucun procédé. Alors le bienheureux Simon invoqua le Seigneur Jésus, et bientôt enleva la flèche par la sainte application de sa main ; de sorte que l'homme fut soudain guéri, et qu'on ne voyait aucune trace de blessure.

Deux tigres très-féroces s'échappèrent des fosses où ils étaient renfermés, et se mirent à dévorer tout ce qu'ils rencontraient. Alors tout le peuple s'enfuit vers les apôtres de Dieu, qui invoquèrent le nom du Seigneur Jésus; et aussitôt les deux animaux féroces, que rien n'avait jamais pu calmer, devinrent doux comme des agneaux. En effet, pendant le jour, ils restaient comme des moutons au milieu du peuple, et le soir ils se retiraient dans la cellule des Apôtres; et, quand ceux-ci se rendaient dans d'autres villes, on les voyait leur servir de gardes à la porte de leurs habitations. C'est de là que ces pieux prédicateurs prirent le sujet d'un de leurs sermons: ils enseignèrent aux peuples ce que devaient faire les hommes raisonnables, et comment on devait obéir à Dieu; ils en démontrèrent au doigt et à l'œil la nécessité par l'exemple des animaux les plus sauvages.

A la demande du roi et des peuples, les Apôtres restèrent à Babylone un an et trois mois. Pendant ce temps, ils baptisèrent plus de soixante mille hommes, sans compter les femmes et les enfans. Le roi d'abord et tous les hommes constitués en dignité reçurent la foi; car ils voyaient que la simple parole des pieux personnages suffisait pour guérir toutes les infirmités, éclairer les aveugles, et ressusciter les morts. Abdias qui était venu de Judée avec eux, et qui de ses propres yeux avait vu le Seigneur Jésus, fut ordonné évêque; et toute la ville fut remplie d'églises. Après avoir mis l'ordre partout et pourvu au service divin, les Apôtres partirent; ils furent suivis d'une troupe de disciples, qui ne s'élevait pas à moins de deux cents hommes; ils parcoururent douze provinces de la Perse, ainsi que les villes de ces contrées.

Maintenant il est temps de raconter quelle fut la passion des saints Apôtres. Les magiciens Zaroès et Arphaxath, dont nous avons parlé plus haut, commettaient dans les villes d'énormes abominations; ils prétendaient être des dieux et fuyaient toujours l'aspect de Simon et de Jude. Ils ne restaient dans chaque ville que jusqu'au moment où ils apprenaient l'arrivée des Apôtres. Il y avait à Sanir soixante-dix pontifes pour les temples des idoles, qui recevaient du roi, quatre fois par an, chacun une livre d'or, lorsqu'ils célébraient le banquet du Soleil, savoir au commencement du printemps, de l'été, de l'automne et de l'hiver. Les magiciens dont nous venons de faire mention soulevaient autant qu'ils le pouvaient les peuples contre les Apôtres ; ils les précédaient et mettaient beaucoup d'obstination à leur nuire.

Quand les saints Apôtres eurent parcouru toutes les provinces et furent venus à Sanir habiter dans la maison de Sennès leur disciple, tout à coup, vers la première heure du jour, les pontifes firent irruption dans leur domicile, et, criant horriblement contre Sennès, ordonnèrent qu'on leur remît les ennemis de leurs dieux. Cependant on s'empare des saints Apôtres, et on les conduit au temple du Soleil. Lorsqu'ils y entrèrent, les démons, qui s'étaient emparés de quelques énergumènes, se mirent à crier : « Apôtres du « Dieu vivant, qu'y a-t-il entre vous et nous? A votre « arrivée ici, les flammes nous consument. » Dans un appartement du temple, vers l'orient, était un quadrige d'or fondu, sur lequel brillait de tout l'éclat de ses rayons un soleil de même matière. Dans une autre pièce on voyait une lune fondue en argent, montée sur un char traîné par deux bœufs d'un métal pareil. Les pontifes et les magiciens se réunirent au peuple pour forcer les Apôtres d'adorer leurs idoles; mais ceux-ci s'entretenaient en hébreu de la vision de notre Seigneur Jésus-Christ, qu'ils contemplaient au milieu des anges, d'où il les appelait à lui. Un ange du Seigneur leur apparut aussi et les réconforta. Enfin, lorsque le silence se fut établi, ils s'adressèrent au peuple, et, par de bonnes raisons, lui prouvèrent les erreurs où il tombait en rendant inutilement à la créature des hommages qui n'étaient dus qu'à Dieu seul; ils dirent qu'il était injurieux à la Divinité de renfermer dans des habitations, qui étaient l'ouvrage des hommes, le soleil et la lune; que, depuis le commencement du monde, Dieu a créés et placés dans le ciel pour y paraître et briller durant tous les siècles. Comme tous les auditeurs étaient stupéfaits, Simon ordonna au démon de sortir de là et d'anéantir la statue du soleil et son quadrige. De son côté, Jude ordonna de briser la statue de la lune. Alors deux Éthiopiens, noirs et nus, ayant une face épouvantable, parurent sortir du milieu de l'assemblée : en brisant les statues, ils jetaient d'épouvantables hurlemens. Alors les faux pontifes se jetèrent sur les Apôtres et les massacrèrent, comme ils étaient occupés à rendre, dans leur joie, des actions de grâces à Dieu. Sennès, leur hôte, fut martyrisé avec eux, parce qu'il refusa de sacrifier aux idoles. Dans le même moment, quoique le ciel fût très-serein, on vit briller des foudres extraordinaires, qui fendirent en trois parties les murs du temple depuis le sommet de son toit jusqu'à la dernière pierre de son fondement. Zaroès et Arphaxath furent frappés par la foudre, brûlés et réduits en charbon.

Trois mois après, le roi Xerxès enleva leurs dignités aux pontifes, et fit transporter les corps des Apôtres dans sa ville avec de grands honneurs, pour les placer dans une église dont le pourtour octogone présentait huit angles, chacun de quatre-vingts pieds; de sorte que l'on comptait, en en faisant le tour, huit fois quatre-vingts pieds, sur une hauteur de cent vingt. Cette basilique fut construite de marbre taillé, carrément[1], et les chapelles en furent décorées de lames dorées. On plaça au milieu un tombeau d'argent fin. Cette construction occupa quatre années entières sans interruption; elle fut terminée le jour natal des deux apôtres, c'est-à-dire, le 5 des calendes de novembre (28 octobre), et mérita d'être dédiée en leur honneur. Les croyans obtiennent dans ce lieu toutes les grâces divines quand ils y viennent révérer les martyrs, qui ne cessèrent jamais, jusqu'à leur mort, de rendre hommage à notre Seigneur Jésus-Christ. Quant à nous qui, pleins d'espérance dans le Sauveur, rapportons ces faits dans nos écrits, nous louons ces bienheureux Apôtres qui sont les compagnons et les joyeux convives du monarque suprême, et, dans les parvis de Jérusalem, qui est notre mère, nous chantons dévotément en leur honneur avec les enfans qui criaient: « Gloire au Rédempteur. »

Bienheureux Simon, illustre Thaddée, contemplez

---

[1] Orderic Vital ajoute *et sinmaticis*: nous n'avons pu découvrir le sens de ce mot, probablement défiguré par les copistes et qui ne se retrouve nulle part.

nos gémissemens et nos larmes ; après avoir mérité l'enfer par notre chute, méritons par vous l'entrée des cieux. Ainsi soit-il !

Matthias, l'un des soixante-dix disciples, après avoir été élu au sort par les Apôtres à la place de Judas, prêcha dans la Judée et y fut martyrisé pour le Christ. On célèbre sa fête le 6 des calendes de mars (24 février), et la troupe des clercs, se présentant dévotement, lui adresse ainsi de pieuses prières : « Juste « Matthias, appelé par le sort sur le douzième trône, « délivrez-nous de tous les liens du crime, afin « que, grâces à vos prières sacrées, nous jouissions « des joies de la vraie lumière. Ainsi soit-il. »

Judas Simon Iscariote sortit de la tribu d'Issachar, et fut compté au nombre des douze Apôtres. Enflammé d'une mortelle cupidité, il vendit aux Juifs pour trente pièces d'argent son maître et son Seigneur, perdit la dignité de l'apostolat, et finit par s'étrangler misérablement dans son repentir et sa douleur. Il a encore aujourd'hui dans l'Eglise de nombreux imitateurs qui, tout en commettant des iniquités, voudraient conserver un nom sacré. Judas eut, tout indigne qu'il était, des noms pleins de dignité, et qui ne sont pas sans mystère : il désigne typiquement l'Eglise des faux Chrétiens. En effet, Judas signifie confessant, et par ce nom on entend ceux qui, comme dit l'apôtre, prétendent connaître le Seigneur qu'ils renient par leurs actions. Quant au mot Simon, il veut dire obéissant, et par cette expression on figure les hypocrites, les trompeurs, et ceux qui obéissent faussement, et ceux qui, non par amour de Dieu et par le désir du ciel, exécutent les préceptes du Seigneur, et sont conduits à une vaine gloire par une faveur mondaine et pour une récompense transitoire : plusieurs d'entre eux, comme Judas Iscariote, sont aveuglés par l'excès de la cupidité, et, abandonnant la recherche et l'usage des bonnes choses, tombent volontairement dans des crimes détestables, et courent les plus grands dangers, enlacés qu'ils sont indissolublement dans les liens du péché. Ils se contentent d'une récompense passagère dans le siècle présent, et recevant quelque prix pour certaines bonnes actions et certaines observances manifestées en public, ils s'enflent d'un vain orgueil ; mais liés dans l'avenir par des nœuds inextricables, ils pleureront dans les cloaques de l'enfer, et, tourmentés par un indicible genre de supplices à cause des crimes qu'ils ont commis, ils seront privés de tout espoir de pardon.

Le traître Judas s'étant retiré du corps des Apôtres, que méritèrent ceux qui persistèrent à rester avec le Seigneur ? Un honneur ineffable et la béatitude éternelle. La sainte mère Église croit, et tout catholique affirme avec foi, que les douze Apôtres sont véritablement sublimes et bienheureux, et qu'ils participent à l'éternelle félicité. En effet, sel de la terre, lumière du monde, formant les douze heures du jour éternel, ceps féconds de la vigne chargée de fruits, collaborateurs du Christ, et ses cohéritiers dans le royaume des cieux, ils sont partout adorés et célébrés dans la mémoire ; chez toutes les nations où règne la vraie foi, ils sont honorés et implorés avec respect comme les maîtres des peuples et les gouverneurs des églises : constitués ainsi juges de l'univers par le Christ, censeurs rigoureux des réprouvés, pieux protecteurs des ames dévotes et leurs assidus intercesseurs. Après avoir méprisé tout ce qui est mondain, ils s'attachèrent indissolublement au Christ, qui est la vraie vigne et la vraie vie. Maintenant ils règnent dans les cieux avec le roi des rois; ils se réjouissent avec les anges en le louant éternellement, et, assis sur douze trônes, ils jugent avec le Seigneur les douze tribus d'Israël.

J'ai recherché avec un grand soin ce qui les concerne dans les écrits que l'Eglise approuve, et je me suis exercé à en faire pour moi un abrégé d'après ce que j'ai trouvé dans les anciens ouvrages.

Maintenant j'ai le desir de parler de leurs compagnons et de leurs successeurs. Avec l'aide de Dieu, je ferai dans ce livre une dévote mention de ce qui les concerne. J'entreprendrai cet ouvrage, non pas qu'il soit besoin de donner des louanges à ceux dont la louange est Dieu même qui, triple et unique, règne dans l'éternité, et rend les siens perpétuellement heureux avec lui, par une récompense sans fin; mon travail a pour but de montrer ma dévotion, et d'obtenir la faveur des saints personnages, afin que par leur intervention je puisse pieusement acquérir mon salut.

Joseph, surnommé Barnabé, c'est-à-dire fils de consolation, né dans la ville de Cypre, qui fut fondée par Cyrus, roi des Perses, parvint à l'apostolat chez les Gentils avec Paul l'an troisième après la passion du Seigneur. Il fut l'un des soixante-douze disciples du Christ, resta avec les Apôtres dans leur prospérité comme pendant leurs afflictions, et, d'après son nom, donna aux croyans de grandes consolations, surtout quand il vendit le champ qu'il possédait pour en déposer le prix aux pieds des Apôtres. Il se lia d'amitié avec Paul après sa conversion, le présenta aux Apôtres auxquels il était encore inconnu et suspect, et raconta à ceux qui l'ignoraient l'histoire de sa vocation. Les Apôtres l'envoyèrent à Antioche. Témoin de la grâce de Dieu, il s'en réjouit avec les disciples, et ses exhortations amenèrent au Seigneur une grande multitude de fidèles. Il fit le voyage de Tarse pour y chercher Saul qu'il y trouva, et qu'il conduisit à Antioche. Ils y restèrent toute une année pendant laquelle ils instruisirent beaucoup de gens. C'est là que pour la première fois les disciples furent appelés chrétiens.

Barnabé et Saul, qui étaient miséricordieux et bienveillans, portèrent en Judée à leurs frères les aumônes de ceux qui, parmi les Gentils, étaient croyans. Après leur retour de Jérusalem, et l'accomplissement de la mission dont ils s'y étaient chargés, ils se réunirent à Jean surnommé Marc, et prirent place à Antioche parmi les prophètes et les docteurs. Comme ils rendaient leurs devoirs au Seigneur et qu'ils jeûnaient, le Saint-Esprit leur dit : « Que Barnabé et Saul se séparent de vous pour l'œuvre à laquelle je les ai destinés. » Ainsi envoyés par le Saint-Esprit, ils allèrent à Séleucie, et gagnèrent ensuite par mer l'île de Chypre. Ayant privé pendant quelque temps de la lumière le magicien Bar-Jésus que l'on appelait aussi Elymas, ils convertirent à la vraie foi le proconsul Serge Paul, et amenèrent à la lumière de la vérité une grande multitude de peuples. Les élus accourant à la foi et à la justice, les réprouvés n'en furent que plus enflammés de courroux ; ils excitèrent des séditions, et chassèrent les Apôtres du pays. Ceux-ci, pleins de joie, et remplis du Saint-Esprit, prêchèrent la parole de Dieu, et convertirent au Seigneur une multitude considérable de Juifs et de Grecs. Arrivés à Listre, ils guérirent un homme qui était boiteux depuis le sein maternel. A la vue de ce miracle, la foule les prit pour des dieux, et dit : « Des dieux qui ont pris la figure de l'homme « sont descendus chez nous. » D'après cette idée, ils appelaient Barnabé Jupiter, et Paul Mercure. Un prêtre de Jupiter, qui demeurait auprès de la ville, amena et plaça devant leur porte des taureaux et des couronnes, et voulait, avec le peuple qui l'accompagnait, offrir des sacrifices aux Apôtres. Ceux-ci, qui avaient horreur d'un tel forfait, les chassèrent, et, déchirant leurs vêtemens, s'élancèrent au milieu de la foule en criant, et eurent beaucoup de peine, malgré leurs bonnes raisons, à empêcher la multitude de leur offrir des sacrifices. Rendus de là à Derbe, ils y évangélisaient, ils instruisaient les peuples par leurs vertus, et parcouraient les provinces en annonçant la parole du Seigneur. Enfin ils allèrent à Jérusalem, et, bien accueillis par les saints Apôtres, ils leur annoncèrent avec joie combien ils avaient opéré de miracles par le moyen de Dieu. Il y avait alors à Antioche quelques hommes sans foi qui élevèrent une question sur la nécessité de la circoncision. A ce sujet les saints Apôtres s'assemblèrent pour délibérer, et chargèrent Barnabé et Paul d'extirper une telle erreur. Ceux-ci partirent en hâte pour Antioche, munis d'une épître apostolique, et par leurs prédications détruisirent l'impiété de l'hérésie. Comme de vrais pasteurs, ils annonçaient la parole de Dieu, instruisaient les ignorans, guérissaient les malades, et s'occupaient avec la plus grande sollicitude des intérêts de la sainte religion. Afin que les néophytes ne fussent pas exposés à tomber dans quelque hérésie, ils prenaient les plus soigneuses précautions, et visitaient en conséquence fréquemment les églises dans lesquelles ils avaient prêché la parole divine. Ils savaient combien étaient adroites les ruses de Satan. C'est pourquoi ils veillaient à ce que le cœur des fidèles régénérés ne fût pas souillé par le germe mortel de l'ivraie. Ensuite, comme le rapporte l'évangéliste Luc, il parut convenable que Paul quittât Antioche, et que Barnabé se rendît à Chypre où il était né. Ce dernier avait avec lui, pour le seconder, Jean surnommé Marc : celui-ci avait été païen, et servait, avec son compagnon Orduon, Cyrille, grand-prêtre de l'horrible Jupiter, et fut baptisé dans le lieu qu'on appelle Iconium par Barnabé et Paul, qu'il accompagna fidèlement dans plusieurs contrées.

» Enfin, pendant que les apôtres dont nous venons de parler prêchaient dans la Pamphilie, et que beaucoup de Juifs et de Gentils croyaient au Seigneur, Paul eut pendant la nuit la vision d'un ange qui lui prescrivit de se rendre à Jérusalem, et de permettre à Barnabé d'aller à Chypre. La vision ayant cessé, les Apôtres s'agenouillèrent et prièrent ; et, s'embrassant l'un l'autre en pleurant abondamment, ils se firent leurs adieux, et, séparés de corps, ils ne se revirent plus en cette vie.

Barnabé et Jean descendirent à Laodicée, et allèrent dans une ville que l'on appelle Anémorie. Là, quelques païens, pleins de sagacité et de bonne volonté, ayant entendu prêcher la parole du Christ, crurent et reçurent par le baptême la vertu du Saint-Esprit. Ils se rendirent par mer à Chypre où ils trouvèrent Timon et Ariston serviteurs du Seigneur. Timon était dévoré des ardeurs de la fièvre ; mais Barnabé, lui ayant imposé les mains et le saint Évangile, la fièvre fut chassée par l'invocation de Notre-Seigneur Jésus, et Timon se trouva tellement fort qu'il suivit aussitôt avec joie les saints de Dieu.

Le bienheureux Barnabé, fidèle à la doctrine des Apôtres, portait toujours avec lui l'Évangile de l'apôtre saint Matthieu. Partout où il trouvait des malades, il leur imposait ce livre, et aussitôt ils étaient guéris, quelle que fût la maladie dont ils fussent affligés.

Barnabé ordonna évêque, pour l'instruction des fidèles, Héraclius, que l'apôtre Paul avait baptisé. Ensuite, comme il voulait aller à Paphos, Bar-Jésus, magicien juif, que Paul avait pour un temps privé de la lumière, eut connaissance de l'arrivée de l'apôtre. Excité par la méchanceté, cet homme opposa tous les obstacles qu'il put à l'entrée de l'apôtre dans Paphos. Le saint personnage arriva dans un lieu où il vit des païens des deux sexes courir nus dans des jeux. Barnabé, indigné d'un tel spectacle, maudit bientôt le temple dont une partie croulant de fond en comble écrasa aussitôt sous ses ruines beaucoup de païens. Ceux qui échappèrent à ce désastre allèrent se réfugier dans le temple d'Apollon. L'illustre champion du Christ entra dans la ville de Salamine ;

il y trouva une synagogue de Juifs auxquels il prêcha constamment l'Évangile, et dont plusieurs se convertirent à la foi du Christ. Bar-Jésus, ayant découvert les démarches du saint apôtre de Dieu, montra toute la méchanceté dont il était capable en excitant une sédition. Les Juifs voulurent prendre Barnabé, et le livrer au proconsul de Salamine; ils l'accablèrent d'abord de tortures multipliées, et de tourmens de toute espèce. Comme ils le conduisaient tout brisé, et mourant du supplice qu'il avait souffert, et qu'ils allaient pour le faire juger, ils apprirent qu'Eusèbe, homme illustre et puissant, qui appartenait à la famille impériale, venait d'arriver dans l'île. Ils craignirent qu'Eusèbe ne tirât Barnabé de leurs mains, et, pour prévenir cet événement, ils lui passèrent une corde au cou, puis le traînèrent pendant la nuit tout déchiré depuis la synagogue jusqu'à l'hippodrome, et ensuite hors des portes de la ville. Là, ils l'entourèrent de feu, et le brûlèrent cruellement. C'est ainsi que le bienheureux apôtre, après de longues souffrances et des combats journaliers, brûlé pour l'amour du Christ, parvint aux joies éternelles. Cependant les Juifs impies, non encore rassasiés de sa mort, enlevèrent son cadavre, le renfermèrent dans une caisse de plomb, et se disposèrent à le précipiter dans la mer. Sur ces entrefaites Jean Marc, accompagné de Timon et de Rodon, enleva secrètement pendant la nuit le bienheureux corps, et le plaça dans une grotte qui avait jadis servi d'habitation à des Jébuséens, le 3 des ides de juin (11 juin). A cause de cet enlèvement nocturne, les vénérables reliques de Barnabé restèrent cachées pendant le cours d'un grand nombre d'années, et ne purent être découvertes par les chrétiens. Enfin, du temps de l'empereur Zénon et du pape Gélase, le corps du saint apôtre fut, d'après la révélation qu'il en fit, découvert et placé merveilleusement au chant des hymnes et des louanges en l'honneur de Dieu. Ceux qui invoquent pieusement les mérites de l'apôtre saint Barnabé reçoivent de lui les plus grands bienfaits, auxquels nous fait aussi participer la grâce abondante de notre Dieu qui opère infatigablement, et devient pour ceux qu'il a prédestinés à la vie un protecteur efficace pendant tous les siècles. Ainsi soit-il !

L'évangéliste Marc, disciple interprète du bienheureux Pierre, apôtre, fut son fils dans le baptême, et écrivit sous sa dictée l'Evangile de Notre-Seigneur Jésus-Christ. On rapporte qu'il se fit couper le pouce, afin de se rendre impropre au sacerdoce. Cependant les Apôtres ne l'en repoussèrent pas ; ils le choisirent, au contraire, pour évêque d'Alexandrie. Le bienheureux Pierre l'appela auprès de lui pendant qu'il était à Rome, et le destina à prêcher les Gentils en Italie. « Pourquoi, lui dit-il, restez-vous ici avec « nous? Vous êtes instruit de tout ce qu'a fait Jésus « de Nazareth; levez-vous, rendez-vous à Aquilée, « et prodiguez-y au peuple les dogmes du vrai salut. » C'est ainsi que Marc reçut la première part de la prédication, et le bâton du pontificat. Il prit la route qui lui était prescrite, et se rendit à Aquilée qui est la principale des villes d'Italie. Il y trouva un jeune lépreux nommé Ataulphe, fils d'Ulfin, homme illustre et le premier de la ville; il s'entretint avec lui, et lui prit la main et le bras. Aussitôt ce bras et cette main furent purifiés de la lèpre. A la vue de cette guérison, le jeune homme courut en toute hâte vers son père, et raconta, plein de joie, tout ce que Marc avait opéré en lui. Aussitôt Ulfin accourut avec beaucoup de monde, trouva Marc assis à la porte occidentale, et le pria de guérir son fils. C'est ce que lui promit l'apôtre, s'il voulait croire au Seigneur Jésus. Ulfin crut; alors Marc baptisa le jeune homme, et toute sa lèpre disparut. Après cette guérison, Ulfin reçut le baptême avec toute sa famille. Ce même jour, une grande multitude de peuple fut baptisée aussi. Quelques années après, Marc eut le desir de revoir Pierre. A cet effet, il voulut quitter le peuple en secret, et se rendre à Rome. Les peuples, ayant, par la permission de Dieu, découvert ce départ, coururent de grand matin au domicile de Marc, et le prièrent à grands cris de leur donner un pasteur. Alors Hermagoras fut élu par le peuple, et conduit à Rome par le bienheureux Marc. Il y fut, par le bienheureux apôtre Pierre, établi premier évêque de la province d'Italie; après beaucoup de miracles que Dieu opéra par lui sur le peuple, Hermagoras fut martyrisé avec l'archidiacre Fortunat le 3 des ides de juillet (13 juillet), sous l'empire de Néron et la présidence de Sébaste.

Quant au bienheureux Marc, il alla occuper le siége d'Alexandrie, d'après les ordres de Pierre, et fut le premier qui prêcha le Christ sur la terre d'Egypte; il annonça aussi la vraie foi dans la Libye marmarique et ammonienne, que l'on appelle aussi Pentapole. Tous ceux qui habitaient ces contrées étaient incirconcis, idolâtres, et pleins de toutes sortes d'infamie. Marc étant parvenu à Cyrène, qui appartient à la Pentapole, y trouva des peuples exécrables à cause de leurs nombreux forfaits. Il commença un discours divin, et appliqua les remèdes nécessaires à tant de maux, au nom du Seigneur. En effet, il purifiait les lépreux, et par ses seules paroles chassait les mauvais esprits. La plupart de ceux qui voyaient ces prodiges crurent, détruisirent leurs idoles, coupèrent leurs bois sacrés, et se firent baptiser au nom du Seigneur qui est triple et unique.

Peu de temps après, le Saint-Esprit lui révéla la pensée de se rendre au temple d'Alexandrie. Alors Marc dit adieu à ses frères, et leur découvrit ce qui lui avait été divinement révélé. Les frères le conduisirent jusqu'au vaisseau, et, mangeant avec lui le pain de vie, ils le quittèrent. « Le Seigneur Jésus-« Christ, dirent-ils, vous accorde un voyage heu-« reux ! » Sept jours après, il arriva à Alexandrie, descendit du vaisseau, et ne tarda pas à arriver dans la ville. Dès qu'il y fut, sa chaussure se brisa : « Vraiment, dit-il, voilà mon voyage terminé. »

Le saint homme donna sa chaussure à raccommoder à un certain savetier, nommé Aignan. Comme cet homme faisait le travail dont il était chargé, il se blessa grièvement la main gauche, et s'écria aussitôt : « Il n'y a qu'un Dieu. » Dès que le bienheureux Marc apprit cet événement, il s'en réjouit, et dit lui-même : « Le Seigneur, en effet, m'a accordé un « heureux voyage. » Aussitôt il cracha sur sa main, et frottant ensuite celle du savetier, il dit : « Que « cette main soit guérie au nom de Jésus-Christ,

« fils du Dieu vivant ! » Aussitôt la main fut guérie. Le savetier, considérant la puissance d'un homme si remarquable, l'efficacité de ses paroles, et la continence de sa vie, le pria de s'abaisser jusqu'à venir à sa maison, et manger le pain avec lui. Marc, plein de joie, entra chez Aignan, lui donna sa bénédiction, pria, annonça la vraie foi à ses auditeurs, et assura que la sagesse de ce monde n'était que folie devant le Seigneur. Aussitôt après il joignit à ses paroles véridiques des signes et des prodiges au nom du Sauveur. Aignan, ainsi que toute sa maison et une foule de voisins, crut, se fit baptiser, et seconda son maître dans ses prédications.

Cependant les idolâtres d'Alexandrie, ayant vu le prédicateur galiléen détruire leur culte et leurs cérémonies, cherchèrent à le faire périr, et lui tendirent beaucoup d'embûches. Le bienheureux Marc, qui connaissait leurs projets, ordonna Aignan évêque de la ville, et conféra aussi les ordres aux trois prêtres Mélin, Savin et Cerdon, à sept diacres, ainsi qu'à onze autres personnes qu'il chargea du ministère ecclésiastique. De là il alla dans la Pentapole, y passa deux ans, et affermit les frères qui avaient cru précédemment. Il ordonna des évêques et des clercs pour ces contrées. Il revint à Alexandrie, et trouva que les frères s'y étaient multipliés dans la grâce et la foi. En voyant l'église qu'ils avaient bâtie dans le lieu que l'on appelle Bucolie, c'est-à-dire du bouvier, au-dessous des rochers qui bordent la mer, il se réjouit grandement, mit les genoux en terre, glorifia le Seigneur, et ajouta avec tendresse à ses bonnes œuvres par ses paroles et ses prières.

Lorsque le temps fut accompli, comme les chrétiens se multipliaient dans la foi, et que l'on renversait les idoles, les Gentils reconnurent l'arrivée du saint, et furent remplis d'une excessive envie à cause des miracles dont ils avaient découvert qu'il était l'auteur : effectivement il guérissait les infirmes, prêchait les incrédules, rendait l'ouïe aux sourds, et donnait la vue aux aveugles. Ils firent tous leurs efforts pour le saisir ; mais ils ne purent découvrir dans quel lieu il était. Aussi, à la vue de leurs idoles, frémissaient-ils de toutes leurs dents, et criaient-ils dans leurs orgies : « La puissance de ce magicien « est bien grande. » Enfin le dimanche de la Pâque, c'est-à-dire le 8 des calendes de mai (24 avril), temps où on faisait les fêtes de Sérapis, on réunit des espions, qui découvrirent l'homme de Dieu occupé à faire de saintes offrandes à la majesté divine. Aussitôt les profanes se saisirent du serviteur de Dieu, lui mirent la corde au cou, et le traînèrent à travers les rochers, si cruellement que ses chairs tombaient sur la terre, et que les pierres étaient teintes de son sang. Comme ces furieux disaient : « Traînons ce buffle à « la place de Bucolie, » saint Marc rendait grâces à Dieu, et disait : « Jésus-Christ, mon Seigneur, je « vous rends grâces, parce que j'ai été jugé digne de « souffrir en votre nom. » La nuit s'approchant, les Alexandrins le mirent en prison jusqu'à ce qu'ils eussent décidé par quel genre de mort ils le feraient périr. Vers le milieu de la nuit, quoique les portes fussent fermées, et pendant que les gardes étaient endormis devant la porte, tout à coup il se fit un grand tremblement de terre. Alors un ange du Sei-

gneur descendit du ciel, et dit à Marc en le touchant :
« Marc, serviteur de Dieu, prince et propagateur de
« ses très-saints décrets dans toute l'Egypte, voilà
« que votre nom est inscrit dans le livre de la vie
« céleste, et que votre mémoire sera conservée pour
« les siècles; car vous êtes associé aux vertus d'en-
« haut. Les cieux recueilleront votre esprit, et votre
« repos n'aura pas de terme. » En entendant ces
mots, le bienheureux Marc tendit les mains vers le
ciel, et s'écria : « Seigneur Jésus-Christ, je vous
« rends grâces de ne m'avoir pas abandonné, et de
« vous être souvenu de moi avec vos saints. Je vous
« en prie, Seigneur Jésus-Christ, recevez mon ame en
« paix, et ne souffrez pas que je sois plus long-temps
« séparé de vous. » Quand il eut prononcé ces paroles, le Seigneur Jésus vint à lui sous la figure et
les habits qu'il avait avec ses disciples avant sa passion, et lui dit : « Que la paix soit avec vous, Marc,
« notre évangéliste! » Marc reprit : « Je vous rends
« grâces, Seigneur Jésus-Christ. » Le jour s'étant
levé, tout le peuple de la ville s'assembla, le tira de
prison, lui mit de nouveau la corde au cou, et le
traînait en disant : « Traînez ce buffle à la place de
« Bucolie. » Pendant le trajet Marc rendait grâces
à Dieu, et disait : « Seigneur, je me remets entre vos
« mains. » A ces mots il rendit l'esprit. Alors une
troupe cruelle de Gentils alluma, dans le lieu que l'on
appelait des Anges, un grand feu pour y brûler les
saintes reliques de l'apôtre. Alors, par la providence
de Dieu, il s'éleva une tempête effroyable; le soleil
retira ses rayons, et d'épouvantables coups de tonnerre se firent entendre. Une pluie abondante tomba

du matin jusqu'au soir si fortement que beaucoup de maisons s'écroulèrent, et que beaucoup de personnes périrent. Comme les gardes étaient effrayés, ils quittèrent le saint corps, et prirent la fuite. Quelques railleurs disaient que Sérapis en agissait ainsi le jour de sa fête par la jalousie qu'il avait de son ennemi. Alors des hommes pieux vinrent enlever le corps du juste, et l'ensevelirent avec honneur sous un tombeau de pierre taillée, le 7 des calendes de mai (25 avril). C'est ainsi que le bienheureux Marc, évangéliste, premier évêque d'Alexandrie, souffrit pour Jésus-Christ, et que son corps fut placé dans la partie orientale de la ville. Au bout d'un grand nombre d'années, par la crainte de l'invasion des païens qui, comme des sauterelles, couvrirent tout l'orient, et soumirent à leur pouvoir la plus grande partie du monde, au midi et au nord, les fidèles chrétiens transportèrent le corps de Marc à Aquilée, où il avait le premier annoncé le Christ. L'évêque d'Aquilée conserve encore la mitre patriarchale dont Marc se servait lorsqu'il était évêque d'Alexandrie, et, par respect pour cet ornement, il brille dans l'univers comme quatrième primat. C'est saint Marc qui fut destiné pour l'Egypte par Pierre, porte-clef du royaume des cieux ; ce fut à lui que Pierre confia la principauté des climats du midi pour le salut d'un grand nombre d'ames. Les habitans de Venise et les peuples d'occident se félicitent de posséder le corps du bienheureux évangéliste ; ils le révèrent sans cesse en l'honneur du Dieu tout-puissant, et le prient de leur accorder l'avantage d'être comptés dans le collége des bienheureux pour l'éternité. Ainsi soit-il.

L'évangéliste Luc, Syrien de nation, savant dans l'art de la médecine à Antioche, et disciple des apôtres du Christ, suivit Paul jusqu'à sa confession, et, persistant sans tache dans sa virginité, préféra servir le Seigneur à toute autre occupation. Excité par le commandement de Dieu, il écrivit son évangile dans l'Achaïe; il exposa dans une narration fidèle aux fidèles de la Grèce l'incarnation du Seigneur, et démontra qu'il descendait de la race de David. Il fit en outre un livre spécial dans lequel il débrouilla clairement les actes des Apôtres, et les commencemens de l'Eglise naissante; et Luc publia ses deux livres en faveur de Théophile, nom qui signifie aimant Dieu, et l'offrit à tous ceux qui, par l'inspiration du Saint-Esprit, sont embrasés d'une double charité. Dans le premier de ces livres, il décrit le vrai sacerdoce du Christ, pendant lequel l'agneau de Dieu expia les péchés du monde par l'effusion de son sang. Le second ouvrage a pour objet d'exposer la sublimité de la divinité ineffable par laquelle le fils de Dieu monta sous la figure humaine à la droite de son père. Il y raconte aussi l'avénement en langues de feu de l'Esprit consolateur sur les Apôtres, avénement qui jeta un si glorieux éclat sur la primitive Eglise. Dans ces deux livres de Luc, médecin spirituel, on trouve la médecine véritable qui guérit les maladies mortelles des pécheurs, et apporte à ceux qui la réclament avec piété le remède de la justice de vie. Par ses écrits autant que par ses discours, le bienheureux Luc annonça le Seigneur, et porta la lumière de vérité dans l'âme des ignorans. Entre autres miracles qu'il opéra, on rapporte qu'il ressuscita un mort au nom de Jésus-Christ. Enfin, quand il fut parvenu à l'âge de quatre-vingt-trois ans, il mourut plein de l'Esprit-Saint en Bithynie le 15 des calendes de novembre (18 octobre), l'an vingtième du règne de Constance. Le 7 des ides de mai (9 mai), ses os furent transférés à Constantinople avec les os de saint André et de Timothée, disciple de Paul.

C'est avec une grande joie que j'ai fait mention des saints Apôtres et des Évangélistes, qui furent les convives et les compagnons du Sauveur. J'ai dans cette entreprise été puissamment secondé par les bontés du Seigneur. Autant que je l'ai pu, j'ai recueilli en peu de mots, et avec véracité, tout ce qui les concerne dans divers ouvrages, et j'en ai fait un tout pour mon instruction.

Il me reste maintenant à parler du bienheureux Martial de Limoges qui, puissant par la réunion de toutes les vertus, est, après les Apôtres, compté au nombre des plus grands saints et des plus illustres. Un Orléanais qu'il avait ressuscité d'entre les morts, au nom du Seigneur, a écrit avec beaucoup d'ordre, de vérité et de soin, les détails et les particularités de sa vie. Je vais en extraire quelques articles; pour ce travail j'invoque le Saint-Esprit, afin qu'il daigne accorder son assistance à mon zèle.

Pendant que notre Seigneur Jésus-Christ prêchait en Judée, et qu'une grande multitude de Juifs se réunissait autour de lui, lui fournissait ce qui était nécessaire aux besoins humains, l'écoutait avec attention et apprenait de lui le chemin du salut, un homme très-noble, Juif de la tribu de Benjamin, nommé Marcel, s'approcha de lui, ayant à ses côtés sa femme Elisabeth et Martial, leur fils unique, âgé de quinze ans. A la vue des choses extraordinaires que faisait le Sauveur, entendant les choses salutaires qu'il prêchait, ils crurent en lui dans toute la componction de leur cœur, et, d'après l'ordre de Jésus, ils furent baptisés par le bienheureux apôtre Pierre; chacun retournant chez soi, Martial se dévoua tout entier au Seigneur Jésus, et se réunit continuellement à ses disciples. Associé sans cesse à l'apôtre Pierre qui était son proche parent, il suivait toujours le Seigneur; il fut témoin de la résurrection de Lazare, mort depuis quatre jours, et assista à beaucoup d'autres miracles; il se trouva à la sainte Cène, et fit avec Cléophas le service dans d'autres réunions mystiques; il se trouva aussi avec d'autres disciples à des apparitions certaines, après la résurrection et à la glorieuse ascension du Sauveur. Il vit heureusement l'avénement de l'esprit consolateur; largement imbu des grâces divines, il brilla d'un nouvel éclat, et sa vigueur se fortifia virilement lorsqu'il eut été instruit par la foi et la grâce pour la prédication de l'Evangile. Après la dispersion des Apôtres, Martial se rendit à Antioche avec le bienheureux apôtre Pierre, son parent, et sept ans après il alla à Rome. C'est là que Pierre et ses compagnons furent reçus en hospitalité par le consul Marcellus; ils habitèrent dans son palais un grand nombre de jours, et prêchèrent publiquement aux Romains les salutaires préceptes de la vie. C'est là que le Seigneur Jésus apparut au bienheureux Pierre, et lui ordonna d'envoyer Martial prêcher dans les provinces des Gaules. Pierre manda Martial, et lui raconta par ordre tout ce que le Seigneur lui avait prescrit. A ces mots, Martial pleura amèrement, parce qu'il redoutait les contrées lointaines et la barbarie des peuples. Le bienheureux Pierre le consola avec douceur, et l'envoyant prêcher lui rappela les avertissemens de Dieu. Aussitôt Martial, avec les deux prêtres Alpinien et Austriclinien, prit le chemin qui lui était prescrit. Dès leurs premiers pas, Austriclinien vint à mourir. Dans sa tristesse Martial regagna Rome, et annonça à Pierre la mort de son compagnon; mais, par l'ordre de l'apôtre, il retourna vers son frère défunt, toucha le cadavre de ce prêtre avec le bâton de l'apôtre : aussitôt, par les mérites des saints personnages, Austriclinien ressuscita. Ensuite Martial avec ses disciples alla à Tulle; il y fut reçu en hospitalité par le riche Arnoul, chez lequel il demeura deux mois; il annonça avec un grand zèle la parole de Dieu. Aussi journellement un peuple nombreux accourait vers lui, recevait avec reconnaissance ses avis salutaires, et voyait beaucoup de miracles extraordinaires. Dans ce temps la fille d'Arnoul, qui était tous les jours tourmentée par un démon, vomit, d'après l'ordre de Martial, cet esprit immonde et resta comme morte; mais l'homme de Dieu, la tenant par la main, la releva et la rendit bien portante à son père. Il n'offrait que sainteté, bonté, humilité humaine et prières assidues.

Le prince du château de Tulle s'appelait Nerva; il était parent de l'empereur Néron, et son fils avait été étranglé par le diable. Le père et la mère du défunt, et tout le peuple qui était présent se prosternèrent aux pieds de Martial, devant lequel ils étendirent, en pleurant amèrement et en gémissant de toutes leurs forces,

le cadavre du jeune homme, et dirent : « Homme de
« Dieu, soyez-nous en aide. » Ce pontife très-saint eut
pitié des larmes du peuple; il se mit même à pleurer
avec ses disciples, et pria avec eux le Seigneur
tout-puissant de ressusciter le mort. La prière finie,
le saint prélat ayant ordonné au mort, au nom du
Sauveur crucifié, de se lever sain et sauf, il revint
aussitôt à la vie, se jeta aux pieds du bienheureux,
et se mit à crier : « Homme de Dieu, baptisez-
« moi, et marquez-moi du signe de la foi. » Puis il
« ajouta : Deux anges sont venus sur moi avec une
« grande impétuosité pour me dire que je serais
« ressuscité par les prières du bienheureux Martial.
« L'enfer est sans bornes : là ne sont que pleurs et
« amertumes, que ténèbres, mugissemens et plain-
« tes, que tristesse profonde, froid horrible, feux
« brûlans sans cesse, que morsures de serpens,
« puanteur insupportable, pourriture, misère, et
« vers qui ne meurent jamais; là se trouvent les
« geôliers infernaux, qui frappent avec des fouets
« cruels les hommes qu'ils ont pu ravir. » Ayant
dit ces choses et d'autres semblables, tout le peuple
commença à confesser le Seigneur, et l'on baptisa sur
la place trois mille six cents personnes de l'un et de
l'autre sexe. Les assistans offrirent aussi de grands
présens au saint homme, qui ordonna de distribuer
tout aux pauvres. Il se rendit ensuite aux statues
des idoles, brisa tous ces simulacres sculptés et les
anéantit.

Ensuite le bienheureux prélat se rendit avec ses
disciples au bourg d'Ahun, et y prêcha la vraie foi
aux idolâtres trompés par les séductions du diable.

Cependant les prêtres des idoles accoururent, et frappèrent grièvement les saints prédicateurs. Ceux-ci bénissaient le Seigneur, et supportaient patiemment leurs adversités par amour pour lui, réclamant avec confiance sa protection contre les tribulations qui les menaçaient : aussitôt ceux qui les frappaient devinrent aveugles, et, se tenant par la main, gagnèrent la statue de Mercure. Comme à l'ordinaire, Mercure ne fit aucune réponse à leur demande, parce que le démon était enchaîné par les anges. Comme ils marchaient vers une autre idole, ils entendirent que son Dieu ne pouvait plus répondre parce qu'il était lié par des anges avec des chaînes enflammées. Alors les prêtres devenus aveugles allèrent trouver saint Martial, se jetèrent à ses pieds, et demandèrent pardon au saint. Le bienheureux prélat leur rendit la vue; il alla avec tout le peuple à la statue de Jupiter, conjura le démon au nom du Seigneur d'en sortir à l'instant, et de la briser en présence de l'assistance. Le démon obéit à ses ordres, et mit la statue en mille pièces. Alors on baptisa là deux mille six cents personnes. Un certain paralytique, ayant entendu parler de ce miracle, se fit porter à l'homme de Dieu : il appartenait à une grande famille, et était très-riche en or, en argent et en biens. L'homme de Dieu écouta ses prières, reconnut sa foi, lui tendit la main, fit une prière, et le guérit. Le paralytique, rendu à la santé, glorifia le Seigneur, et offrit au bienheureux des présens qu'il ne voulut pas recevoir, mais qu'il fit donner en totalité aux pauvres.

Pendant que saint Martial demeurait dans cette ville, le Seigneur lui apparut en vision, et lui dit :

« Ne crains pas de descendre à Limoges, parce que
« je t'y glorifierai et y serai toujours avec toi. » Alors
le bienheureux pontife réconforta ceux qu'il avait
baptisés, les recommanda au Seigneur, et se rendit à
la ville avec ses disciples. Ils furent reçus en hospitalité dans la maison d'une noble dame nommée Suzanne, et dès le lendemain ils commencèrent à prêcher publiquement le Seigneur.

Dans la maison où se trouvait l'homme de Dieu,
un frénétique était lié avec des chaînes, et personne
n'osait le détacher. Suzanne pria l'évêque de guérir
cet infirme, comme il en avait guéri tant d'autres. Il
eut égard à ses supplications, fit sur le malade le signe de la croix : aussitôt les chaînes furent brisées,
et le frénétique rendu à la santé. Cette noble femme
et sa fille Valérie, en voyant ce prodige, crurent au
Seigneur, et se firent baptiser par le bienheureux
prélat, ainsi que six cents personnes de leur maison.

Comme les saints prêchaient dans le théâtre de la
ville, les prêtres des idoles furent indignés. Ils les
frappèrent de verges avec cruauté, et les mirent en
prison. Saint Martial et ses compagnons souffrirent
patiemment les outrages dont ils étaient victimes, et
rendirent grâces à Dieu. Vers la troisième heure du
jour suivant, Martial se mit en prières, et aussitôt la
prison fut illuminée d'une grande lumière aussi vive
que celle du soleil. Toutes les chaînes des prisonniers furent brisées, et les portes s'ouvrirent. Tous
ceux qui s'y trouvaient demandèrent le baptême. La
ville elle-même éprouva un tremblement de terre,
et retentit du bruit des foudres et des tonnerres.
Les païens s'enfuirent inutilement vers les temples

de leurs idoles : là furent tués par la foudre les prêtres qui avaient frappé les saints de Dieu. C'est ce qui détermina tous les citoyens de la ville, atteints d'une terreur panique, à se rendre à la prison. Ils se jetèrent aux pieds du prélat, implorèrent le pardon de leurs crimes, et lui demandèrent sa protection. Pendant que le bienheureux pontife priait avec ses collègues, Aurélien et André ressuscitèrent, se prosternèrent, et demandèrent pardon à tout le peuple qui admirait tant de prodiges réunis : ils confessèrent le vrai Dieu. Le jour suivant, le bienheureux Martial convoqua les citoyens depuis le premier jusqu'au dernier, et, après leur avoir fait une exhortation convenable, les baptisa tous. Alors, il y eut là vingt-deux mille personnes qui crurent au Seigneur, et se soumirent humblement à la salutaire piété.

Le saint prélat se rendit avec tout le peuple au temple où l'on voyait les statues de Jupiter et de Mercure, de Diane et de Vénus. Il fit briser ces idoles, et dédia l'église en l'honneur de saint Etienne, premier martyr.

La bienheureuse Suzanne mourut heureusement dans le Seigneur, et fut inhumée par le bienheureux Martial avec une grande vénération. Elle fit beaucoup de dons au saint homme, lui accorda beaucoup de bienfaits, et lui soumit une multitude de serviteurs. Cependant Valérie sa fille consacra sa virginité au Seigneur, et, remplie du Saint-Esprit, elle se montra toujours digne de servir de modèle en toutes sortes de bonnes œuvres. Quand elle apprit que le duc Etienne, son fiancé, se rendait à la ville de Limoges, sachant que certainement il porterait de graves atteintes à son vœu de pureté, elle distribua aux pauvres toutes ses richesses tant en or qu'en argent, tant en habillemens de toute espèce qu'en pierres précieuses : car elle avait autrefois, d'accord avec sa mère, donné au saint prélat tous ses domaines avec leurs cultivateurs, et tous ses esclaves, afin qu'après son décès ses saintes dépouilles fussent inhumées dans l'église.

Le duc Etienne possédait une principauté qui s'étendait depuis le fleuve du Rhône jusqu'à l'Océan, et il était maître en outre de tout le pays en deçà de la Loire, ainsi que de toute l'Aquitaine, c'est-à-dire du pays des Gascons et des Goths. Cependant il n'avait pas le titre de roi, parce que personne ne prenait un tel titre, excepté le seul Néron qui occupait le trône de l'empire romain. Ce prince entra dans la ville de Limoges, et ordonna qu'on lui amenât Valérie, sa fiancée. Ayant d'après son entretien appris qu'elle refusait de lui accorder sa main, et que par conséquent il ne pouvait s'unir à elle par des nœuds qu'elle refusait de contracter, il frémit d'un courroux excessif, et ne souffrit pas qu'elle s'entretînt plus long-temps avec lui, mais il ordonna dans sa fureur qu'elle fût emmenée hors de la ville, et décollée. Conduite au lieu du supplice, elle prédit au bourreau une mort très-prochaine, étendit les mains vers le ciel, pria et se recommanda avec confiance au Seigneur son Dieu. Pendant sa prière, on entendit du ciel une voix qui dit : « Valérie, ne craignez « rien : car les anges vous attendent dans un éclat « de lumière qui n'aura pas de terme. » En entendant cette voix, la vierge se réjouit, et, ayant élevé les yeux au ciel, elle proféra ces paroles: « Seigneur,

« je recommande mon esprit en vos mains. » A ces mots, elle tendit volontairement le cou, et sa tête fut tranchée d'un seul coup par le bourreau. Beaucoup de personnes virent l'ame de la jeune martyre sortir de son corps, brillante comme le soleil, et formant un globe de feu, s'élever dans les cieux au son des hymnes chantés par les anges qui disaient : « O bienheureuse Valérie, martyre du Christ, vous avez « observé les commandemens du Seigneur; vous joui- « rez constamment de sa vue, entourée d'un éclat de « lumière sans terme. »

En entendant ces paroles, l'écuyer du duc Etienne, qui l'avait décollée, annonça en toute hâte à son maître tout ce qu'il avait vu et entendu; et, quand il eut raconté le discours de la vierge au moment de la mort, frappé par un ange, il tomba aux pieds du prince, et sur l'heure il expira. La crainte et une terreur excessive s'emparèrent d'Etienne et de tout son peuple. C'est ce qui détermina le duc à se revêtir d'un cilice et à prier le bienheureux Martial de venir le trouver. Quand le prélat fut venu, le prince se prosterna à ses pieds, et lui dit en pleurant abondamment : « Homme « très-saint, j'ai péché en répandant le sang du juste; « je vous en prie, ressuscitez cet écuyer et faites-moi « croire en votre Dieu. » Alors le saint pontife convoqua tout le peuple chrétien, et lui dit de prier le Seigneur avec lui pour obtenir la résurrection du mort. Le silence s'étant rétabli, il pria lui-même à haute voix, et, après avoir terminé son oraison, il se rendit auprès du corps du défunt, lui prit la main, et lui ordonna au nom du Seigneur de ressusciter. L'écuyer se leva aussitôt; puis, se jetant aux pieds de l'évêque, lui demanda le baptême. Le duc Étienne ayant vu ce miracle, se jeta pareillement aux pieds du saint, et implora le pardon du crime qu'il avait commis. Le bienheureux pontife lui prescrivit une pénitence pour le meurtre de la vierge martyre; il baptisa ensuite ce prince, tous ses comtes et ses ducs, toute l'armée et tout le peuple de l'un et de l'autre sexe, au nombre de quinze mille. Le duc dont nous venons de parler donna à son maître Martial de grands présens en or et en argent, afin qu'il en fît bâtir des églises en l'honneur du Seigneur. Il donna ensuite de grands domaines et beaucoup de bénéfices, avec des vignes et des esclaves dans la province de Limoges, afin d'embellir et orner les églises qu'il allait construire, et de pourvoir convenablement à l'indigence des clercs qui devaient y servir Dieu. Il fit ensuite élever un hôpital pour les pauvres au nom de la bienheureuse Valérie, afin qu'on y entretînt journellement trois cents indigens; il en institua encore un autre où il prescrivit de donner chaque jour des alimens à une troupe de six cents pauvres, et fit ensuite élever une église sur le tombeau de Valérie, vierge et martyre.

Cependant Étienne, prince des Gaules, fut appelé en Italie par l'ordre de l'empereur Néron; il y fit son service avec quatre légions de combattans durant un sémestre. Pendant ces exercices militaires, il ne perdit pas de vue la loi de Dieu, et forma si bien son armée que chacun était content de ses soldats. Si quelqu'un d'eux se permettait un vol, il le condamnait à mort. Ayant terminé le temps de son service, il obtint la permission de retourner dans ses États, mais il ne voulut point partir avant d'avoir vu le bienheureux Pierre prince des Apôtres. En conséquence il se rendit à Rome avec son armée; ils entrèrent dans la ville, et trouvèrent l'apôtre dans le lieu qu'on appelle le Vatican, où il enseignait une grande multitude de peuple. Aussitôt, nu-pieds et couverts du cilice, ils se prosternèrent devant Pierre, et lui demandèrent sa bénédiction avec une grande humilité. Pierre, ayant vu une si belle jeunesse gauloise, apprit qu'elle avait été instruite dans l'Evangile de Dieu, et baptisée par le bienheureux Martial. Rempli de joie, il bénit le Seigneur. L'apôtre s'étant informé avec intérêt des mœurs de la Gaule, et du genre de vie du prélat de Limoges, le dévot prince lui rapporta agréablement tout ce qu'il savait sur les vertus de Martial, sur ses prodiges, et sur la conversion des peuples qui accouraient de toutes parts à la fontaine du saint baptême.

Le duc obtint de l'apôtre l'absolution du crime qu'il avait commis en répandant le sang innocent de Valérie. Il lui fit l'offrande de deux cents livres d'or, dont l'empereur Néron lui avait fait présent; mais Pierre ordonna au duc de remettre cet or au saint prélat, afin qu'il en fît bâtir des églises, ou qu'il le donnât aux pauvres. Enfin, ayant reçu la bénédiction de l'apôtre, le prince et son armée repassèrent dans les Gaules. D'après l'avis du duc, ils allèrent voir leur commun patron avant de rentrer dans leurs foyers. Etant arrivés à un certain palais royal nommé Saint-Junien, ils dressèrent leurs tentes et leurs pavillons sur la rivière de Vienne. Brûlés par l'ardeur du soleil, ils se rendirent sur le bord de la rivière pour éviter la chaleur et la sueur. Hildebert, fils d'Arcadius, comte de Poitiers, vint au lieu qu'on appelle Garri, et y périt étranglé par le diable. Ce fut en vain que toute l'armée chercha son cadavre. Alors Arcadius, vivement affligé ainsi que tous ses soldats, se rendit en pleurs à Limoges auprès du bienheureux Martial, et le pria humblement en faveur de son fils. Alors une grande multitude de Goths et de Gascons se rendit à Limoges, et de divers pays les peuples accouraient pour entendre du saint homme les paroles du vrai salut. Arcadius et tout le peuple tombèrent aux pieds de l'homme de Dieu, et l'implorèrent, en pleurant amèrement, en faveur du jeune prince noyé dans la rivière. Arcadius pleurait aussi : il se rendit au lieu où son fils avait péri, prit le cilice, et marcha nu-pieds. Pendant que tout le monde priait, l'homme de Dieu conjura les démons qui se tenaient cachés au fond d'un fossé ; il leur ordonna d'apporter le corps du jeune homme sur le bord de la rivière, et de se montrer à découvert en présence du peuple. Aussitôt le corps fut jeté sur le rivage, à la distance d'environ six stades ; et les démons parurent sous l'apparence de cochons. Ensuite le peuple faisant des oraisons, et l'évêque des imprécations, ils sortirent de l'eau en faisant un grand bruit, et vinrent se jeter aux pieds de saint Martial. Semblables aux Éthiopiens, ils étaient plus noirs que la suie. Leurs pieds étaient énormes, leurs yeux terribles et sanglans : tout leur corps était recouvert de leurs cheveux, et il leur sortait de la bouche et des narines des flammes sulfureuses. Quand ils parlaient, leur voix ressemblait à celle des corbeaux. Le prélat leur ayant demandé leurs noms, l'un d'eux lui répondit : « Je m'appelle Mille-OEuvres, parce « que j'ai mille moyens de tromper le genre humain. » Un autre dit : « Mon nom est Neptune, parce que « j'ai précipité dans cette fosse un grand nombre « d'hommes pour les plonger dans les tourmens de « l'enfer. » Le saint pontife ajouta : « Pourquoi por- « tez-vous au nez des anneaux enflammés ? » Les démons lui firent cette réponse : « Quand nous avons « séduit les ames des hommes, c'est avec ces chaînes « que nous les menons à notre maître. » Le prélat, continuant de les interroger, leur demanda comment leur maître s'appelait ; ils dirent : « Rixaud, « parce qu'il desire toujours les rixes, et ne cesse « d'être bouillant de colère et d'indignation. » Enfin comme les démons priaient Martial de ne pas employer davantage la langue latine dans son entretien avec eux, et de ne pas non plus les envoyer ni dans un abîme ni dans l'océan, il leur ordonna en hébreu de se retirer dans un lieu désert, et de n'y offenser aucune créature jusqu'au jour du jugement. Aussitôt les démons, prenant leur vol à travers les airs, ne reparurent jamais. Cependant le duc, tout le peuple et toute l'armée réunis de diverses provinces, témoins de ce spectacle, se précipitèrent aux pieds du saint prélat, et le prièrent en pleurant de ressusciter le mort. Martial, attendri de leurs larmes, ordonna que tous ensemble se missent à prier le Seigneur, et, prenant la main du défunt, il lui dit : « Hildebert, « au nom de Notre-Seigneur Jésus, levez-vous. » Aussitôt Hildebert se leva, et vécut ensuite religieusement vingt-six ans. Tous ceux qui avaient vu ce

miracle glorieux glorifièrent le Seigneur. Saint Martial appela Hildebert, et lui dit de raconter, pour l'édification des auditeurs, tout ce qu'il avait vu pendant sa mort. Il raconta en hésitant les événemens suivans : « Fatigué de l'ardeur du soleil, je nettoyais
« mon corps de la sueur dont j'étais couvert, quand
« aussitôt des démons me précipitèrent dans une fosse
« de la rivière, et m'y étranglèrent. Ils voulaient me
« lier avec des chaînes de feu, quand l'ange du Sei-
« gneur venant à paraître m'arracha de leurs mains.
« A peine nous commencions à prendre la route de
« l'orient, que deux bataillons de démons se présen-
« tèrent devant nous, et nous décochèrent des flè-
« ches de feu. De ces deux corps, l'un nous prit en
« tête, tandis que l'autre nous chargeait par derrière.
« J'étais excessivement effrayé ; mais l'ange qui m'ac-
« compagnait m'encourageait gracieusement. Cet
« ange se mit à entonner d'une voix sonore et avec
« une douce modulation un cantique qu'il adressa
« au Seigneur, en disant : Mon ame, bénissez le
« Seigneur, et que tout ce qui est en moi bénisse le
« saint nom de celui qui vous pardonnera vos iniqui-
« tés, et rachetera de l'enfer votre vie. Nous parvîn-
« mes ensuite aux feux du purgatoire, dans lequel
« les chrétiens sont tourmentés pour leurs dérégle-
« mens journaliers qui ne sont pas trop criminels. Ce
« purgatoire est un fleuve de feu sur lequel est posé
« un pont, où l'ange du Seigneur, m'ayant conduit et
« placé, me dit, en me prenant la main : Vous res-
« terez là jusqu'à ce que, purifié de vos péchés, vous
« méritiez de participer au royaume des cieux. Puis
« nous arrivâmes à la porte du paradis auprès de la-

« quelle nous rencontrâmes une multitude de démons
« assemblés dont je redoutais fortement la cruauté
« et les calomnies. C'est alors qu'une voix du ciel fit
« entendre ces paroles : Que l'ame de ce jeune homme
« retourne dans ses entrailles, et qu'il vive vingt-six
« ans. L'ange qui me conduisait était d'une beauté in-
« croyable, et toute sa personne surpassait la nature
« humaine. Comme j'interrogeais cet ange sur notre
« docteur Martial, il me répondit : Il a un grand mé-
« rite dans les cieux parce qu'il reste vierge, qu'il
« n'a nulle concupiscence pour les femmes, et qu'il se
« propose d'être toujours ainsi. Dès sa jeunesse il a
« commencé à servir le Seigneur, et à s'attacher au
« bienheureux Pierre. Il n'est jamais retourné dans
« la maison paternelle. Comme il est reconnu pour
« être étranger aux concupiscences de la chair, il
« sera étranger aux douleurs de la mort. Le Seigneur
« a envoyé près de lui douze de ses anges qui, mar-
« chant sans cesse avec lui, ne permettent pas qu'il
« se fatigue ni qu'il souffre de la faim ou de la soif :
« ils le préservent de tout accident, et le rendent in-
« vulnérable à la contagion des douleurs. »

Pendant qu'Hildebert racontait ces choses et beaucoup d'autres semblables, le pontife et le duc se réjouirent avec tout le peuple qui était réuni autour d'eux, et rendirent au Seigneur des actions de grâces pour les bienfaits qu'ils avaient reçus. Hildebert, suivant les avis de l'ange, se tondit la tête, s'attacha au saint prélat, et persista dans le service de Dieu. Ne buvant jamais de vin, et ne mangeant jamais de chair, il marcha toujours les pieds nus, se contenta pour nourriture seulement de pain et d'eau ; et ne porta pour tout vêtement qu'un cilice. Il était exact à faire des prières assidues, des jeûnes fréquens, et à accomplir incessamment de bonnes œuvres; tout ce qu'il recevait de ses parens il le distribuait aux pauvres, et ne réservait jamais rien pour le lendemain. Beaucoup de personnes suivirent son exemple, et, renonçant à leurs propres volontés, coururent au Christ par la voie étroite du salut.

Le duc Etienne rendit un décret qu'il adressa à tous les peuples soumis à sa puissance, afin qu'ils missent en pièces leurs temples et leurs idoles, qu'ils les brûlassent, qu'ils n'adorassent qu'un seul Dieu, et s'occupassent à le servir. Quant à lui, ainsi qu'il l'avait appris de son bon maître, il offrait sans cesse à Dieu l'observation d'une vie religieuse. Il faisait assidûment l'aumône, était équitable dans ses jugemens et affectueux pour les pauvres. Il se montrait docile envers les prêtres et tous les ministres de Dieu auxquels il était dévoué, toujours père très-prudent des chrétiens, toujours persécuteur très-cruel des païens. Depuis le jour où il reçut le baptême, il ne se souilla plus par la cohabitation d'aucune femme, et vécut dans la chasteté jusqu'au jour de sa mort.

Il y avait dans la ville de Bordeaux un comte nommé Sigebert qui depuis six ans était gravement malade de paralysie. Quand il apprit les miracles que le bienheureux Martial opérait, il ordonna à sa femme Bénédicte d'aller trouver en toute hâte l'homme de Dieu, de lui porter vingt-six livres d'or et de l'argent en quantité suffisante, et d'implorer l'assistance propice de Dieu par l'intercession de son ami. Elle se prépara avec une grande promptitude à exécuter les ordres de son mari, et se rendit auprès du saint personnage avec deux mille huit cents cavaliers. Arrivée auprès de lui, elle lui demanda avec une grande confiance le rétablissement de la santé de son mari. Le bienheureux Martial, joyeux de lui trouver tant de foi, lui promit la guérison du malade. Alors il remit à cette dame son bâton, et lui prescrivit de le poser sur son mari, afin de lui rendre la santé. Quant à l'or et à l'argent, il ne voulut pas les recevoir; mais, suivant le précepte du Seigneur, il l'employa gratuitement en bonnes œuvres. Il baptisa la noble Bénédicte et tous ses compagnons de voyage, et les renvoya chez eux après les avoir tous confirmés dans la foi.

Cependant comme le peuple de la ville de Bordeaux se rendait au temple des idoles, et que le pontife brûlait l'encens, le démon dit qu'il sortirait à la voix d'un certain Hébreu nommé Martial. Il avoua, avec beaucoup de tristesse, les grandes vertus du saint prélat, et sa dignité auprès du Seigneur. Enfin, Bénédicte étant entrée dans la ville, les vieillards du peuple allèrent au devant d'elle, et lui racontèrent tout ce que Jupiter leur avait appris. Alors la comtesse manda le premier pontife des idoles, et lui ordonna de parcourir tous les temples, et de les détruire de fond en comble, à l'exception de celui du Dieu inconnu. Ensuite, réunie à ses frères chrétiens, ses compagnons de voyage, elle implora la clémence de Dieu, et en son nom se rendit au lit de son mari sur lequel elle posa le bâton du bienheureux pontife. Aussitôt les membres qui avaient été lésés par la contraction des nerfs et par la vicieuse humeur des fièvres se dégagèrent comme s'ils n'avaient jamais été privés de leur force. Dès que le comte Sigebert dont nous venons de parler eut été guéri, il se rendit, en grand appareil, avec beaucoup de monde, auprès du saint évêque, et le pria de le régénérer ainsi que toute sa suite dans les eaux sacrées du baptême. Il fit d'abondantes offrandes de prières et de grâces pour les bienfaits célestes qu'il avait reçus, et vécut ensuite heureusement dans le service du Seigneur. Un jour que la ville de Bordeaux, par l'effet des crimes des hommes, allait périr consumée dans les feux de l'incendie, et qu'elle était menacée d'une destruction complète, la pieuse Bénédicte opposa avec foi le bâton de l'homme de Dieu à la violence du feu; elle confessa la toute-puissance du Créateur, et réclama son assistance. Aussitôt l'incendie s'assoupit tellement qu'on ne voyait nulle part aucune trace du feu. Dans ce temps-là Martial, prélat du Christ, averti par une inspiration divine, se transporta sur le fleuve de la Garonne; et prêcha la parole de Dieu à un grand nombre de peuples qui accoururent pour l'entendre dans le lieu qu'on appelle Mortagne : il y passa trois mois dans la sainte occupation de ses bonnes œuvres. Neuf démoniaques chargés de chaînes furent conduits de Bordeaux devant lui par leurs parens : saint Martial chassa les diables, et guérit les possédés. Ces diables qui, par la vertu de la foi chrétienne, avaient été chassés de la ville de Bordeaux, irrités contre ceux qu'ils avaient subjugués, s'étaient emparés de quelques misérables idolâtres; et, maîtres de leurs corps, les tourmentaient horriblement. Traînés par leur famille en présence de l'homme de Dieu, il pria pour eux, et ordonna aux malins esprits de s'enfuir : ceux-ci sortirent, avec beaucoup de sang, de la bouche des possédés. Le bienheureux Martial prêchant un jour à Mortagne, et une grande multitude de peuple s'étant rassemblée pour entendre les vrais dogmes, le comte Sigebert résolut de se rendre, avec une armée considérable, auprès du saint, et de lui procurer, en véritable ami, tout ce qui lui était nécessaire en alimens et en boissons. Il desira donc de se procurer une grande quantité de poissons, et envoya ses gens vers la mer pour y pêcher. Comme les pêcheurs rapportaient avec eux une abondante capture, et qu'ils cherchaient à regagner le rivage qui était l'objet de leurs vœux, soudain s'éleva sur la mer une tempête qui menaça les hommes de la mort et les vaisseaux du naufrage. La comtesse Bénédicte qui attendait sur le rivage voyait en tremblant le danger qui menaçait. Les hommes et les vaisseaux commençaient à s'engloutir quand cette femme pieuse étendit les mains vers le ciel, et criant à haute voix invoqua le Seigneur. Aussitôt la tempête se calma, puis cessa tout-à-fait. Les pêcheurs revinrent au port sans accident, avec leurs bâtimens, leurs poissons et leurs filets. Tous ceux qui virent ces merveilles glorifièrent le Seigneur. Le pieux prélat, de retour de Mortagne, regagna Limoges, et se rendit ensuite en un bourg nommé Assi. Il y avait là une idole de Jupiter, très-révérée des païens ; et une grande multitude de malades souffrant de différentes infirmités se trouvaient en ce lieu. A l'arrivée de Martial, le démon devint muet; mais, à la demande des habitans, l'homme de Dieu lui commanda de sortir de la statue, de la briser, et de se rendre visible aux peuples. Aussitôt il sortit de cette idole comme un petit enfant noir, plus sombre que la suie, dont les cheveux noirs aussi et très-épais tombaient jusqu'à ses pieds: il lui sortait de la bouche et des yeux une flamme ardente et fétide. Le saint fit voir aux peuples quel était celui qu'ils avaient adoré comme leur seigneur, et ordonna à ce démon de briser la statue, et d'en réduire en poussière les fragmens. Depuis ce moment il ne reparut plus nulle part. Alors le vénérable évêque fit rassembler autour de lui tous les malades; et, ayant fait sur eux le signe de la croix, il les guérit au nom de Dieu, et baptisa tous ceux qui demeuraient dans ce lieu. Ensuite il retourna à son siége, fit construire des oratoires, et les décora avec soin de pompeux ornemens. Il fit bâtir une église en l'honneur du premier martyr saint Etienne, son parent, et une autre en l'honneur de l'apôtre saint Pierre, son maître. Tout l'autel fut, dans son pourtour, revêtu de lames d'or. Après avoir bâti des basiliques, le bienheureux prélat fit connaître le jour fixe de leur dédicace; et le duc Etienne ordonna de préparer, pour cette solennité sacrée, tout ce qui était nécessaire à ceux qui y viendraient. Pendant que le saint pontife célébrait la solennité de la messe, Hérivée, comte de la ville de Tours, fut saisi par le diable, avec sa femme chrétienne. L'homme du Seigneur ne souffrit pas que ces personnes fussent plus long-temps tourmentées: il les fit venir à lui, et réprimanda les démons de ce qu'ils avaient osé s'en emparer.

Les démons répondirent que cette entreprise leur était permise, à cause de la transgression que le comte et sa femme avaient faite des saints commandemens, en se souillant toute la nuit d'impuretés charnelles. Le duc et le peuple ayant prié pour les possédés, le saint prélat chassa le démon au nom du Sauveur, et rendit les possédés à toute la vigueur de leur ancienne santé. La basilique de Saint-Pierre fut consacrée le 6 des nones de mai (2 mai), du temps de l'empereur Néron : le jour de cette consécration fut éclairé par une si vive lumière que personne ne pouvait voir son voisin, quelque près qu'il fût de lui.

Ces cérémonies accomplies, le bienheureux Martial ordonna Aurélien, et l'établit à Limoges pour lui succéder après son décès. Il confia l'église de l'apôtre saint Pierre au prêtre André, et y établit avec lui Hildebert, fils du comte Arcadius, et trente-six autres clercs. Le duc Etienne donna de ses biens un revenu suffisant afin de pourvoir largement à leurs vêtemens et à leur nourriture.

On a beaucoup écrit sur les œuvres du bienheureux Martial, et il n'est pas possible de rapporter tout en détail. Il était rempli d'une science divine, illustre par sa religion, puissant par la probité de ses mœurs, et admirable par ses miracles. Il méprisait le siècle, aimait Dieu et le prochain, ne vivait que pour le Christ, et la mort lui semblait un bien. Ainsi que nous l'avons dit souvent, il rendait la vue aux aveugles, l'ouïe aux sourds, une démarche aisée aux boiteux, la parole aux muets, et la vie aux défunts. Aurélien rapporte de Martial beaucoup d'autres choses dignes d'une éternelle mémoire, et qu'il opéra par la grâce du Christ. Si ces choses étaient confiées à l'écriture, les incrédules les regarderaient comme apocryphes.

L'an quarante de la résurrection du Seigneur, pendant que le bienheureux évêque Martial était en oraison, suivant sa coutume, voilà que tout à coup Jésus-Christ lui apparut dans un grand éclat avec ses disciples, l'appela, le salua d'une manière amicale, et lui prédit que le quinzième jour serait celui de sa sortie de ce monde. Rempli d'une grande joie, le saint homme rendit grâces à Dieu, et se prépara à la mort pendant deux semaines par l'assiduité des jeûnes, des veilles et des prières. Pendant un certain temps de la nuit qu'il avait choisie à cet effet, après un léger repos nécessaire à la réparation de ses fatigues, il se levait pour prier, et jusqu'à la seconde heure du jour poursuivait le cours de ses prières et des louanges de Dieu ; à la seconde heure, il offrait un sacrifice au Seigneur pour lui et pour toute l'Eglise, et ensuite prêchait assidûment jusqu'au soir. Lorsque la nuit arrivait, il prenait le peu d'alimens qu'il s'était permis, le pain et l'eau.

Le terme de sa vocation approchant, l'homme de Dieu convoqua ses frères, et leur annonça que le jour de sa mort n'était pas éloigné. Il envoya des courriers dans toutes les contrées et les provinces dont il avait fait l'acquisition pour le Seigneur. Il vint beaucoup de monde en gémissant, savoir les peuples du Poitou, du Berri, de l'Auvergne, de la Gascogne et de la Gothie. Comme il touchait au jour de sa mort, à la prière des assistans, il alla au-delà de la porte de la ville, dite porte Calcinée, y fit un sermon sur la vraie foi et les divines œuvres, et rappela utilement quelles étaient les vertus bienheureuses qui embellissent les mœurs pour le salut. Ayant terminé son exhortation, il bénit le peuple, le recommanda par de pieuses prières au Seigneur Dieu, il se fit porter à l'oratoire de saint Etienne, et là, étendu sur la cendre et revêtu du cilice, il attendit sa fin prochaine, fléchit les genoux, étendit les mains au ciel, et eut soin de se munir de prières pour sortir de la vie. A la fin il adressa ces paroles au Seigneur : « Seigneur, je remets mon esprit en vos mains. » Comme tout le monde pleurait et priait, il fit signe de la main pour obtenir le silence, et il dit : « Taisez-« vous. Est-ce que vous n'avez jamais appris com-« bien il vient de louanges du ciel ? Assurément le « Seigneur est venu comme il l'avait promis. » Aussitôt une grande lumière répandit son éclat, et la voix du Seigneur qui l'appelait fit entendre ces paroles : « Sortez, ame bénie. » Ensuite il monta au ciel avec une grande splendeur, et l'on entendit le concert des anges. Le lendemain, à la troisième heure, un paralytique, qui avait touché son cercueil, fut aussitôt guéri. Lorsqu'on portait son corps pour l'ensevelir, au moment où il sortait pour se rendre à l'église de Saint-Etienne, les cieux s'ouvrirent, et continuèrent d'être ouverts pendant que les porteurs du bienheureux corps allaient au lieu de la sépulture. En outre un grand nombre d'infirmes s'étant rendus à la cérémonie, le bienheureux Alpinien, prenant le suaire du saint pontife, toucha les corps des malades, et les guérit tous en invoquant le Christ.

Entre autres, on remarqua un certain hydropique, apporté de la ville de Toulouse, avec six aveugles, et quatre démoniaques. Le lendemain de la mort de Martial, ils furent présentés à son tombeau, touchèrent le saint suaire, et furent guéris.

Le très-saint prélat opéra d'innombrables miracles après son inhumation : leur grand nombre ne permet pas d'en donner par écrit tout le détail. Peut-être de plus amples volumes, si on les écrivait, ne suffiraient pas à ceux auxquels ne suffit point notre récit.

Que le saint prélat Martial, qui fut le convive du Christ et le compagnon des Apôtres, qui se fit remarquer à Limoges comme pieux pasteur, et qui le premier prêcha chez les peuples occidentaux, veuille bien intervenir pour nous qui nous entretenons de ses vertus, afin que protégés par ses saintes prières, nou méritions de participer à l'héritage de l'éternité ! Ainsi soit-il !

Ayant résolu d'écrire l'histoire d'après les récits des écrivains, j'ai commencé ma narration, pour ce qui concerne l'Eglise, par les saints Apôtres, sur lesquels je me suis exprimé en peu de mots. Maintenant, avec l'aide de Dieu, je vais tâcher de donner la suite non interrompue des pontifes romains. Je commencerai par le bienheureux Pierre, apôtre, auquel le Christ confia les clefs du royaume des cieux. Je crois cet ouvrage nécessaire, et je présume qu'il sera avantageux aux personnes studieuses, et à toutes celles qui sont dociles à l'instruction. J'ai étendu mes recherches véridiques pendant le cours de onze cents ans, depuis que le puissant Emmanuel vint à nous revêtu du voile de la chair qu'il emprunta à la Vierge sans tache. Dans la ville de Rome qui, depuis son origine, travailla à faire dominer ses faisceaux sur tous ses voisins, et qui étendit, d'après les dispositions de Dieu, les limites de sa domination jusqu'à l'Euphrate et à l'Océan, on vit un grand nombre de vaillans champions, avec l'aide de Dieu, tenir les rênes du gouvernement ecclésiastique, dont il est agréable de suivre la course triomphale sur les flots du monde, afin que ceux qui marcheront sur les traces des héros s'attachent constamment à imiter leurs actions courageuses et salutaires. Le bienheureux Simon Pierre, prince des Apôtres, fils de Jean, originaire du bourg de Bethsaïde, dans la province de Galilée, occupa d'abord le siége d'Antioche pendant sept ans. Il se rendit ensuite à Rome, sous l'empire de Claude, pour y combattre Simon-le-Magicien. C'est là que, prêchant l'Evangile, il gouverna l'Eglise pendant vingt-cinq années. Il disputa un grand nombre de fois en présence de Néron et du peuple contre Simon qu'il vainquit : ce qui fut cause de son martyre que Néron ordonna en même temps que celui de Paul, l'an 36 de la Passion du Seigneur, le 3 des calendes de juillet ( 29 juin ).

Lin, fils d'Herculan, né en Toscane, occupa le siége de Rome pendant onze ans, trois mois et douze jours. Il fut martyrisé le 5 des calendes de décembre ( 26 novembre ). C'est lui qui, d'après le précepte de l'apôtre Pierre, décréta qu'aucune femme ne pourrait entrer dans l'église sans être voilée.

Clet, né à Rome, siégea pendant douze ans, un mois et onze jours. Il fut mis à mort sous Domitien le 6 des calendes de mai ( 26 avril ). L'épiscopat fut vacant pendant vingt jours. Rufin, prêtre d'Aquilée, dit en parlant de Lin et de Clet, dans le préambule de l'histoire de Clément, que ces prélats furent en fonction du vivant même de l'apôtre Pierre, et qu'ils lui succédèrent. Je m'étonne beaucoup que cet écrivain, aussi savant comme interprète que comme historiographe, et si profondément versé d'ailleurs dans les lettres, tant grecques que latines, n'ait pas considéré que ces deux pontifes terminèrent leur course bienheureuse par le martyre, et qu'aucun autre n'a souffert à Rome de persécution pour le Christ jusqu'à la treizième année du règne de Néron, à l'occasion de la chute de Simon-le-Magicien. Ainsi Lin fut mis à mort du temps de Vespasien, et Clet pendant la persécution suscitée par Domitien.

Clément, né à Rome dans le quartier du mont Cœlius, eut pour père Faustin. Il tint les rênes de l'épiscopat pendant dix ans, deux mois et dix jours. Sous Trajan il fut précipité dans la mer, le 9 des calendes de décembre (23 novembre). Le siége fut vacant pendant vingt-un jours. Il s'attacha à suivre la discipline instituée par le bienheureux apôtre Pierre. Il brillait d'un tel éclat par la bonté de ses mœurs, qu'il n'était pas moins agréable aux Juifs et aux Gentils qu'à tous les chrétiens. Il tenait un registre nominal de tous les pauvres, et ne permettait pas que ceux qui avaient été purifiés par la sanctification du baptême fussent exposés à la mendicité publique. Il consacra sous le saint voile la vierge Flavie Domitille, nièce du César Domitien, et fiancée d'Aurelius. Il fortifia dans son projet de chasteté Théodora, femme du comte Sisinnius. Comme le mari de Théodora, enflammé de colère, la poursuivait dans l'église où elle entrait secrètement, Clément se mit en prières, et aussitôt cet homme devint aveugle et sourd. Ses esclaves, ayant voulu le conduire hors de l'église, tournèrent long-temps autour de l'enceinte sans pouvoir trouver la porte, jusqu'à ce que Théodora, ayant prié pour son mari, obtint qu'il pût sortir avec ses enfans. Conduit chez lui, il resta aveugle; et, après la messe, Théodora fit connaître au pape saint Clément tout ce qui s'était passé. Le pontife ordonna au peuple de prier le Seigneur. Ensuite il se rendit avec cette femme auprès du malade : il fit sa prière, et lui rendit aussitôt la vue et l'ouïe. Sisinnius, ayant recouvré les sens du corps, perdit la raison, et ordonna de saisir et de lui amener l'évêque Clément qu'il croyait être entré chez sa femme. Ses esclaves liaient de grosses pierres, et les traînaient tantôt dedans, tantôt dehors. Pendant ces actes de folie de Sisinnius et de ses esclaves, Clément se retira, et Théodora passa tout le jour à pleurer et à prier pour son mari. Enfin vers le soir l'apôtre Pierre lui apparut, et lui dit pour la réconforter : « Sisinnius « sera sauvé par vous, afin d'accomplir ce qu'a dit mon « frère Paul l'apôtre : Le mari infidèle sera sanctifié par « la femme fidèle. » Aussitôt Sisinnius, ayant recouvré sa raison, pria Théodora de faire venir Clément, confessa sa démence, crut au Dieu tout-puissant, et, corroboré par la foi, reçut le baptême aux fêtes de Pâques suivantes, avec trois cent vingt-trois personnes des deux sexes. Beaucoup de personnages illustres et nobles furent amenés par lui à croire au Seigneur, et furent baptisés après avoir embrassé la vraie foi.

Publius Torquéanus, qui était trésorier-général, jaloux de voir une si grande multitude de chrétiens, donna de l'argent à ses subordonnés, dans diverses contrées, pour exciter un soulèvement contre les sectateurs du Christ. Pendant que Mamertin était préfet du peuple romain, une sédition s'éleva, et, par l'ordre de Torquéanus, Clément fut en secret conduit auprès de lui. Le pontife essaya d'amener ce juge à la vraie foi par les bonnes raisons qu'il lui donna pendant l'interrogatoire. Le tumulte croissant toujours, on fit à Nerva et à Trajan le rapport de l'affaire. Ce dernier prince écrivit d'envoyer Clément, s'il ne voulait pas sacrifier aux idoles, en exil dans la ville de Cherson, qui est au-delà des mers. Le Seigneur fit tant de grâces au bienheureux Clément que ses gardes même, qui étaient païens, pleurèrent sur son sort. Le président Julien le recommanda à Dieu en pleurant, et lui fit donner un vaisseau chargé de tout ce qui pouvait lui être nécessaire. Beaucoup de personnes religieuses, tant du peuple que du clergé, accompagnèrent le pontife. Il trouva dans le lieu de son exil plus de deux mille chrétiens condamnés à scier le marbre. Il s'en réjouit quand il sut que c'était pour le nom de Dieu qu'ils souffraient l'exil : il leur prodigua les instructions sur la nécessité de se maintenir dans la foi, et de souffrir avec patience. Ayant appris que ces infortunés étaient obligés de transporter sur leurs épaules, pendant un trajet de six milles, l'eau dont ils avaient besoin, il pria le Seigneur, et lui demanda de l'eau. Sa prière était à peine terminée, qu'il vit un agneau sur la montagne voisine qui lui montrait, en élevant le pied droit, un lieu distinct. Il y frappa légèrement avec une baguette, et aussitôt il s'ouvrit une fontaine remplie de filets d'eau très-abondans, qui, sortant avec impétuosité, donnèrent naissance à une rivière. Lorsqu'on connut cet événement, toute la province accourut, et une grande multitude de personnes embrassèrent la religion de saint Clément. Il en résulta qu'en un jour cinq cents personnes et plus furent baptisées, et qu'en moins d'un an, les croyans brisèrent les idoles, et construisirent soixante-quinze églises.

Trois ans après, les païens, poursuivant leur entreprise, adressèrent à l'empereur Trajan un rapport mensonger qui détermina ce prince à envoyer le duc Aufidien, pour faire périr un grand nombre de chrétiens par divers genres de supplices. Après que l'on eut massacré la multitude, Aufidien fit conduire à la mer le seul Clément, lui fit attacher une ancre au cou, et le fit précipiter au milieu des flots, afin que les chrétiens ne pussent le découvrir, ni le vénérer comme un Dieu. Ses ordres ayant été exécutés, Phébus et Corneille, disciples de saint Clément, qui étaient sur le rivage avec un grand nombre de chrétiens, se mirent à prier avec larmes. Aussitôt la mer se retira à près de trois milles du rivage, et les peuples, y étant entrés à pied sec, virent des choses merveilleuses. Ils trouvèrent une habitation en manière de temple de marbre, bâtie par la main des anges qui y avaient déposé le corps de saint Clément dans une caisse de pierre: l'ancre avec laquelle il avait été précipité était posée près de lui. Une révélation défendit à ses disciples de l'enlever, parce que, à chaque anniversaire de son martyre, la mer devait se retirer, et donner, pendant sept jours, un passage à pied sec à tous ceux qui viendraient le visiter. Beaucoup de miracles s'étant opérés là, tous les gentils des environs crurent au Christ, et se firent un devoir d'obéir à celui qui vit et règne dans tous les siècles des siècles. Ainsi soit-il!

Clément décida que le manteau de l'autel, la chaire et le candélabre devaient être brûlés quand ils étaient trop vieux.

Anaclet, grec, né à Athènes, siégea neuf ans, deux mois et dix jours. Il mourut le 3 des ides de juillet (13 juillet), et l'épiscopat fut vacant pendant seize jours. Il décida que les prêtres ne pouvaient être accusés que par des hommes de probité et de capacité suffisante pour être à l'abri des soupçons.

Evariste, juif, fils de Judas, né à Bethléem, occupa le siége pontifical pendant neuf ans, dix mois et deux jours, sous l'empire de Domitien, de Nerva et de Trajan. Après son martyre, l'épiscopat vaqua dix-huit jours. Il ordonna sept diacres pour accompagner l'évêque pendant sa prédication, et pour être en tous lieux comme les yeux de sa surveillance. Il statua que le mari ne pouvait quitter sa femme, ni la femme son mari; et que l'Eglise ne pouvait recevoir d'évêque tant que le titulaire vivait encore.

Alexandre naquit à Rome dans le quartier de la Tête de taureau: son père s'appelait aussi Alexandre. Il gouverna l'Eglise pendant dix ans, sept mois et onze jours. Il introduisit l'usage de bénir les maisons par une aspersion d'eau et de sel ; et prescrivit aux prêtres de placer la passion du Seigneur dans la célébration de la messe. Le Sauveur opéra par lui un grand nombre de miracles, et conduisit au salut un grand nombre d'ames. Il fut décollé sur la voie Numantine le 5 des nones de mai (3 mai). L'épiscopat vaqua trente-cinq jours.

Sixte, né à Rome dans la Voie grande, eut pour père Pastor : il siégea dix ans, deux mois et un jour. Il prescrivit que les clercs serviteurs de l'église touchassent seuls aux choses saintes. Il ordonna aux prêtres de chanter pendant la messe cet hymne des anges et des hommes : « Trois fois saint est le Seigneur Dieu « Sabaoth. Les cieux et la terre sont remplis de sa « gloire. Gloire à Dieu dans les cieux ! Béni soit celui « qui vient au nom du Seigneur. Gloire à Dieu dans « les cieux ! » Il ordonna de rechercher avec soin quelles étaient la personne, la foi, la vie et les habitudes de ceux qui accusaient les prêtres, et de ne pas croire ceux qui ignorent la vérité de la religion, ou qui n'ont pas une conduite régulière, ou qui sortent de la maison des ennemis du Christ. Enfin il fut martyrisé le jour des nones d'avril (5 avril). A sa mort le siége fut vacant pendant quatorze jours.

Thélesphore, grec, fut à la tête du pontificat pendant onze ans, trois mois et vingt-un jours, du temps d'Antonin et de Marc-Aurèle. Il prescrivit de célébrer un jeûne de sept semaines avant Pâques, de chanter une messe pendant la nuit de la naissance du Sauveur, et de réciter, au commencement du sacrifice, l'hymne des anges, c'est-à-dire le *Gloria in excelsis Deo*. Enfin il fut martyrisé le jour des nones de janvier (5 janvier). L'épiscopat fut en vacance pendant sept jours.

Hygin, athénien, et autrefois philosophe, garda le pontificat pendant quatre ans, trois mois et quatre jours, durant l'empire de Vérus et de Marc-Aurèle. Il défendit aux métropolitains d'entendre aucune cause sans le concours de tous les évêques de la province, et aux évêques sans l'assistance de leurs clercs, à peine de nullité de leur sentence. Il fut inhumé le 3 des ides de janvier (11 janvier). La vacance de l'épiscopat dura trois jours.

Pie, italien, né à Aquilée, siégea dix-neuf ans, quatre mois et trois jours, sous l'empire d'Antonin-le-Pieux. Instruit dans les devoirs de pasteur, il fit placer au dimanche la fête de Pâques. Il mourut le 5 des ides de juillet (11 juillet). Le siége vaqua quatorze jours.

Anicet, syrien, tint les rênes du pontificat pendant onze ans, quatre mois et trois jours, sous le règne de Sévère et de Marc-Aurèle. Il prescrivit aux clercs de couper leurs cheveux; il déclara nulle toute ordination d'évêque qui ne serait pas faite par trois évêques au moins; il statua que le métropolitain devait être consacré par tous ceux qui seraient ses suffragans. Il fut martyrisé le 12 des calendes de mai (20 avril). L'épiscopat vaqua dix-sept jours.

Soter, campanien, fils de Concordius, né dans la ville de Fondi, occupa le siége de Rome neuf ans, sept mois et vingt-un jours, sous l'empire de Sévère. Il mourut le 15 des calendes de mai (17 avril). Le siége vaqua vingt-un jours.

Eleuthère, grec, fils d'Abundius, siégea quinze

ans et trois mois sous Antonin et Commode. Il défendit de juger les absens, et d'entendre contre eux la calomnie ni la voix des traîtres. Il défendit aux Chrétiens de refuser aucuns alimens à moins qu'ils ne fussent pas en usage parmi les hommes, ou approuvés par la raison. Il mourut le 7 des calendes de juin (26 mai).

Victor, né en Afrique, occupa le siége durant dix ans, deux mois et dix jours. Il reçut la couronne du martyre le jour des calendes d'août (1er août). L'épiscopat vaqua douze jours. Il décida que personne ne serait accusé sur des faits incertains.

Zéphirin, romain, siégea huit ans, six mois et dix jours sous Antonin et Sévère. Il fut enterré sur la voie Appienne le 7 des calendes de septembre (26 août). Le siége vaqua sept jours. Il ordonna que celui qui aurait été injustement dépouillé fût provisoirement remis en possession, qu'il pût répondre ensuite à ses accusateurs, et qu'on lui accordât des délais suffisans, s'il était nécessaire.

Calixte, romain aussi, du pays de Ravenne, occupa le siége sept ans, deux mois et dix jours, sous l'empire de Martien [1] et d'Héliogabale. D'après sa décision, les évêques n'avaient le droit de juger et d'excommunier que les paroissiens de leur diocèse. En effet personne n'est assujetti au jugement d'aucun autre prélat que du sien, et ne peut être condamné que par lui. Il statua que celui qui était tombé dans le péché, pourvu qu'il en fît une pénitence suffisante, ne devait pas être privé de son ancien emploi, et qu'il en pouvait obtenir, s'il n'en possédait pas encore.

[1] Macrin.

Il prescrivit d'observer, trois fois par an, le jeûne du samedi, en blé, en vin, en huile, selon la prophétie, le quatrième, le septième et le dixième. Ensuite il fut martyrisé le 2 des ides d'octobre (14 octobre), sous l'empire d'Alexandre Sévère. La vacance de l'épiscopat fut de six jours. Alors le prêtre Calépode, Astère, et le consul Palmatin furent martyrisés avec deux cents personnes de leur famille.

Urbain, romain, fut à la tête de l'Eglise quatre ans, six mois et douze jours. Il prescrivit à tous les fidèles, après leur baptême, de recevoir le Saint-Esprit par l'imposition des mains des évêques, afin de devenir complétement chrétiens. Alors furent mis à mort Tiburce, Valérien, Maximien et Cécile. Il fut martyrisé le 8 des ides de juin (6 juin).

Poncien, romain, siégea neuf ans, cinq mois et deux jours, du temps d'Alexandre, qui l'exila en Sardaigne avec le prêtre Hippolyte. Il mourut le 3 des calendes de novembre (30 octobre), et l'épiscopat vaqua dix jours.

Anthéros, grec, siégea douze ans, un mois et douze jours. Il fut martyrisé le 3 des nones de janvier (3 janvier), et l'épiscopat vaqua treize jours.

Fabien, romain, siégea quatorze ans et onze mois. Il décréta, entre autres choses, qu'il faut considérer comme une accusation les injures d'un homme en colère ; que l'accusateur devait prouver le crime qu'il imputait à l'accusé, et que celui qui ne faisait pas sa preuve devait souffrir la peine qu'il avait voulu faire infliger. Il fut mis à mort le 14 des calendes de février (19 janvier), et l'épiscopat vaqua sept jours.

Corneille, romain, siégea deux ans, deux mois et

trois jours. Ce fut lui qui, à la prière de sainte Lucine, fit pendant la nuit l'enlèvement des corps des Apôtres. Il déposa le corps du bienheureux Paul sur la voie d'Ostie, et celui de Pierre dans le temple d'Apollon, sur le mont doré au Vatican. Sous le règne de Dèce exilé à Centumcelles, puis conduit à Rome, il fit plusieurs conversions, et fut décollé le 18 des calendes d'octobre (14 septembre). L'épiscopat vaqua trente-cinq jours. Il décréta que les prêtres ne devaient prêter de serment que pour la foi.

Lucius, romain, siégea trois ans, trois mois et trois jours, du temps de Gallus et de Volusien. Par la permission de Dieu il fut rappelé d'exil. Valérien lui fit trancher la tête, le 3 des nones de mars (5 mars). L'épiscopat vaqua trente-cinq jours. Il établit que tout témoignage ecclésiastique devait être rendu en présence de l'évêque, assisté de deux prêtres et de trois diacres.

Etienne, romain, siégea sept ans, cinq mois et deux jours, du temps de Valérien, de Gallican et de Maxime. Il rendit la lumière à Lucile qui, depuis le berceau, était aveugle; il baptisa le tribun Emèse son père, et soixante-deux autres personnes des deux sexes. Après le martyre de Sempronius, d'Olympius, d'Exupérie et de Théodole, qui précédèrent douze prêtres, ainsi que Bon, Faust, Maur, Primice, Calumniosus, Jean, Exupérance, Quirille, Honorat[1], et plusieurs autres qui moururent le jour des calendes d'août (1er août), il fut lui-même décollé, après avoir célébré la messe, le 4 des nones d'août (2 août).

[1] Ou Honoré.

L'épiscopat vaqua vingt-sept jours. Il statua que les personnes infâmes n'auraient pas le droit d'accuser les prêtres, et que ni les prêtres ni les autres ecclésiastiques ne porteraient, dans l'usage journalier, les vêtemens sacrés qu'à l'église.

Sixte, grec, précédemment philosophe, siégea un an, dix mois et vingt-trois jours, du temps de Gallien et de Dèce. Il frappa d'excommunication tous ceux qui, au mépris de leur propre juge, avaient recours à un autre. Il fut décollé le 8 des ides d'août (6 août), avec les six diacres Félicissime, Agapit, Janvier, Magnus, Vincent et Etienne. L'épiscopat fut vacant pendant trente-cinq jours. Alors l'archidiacre Laurent et Hippolyte avec sa famille, Abdon et Sennes sous les rois de Perse, et plusieurs autres, furent martyrisés par divers genres de supplices.

Denis, autrefois moine, siégea six ans, deux mois et quatre jours. Il donna des églises aux prêtres; il établit les cimetières des paroisses et des diocèses. Il fut martyrisé le six des calendes de janvier (27 décembre). L'épiscopat vaqua cinq jours. On trouve ce qui suit dans les décrets de Denis : « Il ne faut pas « ajouter foi à la confession qui n'est pas libre, car « elle doit être faite volontairement et ne pas être « extorquée. »

Félix, romain, siégea quatre ans, trois mois et vingt-cinq jours, du temps de Claude et d'Aurélien. Il reçut la couronne du martyre, le 3 des calendes de juin (30 mai). L'épiscopat vaqua cinq jours. Il décida qu'un évêque ne pouvait être privé de son évêché avant d'avoir été entendu et jugé.

Eutychien, toscan de la ville de Luna, siégea un

an, un mois et deux jours, sous l'empire d'Aurélien. Il mourut le 6 des calendes d'août ( 27 juillet ). L'épiscopat vaqua huit jours.

Caïus, dalmate, siégea onze ans, quatre mois et douze jours, du temps de Carin, de Dioclétien et de Constance. Il établit sept degrés dans les ordres, savoir : portier, lecteur, exorciste, sous-diacre, diacre, prêtre, évêque. Il fut martyrisé le 10 des calendes de mai ( 22 avril ). L'épiscopat vaqua onze jours.

Marcellin, romain, siégea neuf ans, quatre mois et seize jours, du temps de Dioclétien et de Maximien. Il décréta que le majeur ne devait pas être jugé par le mineur ; qu'un laïque n'avait pas le droit d'accuser un clerc, et qu'un clerc, de quelque ordre qu'il fût, ne devait appeler personne en jugement devant un séculier, sans la permission de son évêque. Il fut martyrisé le 7 des calendes de mai ( 25 avril ). Il périt avec lui, pour la foi du Christ, dix-huit mille hommes dans l'espace de trente jours. Alors la persécution contre les chrétiens fut très-rigoureuse, et l'épiscopat vaqua sept ans, sept mois et vingt-cinq jours.

Marcel, romain, du quartier de la Voie Grande, siégea dix ans, sept mois et vingt-un jours, du temps de Maxence et de Maximin. Il fut, par l'ordre du tyran, condamné à panser des chevaux dans une écurie ; et enfin il mourut le 17 des calendes de février ( 16 janvier ). Alors l'épiscopat vaqua vingt jours.

Eusèbe, ancien médecin grec, siégea six ans, un mois et trois jours, du temps de Constantin. Il mourut le 6 des nones d'octobre ( 2 octobre ), et l'épiscopat vaqua une semaine. Ce fut de son temps que l'on découvrit la croix de Notre-Seigneur Jésus-Christ, le 5 des nones de mai (3 mai), et que Judas Quiriaque fut baptisé.

Melchiade, africain, siégea quatre ans. Il défendit aux fidèles de jeûner le dimanche ni la cinquième férie, selon l'usage des païens. Il fut inhumé dans le cimetière de Calixte sur la Voie Appienne, le 4 des ides de décembre (10 décembre). L'épiscopat vaqua seize jours.

Sylvestre, romain, fils de Rufin et de Justa, siégea vingt-trois ans, dix mois et onze jours. Il fut instruit à Rome par le prêtre Cyrin, dont il imita la vie et les bonnes mœurs ; il parvint au plus haut sommet de la piété chrétienne. Sylvestre, dès sa jeunesse, exerça pieusement l'hospitalité, et fit beaucoup d'autres bonnes actions. Il reçut chez lui, à son arrivée d'Antioche à Rome, Timothée, qu'il seconda de tous ses efforts, dans la prédication publique du Christ. Ensuite, quinze mois après, il enleva pendant la nuit le corps de ce martyr, qui avait été mis à mort pour la cause de la vérité, par l'ordre de Tarquin, préfet de la ville. Il conduisit dans sa propre maison l'évêque Melchiade, avec de saints prêtres et des diacres, pour y ensevelir le confesseur de Jésus-Christ. Timothée fut honorablement inhumé dans le jardin de Théone, femme chrétienne, près du tombeau de l'apôtre Paul, et Sylvestre fut arrêté par ordre de Perpenna Tarquin, qui l'envoya en prison, où il se proposait de le livrer le lendemain aux tortures, comme confesseur de Dieu. Cependant le préfet, étant à dîner, fut étouffé par l'os d'un poisson qui s'arrêta dans sa gorge, et Sylvestre sortit joyeusement de prison, pendant que son persécuteur était conduit au tombeau au milieu du deuil. Sylvestre était âgé de trente ans quand il fut fait diacre, et peu de temps après, à la demande de tout le peuple, il fut ordonné prêtre par le saint évêque Melchiade, à la mort duquel il fut unanimement élu pape. Il brillait de toutes les vertus, et plaisait à tout le monde par le mérite de sa sainteté. On voyait un énorme dragon sur le mont Tarpéien, où est placé le Capitole. Des magiciens se rendaient auprès de lui une fois par mois, avec des vierges sacriléges, et descendaient trois cent soixante-cinq degrés, comme s'ils étaient allés en enfer, en portant des offrandes et des ornemens. Ce serpent montait tout à coup, et, quoiqu'il ne sortît pas, il corrompait tellement de son souffle l'air du voisinage, qu'il occasionnait une grande mortalité, et faisait périr beaucoup d'enfans, dont la perte répandait partout l'affliction. Enfin, les païens ayant imploré l'assistance de Sylvestre, il prescrivit aux chrétiens un jeûne de trois jours, après lequel, instruit dans une vision par le bienheureux apôtre Pierre, il descendit avec trois prêtres et deux diacres; puis, par la vertu de Dieu, il renferma sévèrement le dragon. Toute la ville fut depuis ce jour délivrée de son souffle empesté, et rendit grâces à Dieu. Plusieurs Gentils, témoins de ce miracle, et débarrassés de la contagion du dragon, crurent au Christ, et se firent baptiser. Comme l'empereur Constantin forçait les chrétiens à sacrifier aux idoles, et avait fait massacrer un grand nombre de personnes qui ne voulaient pas adorer les statues, Sylvestre quitta la ville avec ses clercs, et se cacha pendant quelque temps sur le mont Soracte, où il pratiqua le jeûne et la prière. Mais la main vengeresse de Dieu frappa Constantin de la lèpre éléphantine, et arrêta ainsi l'effusion du sang des fidèles. Cet Auguste, affligé d'une si grande calamité, s'appliqua à rechercher avec soin ce qui pouvait mettre un terme à ses maux. Alors, par le conseil des méchans pontifes du Capitole, il ordonna de mettre à mort une troupe d'enfans, s'élevant à plus de trois mille, afin de composer de leur sang un bain, dans lequel l'empereur, teint de ce sang tout fumant, implora le remède à son mal. Constantin étant sorti de son palais pour se rendre au bain, et ayant vu une multitude de femmes qui pleuraient très-amèrement le massacre prochain de leurs enfans, s'informa de la cause d'un si grand deuil, et eut horreur du crime aussitôt qu'il le connut. Dans un discours long et excellent, il condamna cette cruauté digne des barbares, et fit connaître quelle était l'humanité de l'empire romain. En conséquence, il ordonna de rendre les enfans à leurs mères; il y joignit des présens considérables, avec des chariots et des provisions, et les envoya ainsi comblées de joie.

La nuit suivante, il vit dans une apparition les apôtres Pierre et Paul, qui lui conseillèrent de rappeler Sylvestre avec ses clercs, de se soumettre à ses instructions sur le salut, et de lui obéir en toutes choses. Ensuite le pape prescrivit au prince et à tout le peuple chrétien un jeûne d'une semaine. Quand il fut terminé, Sylvestre fit préparer le samedi au soir le bain salutaire dans le palais de Latran, et le sanctifia selon la coutume. Alors Constantin fut baptisé, et aussitôt, au milieu d'une grande lumière qui dura presque une demi-heure, il fut purifié de la lèpre et confessa qu'il avait vu le Christ.

Sous l'empire de Constantin, on tint dans la ville de Rome un concile de quarante-quatre évêques. Là le pape Sylvestre disputa contre les douze plus habiles chefs des Juifs; avec le secours de Dieu, il triompha de ses adversaires, qu'il accabla d'une grêle de sentences authentiques. Il soutint contre les rabbins Abiathar et Joasis, que le Père, le Fils et le Saint-Esprit ne faisaient qu'un seul Dieu. Il prouva clairement, d'après les livres des Prophètes, contre les scribes Godolias et Anne, que le Christ était né d'une vierge, qu'il avait été tenté par le diable, qu'il avait été trahi par un de ses disciples; que ses ennemis l'avaient arrêté, bafoué et flagellé; qu'il avait été abreuvé de vinaigre, vendu, couronné d'épines, et dépouillé; que ses vêtemens avaient été tirés au sort, qu'il avait été attaché à la croix, qu'il était mort et avait été enseveli. Il expliqua aux maîtres Dohet et Chusi, et aux interprètes de la loi, Bourim et Archel, quelle était la grande utilité de l'incarnation du Christ, de sa tentation et de sa passion. Il rendit évident, contre les pharisiens Jobal et Thara, que Jésus-Christ est Dieu parfait, et homme parfait, qui selon l'humanité, et pour le salut de tous, a été tenté, a souffert et est mort; mais que ce tout-puissant Dieu, dans toute sa passion, a été exempt de blessures, comme la lumière du soleil sur l'arbre que coupe la cognée. Il prouva par d'amples raisons au prêtre Séléon que le Fils de Dieu est, à bon droit, appelé l'agneau sans tac' parce qu'il s'est immolé pour racheter les péchés de tout le peuple; qu'il est né d'une vierge, afin que nous naissions aussi du sein virginal de l'Eglise; qu'il a été triplement tenté, afin de nous délivrer d'une tentation semblable; arrêté, pour nous mettre en liberté; enchaîné, pour nous dégager des liens de la malédiction; bafoué, pour nous soustraire à la dérision du démon; vendu, pour nous racheter; humilié, pour nous élever; captif, pour nous débarrasser des chaînes de Satan; dépouillé, pour couvrir la nudité du premier homme qui a donné entrée à la mort; couronné d'épines pour éloigner de nous les épines et les chardons de la première malédiction; nourri de fiel et abreuvé de vinaigre, pour nous introduire dans une terre où découle sans cesse le lait et le miel; enfin sacrifié sur l'autel de la croix, pour effacer les péchés de tout le monde. Ainsi se trouva en défaut la puissance du diable qui, ayant opposé veau contre veau et bouc contre bouc, ne put trouver d'agneau contre l'agneau sans tache. En effet, notre roi est mort pour enchaîner l'empire de la mort; enseveli, pour bénir les sépultures des saints; ressuscité, pour rendre la vie aux morts; monté aux cieux, non seulement pour rendre à l'homme le paradis qu'il avait perdu, mais encore pour lui ouvrir les portes des cieux. Il s'est assis à la droite du Père, pour exaucer les prières des croyans. Il doit venir juger les vivans et les morts, pour rendre à chacun ce qui lui appartient, selon ses œuvres. Telle est la véritable foi des chrétiens.

Quand Sylvestre eut puissamment discuté ces objets et beaucoup d'autres, et que Séléon, au milieu du silence des autres Juifs, eut produit ses argumens à la louange du pape, un douzième adversaire, nommé Zambri, qui était un magicien très-artificieux, se présenta dans la lutte; il ne s'attacha pas aux textes authentiques des Ecritures, il voulut employer la magie, et demanda que l'on conduisît devant tous les auditeurs un taureau des plus féroces. Bientôt, sur l'ordre du pape et d'Auguste [1], on amena le taureau de Térence, animal que cent des plus forts soldats ne pouvaient contenir. Zambri lui ayant dit à l'oreille quelque chose de secret, aussitôt le malheureux jeta un mugissement et expira violemment, après la perte de ses yeux, qui jaillirent de sa tête. Alors tous les Juifs se mirent à insulter Sylvestre, et pendant près de deux heures le tumulte fut au comble. Auguste ayant ordonné le silence, Sylvestre s'approcha du magicien, et lui demanda de ressusciter au nom du Seigneur le taureau qu'il avait fait passer de la vie à la mort. C'est ce que Zambri ne put faire; mais il déclara hautement et assura, par le salut d'Auguste, que si le pape pouvait rappeler à la mort le taureau, tous les Juifs renonceraient à leur loi et embrasseraient la religion chrétienne. Alors le saint pontife étendit les mains, fléchit les genoux, et pria longtemps avec larmes. Ayant fini ses prières, il s'approcha du taureau et dit à haute voix : « Au nom de Jésus-« Christ, qui a été crucifié par les Juifs, sous le gou-« vernement de Ponce Pilate, lève-toi, et reste ici « en paix. » Aussitôt l'animal se leva, le saint prélat s'approcha de lui et détacha les liens de ses cornes. « Va-t-en, dit-il, rejoindre ton troupeau, et conserve

[1] Orderic Vital emploie ce mot pour désigner l'empereur, soit de Rome, soit de Constantinople.

« ta douceur. » A l'instant le taureau, devenu tranquille et doux, regagna le troupeau auquel il appartenait. Alors tous les Juifs se prosternèrent aux pieds de Sylvestre, et demandèrent à être régénérés par les eaux du baptême.

Hélène, mère de l'empereur, parut en public sans l'appareil des cours, et devant tout le monde, baisant les genoux du pape, lui demanda un lieu de pénitence. Dans le même moment un grand nombre de démons sortirent des corps des possédés, et, par l'ordre de saint Sylvestre, confessèrent que c'était lui qui les en avait chassés.

Dans la dispute entre les Chrétiens et les Juifs dont nous venons de parler, Zénophile et Craton, furent choisis censeurs principaux et ordinaires par Auguste et le sénat : l'un d'eux était Grec, et l'autre Latin. Tous deux étaient d'excellens orateurs, amis de la vérité qu'ils ne craignaient pas de dire, depuis long-temps renommés dans le barreau de Rome comme observateurs fidèles de la probité, et comme ayant un profond mépris pour l'avarice : tous deux étaient Gentils, afin qu'ils fussent impartiaux dans cette querelle de religion, qu'ils ne favorisassent que la justice, et que ni les Chrétiens ni les Juifs ne les regardassent comme suspects à leur secte.

Le Christ ayant triomphé par la bouche de saint Sylvestre, beaucoup de Juifs et de païens crurent. Comme ces choses eurent lieu dans le commencement du premier mois, ils reçurent un nom, et furent baptisés à Pâques. Depuis ce moment le nom du Seigneur fut glorifié par tout le peuple romain; le troupeau des fidèles fut réconforté par tout le monde, et considérablement relevé par la vertu de Dieu.

D'après l'ordre de Constantin, le pape Sylvestre réunit à Nicée, en Bithynie, trois cent dix-huit évêques, et deux cent soixante-dix-sept à Rome, qui formèrent un concile. On y décréta qu'aucun laïque ne pouvait accuser de crime les clercs; que l'accusé opprimé aurait pour juges ceux qu'il choisirait; que les diacres se serviraient de dalmatiques, et qu'ils couvriraient leur bras gauche d'un voile de lin; qu'aucun clerc ne paraîtrait dans les tribunaux pour quelque cause que ce fût, et ne se défendrait devant aucun juge ailleurs que dans l'Eglise; que le sacrifice de l'autel serait célébré à la messe non pas avec des étoffes de soie ou enrichies de teintures, mais avec des toiles de lin, comme on lit dans les Ecritures que le corps du Seigneur avait été enseveli par Joseph d'Arimathie; que si quelqu'un veut appartenir à l'Eglise militante ou enseignante, il doit rester lecteur pendant vingt ans, exorciste pendant trente jours, acolyte pendant cinq ans, sous-diacre pendant le même nombre d'années, diacre pendant sept ans, prêtre pendant trois, et ensuite évêque, s'il le mérite; enfin après d'innombrables bonnes actions, Sylvestre mourut le 2 des calendes de janvier (31 décembre). Le siége vaqua cent soixante-cinq jours.

Marc, romain, fils de Priscus, siégea deux ans, huit mois et vingt jours. Il bâtit deux basiliques, l'une sur la voie d'Ardée, dans le cimetière de Balbine où il repose, l'autre dans la ville de Rome, près du mont Palatin. Il ordonna vingt-sept évêques en divers lieux. Il mourut le jour des nones d'octobre (7 octobre). L'épiscopat vaqua vingt jours.

Jules, romain, fils de Rustique, siégea quinze ans, deux mois et sept jours. Du temps de l'hérétique Constantin ce pape endura de grandes tribulations, et souffrit pour la foi catholique un exil de dix mois ; mais après la mort du tyran il remonta sur son siége. Il bâtit deux basiliques, établit trois cimetières, et ordonna neuf évêques. Il mourut la veille des ides d'avril (12 avril). L'épiscopat vaqua vingt-cinq jours.

Libère, romain, fils d'Auguste, siégea du temps de Constance pendant six ans, trois mois et quatre jours. Il fut trois ans exilé pour la foi ; ensuite prenant parti pour les ariens, il fut rappelé par Ursatius et Valens, prêtres hérétiques, et persécuta violemment les catholiques. Enfin il fut enseveli dans le cimetière de Priscille, sur la voie Solara, le 7 des calendes de mai (25 avril). L'épiscopat vaqua six jours.

Félix, romain, fils d'Anastase, siégea un an, trois mois et trois jours, pendant l'exil de Libère. Il frappa de l'anathème, dans un concile de quarante-huit évêques, l'empereur Constance qui s'était fait rebaptiser par Eusèbe de Nicomédie, ainsi que les hérétiques Ursatius et Valens. Il fut déposé et mis à mort dans la ville de Cortone, le 3 des ides de novembre (11 novembre). L'épiscopat vaqua trente-sept jours. Il ordonna dix-neuf évêques. Ces jours comptent dans les ordonnances de Libère ; car les statuts que ce pape avait faits avant son exil sont authentiques, et il n'en est pas de même de ceux qu'il publia après son retour, pendant qu'il fut favorable aux hérétiques.

Damase, espagnol de nation, fils d'Antoine, siégea dix-huit ans, trois mois et onze jours. Ursin fut ordonné intentionnellement en même temps que lui ;

mais, chassé de Rome, il fut établi évêque à Naples. Damase mérite beaucoup d'éloges pour ses vertus. Il chercha et trouva beaucoup de corps des saints, dont il orna les tombeaux de vers de sa composition. Accusé faussement d'adultère par les deux diacres Concordius et Calixte, il fut justifié dans un synode de quarante-quatre évêques qui condamnèrent ses accusateurs. Il ordonna de chanter des psaumes jour et nuit dans l'église : il transmit à cet effet un décret aux prêtres, aux évêques et aux monastères. Il aima beaucoup Jérôme, interprète de la loi divine; il le seconda de toute son autorité pontificale, et l'engagea fortement à travailler pour établir la certitude des saintes Ecritures. Il ordonna soixante-deux évêques en différens lieux. Le 3 des ides de décembre (11 décembre) il fut enseveli auprès de sa mère, sur la voie d'Ardée, dans une église qu'il avait bâtie. Le siége vaqua trente-un jours.

Sirice, romain, fils de Tiburce, siégea quinze ans. Il fit plusieurs statuts avantageux qu'il envoya par tout le monde, animé qu'il était d'une grande sollicitude pour le troupeau du Seigneur. Il consacra, en différens lieux, trente-deux évêques ; il fut inhumé sur la voie Solara, dans le cimetière de Priscille, le 8 des calendes de mars (22 février). L'épiscopat vaqua vingt jours.

Anastase, romain, fils de Maxime, siégea trois ans et dix jours. Il établit que, toutes les fois qu'on réciterait les saints Evangiles, les prêtres ne devaient pas s'asseoir, mais se tenir inclinés. Il défendit d'ordonner aucun clerc d'outre-mer, sans l'autorisation par écrit de son évêque. Il bâtit la basilique crescentienne dans la seconde région de la ville de Rome, et consacra onze évêques. Il fut inhumé le 5 des calendes de mai (27 avril), dans son cimetière auprès de l'Ours coiffé. L'épiscopat fut vacant pendant vingt-un jours.

Innocent, d'Albano, fils d'Innocent, siégea quinze ans, deux mois et vingt-un jours. Il fit un grand nombre de statuts, découvrit beaucoup d'hérétiques, et les envoya en exil. Il condamna les hérétiques Pélage et Céleste; il ordonna de baptiser celui qui était né d'une mère chrétienne : c'est ce que Pélage condamnait. Il éleva la basilique des saints martyrs Gervais et Protais, sur le produit d'un testament qu'il devait à la dévotion de l'illustre Vestine. Il embellit beaucoup cet édifice; il ordonna cinquante-quatre évêques. Il prescrivit le jeûne du samedi, parce que c'était à un tel jour que le Seigneur avait été mis au tombeau, et que les Apôtres avaient jeûné. Il fut enseveli à l'Ours coiffé le 5 des calendes d'août (28 juillet). L'épiscopat vaqua vingt-deux jours.

Zozime, grec, fils d'Abramius, siégea un an, trois mois et onze jours. Il fit beaucoup de choses à l'avantage de l'Eglise; il ordonna que les diacres portassent à gauche des voiles de lin, et que l'on bénît le cierge dans les paroisses. Il consacra huit évêques.

Boniface; romain, fils du prêtre Joconde, siégea trois ans, huit mois et sept jours. Il fut ordonné le même jour intentionnellement avec Eulalius, et la dissension régna dans le clergé pendant sept mois et quinze jours. Eulalius fut ordonné dans la basilique de Constantin, et Boniface dans celle de Jules. L'un et l'autre furent repoussés par l'autorité de l'auguste Honorius, et de Valentinien, fils de l'Auguste Placilla. Aux approches de Pâques, Eulalius entra à Rome, baptisa dans la basilique de Constantin, et célébra la Pâque. Les empereurs, irrités de tant d'audace, exilèrent Eulalius dans la Campanie; ils rappelèrent à Rome Boniface, qu'ils y établirent évêque. Il décréta qu'aucune religieuse ni autre femme n'avait le droit de toucher au manteau sacré de l'autel, ni de le laver, et que le prêtre seul devait porter l'encens dans l'église; qu'aucun esclave ni aucun homme obligé aux fonctions curiales, ou à quelque autre service public, ne pourrait être clerc. Boniface fit bâtir, dans le cimetière de la martyre sainte Félicité, un oratoire auprès de son corps, et ordonna trente-six évêques pour différens sièges. Il fut enseveli auprès du corps de sainte Félicité, sur la voie Solara, le huit des calendes de novembre (25 octobre). L'épiscopat vaqua neuf jours. Alors le clergé ou le peuple demandèrent le rappel d'Eulalius; mais il ne voulut pas consentir à revenir à Rome.

Célestin, romain, fils de Priscus, siégea huit ans dix mois et dix-sept jours. Il fit plusieurs statuts utiles, il prescrivit de chanter à deux chœurs les cent cinquante psaumes de David avant le sacrifice de la messe: auparavant on se bornait à réciter une épître de saint Paul et le saint Évangile; puis la messe avait lieu. Il consacra quarante-six évêques; il fut inhumé dans le cimetière de Priscille, le 4 des ides d'avril. L'épiscopat vaqua vingt-un jours.

Sixte, romain, fils de Xiste, siégea huit ans et neuf jours. Il fut accusé de crime par un de ses cliens. En conséquence l'empereur Valentinien réunit un synode de cinquante-six évêques, devant lesquels le pape se justifia, et le client fut condamné. Cet homme mourut au bout de trois mois, et le pape l'inhuma à Saint-Pierre. Sixte décora de beaucoup d'ornemens les basiliques des saints, et ordonna cinquante-deux évêques. Il fut enseveli sur la voie tiburtine, dans une chapelle souterraine, auprès du corps du bienheureux Laurent, et l'épiscopat vaqua vingt-deux jours.

Léon, toscan, fils de Quintien, siégea vingt-un ans, un mois et treize jours. A l'aide de Marcien, prince catholique, il réunit à Chalcédoine deux cent cinquante-six prêtres; il obtint l'assentiment par écrit de quatre cent six évêques, et condamna les hérétiques Eutychès et Nestorius, après avoir exposé la foi catholique. Il écrivit à l'avantage de la foi un grand nombre d'épîtres pour confirmer les décisions du concile de Chalcédoine. Il adressa douze épîtres au prince Marcien, neuf à l'auguste Pulchérie, et dix-huit aux évêques d'Orient. Plein de zèle pour les choses sacrées, il fit beaucoup de bien. Il ordonna cent quatre-vingt-cinq évêques. Il fut enseveli à Saint-Pierre, le 3 des ides d'avril (11 avril). L'épiscopat vaqua sept jours.

Hilaire, de Sardaigne, fils de Crispin, siégea six ans, trois mois et dix jours. Il écrivit beaucoup de lettres sur la foi catholique dans tout l'Orient, et confirma les trois conciles de Nicée, d'Ephèse et de Chalcédoine; il frappa d'anathème toutes les hérésies; il fit placer dans les basiliques des saints beaucoup d'ornemens précieux; il ordonna vingt-deux évêques. Après avoir opéré beaucoup de bonnes œuvres, il fut enseveli à Saint-Laurent, dans une chapelle souterraine, auprès du corps de l'évêque saint Sixte. L'épiscopat vaqua quinze jours.

Simplice, de Tibur[1], fils de Castin, siégea quinze ans, un mois et sept jours. Il ordonna trente-six évêques ; il fut enseveli dans la basilique de l'apôtre saint Pierre, le 6 des nones de mai (2 mai). L'épiscopat vaqua six jours.

Félix, romain, fils du prêtre Félix, du quartier de Fiesoles, siégea huit ans, onze mois et dix-sept jours, dans les temps de l'empereur Zénon et d'Odoacre, roi des Goths, jusqu'au roi Théodoric. Il excommunia Pierre, évêque d'Alexandrie, et Achace, évêque de Constantinople, qui déviaient de la rectitude de la foi, et il envoya contre eux en mission, de la part du siège apostolique, les deux évêques Mesène et Vital. Quand ils furent entrés dans la ville d'Héraclée, ils se laissèrent corrompre par l'or, et n'exécutèrent pas les ordres du pape. Félix ayant appris cette perfidie examina l'affaire, et les rejeta tous deux de la communion. Il ordonna trente-un évêques ; il fut inhumé dans la basilique de Saint-Paul, apôtre, du temps du roi Théodoric et de l'empereur Zénon. L'épiscopat vaqua cinq jours.

Gélase, africain, fils de Valère, siégea huit ans et dix-huit jours. Il aima beaucoup les pauvres, augmenta la puissance du clergé, délivra Rome des dangers et de la famine, et fit pour toute l'église des constitutions. Ce pape composa des hymnes et des chants comme Ambroise, des livres contre Eutychès et Nestorius, que l'on conserve encore jusqu'à ce

---

[1] Aujourd'hui Tivoli.

jour dans les bibliothèques. Il fit déporter en exil les Manichéens, qu'il découvrit dans la ville de Rome, et fit brûler leurs livres devant les portes de l'église de Sainte-Marie. Il condamna à perpétuité, s'ils ne faisaient pénitence, Pierre et Achace qui occasionnaient beaucoup de maux et beaucoup de meurtres. Il ordonna soixante-sept évêques. Il fut enseveli, le 11 des calendes de décembre (21 novembre), dans la basilique de l'apôtre saint Pierre. L'épiscopat vaqua sept jours.

Anastase, romain, fils de Pierre, du cinquième quartier dit la Tête de Taureau, siégea un an, onze mois et vingt-quatre jours. Plusieurs membres du clergé se séparèrent de sa communion, parce qu'il voulait rappeler secrètement Achace, ce qu'il ne put exécuter, parce qu'il fut frappé de Dieu. Il consacra vingt évêques. Le 13 des calendes de décembre (19 novembre), il fut enseveli dans la basilique de l'apôtre saint Pierre. L'épiscopat fut quatre jours vacant.

Symmaque, Sarde, fils de Fortunat, siégea quinze ans, sept mois et vingt-sept jours, du temps du roi Théodoric et de l'empereur Anastase. Il fut intentionnellement ordonné avec Laurent, évêque de Nocéra; mais comme il avait été ordonné le premier, et par le plus grand nombre, il fut confirmé sur le siége apostolique par le jugement de Théodoric. Trois ans après, il fut faussement accusé, par la méchanceté des Romains, et Pierre, évêque de la ville d'Altinum, usurpa contre la teneur des canons le siége apostolique. Alors l'Église fut déchirée par un grand schisme, et tout le clergé fut encore divisé. Le pape Symmaque se justifia, dans un synode de cent quinze évêques, qui condamnèrent Laurent de Nocéra et Pierre d'Altinum, usurpateurs du Saint-Siége. Alors Symmaque fut glorieusement réintégré auprès de saint Pierre par tous les évêques, et par tout le clergé et le peuple. Cependant Festus, chef du sénat, et Probinus, ex-consuls, en vinrent aux mains dans la ville avec d'autres sénateurs; tous ceux qui étaient attachés à Symmaque furent si étrangement persécutés que même les religieuses furent arrachées de leurs couvens ou de leurs retraites, mises complétement nues et couvertes de blessures. Au milieu de la ville, on se battait tous les jours auprès d'une église, où beaucoup de prêtres et d'autres fidèles trouvaient la mort. Entre autres, Dignissime et Gordien, tous deux prêtres, furent pris et périrent sous le glaive et le bâton, ainsi que plusieurs autres chrétiens. Aucun ecclésiastique n'était en sûreté dans la ville, ni le jour ni la nuit. Le seul Faustus, ex-consul, combattait pour l'Église. Cependant Symmaque se maintint depuis le consulat de Paulin jusqu'au consulat de Sénateur. Il chassa en exil tous les Manichéens qu'il put trouver dans Rome, et fit brûler leurs simulacres et leurs livres, devant les portes de l'église de Constantin. Il décora de beaucoup d'ornemens les églises des saints; il ordonna cent dix-sept évêques; il prescrivit de chanter tous les dimanches l'hymne des Anges. Il fournissait tous les ans des habillemens et de l'argent, en Afrique et en Sardaigne, aux évêques qui y étaient exilés. Il racheta de ses fonds les captifs qui se trouvaient dans la Ligurie, et d'autres provinces. Il fit des dons considérables aux pauvres. Après avoir opéré beaucoup de bonnes œuvres, il fut enseveli dans la basilique de Saint-Pierre, le dix-neuvième jour du mois de juillet. L'épiscopat vaqua sept jours.

Hormisdas, fils de Juste, né en Campanie, dans la ville de Frosinone, siégea huit ans et dix-sept jours. Par le conseil du roi Théodoric, il envoya à Constantinople Ennodius, évêque de Pavie, et Fortunat, évêque de Catane, pour absoudre les Grecs qui avaient été anathématisés à cause des hérétiques Pierre, évêque d'Alexandrie, et Achace, évêque de Constantinople; mais l'empereur Anastase, qui favorisait l'hérésie d'Eutychès, chassa les envoyés du Saint-Siége avec témérité, et écrivit orgueilleusement au pape, entre autres choses, ce qui suit: « Nous voulons com-« mander, mais nous ne souffrons pas qu'on nous com-« mande. » Peu de temps après, par l'ordre de Dieu, ce prince fut frappé de la foudre. Justin, catholique sincère, régna après Anastase, et s'empressa d'obéir en tout aux ordres du pape. Il reçut honorablement Germain, évêque de Capoue, et les autres envoyés du siége apostolique, et les conduisit depuis Château-Rond jusqu'à Constantinople, avec le consul Vitalien, et une multitude de moines et de personnages illustres. Alors certains prêtres, complices d'Achace, furent méchamment jaloux de tant de gloire; ils se renfermèrent dans la grande église de Sainte-Sophie; et, après avoir délibéré entre eux, ils mandèrent à l'empereur que si on ne leur rendait pas absous leur évêque Achace, ils n'obéiraient pas au siége apostolique.

Alors Clovis, roi des Francs, se fit chrétien, et envoya au bienheureux apôtre Pierre de riches présens avec des diamans précieux. Le pape dont nous venons de parler, fleurit depuis le consulat de Sénateur jusqu'à Symmaque et Boèce; il ordonna cinquante-cinq évêques pour divers siéges. Il fut enseveli dans la basilique de l'apôtre saint Pierre, le 8 des ides d'août (6 août). L'épiscopat vaqua sept jours.

Jean, natif de Toscane, fils de Constantin, siégea deux ans, neuf mois et seize jours, depuis le consulat de Maxime jusqu'à celui d'Olibrius. Alors Justin, toujours orthodoxe, voulut anéantir tous les hérétiques, et consacrer leurs églises à Dieu. C'est pourquoi Théodoric Gualamer, qui était hérétique, entra dans une violente colère, et résolut de ravager toute l'Italie par le glaive. Sur ces entrefaites, le pape Jean fut prié à Ravenne, par le roi, d'accepter une mission pour Constantinople, où il se rendit quoique malade, et guérit un aveugle. Reçu avec gloire, le pontife couronna l'empereur Justin, et lui demanda pardon pour les hérétiques, afin de prévenir les désastres dont l'Italie était menacée. Cependant le monarque hérétique fit périr sous le glaive d'illustres sénateurs et les ex-consuls Symmaque et Boèce. Il fit arrêter traîtreusement à leur retour le pape Jean et les sénateurs qui avaient été reçus honorablement à Constantinople par l'empereur; il fit martyriser le pape dans la prison de Ravenne, le 15 des calendes de juin (18 mai). Il mourut lui-même subitement, par la volonté de Dieu, quatre-vingt dix-huit jours après ce crime. Le pape Jean consacra quinze évêques. Son corps fut transféré de Ravenne à Saint-Pierre; et l'épiscopat vaqua cinquante-huit jours.

Félix, Samnite[1], fils de Castorius, siégea quatre ans, deux mois et treize jours, du temps de Théo-

---

[1] Et non pas de Samos (*Samius*), comme le dit Orderic Vital.

doric, d'Athalaric, son neveu, et de l'empereur Justinien, depuis le consulat de Tiburce jusqu'au consulat de Lampadius et d'Oreste. Il fut tranquillement ordonné, et consacra vingt-neuf évêques. Il fut enseveli dans la basilique de l'apôtre saint Paul, le 4 des ides d'octobre (12 octobre). L'épiscopat fut vacant pendant trois jours.

Boniface, romain, fils de Sigibulde, siégea deux ans et vingt-cinq jours, du temps de l'hérétique Athalaric et de l'empereur Justinien. Son ordination fut la cause d'une grande dissension, qui dura vingt-huit jours, entre le clergé et le sénat, parce que Dioscore avait été ordonné en même temps que lui, dans la basilique de Constantin; mais peu après, par la permission de Dieu, Dioscore mourut le 2 des ides d'octobre (14 octobre). Il avait de nombreux partisans. Quant à Boniface, il donna de ses fonds de la vaisselle aux prêtres, aux diacres et aux notaires, et fournit au clergé beaucoup d'alimens pendant une famine, dont il avait beaucoup à souffrir. Il rassembla un synode dans la basilique de Saint-Pierre, apôtre, et choisit pour son successeur le diacre Vigile; mais s'étant ensuite repenti de cette démarche, il jeta au feu, en présence du clergé et du sénat, l'acte qu'il avait souscrit de sa signature. Le dix-septième jour du mois d'octobre, il fut enseveli dans la basilique de l'apôtre saint Pierre. L'épiscopat fut vacant pendant deux mois et quinze jours.

Jean Mercure, romain, fils de Projectus, du mont Cœlius, siégea deux ans, quatre mois et six jours, sous les règnes d'Athalaric et de Justinien. Ce pieux empereur, par l'effet de son grand amour pour la religion chrétienne, rédigea par écrit sa profession de foi, et la fit remettre en propre autographe au siége apostolique avec de précieux présens, par Eparchius et Démétrius. Jean consacra vingt-un évêques. Il fut enseveli dans la basilique du bienheureux Pierre apôtre, le 6 des calendes de juin. L'épiscopat fut vacant durant six jours.

Agapit, romain, fils du prêtre Gordien, siégea deux ans, onze mois et dix-huit jours. Théodat, roi des Goths, qui avait fait périr la reine Amalasonte, fille du roi Théodoric, l'envoya en mission auprès de l'empereur Justinien, qui le reçut à Constantinople avec de grands honneurs. Il exila de cette ville Anthémius qui en était évêque, parce qu'il niait que le Christ eût deux natures, et il consacra pour évêque Ménas qui était catholique. Ce pape mourut à Constantinople, le 10 des calendes de mai (22 avril). Son corps fut transféré à Rome dans une caisse de plomb, et inhumé à Saint-Pierre le 12 des calendes d'octobre (20 septembre). L'épiscopat vaqua un mois et vingt-huit jours.

Silvère, né en Campanie, fils d'Hormisdas, évêque de Rome, siégea un an, cinq mois et six jours. Il dut son élévation au tyran Théodat, qui employa illégitimement l'or, la violence et la crainte. Deux mois après, par la permission de Dieu, Théodat vint à mourir. Guitigis[1], ayant épousé la fille d'Amalasonte, monta sur le trône des Goths. Cependant l'empereur Justinien envoya contre ces peuples le patrice Bélisaire qu'il chargea de délivrer l'Italie. En conséquence, ce patrice prit de vive force la ville de Naples, et fit passer au fil de l'épée tous les Goths et

---

[1] Vitigès.

tous les citoyens; de sorte que, même dans les églises, les prêtres et les religieuses n'étaient pas en sûreté. Cependant Guitigis, rassemblant en toute hâte l'armée des Goths, assiégea Rome pendant un an, et fit périr une innombrable quantité de personnes, non seulement par le glaive, mais encore par la famine, qui fut excessive dans tout l'univers. Il n'était permis à personne d'entrer dans Rome ni d'en sortir. Alors périrent dans les flammes toutes les propriétés, soit privées, soit publiques, de même que les églises. Les hommes étaient tués par le glaive ou bien périssaient de faim ou de maladie. Enfin la grâce de Dieu employa le bras de Bélisaire pour mettre les Goths en fuite et protéger Rome. L'impératrice[*] pria Silvère de rappeler l'hérétique Anthémius; mais le pape, fidèle à Dieu, ne céda pas; au contraire, il fortifia vigoureusement de son autorité la sentence de ses prédécesseurs. Alors elle ordonna au patrice Bélisaire d'envoyer le pape Silvère en exil, et de lui substituer l'apocrisiaire Vigile. Ce fut malgré lui que Bélisaire obéit à ses ordres, et qu'il le fit saisir dans le palais Pincius, sur l'accusation de certains faux témoins, qui déclarèrent que ce pontife avait voulu livrer au roi des Goths la ville de Rome, en l'introduisant par la porte des Anes près de Latran. Alors la patrice Antonine faisant au pape de graves réprimandes, le sous-diacre Jean lui enleva du cou le pallium, le dépouilla dans sa chambre, et le revêtit de l'habit monacal. Ensuite Silvère fut envoyé en exil dans l'île Pontia, où, n'ayant pour se sustenter que le pain de la tribulation et l'eau d'angoisse, il fut enseveli

[*] Théodora.

le 12 des calendes de juillet (20 juin). Il consacra dix-huit évêques, et fit après sa mort beaucoup de miracles en rendant la santé aux malades. L'épiscopat fut vacant pendant quatorze jours.

Vigile, romain, fils du consul Jean, siégea quinze ans, six mois et vingt-six jours. C'est alors que Bélisaire vainquit Guitigis, et que Jean Sanguinaire, chef des soldats, l'ayant poursuivi pendant la nuit, le fit prisonnier. Conduit à Constantinople, le roi vaincu fut bien reçu par l'empereur Justinien, qui le créa patrice et comte, et le fit partir pour les frontières de la Perse, où il resta jusqu'à sa mort. L'empereur éleva aussi beaucoup Bélisaire, par les dignités qu'il lui conféra; il l'envoya ensuite en Afrique. Ce général ayant trompé Guittarith, roi des Vandales, sous des apparences de paix, le fit mourir, et ramena sous les lois de la république l'Afrique, qui en avait été détachée pendant quatre-vingt-dix-neuf ans. Il vint à Rome, et donna une partie des dépouilles des Vandales à Dieu, à Saint-Pierre et aux pauvres.

L'impératrice Théodora écrivit au pape Vigile pour le presser de rappeler l'hérésiarque Anthémius. Le pontife s'y refusa entièrement, et maintint avec force la sentence de ses prédécesseurs. Les Romains ayant par jalousie accusé Vigile comme homicide de la mort de Silvère son prédécesseur, le secrétaire Antémus fut envoyé à Rome, où le pape fut arrêté dans l'église de Sainte-Cécile, conduit par mer en Sicile, puis à Constantinople.

Les Grecs insistèrent pendant deux ans, secondés par la puissance impériale, pour faire rappeler l'hérétique, comme Vigile l'avait promis pendant qu'il était dans les honneurs du diaconat; mais il ne voulut rien accorder, préférant une mort honorable à une vie honteuse. Enfin, ayant parlé courageusement en présence de Justinien et de Théodora, il fut injurié et même frappé à la face. Il se réfugia dans l'église de Sainte-Euphémie, et s'attacha à la colonne de l'autel; mais il en fut arraché. On lui mit la corde au cou, et jusqu'au soir on le traîna ignominieusement par la ville. Il fut ensuite resserré dans une étroite prison; et les prêtres romains qui l'avaient accompagné, furent dispersés dans différens cachots. C'est alors que les Goths se donnèrent pour roi Totila Vadua, et ne tardèrent pas à mettre le siége devant Rome. Cette ville éprouva une si cruelle famine, que les mères même voulaient dévorer leurs enfans. Enfin Totila entra dans la ville, et s'y maintint quelque temps, pendant que le peuple était caché dans les églises. Alors l'eunuque Narsès, chambellan de l'empereur, fut envoyé en Italie; il y remporta la victoire, et détruisit l'armée de Totila, tué lui-même dans l'action. A cette nouvelle, l'empereur Justinien fut comblé de joie, et, à la demande des Romains et de Narsès, il remit en liberté Vigile et les autres prêtres prisonniers; mais le pontife mourut à Syracuse, dans les douleurs de la pierre. Il fut enseveli sur la voie Solara dans l'église Saint-Marcel. L'épiscopat vaqua trois mois et cinq jours. Il consacra quatre-vingt-un évêques; pendant son exil, il remit le gouvernement du clergé entre les mains d'Ampliat prêtre, et son vicaire, et envoya de la Sicile au palais de Latran l'évêque Valentin.

Pélage, romain, fils de Jean Vicarien, siégea onze

ans, dix mois et vingt-sept jours. Les deux évêques Jean de Pérouse et Bon, ainsi qu'André, prêtre d'Ostie, l'ordonnèrent pontife. Une grande quantité de religieux, de gens sages et de personnes nobles, s'étaient séparées de sa communion, prétendant que Pélage avait contribué à la mort du pape Vigile, en s'unissant à ses persécuteurs. Pélage et Narsès ayant pris conseil des circonstances, on chanta des litanies à Saint-Pancrace, ainsi que des hymnes et des cantiques spirituels, et le pape, ainsi que le général, se rendirent à la basilique de saint Pierre apôtre. Là Pélage, tenant l'Evangile à la main et la croix du Sauveur sur sa tête, monta en chaire, et satisfit tout le peuple, en assurant qu'il n'avait fait aucun mal à Vigile. Il consacra quarante-neuf évêques, et fut enseveli dans la basilique du bienheureux apôtre Pierre, le 6 des nones de mars (2 mars). L'épiscopat vaqua trois mois et vingt-cinq jours.

Jean, romain, fils de l'illustre Anastase, siégea douze ans, onze mois et vingt-six jours. Alors les Hérules se donnèrent pour roi Sindual, et envahirent toute l'Italie; mais Narsès, ayant tué leur roi, les soumit complétement. Avec l'aide de Dieu, il tua Amiugue et Bucelin, ducs des Francs, qui menaçaient l'Italie, à laquelle il rendit la paix et la joie. Les Romains, jaloux, l'accusèrent auprès de Justinien, et se soulevèrent injustement contre lui. Cependant Narsès, se voyant privé de ses dignités par l'empereur, engagea les Guimiles Lombards, qui habitaient la Pannonie, à venir envahir l'Italie. C'est ce qu'ils firent. Peu après Narsès mourut; son corps, mis dans un cercueil de plomb, fut, avec toutes ses richesses, envoyé à Constantinople. Le pape Jean consacra soixante-un évêques; il fut enseveli dans la basilique de l'apôtre saint Pierre, le 3 des ides de juillet (13 juillet), et l'épiscopat vaqua dix mois et trois jours.

Benoît, romain, fils de Boniface, siégea quatre ans, un mois et vingt-huit jours. L'an de l'Incarnation du Seigneur 568, le roi Alboin conduisit ses Lombards en Italie. Alors une grande famine affligea le pays et le força de se soumettre à ces peuples. Cependant l'empereur Justinien ayant appris ces calamités, envoya en Egypte, et fit passer à Rome des vaisseaux chargés de blé, et secourut ainsi les malheureux qui mouraient de faim. Ce prince ayant vaincu souvent les nations ennemies, fut surnommé l'Alamannique, le Gothique, l'Alanique, le Vandalique et l'Africain. Il bâtit un temple au Seigneur Jésus-Christ dans l'intérieur de la ville de Constantinople, et, d'un nom grec, l'appela Sainte-Sophie. Cet ouvrage l'emporte tellement sur tous les édifices, qu'on n'en peut trouver de semblables dans aucune partie de la terre. Ce prince était catholique dans sa foi, droit dans ses œuvres et juste dans ses jugemens : c'est pourquoi il avait du succès dans toutes ses entreprises. De son temps, le sénateur Cassiodore, qui devint moine, se distingua beaucoup à Rome dans les sciences, tant humaines que divines; entre autres ouvrages qu'il a écrits avec une grande distinction, on remarque surtout son excellente explication des psaumes. Alors Denis, abbé, établi à Rome, fit un admirable ouvrage sur le calcul pascal.

Priscien de Césarée, établi à Constantinople, pénétra, si je puis m'exprimer ainsi, toutes les profondeurs de l'art grammatical.

Arator, sous-diacre de l'Eglise romaine, poète admirable, mit en vers héxamètres les Actes des Apôtres.

C'est alors que le révérend père Benoît, fixé d'abord dans le lieu que l'on appelle aujourd'hui Sublacum[1], à quarante milles de Rome, et qui se rendit ensuite au Mont-Cassin, brilla des plus grands mérites de la vie et de toutes les vertus apostoliques. Sa vie a été, comme on sait, l'objet d'un discours très-agréable, dans les dialogues du bienheureux pape Grégoire.

Le pape Benoît, accablé de travaux et d'afflictions, vint à mourir; il fut enseveli dans la basilique de l'apôtre saint Pierre, le 2 des calendes d'Auguste (31 juillet). Il consacra vingt-un évêques. L'épiscopat vaqua trois mois et dix jours.

Pélage, romain, fils de Winigilde, siégea dix ans, deux mois et dix jours. Il fut ordonné sans la jussion d'Auguste, parce que les Lombards assiégeaient encore la ville de Rome, et dévastaient épouvantablement l'Italie. Alors le massacre régnait partout, et des pluies excessives occasionèrent de grands ravages. Le pape mourut subitement d'une maladie contagieuse, le 7 des ides de février (7 février); il fut enseveli à Saint-Pierre. Il ordonna quarante-huit évêques pour différens siéges. L'épiscopat vaqua six mois et vingt-cinq jours.

Grégoire, philosophe de profession, fils de Gor-

[1] Subbiaco.

dien, préteur romain, homme très-distingué, et de la bienheureuse Silvie, présida l'Eglise pendant treize ans, six mois et dix jours, du temps des empereurs Tibère, Constantin, Maurice et Phocas. Il composa quarante homélies sur les Evangiles; il fit un travail sur Job et Ezéchiel; il publia un pastoral et un dialogue et beaucoup d'autres ouvrages que nous ne pouvons pas citer. Cet incomparable docteur brilla avec distinction, et travailla utilement, avec beaucoup de sagacité et un grand zèle, dans l'art de parler et d'écrire; il rendit les plus grands services aux enfans de l'Eglise de Dieu. Il ajouta à la prière du canon : *Diesque nostras in tuâ pace disponas.* Le patrice et exarque romain se rendit à Rome et y causa beaucoup de troubles. Comme il retournait à Ravenne, il s'empara des villes qui tenaient pour les Lombards, telles que Sutri, Polymartium, Amelia, Pérouse et plusieurs autres. Le roi Agilulfe, irrité de ces événemens, attaqua Pérouse avec une puissante armée, y assiégea Maurision, duc des Lombards, qui s'était rendu aux Romains, et, l'ayant pris au bout de quelques jours, le fit aussitôt périr. Peu après ayant repris Pavie, il fit avec les Romains une paix solide, par l'intervention du bienheureux pape Grégoire. Dans ce même temps, le pape Grégoire envoya les serviteurs de Dieu, Mellitus, Augustin, Jean et plusieurs autres craignant le Seigneur, pour prêcher en Angleterre, afin d'en convertir les peuples à notre Sauveur Jésus-Christ. Après de grands et nombreux travaux, il fut inhumé dans la basilique du bienheureux apôtre Pierre, devant le sanctuaire, le 4 des ides de mars (4 mars). Il ordonna soixante-deux évêques en différens lieux. L'épiscopat fut vacant pendant cinq mois et dix-huit jours.

Sabinien, toscan, né dans la ville de Bléra, fils de Bon, siégea un an, cinq mois et neuf jours. Rome éprouva alors une grande famine. Le pape ayant fait la paix avec les Lombards, fit ouvrir les greniers de l'Eglise et vendre les blés, à raison d'un sou les trente boisseaux. Il fut enseveli dans l'église du bienheureux apôtre Pierre, le 6 des calendes de mars (24 février). Il ordonna vingt-six évêques. L'épiscopat vaqua onze mois et vingt-trois jours.

Boniface, romain, fils de Jean de Cappadoce, siégea huit mois et vingt-deux jours. Il obtint de l'empereur Phocas, que le siége apostolique fût déclaré le chef de toutes les églises, contre les prétentions de l'Eglise de Constantinople, qui se disait supérieure à celle de Rome, et écrivait qu'elle était la première de toutes. Il fut enseveli dans l'église de saint Pierre, apôtre, le 2 des ides de novembre (12 novembre). Il consacra vingt-un évêques. L'épiscopat vaqua dix mois et six jours.

Boniface, né à Valérie, ville du pays des Marses, fils du médecin Jean, siégea six ans, huit mois et treize jours. De son temps, la famine, la peste et d'affreuses inondations ravagèrent l'Italie. C'est alors que le pape Boniface demanda au prince Phocas le temple qu'on appelle le Panthéon; il l'obtint, et le dédia à l'honneur de tous les saints. Il fut enseveli à Saint-Pierre, le 8 des calendes de juin (25 mai). Il ordonna trente-six évêques. L'épiscopat vaqua six mois et vingt-cinq jours.

Deusdedit, romain, fils du sous-diacre Etienne,

siégea trois ans et vingt-trois jours. Il aima et honora beaucoup le clergé. C'est alors qu'Eleuthère, patrice et chambellan, assiégea Naples et y fit mourir Jean Compsin, rebelle, qui avait tué beaucoup de monde. Ainsi la paix fut rendue à toute l'Italie. On ressentit alors un grand tremblement de terre à la suite duquel le peuple fut malade d'une gale si horrible, qu'on ne pouvait reconnaître les hommes après leur mort. Le pape Deusdedit fut enseveli à Saint-Pierre, le 6 des ides de novembre (8 novembre). Il accorda pour ses obsèques un vêtement à chacun des membres du clergé. Il ordonna vingt-neuf évêques. L'épiscopat vaqua un mois et seize jours.

Boniface, campanien, né à Naples, fils de Jean, siégea cinq ans. Il fut le plus doux des hommes; il fit beaucoup de bien à l'Eglise. Alors le patrice Eleuthère usurpa le trône en Italie; mais, venant de Luceolis à Rome, il fut tué par des soldats de Ravenne. Le pape fut enseveli à Saint-Pierre, le 8 des calendes de novembre (25 octobre). Il ordonna vingt-neuf évêques. L'épiscopat vaqua treize jours.

Honorius, campanien, fils du consul Pétrone, siégea douze ans, onze mois et vingt-deux jours, du temps de l'empereur Héraclius. Il fit un grand bien; il enseigna avec zèle, et décora de beaucoup d'ornemens les églises des saints; il ordonna que, tous les samedis, une procession sortirait de Saint-Apollinaire, et que tout le peuple se rendrait à Saint-Pierre, en chantant des hymnes et des cantiques spirituels. Il consacra quatre-vingt-un évêques; et fut inhumé le 4 des ides d'octobre (12 octobre), dans l'église de sainte Agnès, martyre, qu'il avait fait construire.

L'épiscopat vaqua un an, sept mois et dix-sept jours.

Séverin, romain, fils d'Abien, siégea deux mois et deux jours, sous l'empire d'Héraclius. Il fut doux et libéral; il aima beaucoup le clergé et les pauvres. C'est alors que le palais épiscopal de Latran fut considérablement dévasté par l'armée romaine, sous les ordres de Maurice-le-Chartrier et d'Isaac, patrice et exarque. Ce pape, après avoir ordonné quatre évêques, fut inhumé à Saint-Pierre, le 4 des nones d'Auguste (2 auguste). L'épiscopat vaqua trois mois et vingt-quatre jours.

Jean, Dalmate, fils de Venance-le-Scholastique, siégea un an, neuf mois et dix-huit jours. Il envoya, par les mains du très-saint abbé Martin, dans toute la Dalmatie et l'Istrie, beaucoup d'argent pour le rachat des captifs; il en fit transférer avec honneur les reliques des saints. Il fut enseveli à Saint-Pierre, le 4 des ides d'octobre (12 octobre). L'épiscopat vaqua un mois et treize jours.

Théodore, grec, fils de l'évêque Théodore, né à Jérusalem, siégea six ans, cinq mois et dix-huit jours. Alors le perfide Maurice-le-Chartrier se révolta contre le patrice Isaac, et s'attacha par le serment tous les magistrats et l'armée. Isaac envoya contre lui Donus, son sacristain et chef de l'armée. Maurice fut pris, Isaac le fit décoller, fit attacher sa tête au bout d'un pieu dans le cirque de Ravenne, et fit renfermer dans une étroite prison, jusqu'à leur punition, ses principaux partisans attachés deux à deux. Toutefois, par la permission de Dieu, Isaac ne tarda pas à mourir, et Théodore Calliope, envoyé par l'empereur, vint gouverner l'Italie. Le pape Théodore fut très-pieux et très-bon ; il déposa Pyrrhus et Paul, évêques hérétiques de Constantinople. Il ordonna quarante-six évêques. Il fut inhumé à Saint-Pierre, le jour des ides de mai (15 mai). L'épiscopat fut vacant pendant un mois et seize jours.

Martin, de Todi, siégea six ans, un mois et vingt-six jours. De son temps, Paul, évêque de Constantinople, s'éleva contre les dogmes catholiques, et dépouilla témérairement, en le dévastant, l'autel du siége romain, qui avait été consacré dans la maison de Placidie. Il empêcha que les apocrisiaires romains y fissent leurs adorations, qu'ils y présentassent à Dieu l'offrande de l'hostie sans tache et qu'ils y pussent recevoir les sacremens de la communion. Repris par les apocrisiaires et par d'autres prélats orthodoxes, il s'irrita de plus en plus, et sa folie alla jusqu'à en jeter quelques-uns en prison, à déporter quelques autres, et à faire fouetter plusieurs d'entre eux. Alors le pape Martin réunit à Rome cent cinq prélats ; il condamna les hérésies et fortifia l'Eglise de Dieu. Peu après, à la suggestion de Paul, l'empereur Constantin envoya en Italie l'exarque Théodore, et lui fit conduire le pape Martin en exil à Cherson, où le saint prélat mourut, le 15 des calendes d'octobre (17 septembre).

Eugène, Romain, du premier quartier, dit Aventin, fils de Rufinien, fut clerc dès le berceau ; il siégea deux ans, neuf mois et vingt-quatre jours. Il fut très-bon, et anathématisa, pour fait d'hérésie, Pierre, évêque de Constantinople. Il ordonna vingt-un évêques. Il fut enseveli dans Saint-Pierre, le 4 des nones de juillet (4 juillet). L'épiscopat fut vacant pendant un mois et vingt-un jours.

Vitalien, né à Segni, en Campanie, fils d'Anastase, siégea quatorze ans et six mois. Il fut très-régulier, et consacra quatre-vingt-dix-sept évêques. Alors l'empereur Constant assiégea dans Bénévent Romuald, fils du roi Grimoald; mais ayant été obligé de prendre la fuite, il se retira à Rome. Il y fut reçu honorablement par le peuple et le clergé; il y passa douze jours, et fit enlever tout l'airain qui était destiné à l'embellissement de la ville; il fit beaucoup de mal aux Italiens et aux autres nations qui étaient soumises à son empire. Il fut tué dans le bain, en Sicile, par les gens de sa maison. A sa mort, le tyran Mézence[1] s'empara du trône. C'est alors que les Sarrasins firent en Sicile un grand carnage des Chrétiens. Cependant Vitalien vint à mourir, le 6 des calendes de février (27 janvier). L'épiscopat fut vacant deux mois et treize jours.

Adéodat, Romain, ex-moine, fils de Jobien, siégea quatre ans, onze mois et cinq jours. Alors Mézence fut tué par l'armée dans la ville de Syracuse; il eut la tête tranchée, ainsi que plusieurs magistrats, et sa tête fut envoyée à Constantinople. Les Sarrasins s'emparèrent de Syracuse, massacrèrent beaucoup d'habitans, y firent un grand butin, parce que l'empereur Constantin y avait récemment apporté beaucoup de richesses, et s'en retournèrent à Alexandrie. Le pape Adéodat consacra quarante-six évêques; il fut enseveli à Saint-Pierre, le 6 des calendes de juillet (26 juin). L'épiscopat vaqua trois mois et quinze

---

[1] Ou Mezizius.

jours. C'est alors qu'on éprouva des pluies excessives, accompagnées de tonnerre, qui ne permirent pas de recueillir les biens de la terre; mais l'année suivante ils se reproduisirent d'eux-mêmes.

Donus, Romain, fils de Maurice, siégea un an, cinq mois et dix jours. Alors une comète parut en Orient, au mois d'août, et, pendant trois mois, depuis le chant du coq jusqu'au matin, glaça d'effroi ceux qui la virent en différens pays. Une grande mortalité d'hommes eut lieu dans ces contrées orientales. Le pape accorda divers honneurs............[1] Il consacra six évêques ; ensuite il fut enseveli à Saint-Pierre, le 3 des ides d'avril (11 avril). L'épiscopat vaqua deux mois et quinze jours.

Agathon, Sicilien, siégea deux ans, six mois et quatre jours, du temps des empereurs Constantin, Héraclius et Tibère. Alors, au mois de juin, la lune éprouva une éclipse de dix-huit jours : il s'en suivit une mortalité affreuse. On conduisait au tombeau les parens avec deux ou trois de leurs enfans. Les légats du siége apostolique furent reçus honorablement par les empereurs dans la ville royale; ils réunirent cent cinquante évêques des contrées orientales, pour discuter en synode général ce qui concernait la foi catholique. Là George, évêque de Constantinople, convaincu d'hérésie, cessa ses violences, tandis que l'opiniâtre Macaire, évêque d'Antioche, mérita d'être condamné avec ses sectateurs. Ce dernier, déposé par une décision générale, fut envoyé en exil à Rome. Théophane fut établi abbé de l'île de Sicile. Le pape Agathon consacra dix-huit évêques. Il fut enseveli

[1] Il y a là une lacune dans les manuscrits comme dans l'imprimé.

dans l'église du bienheureux saint Pierre, apôtre, le 4 des ides de janvier (10 janvier). L'épiscopat vaqua un an, sept mois et cinq jours.

Léon-le-Jeune, Sicilien de nation, fils de Paul, siégea dix mois et dix-sept jours. Il fut très-éloquent, instruit dans les divines Écritures, savant dans les langues grecque et latine, le premier dans le chant et la psalmodie, et fort habile en toutes sortes d'ouvrages excellens. Il convoqua le sixième concile dans le palais de l'empereur Constantin, que l'on appelle Trullus[1]; il en traduisit avec grand soin les actes de grec en latin. Le seizième jour du mois d'avril, après la Cène du Seigneur, la lune souffrit une éclipse, parut presque toute la nuit ensanglantée et souffrante; mais, après le chant du coq, elle commença peu à peu à s'éclaircir. Le pape Léon ordonna vingt-trois évêques. Il fut enseveli à Saint-Pierre le 5 des nones de juillet (3 juillet). L'épiscopat vaqua onze mois et vingt-deux jours.

Benoît-le-Jeune, Romain, fils de Jean, siégea dix mois et douze jours. Depuis son enfance il servit l'Église, et s'attacha aux bonnes œuvres. Il fleurit du temps de Justinien et d'Héraclius. Alors la lune, couverte entièrement comme d'un nuage, parut au milieu d'un ciel serein, le jour de Noël. Au mois de février, une étoile quitta l'occident, et déclina vers l'orient. Ensuite, au mois de mars, le mont Vésuve, dans la Campanie, vomit de la lave pendant dix jours, et détruisit tout son voisinage par ses éruptions de cendre. Ce pape ordonna douze évêques. Il fut ense-

[1] Ce concile est généralement désigné par *in Trullo*.

veli à Saint-Pierre le 8 des ides de mai (8 mai). L'épiscopat vaqua deux mois et quinze jours.

Jean, Syrien, né à Antioche, fils de Cyriaque, siégea un an et neuf jours du temps de l'empereur Justinien. Pendant son diaconat, il avait été envoyé par le pape Agathon à Constantinople comme légat, avec quelques autres prêtres. Le 4 des nones d'août (2 août), il fut enseveli dans l'église du bienheureux apôtre Pierre. L'épiscopat fut vacant pendant deux mois et dix-huit jours. Il fut constamment malade. Il ordonna treize évêques.

Conon, Sicilien, fils de Tracèse, siégea onze mois. Il y eut de grands débats à son élection : car le clergé avait pris parti pour l'archi-prêtre Pierre, et l'armée pour le prêtre Théodore dont le nom suivait le premier. Mais tout à coup, par l'ordre de Dieu, on abandonna Pierre et Théodore, et tout le monde choisit le seigneur Conon, vieillard de belle apparence, et très-religieux. Il fut toujours retenu par ses infirmités; il ordonna seize évêques. Il fut enseveli à Saint-Pierre le 10 des calendes d'octobre (21 septembre). L'épiscopat vaqua deux mois et vingt-trois jours.

Serge, Syrien, originaire d'Antioche, fils de Tibère, né à Palerme en Sicile, siégea treize ans, huit mois et vingt-trois jours, du temps de l'empereur Justinien, fils de Constantin. A la mort du pape Conon, une partie du peuple élut l'archi-prêtre Théodore; une autre partie l'archi-diacre Pascal : mais pendant que de grands débats s'élevaient, Serge fut élu par le clergé. Cependant Pascal donna en secret une forte somme à l'exarque Jean Plautin, afin d'obtenir par son entremise les moyens d'envahir la papauté à force ouverte. Ses entreprises n'en furent pas moins inutiles. Peu de temps après, comme Pascal s'était attaché à certains enchantemens, il fut dépouillé de l'archi-diaconat, et cinq ans après il mourut dans l'impénitence. L'empereur Justinien fit réunir dans la ville royale un concile, dont il signa de sa main impériale et transmit les décisions à Rome, au pape Serge, par le chef d'office Serge. Le pape ne voulut pas les souscrire, parce qu'il trouva qu'on y avait inséré certaines choses qui étaient contraires aux dogmes ecclésiastiques. Ce refus occasionna de grands troubles. L'empereur envoya à Rome Zacharie, protospathaire de ses armées, pour se saisir du pape, et le déporter à Constantinople. Mais, excitées par Dieu même, les troupes se réunirent à Ravenne, et les habitans de la Pentapole se rassemblèrent à Rome et fermèrent les portes de la ville pour mettre à mort Zacharie. Celui-ci, tout tremblant, s'enfuit dans la chambre du pape; et par bassesse, dans la crainte de la mort, il se cacha sous un lit. L'armée de Ravenne étant entrée en armes, par la porte de Saint-Pierre, se présenta au palais de Latran, et menaça d'enfoncer les portes qui étaient fermées, si l'on ne s'empressait de les ouvrir. Alors le bienheureux pape sortit, reçut honorablement les soldats et le peuple qui étaient accourus à sa défense; et leur ayant fait une réponse pleine de douceur, il parvint à calmer les cœurs. Rempli du zèle de Dieu et de l'amour du prélat, ils ne voulurent pas quitter la garde du palais jusqu'à ce qu'ils eussent chassé ignominieusement de la ville le protospathaire. Cependant celui qui l'avait envoyé, recevant en son temps la récompense que lui réservait le Seigneur, fut à bon droit privé de sa couronne; et l'Eglise de Dieu, par les faveurs du Christ, fut conservée saine et sauve, ainsi que son prélat. Serge, conduit par Dieu, trouva dans le sanctuaire de Saint-Pierre, dans une cassette d'argent, une grande portion de la sainte Croix, et il ordonna qu'elle serait adorée tous les ans par le peuple, le jour de l'Exaltation. Il ordonna aussi qu'au moment de la rupture du corps du Sauveur, le clergé et le peuple chanteraient trois fois : *Agnus Dei*. Il ordonna Damien archevêque de Ravenne, Berthoald archevêque de Cantorbéri, Clément Guillebrod évêque des Frisons, et quelques autres pour diverses provinces, au nombre de quatre-vingt-dix-sept. Il fut inhumé le 6 des ides de septembre (8 septembre) dans la basilique du bienheureux apôtre Pierre, sous le règne de Tibère. L'épiscopat fut vacant pendant un mois et vingt jours.

Jean, Grec, siégea trois ans, deux mois et douze jours. Il sauva par ses avis Théophylacte, exarque d'Italie, que le peuple en tumulte était sur le point de massacrer. Il fit aussi rentrer dans ses domaines Guélulfe duc des Lombards, qui avait commis beaucoup de ravages et d'incendies dans la Campanie, et lui fit porter beaucoup de présens pour le rachat des captifs. Il consacra quinze évêques, fut enseveli à Saint-Pierre, et laissa l'épiscopat vacant pendant un mois et dix-huit jours.

Jean, Grec, fils de Platon, siégea deux ans, six mois et dix-sept jours. Ce pontife, très-savant et très-éloquent, fleurit du temps de Tibère et de Justinien ; il rétablit avec un grand soin ce qui avait été dévasté ou détruit dans les cimetières des saints et dans les églises. C'est alors qu'Aripert, roi des Lombards, fils de Ragimbert, duc de Turin, rendit à saint Pierre les Alpes Cottiennes, et en fit écrire la donation en lettres d'or. L'empereur Justinien recouvra, avec l'aide de Terbel, roi des Bulgares, le trône qu'il avait perdu, et fit égorger dans le Cirque, en présence du peuple, Léon et Tibère, usurpateurs de son empire. Le pape Jean ordonna dix-neuf évêques; il fut enseveli dans l'église du bienheureux apôtre Pierre, devant l'autel qu'il avait élevé à sainte Marie, mère de Dieu, le 15 des calendes de novembre (18 octobre). L'épiscopat vaqua deux mois.

Sisinnius, Syrien, fils de Jean, siégea vingt jours. Son caractère avait de la fermeté; il était très-attaché aux Romains; il fut excessivement tourmenté par la goutte. Il mourut subitement le vingtième jour de son ordination, et fut enseveli à Saint-Pierre. L'épiscopat vaqua un mois et dix-huit jours.

Constantin, Syrien, fils de Jean, siégea huit ans et quinze jours. C'était un homme d'une bonté parfaite. Rome éprouva alors une grande famine, qui dura trois ans, et qui fut suivie d'une très-grande abondance. L'empereur Justinien envoya en Italie le patrice Théodore, qui prit Ravenne. Il fit exiler dans le Pont l'orgueilleux archevêque Félix, après lui avoir fait crever les yeux. A la prière de l'empereur, le pape se rendit à Constantinople, avec un grand nombre d'ecclésiastiques, et fut très-honorablement reçu par Justinien, par son fils Tibère, et par le peuple. Peu de temps après, Philippe tua Justinien et s'empara du trône. Il en jouit peu de temps: Anastase le chassa, prit la couronne et protégea la vraie foi. Le pape consacra soixante-quatre évêques. Il fut enseveli à Saint-Pierre le 6 des ides de janvier ( 8 janvier ). L'épiscopat fut vacant pendant quarante jours.

Grégoire, Romain, fils de Marcel, siégea seize ans, neuf mois, onze jours, du temps des empereurs Anastase, Théodose, Léon et Constantin. Il bâtit un grand nombre d'églises et d'abbayes, et fit beaucoup d'autres bonnes choses, qu'il est impossible d'énumérer. Il convertit la Germanie à la foi du Christ, par le moyen de l'évêque Boniface. Alors la lune parut ensanglantée jusqu'au milieu de la nuit. Le fleuve du Tibre sortit de son lit, et pendant sept jours couvrit tellement Rome, qu'il surpassait la porte Flaminienne, et que, dans la Voie Grande, l'eau s'élevait à la hauteur d'un homme et demi. Le pape, le clergé et le peuple, ayant fait de fréquentes processions, enfin le huitième jour, Dieu prenant pitié de tant de calamités, éloigna les eaux. Anastase, chassé du trône, combattit contre Tibère, mais il fut vaincu et obligé de se faire clerc. L'infâme nation des Arabes affligea l'Espagne pendant dix ans; mais comme ils voulaient passer le Rhône pour entrer en France, Eudes, duc des Aquitains, les vainquit et en tua trois cent mille. On rapporte qu'il ne périt dans cette bataille que quinze cents Francs. On vit alors dans un certain lieu de la Campanie tomber du ciel une pluie comme de feu, qui brûla le blé, l'orge et les légumes. Sous l'empire de Léon, Constantinople fut assiégée deux ans par les Arabes; mais comme Dieu la protégeait, elle ne fut pas prise. Toutefois la famine et la peste enlevèrent trois cents habitans de cette ville.

Liutprand, roi des Lombards, opprimait alors les Romains; mais les exhortations, les prières et la sainteté du pape le retinrent et le rendirent plus modéré. Le duc Bazile, l'exarque Paul et quelques autres hommes pervers essayaient, d'après les instigations de l'empereur Léon, de faire périr le pape Grégoire; mais les Romains et les Lombards, inspirés par Dieu, résistaient de tous leurs efforts et protégeaient le pontife. Ils mirent à mort Jourdain-le-Chartrier, Jean Barion, le duc Exclarat et son fils Adrien, et mirent ainsi obstacle aux méchantes entreprises de l'empereur. Car ce prince avait prescrit de ne laisser dans aucune église les images ni du Sauveur, ni de sa sainte Mère, ni d'aucuns saints martyrs, ni des anges. Il prétendait que ces objets étaient maudits. En conséquence, dans la ville royale, il avait fait renverser les images sacrées, et les avait publiquement brûlées. Il condamna à la décollation ou à l'amputation de quelques membres ceux qui s'opposeraient à l'exécution de ses ordres. Ainsi il priva de son siége Germain, évêque de Constantinople, qui lui résistait à cet égard, et il lui substitua le prêtre Anastase. Au mois de janvier, pendant dix jours, on vit briller de tous ses rayons vers l'occident l'étoile que l'on appelle Antefer. Ensuite Tibère-Petasius essaya de s'emparer du trône, mais il fut tué par l'exarque Euticius, et par les Romains qui avaient pris les armes. Le pape Grégoire ordonna cent cinquante évêques, et, après avoir fait beaucoup de bien, il fut enseveli dans l'église de saint Pierre, apôtre, le 3 des ides de février (11 février). L'épiscopat vaqua un mois et cinq jours.

Grégoire, Syrien, fils de Jean, siégea dix ans, huit mois et vingt-cinq jours, sous l'empire de Léon et de Constantin [1]. Ce pontife se distingua beaucoup par sa sainteté, sa piété, sa sagesse, et par son éloquence dans les langues grecque et latine; il fit un grand nombre d'établissemens utiles, et les églises lui durent de grands ornemens. Il réunit à Rome un synode de quatre-vingt-treize évêques contre Léon et Constantin, empereurs hérétiques, qui arrachaient des églises et faisaient brûler avec irrévérence les images sacrées de Dieu et de ses saints. Enfin il ajouta dans le canon à ce que devait dire le prêtre, et fit graver sur la pierre dans son oratoire, ces mots: *Quorum solemnitas hodie in conspectu majestatis tuæ celebratur, Domine Deus noster, in toto orbe terrarum.* Le roi Liutprand assiégea Rome, ce qui détermina ce pape à solliciter des secours de Charles, roi des Français. C'est alors que quatre villes furent enlevées aux Romains, en faveur de Transamond, duc de Spolète, qui s'était réfugié à Rome. Le bienheureux pape consacra quatre-vingts évêques, et le 4 des calendes de décembre (28 novembre), il fut enseveli dans l'église de l'apôtre saint Pierre. L'épiscopat vaqua huit jours.

Zacharie, Grec, fils de Polochrone, siégea dix ans, trois mois et quatorze jours. Orné de toutes les vertus, il servit beaucoup l'Eglise de Dieu. Alors l'Italie était troublée excessivement. C'est ce qui détermina ce pape à se rendre auprès du roi Liutprand; il fit avec lui la paix pour vingt ans, et ramena les prisonniers qui avaient été faits. Liutprand mourut après un règne de trente-deux ans, et Ratchise, fils de Pémon,

[1] Constantin Copronyme.

duc de Forli, monta sur le trône. Alors, pendant que l'empereur Constantin marchait contre les Arabes, un certain Artonaste s'empara furtivement de l'empire. Constantin rassembla aussitôt l'armée d'Orient, attaqua vigoureusement la ville, se saisit du roi rebelle, et lui fit crever les yeux ainsi qu'à ses complices. Carloman, fils de Charles-Martel, roi des Français, se fit moine au Mont-Cassin. D'après les exhortations du pape, le roi Ratchise vint à Rome, et, par l'inspiration de Dieu, déposa le diadême royal et embrassa la vie monacale. Le pape Zacharie traduisit du latin en grec les quatre livres de Dialogues du pape saint Grégoire. Il ordonna quatre-vingt-cinq évêques. Le jour des ides de mars (15 mars), il fut enseveli à Saint-Pierre. L'épiscopat vaqua douze jours.

Etienne, Romain, fils de Constantin, siégea cinq ans et vingt-huit jours. Le peuple avait élu un prêtre nommé Etienne; mais trois jours après, s'étant assis bien portant à son réveil pour régler ses affaires domestiques, il perdit tout à coup l'esprit et la parole et mourut le lendemain.

Etienne fut ordonné diacre; il était orné de toutes les vertus. A cette époque, Astolphe, roi des Lombards, persécutait cruellement la sainte Eglise; et cherchait à soumettre entièrement Rome à sa puissance. C'est pourquoi le pape voyant qu'il ne pouvait rien obtenir de ce prince, ni par les prières, ni par les présens, fut contraint de se rendre en France pour la défense de la sainte Eglise. Le roi Pepin, ainsi que les Francs, reçurent honorablement Etienne, qui passa l'hiver à Paris, dans le monastère de Saint-Denis. Ensuite Pepin, à la tête de l'armée française, alla mettre le siége devant Pavie, et força Astolphe de jurer la paix aux Romains. Pépin étant de retour dans ses Etats, Astolphe trahit ses sermens : il assiégea Rome pendant quatre mois, fit ouvrir les cimetières et viola les reliques d'un grand nombre de saints. Pour la seconde fois, Pepin, attiré par les prières du pape, remit le siége devant Pavie, et força le roi parjure à rendre à saint Pierre Ravenne, Narni, Rimini et plusieurs autres villes qui avaient été enlevées aux papes. Peu de temps après, Astolphe, étant à la chasse, périt, frappé d'un coup que la main de Dieu avait dirigé. Le duc Didier s'empara du trône. Le pape Etienne ordonna quinze évêques; il consacra Pepin, roi des Francs, la reine Bertrade, et leurs fils, Charles et Carloman. Le jour des calendes de mai (1$^{er}$ mai), il fut enseveli dans l'église du bienheureux Pierre apôtre. L'épiscopat vaqua cinq jours.

Paul, Romain, frère d'Etienne, siégea dix ans et un mois. C'était du temps de Constantin et de Léon. Il opéra beaucoup de bien; il ordonna soixante évêques. Après sa mort, l'épiscopat vaqua un an et un mois, pendant que l'usurpateur Constantin envahissait le siége apostolique.

Etienne, Sicilien, fils d'Olybus, siégea trois ans, cinq mois et vingt-huit jours. Homme habile, bon et sage, il rendit de grands services à l'église de Dieu. Avant son élection, il se commit à Rome un grand attentat; car Toton, duc de Népi, fit consacrer pape son frère Constantin, qui était laïque, par Georges, évêque de Préneste, qui fit cette ordination malgré lui. Après cette ordination, Georges tomba malade, et cet accident fut porté si loin qu'il ne put désormais chanter la messe. Sa main droite se dességha et fut tellement paralysée, qu'il ne pouvait pas même l'élever jusqu'à sa bouche. La même année il mourut de cette cruelle maladie. Un an après, Rome fut livrée au primicier Christophe et au sacristain Serge, le duc Toton fut tué frauduleusement par Démétrius et Gracoisus. Après cet événement, le pape Etienne fut légitimement élu à l'unanimité. Peu de temps après, quelques hommes méchans s'emparèrent de l'intrus Constantin, de son frère Passibius et de Théodore, évêque et vicaire, qui eurent les yeux crevés. Christophe et Serge, son fils, ainsi que plusieurs autres, périrent dans les embûches et par les ordres du roi Didier. Sur ces entrefaites, dans les commencemens de son ordination, le pape Etienne envoya Serge, le secondicier auprès de Charlemagne, roi des Français, pour lui demander son avis et son assistance. Le monarque reconnaissant lui envoya douze des évêques, les plus illustres de France et des plus instruits dans les Ecritures divines et dans les règles des saints canons.

Au mois d'avril, il assembla un synode de beaucoup d'évêques, dans la basilique de Saint-Sauveur, près du palais de Latran. Constantin qui avait été fait si promptement de laïque qu'il était, clerc et même pontife, fut condamné par un jugement unanime. Ensuite on rendit une sentence générale sous l'interdiction de l'anathême, pour défendre d'élever aux hautes dignités de l'Eglise aucune personne, tant laïque que d'un autre ordre, autrement qu'en observant la distinction des grades ; et pour faire recommencer, à l'exception du baptême et du saint crême, tout ce que Constantin avait fait pour le culte divin dans les matières ecclésiastiques. Le pape Etienne consacra trente évêques. Il fut enseveli à Saint-Pierre. L'épiscopat vaqua huit jours.

Adrien, Romain, fils de Théodore, du quartier de la Voie Grande, siégea vingt-trois ans, dix mois et dix-sept jours. Il était plein de noblesse, de beauté, de fermeté, de piété et de sainteté. Alors Didier, roi des Lombards, faisait beaucoup de mal à Rome, à Ravenne et à leurs sujets : c'est ce qui engagea Charlemagne, d'après les prières du pape, à se rendre en Italie ; il assiégea Pavie pendant six mois, la prit avec l'aide de Dieu, et fut reçu honorablement à Rome avec son armée, le samedi de Pâques. Ce monarque envoya en France le roi Didier qu'il avait pris avec son épouse, et restitua à saint Pierre tout ce qui lui avait été enlevé. Le pape Adrien construisit des églises, les décora, et fit beaucoup de choses excellentes ; il engagea l'empereur Constantin à réunir à Nicée trois cent cinquante évêques, et fit traduire du grec en latin les actes de ce concile. La vingtième année du pontificat d'Adrien, le Tibre s'éleva jusqu'à la porte de Saint-Pierre, et causa beaucoup de dommages à tous les citoyens : mais le pape ordonna des processions ; et le Seigneur, dans sa commisération, retira les eaux. Ce pape ordonna cent quatre-vingt-cinq évêques : il fut inhumé dans Saint-Pierre le 7 des calendes de janvier (26 décembre) : le même jour le pape Léon lui fut substitué.

Léon, Romain, fils d'Aizupius, siégea vingt ans, cinq mois, seize jours. Il fut semblable en tout à ses prédécesseurs. Pendant qu'il s'occupait de faire le bien, et qu'un certain jour il se rendait avec le peuple en procession au bienheureux Pierre apôtre, le primicier Pascal et le sacristain Campol sortirent tout à coup de leurs embûches avec des satellites armés, mirent en fuite, par la terreur des armes, l'assistance qui n'en avait pas, et s'efforcèrent d'arracher au pape les yeux et la langue devant l'autel Saint-Pierre; mais quelques jours après il fut tiré de prison par le chambellan Albin; et le Seigneur tout-puissant lui rendit toute sa santé. Cependant Winiges, duc de Spolète, vint à son secours. A la vue du pape qui, déchiré sous les bâtons, et traîné devant l'autel tout sanglant et demi-mort, avait été miraculeusement guéri, le duc et les autres fidèles glorifièrent le Seigneur. Après ces événemens, le pape alla trouver le roi Charlemagne, et se plaignit à lui des malheurs qui lui étaient arrivés. Le monarque reçut honorablement un si grand homme, et le fit reconduire par les deux archevêques Idiluald et Arnon, par six évêques et trois comtes. Le Roi vint ensuite à Rome : il y fut couronné par le même pape, dans l'église Saint-Pierre, le jour de la Nativité du Sauveur, et déclaré Empereur romain, tant par tous les habitans de Rome que par les Francs.

Ensuite le 2 des calendes de mai (30 avril), indiction 9, un grand tremblement de terre se fit ressentir, et détruisit toute l'église de l'apôtre saint Paul, que le pape Léon fit très-bien rétablir. Il ordonna de faire des processions pendant les trois jours qui précèdent l'ascension du Seigneur. Aucun de ses prédécesseurs ne fit autant que lui pour les églises des saints, pour leur décoration, et pour toutes les autres choses qui leur sont nécessaires. Il ordonna cent vingt-six évêques. Il fut enseveli dans la basilique de l'apôtre saint Pierre, le 2 des ides de juin (12 juin). L'épiscopat vaqua un mois.

Etienne, Romain, fils de Marin, siégea sept mois. Pour confirmer la paix de la sainte Eglise, il se rendit en France auprès de l'empereur Louis, et obtint de lui tout ce qu'il voulut. Il rappela avec clémence les criminels qui avaient été exilés pour l'attentat commis sur le bienheureux pape Léon. Il consacra cinq évêques; il fut enseveli à Saint-Pierre. L'épiscopat vaqua vingt-six jours.

Pascal, Romain, fils de Bonose, siégea sept ans, quatre mois, dix-huit jours. Il se montra le plus saint imitateur de ses prédécesseurs, et fit beaucoup de choses utiles et belles pour l'avantage de l'Eglise et du peuple. Il consacra quarante évêques; et fut enseveli dans l'église Saint-Pierre. L'épiscopat vaqua quatre jours.

Eugène, Romain, homme bon et saint, siégea quatre ans. L'univers jouit alors d'une grande abondance, et de la paix.

Valentin, Romain, fils de Pierre, du quartier de la Voie Grande, doué de toutes les vertus, siégea quarante jours. Il fut élu dans le palais de Latran par cent évêques, par les grands de Rome et par tout le peuple : tiré de l'église de Sainte-Marie mère de Dieu, il fut élevé au trône pontifical, mais peu après il mourut saintement.

Grégoire, Romain, fils de Jean, beau et noble, sage et saint, siégea seize ans. Alors les Arabes sortirent de leur pays; et dévastèrent horriblement les îles et les Etats chrétiens. Ils tuèrent les hommes, dépouillèrent les basiliques et les habitations des fidèles ; et dans leur fureur insensée commirent les plus grandes destructions. Tant de désastres déterminèrent le pape Grégoire à faire entourer de murs la ville d'Ostie, qui, depuis ce moment, à cause de ces constructions, prit le nom de Grégorianopolis. Il fit en outre d'innombrables travaux ; car il bâtit beaucoup de basiliques, fit transférer les corps d'un grand nombre de saints, et les plaça avec soin dans des lieux convenables. Il consacra cent quatre-vingt-cinq évêques, et fut enseveli dans l'église de l'apôtre saint Pierre. L'épiscopat vaqua quinze jours.

Serge, Romain, fils de Serge, siégea trois ans. Quoiqu'il eût été régulièrement élu, le diacre Jean, à la tête d'une troupe de paysans armés de piques, brisa les portes, et, transgressant la tradition de la loi et de l'ordre, entra par violence dans le palais pontifical. Il s'était à peine écoulé une heure, que la troupe, saisie de frayeur, prit la fuite. Alors l'intrus Jean fut pris, frappé de verges, et privé du diaconat. Dans ce temps-là, l'empereur Lothaire envoya à Rome Drogon, archevêque de Metz, et Louis, son propre fils, avec un grand nombre d'évêques, d'abbés et de comtes ; ils firent, durant leur route, un grand carnage dans les villes et les campagnes, et forcèrent de fuir dans les cavernes tous les gens du pays qu'ils avaient effrayés par leur tyrannique cruauté. Un certain jour, les nuages les plus noirs s'amoncelèrent, et quelques-uns des primats de Drogon périrent frappés de la foudre. Cependant Louis se rendit à Rome ; le pape Serge lui donna l'onction sainte, et le consacra roi des Lombards. Serge ordonna vingt-trois évêques ; il fonda plusieurs abbayes et plusieurs églises. Il fut enseveli dans Saint-Pierre. L'épiscopat vaqua deux mois et quinze jours.

Léon, Romain, fils de Raduald, siégea huit ans, trois mois et six jours. Il se distingua par d'innombrables bienfaits, de même que le soleil luit sur le monde ; il servit de toute manière l'Eglise de Dieu en faisant construire des édifices, en les ornant et en faisant beaucoup d'autres choses utiles. Peu après la mort du pape Serge, les Sarrasins dépouillèrent les basiliques des deux apôtres Pierre et Paul ; mais, comme ils voulaient retourner en Afrique sur leurs vaisseaux, la tempête les attaqua, et ils périrent en mer. Alors la ville de Rome éprouva un tel tremblement de terre, que tous les élémens semblaient s'anéantir. Léon défendit aux laïques d'assister aux messes qui se disaient dans les presbytères. La première année de son pontificat, il mit en fuite, par ses prières et ses mérites, un basilic qui, retiré à Rome dans de noires cavernes, tuait de son souffle quiconque l'approchait. Ce bienheureux pape, au moyen d'un signe de croix, éteignit un incendie violent qui dévorait la rue des Saxons. Il bâtit plusieurs églises, leur donna des ornemens, restaura quelques anciennes villes, et renouvela les murs de Rome. Il entoura aussi d'un mur l'église Saint-Pierre, la fortifia comme une ville, qui de son nom fut appelée Léonienne, et il en fit la dédicace, le 4 des calendes de juillet ( 28 juin ), réuni à tout le peuple romain, et au milieu de l'allégresse générale.

J'ai fait mention des cent pontifes qui, après le bienheureux Pierre, occupèrent le siége apostolique ;

je les ai insérés dans ce petit ouvrage, selon que je les ai trouvés dans les écrits du saint pape Damase à Jérôme ou dans les gestes pontificaux. Quant aux quarante autres qui présidèrent au siége des Apôtres depuis Léon IV jusqu'à notre âge, je n'ai pu découvrir à leur égard que des récits mutilés ; c'est pourquoi je n'ose dire que peu de chose sur leur compte : je me bornerai à donner leurs noms par ordre. Mais je suis forcé de garder le silence sur leur origine et leurs actes, jusqu'à ce que je puisse, secondé par Dieu et comme je le desire, découvrir des ouvrages plus parfaits.

Le pape Benoît siégea un an, six mois et dix jours ; le pape Nicolas neuf ans et dix mois ; le pape Adrien cinq ans ; le pape Jean dix ans ; le pape Marin un an et quatre mois ; le pape Adrien un an et quatre mois aussi.

Le pape Agapit siégea un an ; Basile et Etienne siégèrent un an. Ensuite Formose, Jean et Etienne fleurirent du temps de Louis d'Outre-mer. Ils furent suivis de Marin, d'Agapit, d'Octavien, de Léon, de Benoît, de Jean, qui bénit Othon le jeune, de Benoît, d'un autre Benoît, de Gerbert, de Silvestre, d'Agapit et de Benoît. Ainsi, pendant près de cent dix ans, onze papes occupèrent le siége apostolique ; mais, jusqu'à ce jour, je n'ai pu découvrir ni leur généalogie, ni le temps certain de leur élévation ou de leur mort.

Clément Suitger, qui avait été évêque de Bamberg, siégea neuf ans ; il bénit l'empereur Henri et Agnès son épouse.

Opon Damase [1], ancien évêque d'Aquilée, siégea un an.

Léon, Lorrain, siégea cinq ans. Sous le nom de Brunon, il fut évêque de Toul; il passa en France, et tint à Rheims un grand concile. Il remit en vigueur plusieurs anciens décrets des saints Pères, lesquels étaient tombés en désuétude; il établit beaucoup de réformes utiles et salutaires, tant dans l'Eglise que dans les affaires du siècle.

Gebehard Victor siégea trois ans; Frédéric Etienne, fils du duc Gothelon, siégea un an.

Girard Nicolas, premier pape pris en France, siégea deux ans.

Alexandre, de Lucques, siégea onze ans.

Grégoire Hildebrand, moine depuis son enfance, siégea quatorze ans. De son temps, l'empereur Henri plaça l'intrus Guibert, évêque de Ravenne, sur le siége de Rome, et, ayant chassé le pape, apporta de grands troubles dans l'Eglise.

Didier Victor, qui était abbé du Mont-Cassin, siégea deux mois.

Urbin Odon, qui avait été moine de Cluni et évêque d'Ostie, siégea douze ans. Ce fut lui qui engagea l'armée chrétienne à marcher contre les Païens à Jérusalem.

Pascal Rainier, de la vallée des Bruttiens, ancien moine, siégea douze ans.

Gelase Jean, de Gaëte, siégea deux ans. Calixte Gui, fils de Guillaume, duc des Bourguignons, ancien archevêque de Vienne, siégea six ans.

---

[1] Popon.

Honorius Lambert, ancien évêque d'Ostie, siégea cinq ans.

Innocent Grégoire, de la famille des Papi, siégea douze ans. La neuvième année de son pontificat, il tint à Rome un grand concile; il établit beaucoup de choses utiles, dont on n'a conservé qu'un petit nombre.

FIN DU PREMIER VOLUME.

# TABLE DES MATIERES

CONTENUES

## DANS CE VOLUME.

---

Histoire de Normandie, par Orderic Vital. . . Pag. j
Notice. . . . . . . . . . . . . . . . . . . iij
Prologue. . . . . . . . . . . . . . . . . . 1

### PREMIÈRE PARTIE.

Récit succinct des événemens qui, depuis l'incarnation du Sauveur jusqu'à l'année 1140, ont eu lieu par ordre d'Empereurs, de Rois et de Pontifes romains. . . . . . . 5
Livre premier. . . . . . . . . . . . . . . *ibid.*
Livre II. . . . . . . . . . . . . . . . . . 175

FIN DE LA TABLE.

334

www.ingramcontent.com/pod-product-compliance
Lightning Source LLC
Chambersburg PA
CBHW051821230426
43671CB00008B/784